本間義人 著

戦後住宅政策の検証

信山社

本間義人著　戦後住宅政策の検証

もくじ

はじめに　わが国の戦後住宅政策を検証する前に ……… *1*
　　戦前の住宅政策観　*2*
　　わが国近年の住宅政策の状況　*3*
　　住宅政策崩壊の原因　*6*
　　本書の問題意識と目的　*7*

第1章　戦後住宅政策の終焉 ……………………………… *11*
　1　構造改革の経緯と，その結果　*12*
　　特殊法人改革の理由　*15*
　　行政改革の一環として　*16*
　2　バブル経済と住宅政策　*23*
　　公共住宅が受けた打撃　*25*

第2章　戦後住宅法制度の発足とその意義 …………… *39*
　1　戦後住宅政策の展開と住宅法制度　*40*
　　一般住宅難対策と金融公庫の設立　*42*
　　公営住宅法の成立　*44*
　　住宅公団の発足　*46*
　2　戦前の住宅法制度との類似性　*48*
　　公益住宅　*49*
　　住宅組合制度　*51*
　　住宅会社法案　*52*

3　福祉国家形成の要件としての住宅政策　55

　　　　福祉国家への道筋　55

　　　　公共住宅政策の特性　60

　　4　住宅建設計画法　61

　　　　住宅建設計画法の制定　64

第3章　住宅金融公庫 …………………………………… 77

　　1　特殊法人改革の締め括り　78

　　　　附帯決議の意味　81

　　2　住宅金融公庫の業務　83

　　　　公庫のカネの出入り　85

　　3　経済対策としての公庫融資　95

　　　　公庫融資の拡大へ　97

　　　　融資拡大の影響　104

　　4　民営化論　108

　　　　所得再分配論　110

　　　　定期借家権制度　112

　　5　評　　価　117

第4章　公営住宅 ……………………………………… 133

　　1　公営住宅法の成立とその意義　134

　　　　公営住宅の建設・供給　137

　　2　東京都営住宅の場合　140

　　　　都の先駆的取組み　143

　　3　公営住宅法改正の経緯　146

　　　　公営住宅法大改正の主要点　150

4　公営住宅法と厚生住宅法案　*153*

　　　　川島証言　*157*

　　　5　所得再分配策としての是非　*160*

　　　　戦前の分配論　*163*

　　　6　公営住宅の評価　*166*

第5章　公団住宅 ………………………………………… *183*

　　　1　都市再生機構へ ── その意味について　*184*

　　　　民業支援の公的組織　*188*

　　　2　公団住宅の発足とその実績　*190*

　　　　住宅公団の事業　*192*

　　　　住宅建設計画法のスタート　*196*

　　　　遠・高・狭　*199*

　　　3　公団住宅経営の困難化　*202*

　　　　未利用地と未入居住宅　*208*

　　　4　公団経営の問題点　*211*

　　　　公団事業報告書の内容　*212*

　　　　公団の含み損　*217*

　　　　バブル後の土地買収　*219*

　　　5　公団住宅の評価　*222*

　　　　公団の隠れた業務　*224*

　　　　生活革命をもたらしたDK　*228*

　　参考　日本住宅公団法　*238*

第6章　地方住宅供給公社 …………………………… *243*

　　　1　地方住宅供給公社の発足とその実績　*244*

　　　　地方住宅供給公社の実績　*246*
　　2　バブルの後遺症　*247*
　　　　各公社が直面する事態　*248*
　　3　東京都住宅供給公社の場合　*253*
　　　　公共住宅政策の市場化　*260*
　　4　地方住宅供給公社の評価と今後　*264*
　　　　公社住宅の入居者　*265*

第7章　戦後住宅政策の行方 ……………………………… *273*
　　1　戦後住宅政策の結末　*274*
　　　　空き家数増大の理由　*277*
　　2　住宅政策の将来　*280*
　　　　住宅政策のビックバン　*283*
　　3　福祉国家へ向けての住宅政策　*287*
　　　　住宅政策の対象　*289*

第8章　あるべき住居法 ―― 同潤会住居法案を
　　　　教訓として ……………………………… *295*
　　1　住居法の意味　*296*
　　2　同潤会研究会の住居法案　*298*
　　　　住居法案の検討に携わった人々　*301*
　　3　あるべき住居法の内容　*305*
　　　　住宅宅地審の住宅基本法　*307*
　　　　住居法に盛り込むべき内容　*309*
　　4　同潤会による住居法案検討の先見性　*311*
　　　　国民住居標準の評価　*317*

　　　　　　　　　　　　　　　　　　　　　　目　　次

　　5　同潤会による住居法案検討の意義と住居法制定の必要
　　　　性　*319*

資料1　住宅法制の概要　*325*

資料2　戦後住宅政策年表　*328*

資料3　主要参考文献　*357*

図表もくじ

表0－1　住宅予算の比較　*4*

表1－1　住宅建設計画・各期別計画・実績個数　*18－19*

表1－2　住宅予算の推移（補正後）　*20*

表1－3　財政投融資　*21*

図1－1　住宅地価変動率の推移　*25*

表1－4　バブル前後の公団住宅の規模・価格　*27*

表2－1　敗戦直後の住宅不足戸数　*41*

表2－2　戦後5カ年間の住宅建設戸数　*43*

表2－3　住宅建設5カ年計画の推移　*66－67*

表3－1　住宅金融公庫融資制度の概要（2002年度）　*86－87*

表3－2　住宅ローン新規貸出額（個人向け）の推移　*88*

表3－3　新設住宅着工戸数の推移（全体）　*88*

表3－4－1　融資契約戸数・金額の推移　*89*

表3－5　融資契約戸数・金額の推移（累計）　*89*

表3－4－2　融資契約戸数・金額の推移　*90*

表3－6　資金計画（当初予算）の推移　*91*

表3－7　公庫補給金等の推移　*92*

図3－1　持家取得者の年収分布図（資金別）　*119*

図3－2　中・低所得者（年収第Ⅲ・五分位以下）の割合　*119*

v

表4－1　第1期公営住宅建設3カ年計画の実施成果　*137*
表4－2　都道府県別公営住宅建設及び管理戸数　*138*
表4－3　住宅マスタープラン供給フレームの比較　*145*
表4－4　2000年度東京都住宅局予算　*145*
表4－5　東京都の一般会計予算と住宅局所管予算の推移（当初予算）　*149*
表4－6　公営住宅の家賃算定方法　*150*
表4－7　2002年度公営住宅等予算額　*153*
表5－1　資本金及び出資額の状況（2003年3月31日現在）　*193*
表5－2　都市公団の住宅供給戸数の推移　*198*
図5－1　都市公団の住宅供給戸数の推移　*199*
表5－3　年度別住宅規模・価格　*201*
表5－4　各事業年度別用途取得の推移　*206*
図5－2　事業年度別用地取得と宅地地価変動率の推移　*207*
表5－5　公団取得面積中，未造成面積及び基本方針未決定地区の概要　*207*
表5－6　公団賃貸住宅の未入居住宅及び空き屋状況　*209*
表5－7　年度の予算の執行状況，資金収支の状況等　*213－214*
表6－1　地方住宅供給公社の供給実績　*248－249*
表6－2　地方住宅供給公社事業主体別供給実績　*251*
表6－3　東京都住宅供給公社2001年度事業計画に係る事業費及び財源　*254－255*
表6－4　東京都住宅供給公社2001年度資金計画　*256－257*

はじめに　わが国の戦後住宅政策を検証する前に

　住宅政策とは国民の居住水準を改善するのを目標に進められるものである。さらに詳しくいえば，国民が適切な価格で，適切な水準の広さの住居を，（通勤通学等生活するうえで）適切な距離内に確保しうるよう誘導する役割を果たすべく，そのための政策手段を体系化したのが住宅政策である(1)。

　住宅政策は現代社会においてどういう意味を有するのか。それはおそらく福祉国家を実現するうえでもっとも有効な政策手段といえることが出来るだろう。福祉国家の基礎は国民ひとりひとりが安全で，快適な住宅を確保し，その住宅を取り巻く生活環境が良好であることである。国民がそうした住宅と環境を享受出来る権利を有することは憲法第25条において「すべての国民は，健康で文化的な最低限度の生活を営む権利を有する」としているのを受けている。国がその実現に大きな責任を有するのは同条がつづけて「国は，すべての生活部面について，社会福祉，社会保障及び公衆衛生の向上及び増進に努めなければならない」としている通りである。かりに憲法第25条が規定しているその国民の生存権が，学界における多数意見である「プログラム規定」にすぎないと解釈したとしても，それが国家の掲げる目標であることには変わりなく，住宅政策は国民生活の住宅の部面で，憲法にしるされている，その「健康で文化的な最低限度の生活」を実現するのを目標にしているといっていいだろう(2)。

　かりに住宅とその住宅を取り巻く環境が劣悪なものであるとすると，そこに居住する高齢者など人々の安全と健康を守るうえでの社会的費用が増大することになり，つまり福祉を担保する公的支出の際限ない増大が懸念される。具体的にいえば，たとえば寝たきり高齢者の介護が自宅

で行えない居住環境であったら，この寝たきり高齢者は施設で介護するしかなく，そうした事情の高齢者が多ければ多くなるほど，施設における介護のための公的私的費用とその負担が増大していくことになり，これは福祉国家を支えていくうえで決して好ましいことではない。そんな状況になるのを避けるためにも，住宅とその環境を適切な水準のものにしておくことが必要なのである。逆にストックとしての住宅が充実していれば，かりに年金の給付水準が抑えられるなど福祉の条件が悪化したとしても，人々の生活がそれほど窮迫することもない。住宅政策はそうしたストックとしての住居と環境を実現し，それを何世代にもわたって共有することによって結果的にそれらを社会化するためのもので，従って福祉国家を支えるうえで重要な意味を有しているのである。

戦前の住宅政策観

　戦前でさえ国家指導者の一部は，そうした住宅政策の意義を理解していた。もちろん今日と違って福祉政策を含めて社会政策全般の水準は低く，その中での住宅政策の対象は極めて限られた低所得階層の人々であったが，議会で説明されたその意義だけは今日においても通用するものであった。たとえば，わが国で初めての体系的住宅政策といえる小住宅改良要綱が内務省の音頭取りでまとめられたのは1918（大正7）年のことであるが，その中で設けられた公益住宅制度[3]の意図について，当時内務省社会局長官の長岡隆一郎は以下のように述べている。

　すなわち低所得階層のために住宅政策を展開しなければならないのは「下層階級ノ者ニ生活ノ安定ヲ得サセル第一ノ要素トシテ，自分ノ家ニ住ハセルト云フコトハ，極メテ良イ政策デアリマシテ思想上ニモ非常ニ安定ヲ感ズル，此事ハ洵ニ望マシイ」からにほかならず，「殊ニ東洋ノ諺ト致シマシテ，居ハ気ヲ移スト申シマスガ，清潔ナル衛生的ノ家ニ住ムト云フコトハ，知ラズ識ラズ清潔ナ習慣ヲ養フ，又其為ニ次第ニ精神上ニ慰安ヲ与ヘ好影響ヲ及ボス」，したがって「家族一世帯ニ二室ノ部屋ヲ与ヘルト云フコトハ，建築ノ専門家カラ申シマシテ住宅ノ最低限度

はじめに　わが国の戦後住宅政策を検証する前に

トシテ，何トシテモ必要デアル，独身又ハ夫婦ダケデアリマスレバ一室デ差支ナサソウデアリマスケレドモ，子供ガアル世帯ト致シマシテハ，何ト致シマシテモ二室ヲ与ヘルト云フコトガ，子供ノ風紀ヲ正ス上ニ於テ必要デアル」，しかし，入居者に大きな負担をかけると，それは「社会政策デハナク寧ロ下級民ニ対シテ，非社会政策ニナリマスカラ，家賃ヲ大体上ゲナイヨウニシテ良イ処ニ住ハセルヤウニシタイ」[4]というわけである。

現代においては，長岡が言っているように住宅を保障することが「清潔ノ習慣」を養い，「精神上ニ慰安」を与えるとはあまりに唐突的と言わなければならないが，当時においては住宅を保障することは低所得階層の生活全般を，そのような「清潔ノ習慣」などを含めて改善することに通ずると考えられていたのである。従って長岡の見解を今日的に解すれば，それは根底に国家主義的な公衆衛生観，家族観などの思想が存在しているとはいえ，当時における社会福祉的観点から住宅保障の重要性を述べていたものと受け取っていいだろう。その重要性が今日においても変わらないのは前述している通りである。いや，高齢社会に突入した今日においては，これまでにも増してそのウェイトは高まっているといったほうがいいだろう。

わが国近年の住宅政策の状況

その住宅政策（ここでいう住宅政策とは公営住宅，都市基盤整備公団住宅，住宅金融公庫融資など公的資金による住宅供給と管理に関する政策とする）が1980年代後半以降，後退をつづけている。もともとわが国における住宅支出は先進諸国の中で低水準のものであった。海老塚良吉によれば[5]，近年，国の総予算に占める住宅予算の割合は，米国1.8％，英国3.2％，ドイツ1.9％，フランス3.5％に対して1.7％，一人当たり住宅予算の額は1万0184円で，5カ国中最低であり，社会保障会計からの支出，住宅減税などを含めた住宅関連支出の一人当たりの額を見ても1万4103円にすぎない。ちなみに他の国におけるそれは，米国で

一人当たり住宅予算1万2153円，住宅関連支出5万1887円，英国2万3108円，4万7887円，ドイツ1万0372円，1万3889円，フランス1万6827円，3万4569円ということである[6]。中で英国は住宅政策の先進国として知られている。公共住宅の供給については1850年代からの歴史を有しているくらいである。その英国では，1980年代にサッチャー政権により公営住宅の管理経費支出を少なくするために公営住宅の払い下げを行い，わが国においてもこれを公共住宅の民営化ととらえる向きがないでもなかったが，その後労働党ブレア政権になって住宅政策の見直しが行われ，民営化を中断し，公共住宅政策を福祉国家の土台として継続する方向に戻りつつある[7]。その住宅費の支出額が示している通りである。これに対してわが国では，戦後一貫して持ち家取得策が住宅政策の主流

(表0-1) 住宅予算の比較

	アメリカ	イギリス	ドイツ	フランス	日本
住宅予算	245 億ドル	79 億ポンド	82 億マルク	457 億フラン	126 百億円
総予算に占める比率	1.8%	3.2%	1.9%	3.5%	1.7%
会計年度	1992年度	1993年度	1992年度	1988年度	1992年度
換算率	127 円/ドル	170 円/ポンド	81 円/マルク	21 円/フラン	1
一人当たり住宅予算	12,153 円/人	23,108 円/人	10,372 円/人	16,827 円/人	10,184 円/人
社会保障からの支出	0 億ドル	33 億ポンド	0 億マルク	227 億フラン	0 百億円
住宅関連減税	800 億ドル	52 億ポンド	28 億マルク	254 億フラン	49 百億円
住宅関連支出合計	1,045 億ドル	163 億ポンド	110 億マルク	938 億フラン	175 百億円
一人当たり住宅関連支出	51,887 円/人	47,887 円/人	13,889 円/人	34,569 円/人	14,103 円/人

出所：海老塚「欧米における住宅政策の動向」

で，公的支出による住宅供給はその持ち家取得策を補完するものでしかなかった。だから住宅予算が他の先進諸国と比較して少ないのは当然ともいえるが，住宅関連支出も少ない。しかし，わが国の住宅政策の特徴がそうしたものであるにしても，1980年代後半からの後退傾向は著しい。住宅予算の激減を含めて，政府自身，住宅政策にまるで熱意を失ってしまったかのように見える。

　たとえば住宅政策所管の国土交通省の『国土交通白書』を見てみよう。2001（平成13）年度版（全278ページ）の中で住宅政策に関しては第2部「国土交通分野をめぐる政策課題への取組み」における第5章「生活の質の向上を支える居住とレクリエーション活動の推進」で，「良質な住宅ストックの整備・活用」として5ページ分記述されているにすぎない。その中に民間住宅から公共賃貸住宅まで触れられている。2002（平成14）年度版（全357ページ）では，第2部「国土交通行政の動向」の中の第4章「自立した個人の生き生きとした暮らしの実現」で「豊かな居住の実現」として6ページ半触れられているだけである。行政改革の一環として建設省，運輸省，国土庁などを統合して国土交通省が生まれた2001年1月以前の建設省時代の『建設白書』においては各年度とも，住宅政策は単独の章を立てて少なくとも数十ページにわたって記述されていた。それが国土交通省になってから埋没してしまった。

　もちろん，それらは住宅政策の方向の変化と無縁ではない。住宅政策の方向の変化とは，住宅政策が市場化へいっそう傾斜してきていることを指す。『国土交通白書』自身がその方向を明示している。2001年度版においては，今後は「ストック重視，市場重視の方向」（166ページ）であるとし，同年3月に閣議決定された第8期住宅建設5カ年計画はその観点から策定されたと説明している。2002年度版においては，住宅政策は同計画を受けて「ストック重視，居住環境の整備，住宅市場の環境整備の推進」に重点的に取り組んでいるとしている。そのためにとくにリフォーム市場の活性化，住宅金融，住宅税制の充実が重要だという（164ページ）。公営，公団などの公共賃貸住宅についても，そのストックの

活用に目が向けられているのみである。このように公的住宅の供給を通じて国民の居住水準の改善を進める住宅政策の分野から市場重視の方向へ住宅政策が転換したうえは，とくに白書で住宅政策に詳しく触れるまでもないという政策当局の意図が，この二つの白書からは読み取れるというものである。ここにおいて，住宅政策はすっかり「お座なり」のものになってしまったといってもいいだろう。

　そもそも住宅政策とは，市場メカニズムによるのみでは国民すべてが適切な住宅を確保できない（低所得階層の人々は，その収入に見合った劣悪な居住水準を余儀なくされる）ゆえに，公的に住宅供給に介入することによって一定の居住水準を国民に保障しようとするのを目的として成立してきた。しかも，国民の居住水準を保障することは福祉国家の基盤であり，前述しているように社会保障制度を十分に機能させるうえでの前提条件であるから，そうした見地からも公的介入が必須である。それがなぜ市場化重視の方向へ転回することになったのか。そして市場化への傾斜と同時に，なぜ住宅政策は『国土交通白書』に見られるように「お座なり」のものになったのか。

住宅政策崩壊の原因

　私見によれば，その第一の契機になったのは，わが国で1980年代後半に起きたバブル経済である。バブル経済は地価の暴騰をもたらした。その結果，用地を購入して，そこに集合住宅団地を建設し公共住宅を供給するという住宅政策の古典的手法が破綻することになった。それだけならまだしも，ムリして高地価の用地を購入して供給を図ろうとした住宅には，その価格（賃貸，分譲の両方とも）が高水準化したために未入居住宅が続出し，供給主体（自治体，公団，地方住宅供給公社など）の大きな負担と化することになる。その結果，それら供給主体は身動きとれない状況に陥る。バブル経済は住宅政策にボディブローのようなかたちで大きなダメージを与えたわけである。

　これに追い討ちをかける（つまり第二の契機となる）のが2001年に登

場した小泉内閣による構造改革の一環として進められた特殊法人改革である。これにより公団住宅の供給に当たっていた都市基盤整備公団は廃止（都市再開発部門のみ新法人を設立），住宅金融公庫も廃止されることが決まる。その結果，これまでの公団による賃貸住宅の新規供給は原則的に行われないことになり，また既存住宅団地の管理は新法人に委託されることになった。金融公庫の業務は証券化支援業務等に縮小され，新法人がその業務に当たることになる。これはバブルによるボディブローでふらふらになっている住宅政策にとって，KOパンチにひとしい致命的打撃といえよう。小泉内閣の住宅，加えて福祉に関わる認識は，80年前の内務官僚のそれにも及ばないものでしかなかった。

バブル経済による地価の暴騰はその後沈静化して下落が始まり，2003年の公示地価によると，たとえば東京都内における平均地価（住宅地，商業地）は1992年以降，12年連続で下落をつづけているのが明らかにされている。用地費が公共住宅供給の阻害要因になっている事態ではなくなっているといえる。しかし，公団というその主たる供給主体そのものが存続しないことになってしまったわけである。あるいはまた，財投資金の融資を通じて持ち家取得という手段により国民の居住水準を改善してきた公庫の廃止により，この分野では民間金融機関がそれに代わることになった。国民の居住水準の改善の是非を民間金融機関が選別する社会になるのである。このことはわが国の戦後住宅政策が崩壊・終焉したことを意味している。

これはわが国にとって憂慮すべき事態である。福祉国家を支える基礎たる国民の居住水準を改善する国家社会の具体的・効果的方策がなくなることになるからで，その結果としてわが国が福祉国家を構築するうえで大きな障害となりかねない。それでいいのかどうか，筆者はそうした問題意識を抱かざるをえない。

本書の問題意識と目的

本書は，そうした問題意識のもとに，そのわが国の戦後住宅政策の崩

壊・終焉過程を立証するのを目的にしている。そのために（研究方法ということになろう）戦後住宅政策が成立した時点にさかのぼり，住宅政策における公共住宅供給に当たった個別供給主体別にその過程を歴史的に見ていくことにする。なぜ個別供給主体別なのか。前述しているように筆者は，戦後住宅政策を終焉に導いたのはまずバブル経済であり，それを決定づけたのは小泉内閣による構造改革と見ているが，しかし，供給主体内においても長年にわたる政府の誤謬によりその崩壊を促した要因があったと見るからにほかならない。政府の誤謬とは，政府が誤った政策を選択し，個別供給主体にそれを押し付け，実施させたことを指している。したがって，その事情はそれぞれ異なる。それを見ていき，最終的にそれが住宅政策の崩壊・終焉につながるのを明らかにしたいと思うのである。

しかし，ここで戦後住宅政策の終焉を見届けるだけでは政策研究としては十分ではないだろう。福祉国家を形成していくうえでの前提としての住宅政策を再構築することが可能とすれば，そのきっかけになりうるのは何か，法整備を含めて，そのヒントを住宅政策の形成・展開過程を通じて探っていくことをも本書の課題としたいと考える。

本書の構成は，中心となる前述公共住宅の個別供給主体の施策を歴史的に検証していく前にまず，劇的様相さえ見えなくもない，その終りと始まりについて述べておきたい。というのも，それが劇的であればあるほど，その間の過程における試行錯誤ぶりがむなしいものに感じられるだろうからにほかならない。まさにその試行錯誤とは政府の誤謬によりもたらされたところなのであるが………。そして最後に，住宅政策再構築のヒントを探ることにする。そうした試みの結果として，本書が戦後住宅政策を総括するものになることを意図している。

　　（1）　㈶地方自治総合研究所が収集した英国の1971年『住宅白書』＝グリーン・ペーパーでは，住宅政策の目標を(1)各家庭に上品な (decent) 住宅を収入の範囲内で与える，(2)持家と借家について，公平な選択を与える，(3)住宅

はじめに　わが国の戦後住宅政策を検証する前に

　　　補助に関して，市民間の公平をはかる，ということにあるとしているという（横田清編著『住居と政策の間』地方自治総合研究所，1993年）。
（2）　憲法第25条が示している「生存権」の国の責務についての解釈は，有倉遼吉，時岡弘両教授の分類に従えば「プログラム規定説」「抽象的権利説」「具体的権利説」がある中で，この規定から国民はまだ直接には国家に対して生存の保障を請求できる権利を得たとまではいえない，この権利は具体的な内容をもつ請求権ではないとする「プログラム規定説」が，1948年9月29日に下された食糧管理法違反事件に対する最高裁判決を根拠として長い間有力である。
（3）　公益住宅制度は，大蔵省預金部の資金を利用して公共団体，公益団体に低利融資を受けさせ，その資金で非営利住宅を建設させ，低所得階層に低額の家賃で直接供給する，今日の公営住宅に似た制度。内務省の諮問に対し救済事業調査会が答申した「小住宅改良要綱」の核心部分。
（4）　第44回帝国議会貴族院委員会議録（1921年3月12日）。戦前の住宅政策形成過程について詳しくは本間『内務省住宅政策の教訓』（御茶の水書房，1988年）を参照されたい。同書では小住宅改良要綱が生まれる経緯，その意義等について触れている。
（5）　海老塚良吉「欧米における住宅政策の動向」（『21世紀フォーラム』第66号，政策科学研究所，1998年）。
（6）　英国における公営住宅の売却状況について，わが国の近年の文献では小玉徹・大場茂明・檜谷美恵子・平山洋介著『欧米の住宅政策』（ミネルヴァ書房，1999年）の第2章「イギリスの住宅政策」66頁にその数字が示されている。それによると1980年から1994年までの15年間に152万8728戸が売却されたという。
（7）　McCrone, G. and Stephens, M『Housing Policy in Britain and Europe』UCL Press 1995, Lund B『Housing Problem and Housing Policy』London Longman 1996, Stephen. P and Lynton Robins『Public Policy under Tnatcher』Macmillan 1990, David Clapham, Peter Kemp and Susam J. Smith『Housing and Social Policy』Macmillan 1990，などによる。ほかに Malpass, Peter. Marsh, A.(eds.)『Council Housing in Britain : A Failed Solution?』Palgrave Macmillan 2003, Mullins, David, Murie, A『Housing Policy in the UK（Public Policy and politics）』Palgrave Macmillan, 2003などもこの問題に触れている。わが国では中曽根内閣が英国のサッチャー，米国のレーガン両政権による新自由主義に基づく都市・住宅政策に追随して各種規制を緩和し，民間による都市再開発を促す政策を取って，それがバブルを引き起こす大きな要因になった。中曽根内閣のその政策実行に当たっては経済界のみならず，マスコミやアカデミズムからも多くの協力者が出て，それを「アーバン・ルネサンス」とはやしたてた経緯がある。

第1章

戦後住宅政策の終焉

戦後住宅政策は1980年代半ばに起きたバブル経済により大きなダメージを受けたが，構造改革による特殊法人改革で決定的にトドメを刺された。そのトドメを刺すことになった特殊法人改革は，小泉内閣の登場により突如行われたかのように伝聞されているが，それはバブル時に際して政府が公団，公庫などの特殊法人に対して取った短期的政策が誤謬であったことを糊塗するために，用意周到に行われたものであったといっていいだろう。それはきわめて確信犯的な行動によるものであったと解していいかも知れない。

1　構造改革の経緯と，その結果

　記録によると，政府の特殊法人改革は以下のような日程で進められた。
　2001年5月に小泉内閣が誕生，構造改革を自民党総裁選の公約としていた同氏が組閣した内閣により同6月に特殊法人等改革基本法[1]が成立，同法に基づき6月22日に第一回特殊法人等改革推進本部の会議が開かれ，ついで8月10日に開かれた第二回会合において特殊法人等の個別事業見直しの考え方が公表される。さらに10月5日に開かれた第三回会合で前回の個別事業見直しの考え方に基づき，2002年度概算要求を検証した結果や各法人の組織見直しの方向性が公表される。11月27日に開催された第四回会合では，特殊法人改革を牽引させる観点から，国の財政支出が大きく，国民の関心が高い道路四公団（日本道路公団，首都高速道路公団，阪神高速道路公団，本州四国連絡橋公団）と都市基盤整備公団，住宅金融公庫，石油公団の7法人について，他の法人に先がけ改革することが示される。そして12月19日に「特殊法人等整理合理化計画」[2]が閣議決定の運びとなるわけである。
　これにより，同年時点で163存在する特殊法人等が大幅に整理され，共済組合45法人を除き，118法人が整理合理化され，17法人が廃止，45法人が民営化等，38法人が36の独立行政法人になることになるが，うち

第1章　戦後住宅政策の終焉

住宅政策に関わる都市基盤整備公団，住宅金融公庫はともに廃止されることになった。都市基盤整備公団の廃止は2005年度，住宅金融公庫の廃止は2001年から5年以内とされた。これについて「特殊法人等整理合理化計画」は以下のようにしるしている。

〈都市基盤整備公団〉の事業・組織形態について構ずべき措置

[市街地整備改善事業]
＊市街地整備改善事業は，都市再生を図るものに限定する。
＊新規の宅地分譲事業（都市の外延的拡大につながるいわゆるニュータウン開発事業）は廃止する。
＊現在事業を実施中の資産についての時価評価の結果を踏まえ，採算性に問題があるプロジェクトの見直し，既に取得した土地の処分等を早急に進め，含み損の大幅な圧縮を図るとともに，できる限り多くの継続事業を速やかに終了させる。

[賃貸住宅事業]
＊自ら土地を取得して行う賃貸住宅の建設は行わない。
＊賃貸住宅の管理については，可能な限り民間委託の範囲を拡大し，効率化を図る。また，居住の安定に配慮しつつ，入居者の同意を得た上で，可能なものは棟単位で賃貸住宅の売却に努める。

[都市公園整備事業]
＊特定公園施設整備事業については，現に実施中のものを除き，廃止する。また，地方公共団体の委託に基づく都市公園の整備事業については，都市再生を図るものを除き，新規採択を行わないこととし，事業の大幅な見直しを図る。

[鉄道事業]
＊鉄道事業については，採算性の現状及び見通しについて情報公開するとともに，採算性の確保のための事業の見直しを行う。

[分譲住宅事業]

＊分譲住宅事業の採算性の現状及び見通しについて，情報公開する。

＊集中改革期間中に廃止することとし，都市再生に民間を誘導するため，事業施行権限を有する新たな独立行政法人を設置する。なお，公団事業については，所要の制度改正を含め，上記のとおり措置した上で，上記の独立行政法人に引き継ぐ。

〈住宅金融公庫〉の事業・組織形態について構ずべき措置

[住宅資金融通事業等（融資，保険）]
＊融資業務については，平成14（2002）年度から段階的に縮小するとともに，利子補給を前提としないことを原則とする。
＊融資業務については，民間金融機関が円滑に業務を行っているかどうか勘案して，下記の独立行政法人設置の際，最終決定する。なお，公庫の既往の債権については，当該独立行政法人に引き継ぐ。
＊貸付資産等のリスク管理及び引当金の開示については，適切に実施する。
＊金利の決定については，政策的必要性等を踏まえ，決定責任主体を明確にする。
＊政策金融について評価手法を検討し，その結果を事業に反映させる仕組みを検討する。特に繰上償還を含めた政策コストを明示する。

＊5年内に廃止する。また，住宅金融公庫が先行して行うこととしている証券化支援業務については，これを行う新たな独立行政法人を設置する。

第 1 章　戦後住宅政策の終焉

　これは役所の文書なので，この文章だけではわかりにくいところがある。わかりやすく"翻訳"するとどういうことになるだろうか。つまり，都市基盤整備公団は2005年度までに廃止，都市再生にかぎり各種の権限を持つ新しい独立行政法人を設立して，業務を移管する。賃貸住宅は，新たに土地を取得しては行わない。入居者の同意が得られれば賃貸住宅の棟単位での売却を進める。同住宅の管理は民間に委託する。ニュータウン開発事業も廃止，分譲住宅事業も既定方針通り撤退する。住宅金融公庫は5年以内に廃止，新規融資はそれまでに段階的に縮小，公庫自体は住宅ローンの証券化を行う独立行政法人になる，ということになるだろう。

特殊法人改革の理由
　このように特殊法人改革を行うことになった理由について，「特殊法人等整理合理化計画」は「設立当初の社会的要求を概ね達成し，時代の変遷とともにその役割が変質，低下しているもの，民間事業者と類似の業務を実施しており，国の関与の必要性が乏しいもの等の存在が各方面から指摘」されてきている，また「特殊法人等に対しては，平成13年度当初予算ベースで約5兆2800億円（国共済負担金等を除く）の補助金や約24兆4100億円の財政投融資など国からの巨額の財政支出・借り入れ等がなされており，中長期的な財政支出の縮減・効率化の視点や財政投融資改革等との関連等をも踏まえた抜本的見直しが求められ」た結果であるとしている。果たして「設立当初の社会的要求は概ね達成」されたかどうか，それは本書の主題であるので後で詳しく見ていく（私見では達成されていない。本書ではそれを立証していく）ことにするとして，つまりは国にカネがなくなったので特殊法人を抱えていくことができなくなったというのが，その改革の趣旨であることが理解できるというものである。

　この結果，戦後住宅政策を担ってきた都市基盤整備公団と住宅金融公庫は廃止されることになった。都市基盤整備公団，住宅金融公庫の業務

15

のうち，前者では都市再生に関わる市街地整備改善事業などを行う部門について，後者では住宅ローンの証券化業務についてはそれぞれ独立行政法人が設立されるというから，その組織・人員は大部分温存されようが，前者の主要業務である賃貸住宅建設，後者のそれの融資業務はなくなるわけだから，つまり戦後住宅政策はここに終焉したと見ていいわけである。

　この結果は2001年度からの第8期住宅建設5カ年計画や，あるいは2002年度の政府予算および財政投融資計画にただちに反映されている。(表1-1)は第1期以降，第8期までの住宅建設5カ年計画であるが，これによると，第8期になって公営住宅と公庫住宅の落ち込みがはなはだしく，公団住宅に至っては第7期にさかのぼり，その建設戸数が減少していることがわかるだろう。(表1-2)は住宅予算の推移を，(表1-3)は財政投融資を見たものであるが，これによると，2002年度における住宅予算は前年度に比較して0.2ポイント強も減額されており，中でも都市基盤整備公団に対する補助金，補給金はゼロになった。公営住宅予算も大幅減額になっている。財政投融資額も住宅金融公庫に対するそれはほぼ4兆4000億円減額となり，都市基盤整備公団に対するものは約400億円減額になっている。国の財政支出，財政投融資は見事なまでに特殊法人改革の趣旨に沿って合理化されていることになるのである。

　政府がかねて用意周到に進めてきた特殊法人改革が，構造改革を公約した小泉内閣の登場により，ここにおいて完成することになる。それはまさに用意周到に準備されてきた経緯がある。表向き，それは行政改革の一環として進められてきた。

行政改革の一環として

　政府は中曽根内閣以来，臨調，行革審を設けて行政改革に取り組んできたが，1986年になって，ここにおいて都市基盤整備公団の前身，住宅・都市整備公団が審議対象に取り上げられることになる。そして同年

6月に出された行革審答申において次のような指摘がなされるのである。すなわち,

> 「住宅・都市整備公団については,住宅不足が量的に充足され,かつ民間の住宅供給力が質的にも充実していることにかんがみ,事業を住宅の新規供給から都市の再開発事業に重点を移行し,かつ,その実施に当たっては,地方公共団体及び民間の能力の活用を一層図るものとし,
> 1. 事業区域を原則として4大都市圏に限定し,このうち,京浜,京阪神の2大都市圏に重点化する。
> 2. 市街地における再開発事業は地方公共団体の要請を受けて行う。また,ニュータウン等新市街地における都市開発事業については,採算性が十分あり,かつ,緊要性が極めて高いことが明らかなものにつき行う。(中略)
> 3. 賃貸住宅の建設については,土地の高度利用,居住水準の向上等を図る観点から既存賃貸住宅の建替・立体化を積極的に推進するものとし,その新規建設については上記2大都市圏に重点化して行うものとする。(中略)
> 4. 分譲住宅の建設は,新市街地の開発及び既成市街地の再開発において,計画的な街づくりのために先導的又は中核的に整備を要する部分に限り,地方公共団体と協議の上行うものとする。
> 5. 住宅供給量の大幅な縮減及び将来の事業の見通しを勘案し,要員の合理化等経営効率化を図るものとする。(中略)」

というものであった。注目すべきなのはここに早くも,十数年後に「特殊法人等整理合理化計画」で触れられる内容の芽が見てとれることである。つまり民間と競合している分野は民間にまかせる(この原則は住宅金融公庫にも貫かれている)。この指摘を受け公団は分譲住宅事

業，都市再開発事業，既存団地の建て替え事業等，事業内容の転換を図っていく方針をとることになるが，おりからのバブル経済の波に乗遅れまいと，それらの事業を逆に拡大する方向に走ることになる。その揚げ句の果てにバブルが崩壊して，公団はそのツケを整理合理化等によって被らざるをえなくなる。1995年2月に「特殊法人の整理合理化について」が閣議決定されるが，公団に対しては次のように指摘がなされることになる。

（表1－1）

	第1期 (1966〜1970)	第2期 (1971〜1975)
公営住宅 (改良住宅を含む)	520 実績478.9	678 実績494
高齢者向け 優良賃貸住宅		
特定優良 賃貸住宅		
公庫住宅	1,080 実績1,087.3	1,370 実績1,664
公団住宅	350 実績335	460 実績284
公的助成 民間住宅		
その他の 住宅	480 実績664.1	945 実績666
計	2,430 実績2,565.3	3,453 実績3,108
調整戸数	270	385
合　計	2,700 実績2,565.3	3,838 実績3,108

各期住宅建設計画（『住宅・建築ハンドブ

「住宅・都市整備公団については，大都市地域の中堅所得者を対象として，地方公共団体や民間では困難であるものについて事業を実施することを基本とし，業務の選別重点化を図る。

分譲住宅については，民間でも実施可能なものからは撤退し，質の高い住宅市街地を創出するために必要不可欠な場合や社会的ニーズに対応し，先駆的に取り組む場合に限定する。

賃貸住宅については，民間との適切な役割分担の下，都心居住の推進，高齢者向けの住宅供給など政策的意義の大きい事業を重点的に実施する。また，定期借地権制度など地価負担の少ない方式を活用するとともに，新規の用地取得を伴うものは，都心居住や再開発の推進等に特に必要な場合に限定する。管理に当たって

第 1 章　戦後住宅政策の終焉

住宅建設計画・各期別計画・実績戸数

(単位：千戸)

第 3 期 (1976〜1980)	第 4 期 (1981〜1985)	第 5 期 (1986〜1990)	第 6 期 (1991〜1995)	第 7 期 (1996〜2000)	第 8 期 (2001〜2005)
495 実績360.5	360 実績251	280 実績216	315 実績333	415 実績311	262
					110
					141
1,900 実績2,547	2,200 実績2,457	2,250 実績2,496	2,440 実績3,139	2,325 実績2,718	2,185
310 実績163	200 実績105	130 実績107	140 実績108	105 実績83	125
			150 実績87	120 実績80	90
620 実績578	600 実績418	490 実績319	455 実績350	350 実績315	212
3,325 実績3,648.5	3,360 実績3,231	3,150 実績3,138	3,500 実績4,017	3,325 実績3,506	3,125
175	140	150	200	200	125
3,500 実績3,648.5	3,500 実績3,231	3,300 実績3,138	3,700 実績4,017	3,525 実績3,506	3,250

ック2002』＝日本住宅協会）より作成

　　は，公営住宅等との連携を図るとともに建替えに際し，できる限
　り従前居住者の居住条件の継続性に配慮する。
　　　商業・業務系の市街地再開発については，基盤的な施設の整備
　と併せて一体的に行う事業に限定し，それ以外のものからは撤退
　する。(以下略)」

　さらに同じ1995年 6 月には住宅宅地審議会から建設大臣あてに「21世
紀に向けた住宅・宅地政策の基本的体系について」の答申が出され，答
申はこの中で公団事業について，国の政策実施機関として地方公共団体
や民間では対応が困難なものについてのみ事業を実施することを基本と

（表1－2） 住宅予算の推移（補正後）

(単位：10億円)

年度 区分	1996	1997	1998	1999	2000	2001	2002
公営住宅等	490.2	447.8	565.0	473.0	470.0	437.4	373.9
住宅地区改良	57.9	47.0	38.0	35.0	31.0	31.6	26.0
都市基盤整備公団への出資金	11.5	11.5	47.0	48.2	17.0	18.8	13.6
住宅金融公庫への補給金等	526.6	440.0	615.0	635.0	518.5	443.0	375.9
都市基盤整備公団への補助金	13.9	11.7	16.4	13.3	10.3	9.2	／
都市基盤整備公団への補給金	132.8	129.1	113.3	104.3	98.4	86.3	／
特定賃貸住宅建設	2.6	2.5	2.4	2.3	2.1	1.9	1.6
農地所有者等賃貸住宅	6.6	6.6	6.1	5.8	5.6	5.3	4.7
密集住宅市街地整備促進	18.7	11.2	15.5	14.6	15.0	15.0	14.5
がけ地近接等危険住宅	0.7	0.5	0.3	0.4	0.4	0.4	0.7
住宅宅地関連公共施設整備促進	200.7	188.8	156.7	93.9	77.3	65.2	47.8
住宅市街地整備総合支援事業	118.6	70.7	93.7	72.4	67.9	69.3	66.7
住宅宅地供給促進型土地区画整備	1.3	1.3	2.0	1.2	1.2	1.2	1.0
都市基盤整備公団事業資金融資	／	／	／	8.0	6.5	1.5	1.4
計（A）	1,582.1	1,368.7	1,671.4	1,507.4	1,321.3	1,186.1	927.8
国の歳出予算総額(B)	77,771.2	78,533.2	87,991.5	80,018.9	89,770.3	86,352.6	81,230.0
（A）／（B）％	2.03	1.74	1.90	1.69	1.47	1.37	1.14

（『住宅・建築ハンドブック2002』より作成）

第1章　戦後住宅政策の終焉

表1－3　財政投融資

(単位：10億円)

区分 年度	住宅金融公庫A	A/C	都市基盤整備公団B	B/C	財投総額C
1996	10,628.9	22.1	1,372.9	2.8	48,190.1
1997	10,909.8	22.1	1,231.9	2.5	49,124.7
1998	10,647.3	20.7	980.9	1.9	51,357.1
1999	9,918.3	19.9	978.1	2.0	52,899.2
2000	10,117.6	19.1	996.0	2.3	43,676.0
2001	8,363.2	25.7	938.6	2.9	32,547.2
2002	4,966.9	18.5	894.8	3.3	26,792

(注)　1．当初計画の金額。
　　　2．都市基盤整備公団は，鉄道分を除く。
(『住宅・建築ハンドブック2002』より作成)

して，業務の選別を図ることをとくに指摘される。これにより公団の事業はさらに特化されていくことになる。

また住宅金融公庫に関しては，1982年7月に臨時行政調査会「行政改革に関する第三次答申―基本答申」において，

　　「住宅金融公庫融資等公的住宅金融については，民間金融との
　　適切な役割分担の下で安定的な事業規模の設定を行う」

とされ，さらに1985年2月の閣議決定「特殊法人の整理合理化について」においては，

　　「住宅金融公庫については，民間金融を質的に補完する機関としての役割を明確にし，民間金融機関と適切な協調が図られるよう特別割増額の縮減を行うなど役割分担の適正化を図る。
　　　また，高齢社会へ対応したバリアフリー化の推進等政策誘導機能を強化し，良質な住宅ストックの形成を促進するとともに，財政的支援の効率化・重点化を図る観点から，住宅宅地審議会の審

議を踏まえて，金利体系の見直しや融資制度の簡素合理化を行
　　　う」

との指摘がなされた。また前記同年6月の住宅宅地審議会答申「21世紀に向けた住宅・宅地政策の基本的体系」において，公庫は，

　　「1．住宅投資の安定化と金融動向に配慮しつつ，民間ローン
　　　　と協調しうる融資とすること。
　　　2．政策誘導機能を強化すること。
　　　3．制度の複雑化に対処し，簡明な制度に改めること」[3]

の方向で改善することとされた。前記「特殊法人等整理合理化計画」がこれらの延長線上に決定されたものであることは，だれの目で見ても明らかであろう。同計画が「用意周到に」運ばれ，決定されたものと筆者が述べた理由もここにあるわけである。
　政府がなぜ，こうした整理合理化計画に取り組まざるをえなかったのか。公団についていえば，それはバブルの過程で未入居住宅や長期保有土地を抱え込み，財務状況が身動きできないものになってしまい，政府が放置できなくなったためであり，公庫についていえば利子補給等の累積に直面し，財政投融資制度による業務が破綻しかねない状況になったためである。おりから公団の分譲住宅事業，公庫の融資事業に対し，競合する民間デベロッパー，民間金融機関から怨嗟の声が政府・自民党に殺到していた。政府はそれらに対して何らかの解決方向を見つけ出さなければならなかった。それらを一挙に片づけようとしたのが特殊法人改革であったのである。
　しかし，そもそも公団，公庫がバブルの過程で上記のような問題を抱え込まざるを得なくなったのは，その間における政府自身の政策の誤謬によるものであったのである。その意味においてバブル経済は，わが国の住宅政策を根底から揺るがした元凶であったといってもいい。筆者が

先にバブルを住宅政策にもたらされたボディブローとした理由もそこにあるが，ではそのボディブローはどのようなものであったのだろうか。

2　バブル経済と住宅政策

　中曽根内閣が誕生したのは1982年11月である。翌12月，当時千葉大学教授の前田康博は「ナカソネ政権の何が一番危険なのか──大手を振る『社会を忘れた政治』」という不気味な文章を書いた[4]。不幸にもその予言が的中した。財政赤字を拡大することなしに内需を拡大するための方策として中曽根内閣が打ち出した民間資本の活用による都市再開発（それはまさに「社会を忘れた政治」であり，一般的に「中曽根民活」と呼ばれた。また経済紙は「中曽根アーバンルネサンス」とはやしたてた）によって引き起こされた地価高騰がきっかけになり，バブル経済がもたらされた。その地価高騰が住宅政策を直撃した。

　まず，バブル経済を象徴した地価の動向をあらためて見てみよう。いわゆる「中曽根民活」は，1983年から84年にかけての随意契約による国公有地（東京・新宿区）の払い下げで始まり，さらに85年にはその競争入札（同・千代田区）が行われることにおよんで地価が著しく上昇し始め，それが87年に東京都の商業地に端を発する地価高騰になって現れることになる。それはまたたく間に大都市圏から地方都市に広がり，商業地から住宅地へ地上げ等により飛び火していくのである[5]。

　（図1-1）は住宅地価変動率の全国的推移を見たものである。国土庁の地価公示をもとに東京圏の地価上昇率を見ると，87年度のそれは前年比23.8％と前年の4.1％を大きく上回った。これは大阪，名古屋のそれを大きく上回るもので，バブル時の地価高騰はまず東京圏から始まって，やがて全国に波及していったのであった。東京圏の地価上昇率が突出したものになったのは，とりわけ商業地におけるそれが前年比48.2％上昇と際立ったものになったせいであるが，うち区部のそれは前年比76.2％もの上昇を示した。

この影響を受けて東京圏では住宅地の地価も全国的に見ると突出したものになった。平均上昇率こそ前年比21.5％上昇にとどまったものの，都心部の山手線沿線とその内側では前年比95.2％もの上昇を示した。前年比100％以上の上昇を示した地域もあった。新宿（128.0％），文京（101.2％），目黒（103.3％），大田（129.5％），世田谷（109.2％），中野（120.2％），杉並（124.7％）と7区に達したのであった。東京に限っていえば，地価は商業地，住宅地とも列島改造時を上回る上昇率となったのである。

　翌1988年地価公示はさらに地価高騰の勢いが増していることを示した。それによると東京圏の全用途平均の対前年比地価上昇率は65.3％であり，これはそれまで最高であった列島改造時（1973，74年）の約2倍を示した。住宅地の上昇率は68.6％であった。東京で地価高騰の導火線となった千代田，中央など都心部8区は87年の96.6％から15.2％の上昇に止まったが，多摩地域が89.0％を示し，全体的には87年調査を上回るものになった。

　繰り返すことになるが，こうした地価上昇の原因が中曽根内閣による民間資本の活性化を目標にした規制緩和策と，それに頼って「国際都市トーキョー」を形成しようと資本が走った都市改造にあったことはすでに歴史的に実証されているところである。建設大臣を務めた自民党衆議院議員の大塚雄司は「地価上昇の元凶は中曽根民活にあり」と書いた[6]。この「中曽根民活」による再開発ラッシュにデベロッパーから金融，ゼネコンや商社などが競って加わり，今日「バブルの後遺症」といわれる大きな負の資産が形成されることになるが，資本側が背負うことになるその負の遺産に勝るとも劣らない影響を受けたのが，大都市勤労者の居住と，その保障に当たるべき住宅政策であった。

　東京都の『東京の土地1989年版』によれば，この地価上昇の影響を受けて区部のマンション価格は8628万円，勤労者平均年収の12.7倍，多摩地域におけるそれは5160万円，同年収の7.6倍に達した。同時期，経済企画庁の説明によると[7]，東京圏で平均的な中堅勤労者が購入可能な住

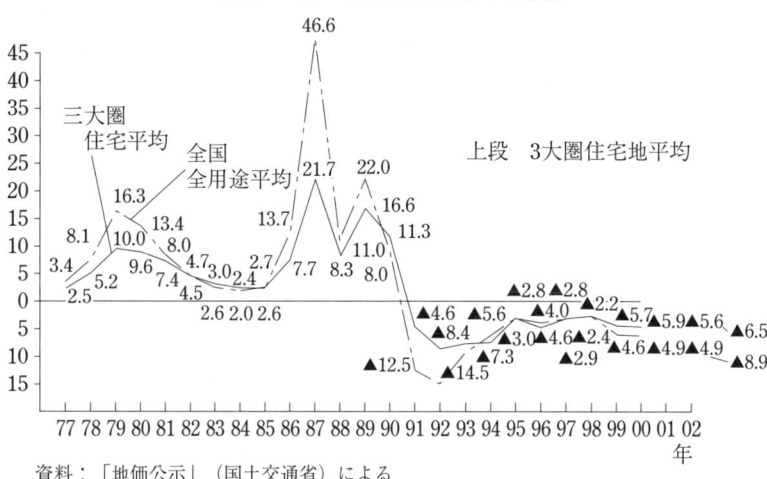

(図1−1) 住宅地価変動率の推移

資料:「地価公示」(国土交通省)による
: 各年1月1日の地価公示価格の前年1月1日の地価公示価格に対する変動率である。

宅価格は3500万円までで,敷地面積120平方m,床面積90平方mのこの価格の住宅を探すと,都心から50〜60キロの東京圏からはずれたところにしかないということであった。地価高騰は勤労者の居住確保をそのように困難なものにしたが,一方で住宅政策を直撃したのは前述している通りである。

公共住宅が受けた打撃

まず公共住宅の用地取得を困難なものにした。東京都の都営住宅建設用地の場合,その取得面積は1986年,87年度と毎年度40%の割合で減少した。しかも85年度から87年度の3年間に取得した用地18 haのうち86%が国公有地で,民有地の買収によるものはわずかに2.5 haにすぎなかった。地価が高すぎ購入できなかったのである。また公社(東京都住宅供給公社)と当時日本住宅公団の85年度から3年間の新規用地取得実績はそれぞれ8.3 ha, 25.7 haであったが,このうち民有地は1.4 ha, 8.7 haにすぎず,都内ではもはや民有地を公共住宅用地として取

得することは不可能になった。このため都営，公社住宅の供給戸数は年々先細りしていくしかなかった[8]。あるいはまた高価格の民有地を取得して住宅を供給するとしても，その家賃，分譲価格は高額なものにならざるをえなくなる。大阪，名古屋などでも，東京を後追いしてそうした事情になっていく。

あらためて住宅建設5カ年計画（表1-1）を見てみると，第4期，第5期における公営，公団住宅の供給戸数の落ち込みが見てとれるだろう。これは地価上昇の影響を示すもので，逆にこの時期，公庫住宅が増加しているのは地価上昇がいつまでもつづくのを期待して新居の駆け込み建設をした数がそれだけ多かったのを示すものであろう。また，後述するように，政府が景気刺激策として公庫の融資戸数，融資額を増やしたのも，その傾向に拍車をかけた。

（表1-4）はバブル前後の公団住宅の規模と価格を示したものである。これを見ると87年当時のそれに比較して地価高騰後は，賃貸住宅平均床面積がほぼ変わらないでいるのに家賃が年々上昇していっているのがわかる。これは公団家賃が建設原価をもとに設定されているので，用地費の上昇した分が家賃にハネ返ったためである。より劇的なのは分譲住宅の価格である。バブル時，それは勤労者の平均年収の5.2倍であったのが90年には6.8倍にもなっている。そして，92年には価格を押さえるために専用平均床面積を7平方mも減らすことになるのである。それで分譲価格は，ようやく6.0倍に押さえられることになる。

大阪も事情は同じだった。弁護士の山川元庸が1992年に報告しているところによれば，それは，

「地価高騰時期のピークであった1989（平成元）年11月，大阪府住宅供給公社は堺市城山台泉北ニュータウン内の41戸の戸建住宅の分譲をおこなった。価格は6358万円から7990万円まで，敷地面積は179.6平方mから294.8平方mまで，住宅延床面積は106.8平方mから119.9平方mまでであった。この住宅分譲に対

第1章　戦後住宅政策の終焉

(表1－4)　バブル前後の公団住宅の規模・価格

区分＼供給年度	1987	1988	1989	1990	1991	1992	1993
(賃貸住宅) 平均床面積 (㎡)	(64.50) 69.75	(65.20) 71.07	(64.27) 70.76	(63.65) 70.02	(65.28) 71.50	(62.50) 68.54	(61.29) 67.68
平均家賃 (円/月・戸)	75,400	85,200	94,400	103,000	106,000	100,800	114,800
(分譲住宅) 平均床面積 (㎡)	(92.34) 97.49	(97.90) 103.01	(99.61) 106.99	(97.00) 102.80	(96.33) 103.77	(88.07) 96.06	(91.82) 99.95
平均価格 (万円/戸)	(5.2倍) 3,180	(6.3倍) 3,900	(6.7倍) 4,380	(6.8倍) 4,710	(6.4倍) 4,700	(6.0倍) 4,570	(6.2倍) 4,750

(注) 1．賃貸分譲ともに平均床面積は下段が専用，上段（　）が専有面積。
　　 2．平均家賃および平均価格は供給時点のもの。
　　 3．分譲平均価格の上段（　）は勤労者の平均年収（貯蓄動向調査による全国平均）に対する倍率。
出所:『住宅・建築ハンドブック2002』より作成。

して応募者が殺到し，41戸のうち最高の競争倍率は2300倍となった。大阪府住宅供給公社の分譲住宅では『空前』の競争倍率であったと新聞報道は伝えている。住宅地の地価高騰率は年率58.6％であり，首都圏に遅れること2年目のピークであった。（中略）問題は2300倍の競争率を勝ち抜かなければ持家が手に入らないことではない。住宅価格の高騰により，住宅公社制度，住宅公庫融資制度，その他の公的融資制度，持家取得を援助する住宅税制のすべてが破綻し，機能しなくなっていることである」[9]。

　山川の計算によれば，このときの分譲の6398万円（他に消費税48万円）の価格のもの（敷地面積183.39平方m，建物面積112.93平方m）を例にとると，この物件の公庫融資額は1280万円，特別加算融資限度は700万円。したがって公庫融資が限度額いっぱい借りられても1980万円で，購入者はなお4418万円が必要である。この4418万円に対応する融資

制度にはまず厚生年金融資があるが、これは710万円が融資限度。この物件の場合、大阪府の個人住宅建設・購入資金融資斡旋制度の適用があるが、両者を借りられたとしても1110万円が限度で、なお3308万円不足である。公社パンフレットでは、分譲価格の80％以内、融資額3000万円以下を限度として民間金融機関の住宅ローンを「紹介」するとしている。仮に1000万円の預金があるとして2300万円のローンを借りたとすると、公庫融資を含む毎月の返済総額は均等返済で31万3000円に達する。民間金融機関の住宅ローンの融資条件（年収400万円以上の場合、年間返済額は40％以内）から逆算すると、月収78万2000円、年収では939万円ないと、借入もできないし、返済もできない。

　山川は言うのである。「この年収939万円は、勤労者の平均年収の約2倍に相当する。パンフレットによれば住宅金融公庫融資を受けられる資格月収入は34万6000円にすぎない。この大阪府住宅供給公社の分譲住宅は、平均的貯蓄を有する平均年収勤労者のためのものでなく、持家の二次取得者（買換え取得）のものであったと評価せざるをえない」[10]。

　まさにこれは地方住宅供給公社の機能不全を示す例以外の何ものでもない。こうして東京でも大阪でも公営、公団、公社の公共住宅は地価高騰の影響を受けて、制度そのものがバブル化して身動きとれなくなっていくのである。より具体的、直截的な表現を使うとすると、それは「破綻」というしかない状況である。

　こうした状況は全国各地の地方住宅供給公社に共通していて、詳しくは公社につき触れる項で後述するが、2003年秋の時点で、中には廃止、あるいは民営化の方向を明らかにしたところも出始めている。国土交通省も、廃止を可能にする法整備の検討を始めていると伝えられている[11]。

　地価高騰が始まった1987年は、皮肉にも国連総会決議による「国際居住年」の年であったが、その年にわが国の住宅政策は大きなダメージを受けることになったわけであり、後述するが、この前後において政府がとった政策の誤謬により特殊法人の整理、合理化策が走り出すことにな

第1章　戦後住宅政策の終焉

るのである。つまり前述しているように，公団についていえばこのバブルのさいに，政府の意を受けて行った供給策による未入居住宅，長期未利用土地が重荷となり，公庫についていえば融資拡大による利子補給額の累積が大きな負担になり，政府はその解決策としてそれら特殊法人の整理，合理化を進める決意を抱くに至るのである。その政府方針を受けて整理，合理化の具体策を構想したのが臨調，行革審であり，実施に移したのが冒頭にしるした政府の特殊法人等改革推進本部だったわけである。そして戦後住宅政策を担ってきた公団，公庫は廃止されることになる。

　そうした観点から見ると，中曽根内閣は行政改革として国鉄，電電公社の民営化を行った政府として歴史に残っているが，バブルを引き起こすことによって実は公団，公庫の廃止ないしは民営化の先鞭をもつけていたわけである。その意味で住宅政策を破綻させるきっかけをつくった中曽根内閣の責任にはきわめて大きいものがあるといわなければならない。何となれば，戦後住宅政策を破綻させたというのは，つまり憲法第25条が掲げる理念を破壊するのに通じるものだからである。

　　（1）　特殊法人等改革基本法（平成13＝2001年法律58号）
　　　　　　第1章　総則
　　　　（目的）
　　　　第1条　この法律は，今次の中央省庁等改革の趣旨を踏まえ，特殊法人等の改革に関し，基本理念を定め，国の責務を明らかにし，及び特殊法人等整理合理化計画の策定について定めるとともに，特殊法人等改革推進本部を設置することにより，集中改革期間（この法律の施行の日から平成18年3月31日までの期間をいう。以下同じ）における特殊法人等の集中的かつ抜本的な改革を推進することを目的とする。
　　　　（定義）
　　　　第2条　この法律において「特殊法人等」とは，別表に掲げる法人をいう。
　　　　（基本理念）
　　　　第3条　特殊法人等の改革は，特殊法人等の事業が現在及び将来にわた

る国民の負担又は法律により与えられた事業独占等の特別の地位に基づいて実施されていることにかんがみ，各特殊法人等の組織及び事業について，その事業の本来の目的の達成の程度，その事業を民間にゆだねることの適否，その事業の便益を直接又は間接に受ける国民の範囲及び当該便益の内容の妥当性，その事業に要する費用と当該事業により国民の便益との比較等の観点から，内外の社会経済情勢の変化を踏まえた抜本的見直しを行い，国の事業との関連において合理的かつ適切な位置付けを与えることを基本として行われるものとする。

(国の責務)

第4条　国は，前条の基本理念（以下「基本理念」という）にのっとり，特殊法人等の改革に関する施策を策定し，及び実施する責務を有する。

第2章　特殊法人等整理合理化計画

(特殊法人等整理合理化計画の策定等)

第5条　特殊法人等改革推進本部は，この法律の施行後1年を目途として，基本理念にのっとり，各特殊法人等について，その事業及び組織形態の在り方を抜本的に見直し，その結果に基づき，特殊法人等整理合理化計画を定めなければならない。

2．特殊法人等整理合理化計画は，次に掲げる事項について定めるものとする。

1　廃止，整理縮小又は合理化，他の実施主体への移管その他各特殊法人等の事業について構ずべき措置

2　廃止，民営化，独立行政法人（独立行政法人通則法＝平成11年法律第103号＝第2条第一項に規定する独立行政法人のうち，同条第二項に規定する特定独立行政法人以外のものをいう）への移行その他各特殊法人等の組織形態について構ずべき措置

3　前2号に掲げるもののほか，各特殊法人等の改革のために構ずべき措置その他の必要な事項

4　内閣総理大臣は，前項の規定による報告があったときは，特殊法人等整理合理化計画を国会に報告するとともに，その要旨を公表しなければならない。

5　前2項の規定は，特殊法人等整理合理化計画の変更について準用する。

(特殊法人等整理合理化計画の実施)

第6条　政府は，特殊法人等整理合理化計画を実施するため，できる限り速やかに，遅くとも集中改革期間内に，法制上の措置その他の必要な措置を講じなければならない。

第3章　特殊法人等改革推進本部
（設置）
第7条　特殊法人等の改革の推進に必要な事務を集中的かつ一体的に処理するため，内閣に，特殊法人等改革推進本部（以下「本部」という）を置く。
（所管事務）
第8条　本部は，次に掲げる事務をつかさどる。
　1．特殊法人等整理合理化計画を策定し，及びその実施を推進すること。
　2．前号に掲げるもののほか，特殊法人等の改革に関する施策であって基本的かつ総合的なものの企画に関して審議し，及びその施策の実施を推進すること。
（組織）
第9条　本部は，特殊法人等改革推進本部長，特殊法人等改革推進副本部長，特殊法人等改革推進本部員をもって組織する。
（特殊法人等改革推進本部長）
第10条　本部の長は，特殊法人等改革推進本部長（以下「本部長」という）とし，内閣総理大臣をもって充てる。
　2．本部長は，本部の事務を総括し，所部の職員を指揮監督する。
（特殊法人等改革推進副本部長）
第11条　本部に，特殊法人等改革推進副本部長（以下「副本部長」という）を置き，国務大臣をもって充てる。
　2．副本部長は，本部長の職務を助ける。
（特殊法人等改革推進本部員）
第12条　本部に，特殊法人等改革推進本部員（以下「本部員」という）を置く。
　2．本部員は，本部長及び副本部長以外のすべての国務大臣をもって充てる。
（資料の提出その他の協力）
第13条　本部は，その所掌事務を遂行するため必要があると認めるときは，行政機関，地方公共団体及び独立行政法人（独立行政法人通則法第2条第1項に規定する独立行政法人をいう）の長並びに特殊法人等の代表者に対して，資料の提出，意見の開陳，説明その他の必要な協力を求めることができる。
（事務局）
第14条　本部に，その事務を処理させるため，事務局を置く。
　2．事務局に事務局長その他の職員を置く。
　3．事務局長は，本部長の命を受け，局務を掌理する。

(主任の大臣)
第15条　本部に係る事項については，内閣法（昭和22年法律第5号）にいう主任の大臣は，内閣総理大臣とする。
(政令への委任)
第16条　この法律に定めるもののほか，本部に関し必要な事項は，政令で定める。

　　附　則
(施行期日)
１．この法律は，公布の日から起算して3月を超えない範囲内において政令で定める日から施行する。
(この法律の失効)
２．この法律は，平成18年3月31日限り，その効力を失う。
　別表　(略)

(2) 特殊法人等整理合理化計画
　1．前文
　(特殊法人等改革の意義)
　　　　特殊法人等は，行政に関連する公的な事業を遂行するため，特別の法律により設立された法人である。昭和30年代にはとりわけ多くの特殊法人等が設立され，以後，行政ニーズの多様化・高度化に対応して，公共事業，政策金融，研究開発など幅広い分野において，各省庁との緊密な連携のもと，様々な政策実施機能を果たしてきた。
　　　　その一方で，特殊法人等については，設立当初の社会的要求を概ね達成し，時代の変遷とともにその役割が変質，低下しているもの，民間事業者と類似の業務を実施しており，国の関与の必要性が乏しいもの等の存在が各方面から指摘され，幾時にわたる改革も行われてきた。しかしながら，依然として多くの問題が解決されることなく残っており，平成9年12月にまとめられた行政改革会議最終報告では，(1)経営責任の不明確性，(2)事業運営の非効率性・不透明性，(3)組織・業務の自己増殖性，(4)経営の自律性の欠如などが厳しく指摘されている。
　　　　また，特殊法人等に対しては，平成13年度当初予算ベースで約5兆2800億円（国共済負担金等を除く）の補助金や約24兆4100億円の財政投融資など国からの巨額の財政支出・借り入れ等がなされており，中長期的な財政支出の縮減・効率化の視点や財政投融資改革との関連等をも踏まえた抜本的見直しが求められている。
　　　　特殊法人等改革は，こうした状況を踏まえ，重要な国家機能を有効に遂行するにふさわしい，簡素・効率的・透明な政府を実現する

第1章　戦後住宅政策の終焉

行政の構造改革の一環である。
(今回の改革の進め方)
　　今回の改革は163の特殊法人及び認可法人を対象とし，昨年12月に閣議決定された「行政改革大綱」及び先の通常国会で成立した「特殊法人等改革基本法」に基づき進められている。
　　すなわち今回の改革は単に法人の組織形態＝「器」の見直しにとどまるべきではなく，「中身」である特殊法人等の事業の徹底した見直しが，極めて重要であるとの認識の下，(1)事業の意義が低下していないか，(2)著しく非採算ではないか，(3)民営化の方が効率的ではないか等の基準に基づき，まずは全法人の事業の徹底した見直し，すなわち事業の内容はもちろん，その仕組み，更には子会社等を含む事業実施の方法等に遡った上での厳しい事業見直しを行うとともに，その事業見直しの結果を踏まえ，特殊法人等の組織形態について，廃止・民営化等の見直しを行うこととした。
　　また，改革を進めるにあたっては，総理を本部長とする「特殊法人等改革推進本部」を設置し，各特殊法人等の事業及び組織形態について講ずべき措置を定める「特殊法人等整理合理化計画」を策定し，同計画を実施するために，遅くとも平成17年度末までの「集中改革期間」内に，法制上の措置その他の必要な措置を講ずることが定められている。
(整理合理化計画作成の経緯)
　　特殊法人等改革基本法は6月に成立し，第1回の特殊法人等改革推進本部は，6月22日に開催した。8月10日に開催した第2回会合では，特殊法人等の個別事業見直しの考え方について公表した。また10月5日に開催した第3回会合では，個別事業見直しの考え方に基づき，平成14年度概算要求を検証した結果や，各法人の組織見直しの方向性等を公表した。
　　11月27日に開催した第4回会合においては，今般の改革全体を牽引する観点から，国からの財政支出が大きく，国民の関心も高い，日本道路公団，首都高速道路公団，阪神高速道路公団，本州四国連絡橋公団，都市基盤整備公団，住宅金融公庫，石油公団の7法人について，他の法人に先駆けて改革の方向性を示した。
　　整理合理化計画のとりまとめにあたっては，こうした作業に加え，全国4箇所で行った行政改革断行フォーラムやインターネット等を通じて各方面から寄せられるご意見を参考としつつ，また関係者等による様々な調整を行ってきたところである。
(整理合理化計画及びその実施)
　　本計画は，163の特殊法人及び認可法人を対象に，事業及び組織形

態の見直し内容を個別に定めるとともに各特殊法人等に共通的に取り組むべき改革事項について掲げている。　本計画の実現により，現状で163の特殊法人等は大幅に整理され，国の政策実施機関以外の法人として整理すべき共済組合45法人を除く118法人は，17法人が廃止，45法人が民営化等，38法人が36の独立行政法人化すること，等となる。

　併せて，組織形態ごとの性格も踏まえつつ，役員給与・退職金の適正化やディスクロージャーの徹底等が図られることとなる。

　今後，特殊法人等改革は，この「整理合理化計画」の実施段階に移行する。実施にあたっては，各法人所管府省が責任をもって対応することとなるが，平成14年度には事業について構ずべき措置の具体化に取り組むのは言うまでもなく，組織形態についても，原則として平成14年度中に，法制上の措置その他必要な措置を講じ，平成15年度には具体化を図ることとする。

　財政支出に関しては，この「整理合理化計画」の見直し内容について，可能な限り平成14年度予算に盛り込み，その大胆な削減を図るとともに，出資金の見直し等により予算の透明性の向上を図る。

　なお，整理合理化計画を進めるにあたり，当本部の下にその進捗状況を評価・監視するための組織を新たに設置し，適切にフォローアップを進めていくことにする。

　本「整理合理化計画」は，集中改革期間内に実現されるべき特殊法人等の見通し内容を示したものであり，その間における経済的，社会的その他緊急的な事態に対し，特殊法人等が真にやむを得ない場合に，臨時的・暫定的役割を果たすことまで否定するものではない。

　また，特殊法人等改革を推進するに当たっては，特殊法人等改革基本法の附帯決議にもあるとおり，特殊法人等で現在働いている職員の雇用の安定にも配慮しつつ必要な対策を検討する必要がある。

　（次にある都市基盤整備公団，住宅金融公庫等の「事業，組織形態について構ずべき措置」は，本文中に紹介しているので略する）

3．特殊法人等の改革のために構ずべき措置その他の必要な事項（一部略）

i．趣旨　(1)特殊法人等（認可法人を含む）は，廃止されるもののほかは組織形態を見直し，民営化（特殊会社化，民間法人化，完全民営化），独立行政法人化等が行われることになるが，それぞれの組織形態の一般的考え方は以下のとおりとする。なお，法人の事業の性格等に応じて個別に異なる取扱いをすることはありうる。

(2)特殊法人等の民営化，独立行政法人化等を行う場合，いずれの形態

第1章　戦後住宅政策の終焉

についても，特殊法人等について指摘されている弊害（経営責任の不明確性，事業運営の非効率性，組織・業務の自己増殖，経営の自律性の欠如等）を可能な限り克服しうるよう，制度設計上及び運用上留意する。（以下略）

ⅱ．民営化　(1)基本的考え方　事業の採算性が高く，かつ，国の関与の必要性が乏しい法人，企業的経営による方が事業をより効率的に継続実施できる法人又は民間でも同種の事業の実施が可能な法人は，原則として民営化する。
(2)特殊会社　(イ)必要に応じ，国等の株式保有義務について法定する。また，必要な条件整備等を行い，逐次株式の公開を行う。(ロ)移行後の法人において，常勤役員について，法人の業務内容に応じ，内部登用を含め民間人の積極的な起用に努める。特に監査役員については，関係省庁以外の者及び外部の者の登用に努める。（以下略）
(3)民間法人化された特殊法人・認可法人　(イ)民間法人化された特殊法人・認可法人は，臨時行政改革調査会最終答申（昭和58年3月14日）における「自立化の原則」に則ったものとする。なお，民間法人化する場合には，民商法に基づく法人，特別の法律に基づく法人で法律上数を限定しないもの，特別の法律に基づく法人で数を限定するもの，の順に民間法人化の可否を検討する。(ロ)なお，行政代行的業務その他競争が不適当な業務については，制度的独占による弊害を克服するための措置が十分に講じられることを条件に，制度的独占を認める。（以下略）(ハ)公益法人に対する指導監督基準の在り方を踏まえ，役員人事，ディスクロージャー等に関する政府としての統一的な指導監督基準を策定する。特に監査役員については，関係省庁以外の者及び外部の者の登用に努める。（以下略）

ⅲ．独立行政法人　(1)基本的考え方　(イ)廃止又は民営化できない事業であって，国の関与の必要性が高く，採算性が低く，業務実施における裁量の余地が認められる事業を行う法人は，事業の徹底した見直しを行った上で，原則として，独立行政法人通則及び個別法に基づく「独立行政法人」化する。(ロ)特殊法人等を独立行政法人化するに当たっては，独立行政法人制度の趣旨を踏まえた制度設計（主務大臣の個別的関与，予算措置等）とする。（以下略）(2)組織及び運営の基本　(イ)独立行政法人の組織及び運営の基本は(ロ)以下に掲げるほか，独立行政法人通則法及び「中央省庁等改革の推進に関する方針」（平成11年4月27日中央省庁等改革推進本部決定）による。(ロ)主務大臣は，中期目標期間終了時にその組織及び業務の全般にわたり，当該法人の存廃・民営化を含めて見当を行い，所要の措置を講ずる。（以下略）(3)(イ)特殊法人等のうち法人の毎年度の予算について

国会議決・承認の対象とされている法人については，当該国会議決・承認の趣旨，事業の性格等を勘案し，然るべき制度設計を行う。(以下略)

　　　iv. その他　(1)特別の組織形態等　(イ)(略)(ロ)政府からの高度の自主性が認められている法人，現時点では臨時的・特例的に追加された業務を多く行っており，平常時とは組織及び業務の在り方が大きく異なる法人等については，それぞれ徹底した事業見直しを行った上で，現在の組織形態により存続することも選択肢とする。(ハ)国直轄化は国の関与の必要性が高く，採算性の低い事業であって，他の実施形態をとることが極めて困難な場合についての選択肢とする。(中略)国直轄化を行う場合には，既存業務との一体化等効率的・効果的な事業実施を図ることとし，行政組織の肥大化につながらないよう留意する。(2)共通的事項　(イ)内閣は，特殊法人等（特殊会社を含む），民法法人化された特殊法人・認可法人及び独立法人の役員の人事及び処遇の在り方について，透明で客観的なルールを定め，公表するとともに，その実施につき，各省庁を適切に監督する体制を強化する。(ロ)特殊法人等の役員退職金について，平成13年度中に大幅削減を決定する。特殊法人等の役員給与について，公務員及び特殊法人等の職員並びに民間企業の役員給与の水準を勘案しつつ，適切な水準となるよう，平成13年度中に削減を決定する。(中略)(ヘ)国の財政的な支援等（過去に行われたものを含む）に応じ，剰余金等の国庫納付規定を整備する。(ト)今回の組織形態の見直しにより組織変更される特種法人等の債権債務関係については，適切に承継されるものとする。(チ)収支状況が悪化した場合に意図せざる国の財政負担が生ずる可能性がある法人を対象として，主務大臣が事業の収支状況を定期的に公表するとともに，収支見通しとの乖離が生じた場合に必要な見直しを行う制度の導入について検討する。

(3)　これらは『建設省50年史』(建設省，1998年)，臨時行政改革推進審議会資料および建設省建設経済局宅地開発課・住宅局住宅政策課監修『大都市住宅・宅地対策—住宅・宅地問題解決への土地活用戦略』(第一法規出版，1992年)などによる。

(4)　『朝日ジャーナル』(朝日新聞社，1982年12月10日号)。

(5)　バブル経済時の土地問題について筆者は，小著『土地臨調—土地・住宅問題の改革と展望』(御茶の水書房，1988年)，同『土地問題総点検』(有斐閣，1988年)，本間・五十嵐敬喜・原田純孝編『土地基本法を読む—都市・土地・住宅問題の行方』(日本経済評論社，1990年)などで，その状況を論評している。

(6)　『中央公論』(中央公論社，1987年1月号)。

第 1 章　戦後住宅政策の終焉

（ 7 ）　衆議院物価問題等に関する特別委員会議事録（1988年11月 8 日）。
（ 8 ）　東京都住宅政策懇談会資料。同懇談会はバブル時の1988年 2 月に発足。鈴木都知事の諮問を受けて東京都における新しい住宅政策を検討，90年 4 月に最終報告書を提出。これを受けて東京都は住宅基本条例を制定，『住宅白書』の刊行等を始めた。
（ 9 ）（10）　日本住宅会議編『住宅白書1992年版』（ドメス出版，1991年）49〜51頁。
（11）　『朝日新聞』2002年 8 月17日付夕刊。

第 2 章

戦後住宅法制度の発足とその意義

戦後の住宅法制度は、ほぼ1950年代に出そろう。それら制定の趣旨等を見ると、それは1947年に施行された新しい日本国憲法がその第25条に「すべて国民は、健康で文化的な最低限度の生活を営む権利を有する。2　国は、すべての生活部面について、社会福祉、社会保障及び公衆衛生の向上及び増進に努めなければならない」としるした〈国民の生存権、国の生存権保障責務〉を、「居住」の面において具体化すべく役割を担ってスタートしたことが読み取れる。つまり、そこには住宅法制度を「福祉国家」を形成するうえでの重要な法制度の一つとして位置づける意味が込められていたと見てしかるべきである[1]。

1　戦後住宅政策の展開と住宅法制度

　1941年に始まった太平洋戦争では、その末期に米軍の空襲により日本の都市という都市が大きな被害を被った。1945年8月に日本は敗戦、同年発足した戦災復興院によると、全国で戦災を受けた都市は120を数え、210万戸の住宅が空襲によって焼失した。開戦時の全国の住宅総数は約1400万戸であったから、その15％が焼失したことになる。そのほか強制疎開によって取り壊された住宅が約55万戸あり、加えて海外からの引揚げ者も多数あって、そのため敗戦直後の住宅事情はきわめて劣悪な状況に陥り、当時における住宅不足数は約420万戸（表2－1）にのぼったものと推定されている。その内訳は、前記戦災と強制疎開による取り壊し分が265万戸、戦時中の供給不足118万戸の計450万戸から戦災死による住宅需要減30万戸を差し引いたものである[2]。

　戦後すぐの住宅政策は、こうした住宅不足数を解消するのを第一目的とした。当面の政策課題は、バラック、仮小屋や壕舎に住まわざるをえない人々に、いかに迫りくる冬を無事越えさせるかというところにあった。そのために敗戦直後の1945年9月に閣議決定されたのが罹災都市応急簡易住宅建設要綱である。

　これは主要戦災都市のバラックなどの居住者に越冬住宅として面積

第 2 章　戦後住宅法制度の発足とその意義

（表 2 − 1 ）　敗戦直後の住宅不足戸数（1945年 8 月現在）

①戦争による不足	
イ．空襲による焼失	2,100,000戸
ロ．強制疎開の取り壊し	550,000戸
ハ．海外引揚げの需要	670,000戸
ニ．戦時中の供給不足	1,180,000戸
計	4,500,000戸
②戦争死による需要減	300,000戸
①−②戦争時の住宅不足	4,200,000戸

出所『建設省50年史』

6.25坪の応急簡易住宅を半額国庫補助によって30万戸を地方自治体に建設させようというものであった。しかし，資金，資材，土地に十分な裏付けがなく，また輸送は食糧優先であったから，計画通りにはいかず，同年度の建設戸数はわずか 4 万3000戸（既存建物の転用による住宅 3 万8000戸を加えても 8 万1000戸）にとどまり，目標を大きく下回ることになる。この国庫補助による地方自治体の住宅建設はその後，予算措置によって毎年行われることになり，のちの公営住宅制度の端緒となる。多くの政府文書がそう説明している[3]。「財政に資金的余裕がないこの時期に毎年度の予算の許す範囲内で事業の推進に努めることこそ来るべき住宅対策の計画への基盤づくりであった」[4]というわけである。

　次いで行われたのは，海外からの復員，引き揚げ者などの住宅需要に対応するために，住居として利用しうる建築物を住宅化する，すなわち焼ビル，兵舎，学校等の既存建物を住宅に転用をはかる住宅緊急措置令を1945年11月に施行したことである。同政令は翌年改正され，都道府県知事は住宅の所有者に対し，余裕住宅の届け出，貸し付けの勧奨及び貸し付け命令を発することができるとし，未開放のものには余裕住宅税を課することとしたが，しかし，1947年から49年までに5119戸が開放されたのみで終わる。つまり「焼け石に水」だった。

　1946年に入ると，人口10万人以上の都市への転入制限が実施され，都市において新たな住宅需要が増大するのを抑制する措置がとられる（都

会地転入抑制緊急措置）と同時に不要不急の建築を制限して，住宅用資材の確保を図る臨時建築制限令が公布される。さらに同年8月には戦災地の権利関係の調整のための罹災都市借地借家臨時処理法が，9月には地代家賃の高騰防止を図るための地代家賃統制令が公布される。

　このように敗戦直後の応急的住宅対策はつぎつぎ実施されていくのであるが，しかし，一般国民の住宅事情の改善はなかなか進まない。その理由は二つあって，一つは占領軍から兵隊の兵舎および宿舎の建設が課せられたのが財政に大きな負担となったほか，建設力を動員することになり，一般の住宅対策にそのしわ寄せがもたらされたことである。もう一つは復興の基盤をつくるための食糧増産用の開拓地入植住宅，炭鉱および産業労働者用の住宅建設に資金と資材が集中された（47年1月施行の臨時炭鉱労務者住宅建築規則などによる）ことであり，それら復興—再建のための傾斜生産計画による重点産業の労働力確保策としての住宅建設の規模は，この時期の全住宅建設面積の6分の1を占めたという数字もある[5]。この時期の住宅対策の特徴は，バラック，壕舎などにやむなく居住していて住宅困窮度がきわめて高かった一般国民の居住改善より，国家再建の主力とされた産業労働者のそれのほうが優先されたことである。

　1945年11月に設立された戦災復興院はこの間に48年1月に内務省土木局と統合されて建設院として発足，建設院は同年7月に建設省と改称されて，住宅政策，住宅行政は同省に一元化されることになる。このことは，戦前の住宅政策が内務省—厚生省による社会行政の一環として進められてきたのが，ここにおいて（その後，カタチの上で住宅法制度が「福祉国家」を具体化するうえで重要な位置付けがなされるとしても），とりあえずは経済政策の一環としての建設行政として進められることになったことを意味する。この点は特筆しておきたい。

一般住宅難対策と金融公庫の設立

　では，遅々として進まない一般国民の住宅難対策として妙手はないも

第2章　戦後住宅法制度の発足とその意義

(表2－2)　戦後5カ年間の住宅建設戸数

区分＼年度	1945	1946	1947	1948	1949	計
政府施策住宅A	105,067	155,151	114,619	86,591	51,071	512,499
民間自力建設B	130,733	304,149	511,481	654,309	319,029	1,919,701
計　C	235,800	459,300	626,100	740,900	370,100	2,432,200
A／C（％）	44.56	33.78	18.31	11.69	13.80	21.07

出所『建設省50年史』

のか。『建設省50年史』は「(国庫補助住宅のみによっては)膨大な住宅不足の解消を期待することはできず，また，財政上の理由から急激な戸数増を実現することもできなかった。このように終戦直後の住宅対策は，重大な障害に行きあたり，抜本的対策を必要としたのである。(中略)ここに本格的な住宅金融制度の創設が重要な課題となったのである」[6]としるしている。そこで同省は1949年に住宅対策懇談会を設け，制度創設の道筋を探ることになり，同年9月，建設省設置法に基づく住宅対策審議会の第一回会合を開いて「終戦後4年余を経過したが，勤労者，引揚者，戦災者その他の国民一般は依然として深刻なる住宅難にある。これら住宅困窮者に対する住宅供給の具体的対策は如何にすべきか」との諮問を行うことになる。具体的に国庫補助住宅は，1948年度の場合4万6000戸（表2－2の8万6591戸のうち）を建設できたが，49年度予算にあっては公共事業費の削減により2万5000戸に減っている。しかし，住宅不足数はこの時点においてもなお368万戸の多きに達する。では，どうしたらいいか，住宅金融制度を創設して，民間の自力建設を進めるほかないのではないかというわけである。同審議会は同年11月に住宅建設資金の融通に関する機構として住宅金融公社要綱を答申する。

ここにおいて戦後住宅政策の一つの柱として居住の確保を財政が逼迫した国に代わり民間自力建設に委ねる，いわゆる持ち家策が歩き出すことになるわけであるが，おりしもGHQから1948年8月10日付で金融機構改編命令が出ていて，その中で米国にならって住宅金融を行う特殊金

融機関の必要性が掲げられていたことも追い風となり、1950年4月に名称を「公社」から「公庫」に改めた住宅金融公庫法案が通常国会に提案され、同6月、同法が成立、住宅金融公庫が発足することになるのである。このように国庫補助住宅の法体系化に先立ち、民間自力による住宅建設を促す公庫がまず設立されることになったが、その趣旨に憲法第25条の理念が盛り込まれることになったのは特記すべきであろう。それは、居住の確保を民間に委ねはするが、それはそれとして、住宅政策として戦後初めて制定する法律だけにわずか8年前に公布された憲法の理念を明示したいという政府の苦しい立場を反映している。立法上の技術として、どんな法律においても憲法の理念が明示されるのが多いとはいえ、これはのちのちのために記憶しておいていいだろう。すなわち住宅金融公庫法第1条（目的）第1項は、

　「住宅金融公庫は、国民大衆が健康で文化的な生活を営むに足る住宅の建設及び購入（住宅の用に供する土地又は借地権の取得及び土地の造成を含む）に必要な資金で、銀行その他一般の金融機関が融通することを困難とするものを融通することを目的とする」

と明記しているのである。

公営住宅法の成立

　敗戦の年から始められていた国庫補助住宅は、年度ごとにその補助額と補助条件を定めて行われていたが、これは毎年度の予算措置による不安定なものであった。この制度に恒久性と計画性を持たせるには、法律が必要である。そこで建設省案をもとに形式は議員提出法案として公営住宅法が1951年6月に成立し、7月から施行されることになる。この法律こそ建設省にとっては住宅政策を展開するうえでの本命であった。公営住宅法第1条はその目的を、

第2章 戦後住宅法制度の発足とその意義

　「この法律は，国及び地方公共団体が協力して，健康で文化的な生活を営むに足りる住宅を整備し，これを住宅に困窮する低額所得者に対して低廉な家賃で賃貸し，又は転貸することにより，国民生活の安定と社会福祉の増進に寄与することを目的とする」

としていて，この法律こそ憲法第25条が規定する国の生存権保障の責務を住宅対策面において具体化しようとしたものであったからである。建設省当局者もこう説明していた。つまり「これは憲法第25条の規定の趣旨に即したものであり，公営住宅の供給が，単なる勤労者の住生活安定のみならず，社会福祉政策として位置付けられていることが明らかとされている」というわけである[7]。

　この説明を文字通り解釈すれば，公営住宅とは憲法第25条で述べている国民の生存権が住宅難の中で低所得者に現実に確保されていないことに対して，国の責務を実行することにおいて確保しようというものであり，社会保障における給付行政の一環として重要な意義を有するものと解することができよう。同法を読むと，そのような理解は実は，第3条（公営住宅の供給）によって裏付けられていることがわかる。すなわち同条は「地方公共団体は，常にその区域内の住宅事情に留意し，低額所得者の住宅不足を緩和するため必要があると認めるときは，公営住宅の供給を行わなければならない」としているのである。これは国に代わって自治体にその責務の実行を迫っているものである。そして第4条（国及び都道府県の援助）には，いわく「1　国は必要があると認めるときは，地方公共団体に対して，公営住宅の供給に関し，財政上，金融上及び技術上の援助を与えなければならない。2　都道府県は，必要があると認めるときは，市町村に対して，公営住宅の供給に関し，財政上及び技術上の援助を与えなければならない」と書かれているのである[8]。これは公営住宅の供給には当該市町村のみならず国，都道府県にも責務があると述べているわけである。法律も，法律をつくった当事者の説明

も、公営住宅は憲法第25条が示している国民の生存権保障の役割を担うものであるとしているし、また、していたのである。

しかし、これにより公営住宅の制度はできたが、その供給量には限度があり（1951～55年度の5年間合計で22万4000戸。年間平均4万4800戸)、対象は低所得層に限られているので、国民一般の住宅難はなかなか解消しないし、居住水準の回復もかんばしくない。1955年以降になると、衣食においては戦前の水準を超えるに至ったが、なお居住水準の回復は遅れ、しかも経済復興を背景に東京、大阪、名古屋の三大都市圏を中心とした大都市に人口が集中することになり、戦争による住宅の絶対的不足に加え、大都市地域における住宅難という新たな事態が生じる。おりしも1955年3月に成立した第二次鳩山内閣は重点施策の一つに住宅対策の拡充を掲げ、同年度を初年度とする住宅建設10カ年計画を策定するが、当時の公的資金による住宅供給の主力である公営住宅と住宅金融公庫融資のみでは住宅難解消は不可能なことがわかってくる。

第一に地域の行政区域を超えて拡大しつつあった東京、大阪圏等の大都市地域における住宅不足の急速な解消は期待できない。第二に住宅建設を困難にしていた最大の原因は宅地の取得難であり、宅地対策として大規模な新市街地の開発などが迫られていたが、公庫と公営住宅ではその役割を果たすのは不可能である。第三に住宅建設を拡大するには住宅建設資金に民間資金を大幅に導入する必要があるが、公庫と公営住宅はその受入れ先にはならない。

住宅公団の発足

このような大都市地域における広域的住宅供給の必要性、大規模な宅地開発とそれらに要する資金確保の必要性の三つを目標として、1955年、日本住宅公団法に基づく日本住宅公団が設立されることになる。同公団法第1条（目的）は言う（同公団がのちに衣替えする都市基盤整備公団法の文言とは全く異なる）。

第2章 戦後住宅法制度の発足とその意義

「日本住宅公団は，住宅不足の著しい地域において住宅に困窮する勤労者のために，耐火性能を有する構造の集団住宅及び宅地の大規模な供給を行うとともに，健全な新市街地を造成するために土地区画整理事業を施行することにより，国民生活の安定と社会福祉の増進に寄与することを目的とする」

注目したいのは，ここにおいても「社会福祉の増進」という文言で，憲法第25条の理念が表現されていることである。ここでは低所得者のみならず，一般勤労者の居住確保もまた国の責務と，政府自身に受け止められていたことがわかる。それは当然であった。当時の国と総資本は高度経済成長を遂げるために，とくに大都市の工場の働き手を地方から集めるのに躍起になっていたが，それを可能にするには適正な水準にある居住の場を大都市に確保する必要があったからである。大都市勤労者の居住を確保することは，国と総資本にとってまさに勤労者の「福祉」を担保することにほかならなかったのである。

1948年に建設省が発足したことは前述している。その後7年，ここにおいて戦後のわが国の住宅政策を進める役割を担う基本的な柱となる住宅金融公庫，公営住宅，日本住宅公団が出そろうことになるわけである。これは国家が法のもとに住宅の直接・間接供給を行う体系を確立したと解していいが，これら政策体系は二つの特徴を有するものであった。

第一にその体系は当然のことながら当時の住宅難解消のために戸数主義をとっており，いかに大量の住宅を直接・間接に供給するかに主眼をおいていた。さらにその対象を階層別に設定していて，つまり低所得層に対しては公営住宅が，中堅層に対しては公団住宅（賃貸・分譲）が，比較的余裕のある階層に対しては公庫融資（持ち家）というふうに所得階層に対応したものであった。第二に言えるのは，公営住宅，公団住宅に関しては対象が低・中所得層であることから，社会福祉的に対処することを法において明確に打ち出そうとしていたことである。中でも公営

住宅に関しては，給付行政の観点から対処されようとしていたといえる。

繰り返すことになるが，これらは建設省発足後7年目にして体系化されたものであり，それはまた敗戦後10年にしてようやくまとめられたものでもある。しかし，遅ればせながら敗戦後の住宅難解消をめざしたこれら法制度は，敗戦を機に全く新しい民主主義の発想で体系化されたものといえるのかどうか。たとえば公営住宅に見られる社会福祉的発想であるが，それは敗戦によって定着することになった民主主義に根ざして生まれたものなのかどうか。実は，これら法制度の原型は戦前にさかのぼり見ることができる。戦後発足したわが国の住宅法制度は戦前のそれを（名称を変えたりして）引き継いだものといっていいのである。そこで戦前の住宅法制度について簡単に触れておきたい。

2　戦前の住宅法制度との類似性

戦前，わが国における体系的な住宅政策は，1918（大正7）年11月に救済事業調査会が内務省からの諮問にこたえて答申した「小住宅改良要綱」に基づき同省がまとめた。救済事業調査会の答申は始め「細民住宅改良要綱」とするされていたことでも示されているように，低所得層を対象にその居住水準を改善しようというものであったが，答申後に「細民」の名が使われなくなったことでもわかるように実質的には中間層まで対象にしたものであった。そこでは内務省がその後の大正時代半ば以降，昭和はじめにかけて展開した住宅政策のかなりの部分をすでにこの時点において包括しており，しかも戦後住宅政策の柱となる公営住宅，住宅金融公庫などの骨格をもかたちづくるものであったのである[9]。

「小住宅改良要綱」に基づく住宅政策も階層別に展開するのを意図して形成されたが，中でもっとも大きなウェイトがおかれたのが公益住宅制度であった。同要綱の第1，4項に基づくこの公益住宅は，大蔵省預金部の資金を利用させて公共団体（地方自治体），公益団体に低利融資

第2章　戦後住宅法制度の発足とその意義

を受けさせ，その資金で非営利住宅を建設させて，低所得層，中間層に低額家賃で直接供給するというもので，利子は当初4.2％だった。これはつまり戦後の公営住宅制度そのものといっていいだろう。

公益住宅

　内務省による公共団体に対するこの公益住宅建設の勧奨は，1919年から始まり，さっそく東京市においては「市長は大正8年12月3日，議案151号を以て，近時本市内に於ける住民の増加に伴ひ住宅の不足を訴ふるに対し，急激なる物価，労銀の昂騰は之に反して住宅建設の数を減じ，之が調節を計るは目下の急務なりとの理由の下に，先づ京橋区及び本郷区内に適当の地区とし，小住宅を建設するの案を市参事会に提出せり，市参事会は本議案を以て適当と認め之に同意し，越えて大正9年2月10日の市会に於いて本議案は既決」[10]したほど，素早い対応を示した。

　その設計方針を見ると，対象は「多数の借家人階級」，家賃は「成可く低廉」と福祉的観点に立ちつつ，一方環境についても「土地建物のみに重きを置かず，交通衛生風水害上下水道瓦斯電灯炊事場洗濯場等の設備を完成し，特に衛生に関し……」[11]と，その重要性を指摘しているが，これは戦後，公営住宅が団地形式で建設・供給されるさいに基本となるものである。

　この公益住宅がとくに低所得層に対する福祉的観点から構想されたものであることを示した，当時内務省社会局長官の長岡隆一郎の言葉を前に紹介している。繰り返すが，それは以下のようなものであった。

　　「下層階級ノ者ニ生活ノ安定ヲ得サセル第一ノ要素トシテ，自分ノ家ニ住ハセルト云フコトハ，極メテ良イ政策デアリマシテ，思想上ニモ非常ニ安定ヲ感ズル，（中略）殊ニ東洋ノ諺ト致シマシテ，居ハ気ヲ移スト申シマスガ，清潔ナル衛生的ノ家ニ住ムト云フコトハ，知ラズ識ラズ清潔ナ習慣ヲ養フ，又其為ニ次第ニ精神上ニ慰安ヲ与ヘ好影響ヲ及ボス」。

この答弁の中間部分は前述しているので略するが，しかし，そのあとが重要である。入居者にあまり負担をかけると，それは「社会政策デハナク寧ロ下級民ニ対シテ，非社会政策ニナリマスカラ，家賃ヲ大体上ゲナイヤウニシテ良イ処ニ住ハセルヤウニシタイ」。家賃が高いと「真ノドン底生活ノ人ハ寧ロ其住宅ニ住ムコトヲ得ナイデ，又新シキ不良住宅ヲ作成スル結果トナル」。これは「非社会政策ダ」と長岡はいい，ここで公益住宅制度が社会政策として策定されたものであること，つまりその社会福祉的観点を強調したのであった(12)。

この内務省社会局の社会福祉観は，明治以来の救恤的，救貧的なそれから防貧的なものへ転換しつつあったものとはいえ，なお国家主義的な色彩が濃厚であるのは歪めない。それはたとえば「社会ハ一ツノ有機体デアル以上ハ，有機体ノ一部分ニ病気ガアリマシタナラバ，社会ハ決シテ健全ニ発達シナイ……一部分ニ於テ自活出来ナイ，若クハ貧乏線以下ノ生活ヲシテ居ル者ヲ打チヤッテ置キマスレバ，其社会ト云フモノハ決シテ健全ニ発達セザルノミナラズ，此一部分ノ疾患ノ為ニ内部ヨリ土崩瓦解スルト云フ危険ガアル」と長岡が述べていることでもわかるように，その対象の人々の生活保障よりも，むしろ社会不安解消のためというところに重きをおいた考え方にうかがうことができる。だが，低所得層に供給する住宅の家賃を高くすると，「社会政策」が「非社会政策」になってしまうと，この施策の重点を入居者の負担をいかに軽くするかに置いているところは，今日における公共住宅の最大の係数をすでに考慮しているわけで，まさに今日における社会福祉の観点を先取りしているともいえるのである。

この公益住宅の制度は戦中に入り，制度が凍結される1932（昭和7）年までの14年間に計4万6000戸が全国で建設・直接供給され，その資金量は計1億1000万円に達した。そのうちの約4分の1の1万戸は，内務省が公益住宅建設の勧奨を行ってからおよそ2年内に供給されたものであった。当初は，各公共団体，公益団体が熱心に取り組んだことがうかがえるというものである。

第2章　戦後住宅法制度の発足とその意義

住宅組合制度

「小住宅改良要綱」に基づき，次に進められたのが第8項に基づく住宅組合の制度である。これは戦後の住宅金融公庫融資に類似した制度であった。公益住宅制度とちがい，住宅組合は法による制度・組織であり，その住宅組合法は前記救済事業調査会の答申後，同調査会が組織を拡大した社会事業調査会の審議に付されたあと，1921年4月に公布，同7月から施行された[13]。

その立法趣旨は，床次竹二郎内相によれば「住宅の問題は近来国民生活上極めて緊切なる事柄として世の注意を惹くやうになりました。……将来のことを考へまするに，此機に於きまして住宅に関する法制を整へて置きまするすることは最も大事であると考へまするによって，慈に互助的に組合を組織いたしまして各々小なる住宅の供給を得る道を図りまする，その一法として慈に組合法を制定いたした次第であります。単りこの組合のみでは尚は足らないところもございまして，何れ住宅会社法の如きものも同時に制定されるが宣しからんと考へるのでありますけれども，此方は目下調査中でございまして到底今期の議会に提出いたす手続まで運びませぬ，取敢ずこの組合法を提出いたしました[14]」というところにあり，つまり都市中間層が自ら組合をつくり，互助的に住宅を建設するのをねらいとしていた。大蔵省預金部が府県を通じて組合員に低利で住宅資金を融資する。

同法第1条は「住宅組合法ハ組合員ニ住宅ヲ供給スルヲ以テ目的トス」と定められていて，住宅組合の事業は1　住宅用地の造成，取得，賃借，譲渡，2　住宅の建設，購入の二つであり，組合は7人以上の組合員で構成され，地方長官の許可によって設立できることになっていた。30坪未満の住宅建設には登録税や地方税の免除措置があった。その建て前は民間による自力建設である。そこに市民的消費組合による互助組織という，社会政策色を加味したのがこの住宅組合だったということができるが，しかし，社会福祉的住宅政策とはいえなかった。

この住宅組合は，土地の取得が個々人にまかされていたこと，手続き

が繁雑であったこと，自己資金がなければ組合員として出資できず，したがって組合員として加入できないことなどに加えて，おりから関東大震災による不況の深刻化もあって，結局1921年から38年までの18年間に計7400万円の融資により約3万5000戸が建設されるのにとどまる。前述しているように住宅金融公庫の原型がここにある。むろん，それは組合を通じてというものではあるが，公的住宅融資というカタチだけでなく，個々人による土地の取得，あるいは自己資金の必要性等をも指していることはいうまでもない。

さて議会での床次内相の説明にあった「住宅会社法」のほうはどうなったのだろうか。実は，この住宅会社こそ戦後の日本住宅公団の原型をなす住宅供給機関であった。

住宅会社法案

社会事業調査会が答申した住宅会社法案要綱原案[15]には，「住宅会社は小額所得者に住宅の供給を為すを以て目的とすること」とあった。この住宅会社については，後藤新平が1918年に設立した内務官僚を中心とした都市研究会の住宅政策実行委員会において，渡辺銕蔵が中心となって検討がなされており，その内容は『都市公論』1919年9月号に「建築会社法案要領」というかたちで発表されていた。

その提案による建築会社（つまり住宅会社）とは市，資本家の出資と小額債券発行による市民の零細資金の集中とによる特権をもつ株式会社で，細民住宅，中流住宅，公共的施設の建設，管理，経営およびそれら建設事業に対する資金貸し付けと，都市計画事業の包括的，部分的請負を行い，人口30万人以上の都市に各一社設ける。その特権としては割増付き債券発行のほかに官公有地の無料，低額使用，公租公課の免除，会社設立当初の政府による配当補償などが与えられる一方，制限として賃貸料許可制，配当制限，利益金積立てによる増資の禁止などが課せられるというものであった。

実際に社会事業調査会にかけられた原案はこれよりかなり私企業的競

第2章　戦後住宅法制度の発足とその意義

争原理を重視したものになり，たとえば賃貸料の許可制はとらず，公租公課の免除も一団地の住宅経営の場合に限るものとされ，さらに調査会の審議過程で一地域一会社の特許主義は免許主義となり，配当補給，配当制限も削除されたが，しかし，渡辺らの提案は原則的に盛り込まれたものになっていた。とくに住宅会社が行う事業は「一団地の経営」であることが強調されていた。これは，渡辺ら都市研究会が一団地の経営を通じて住宅を中心とした都市計画を展開しようと構想していたのを，社会事業調査会も支持したことを意味する。

　この住宅会社法案は組合法に遅れること7カ月，1921年11月に答申がまとまり，議会に提案される。貴族院住宅組合法案特別委員会において小橋一太内務次官は「英国に於いては住宅組合は労働階級に限っておりますが，今日我国に於きまして此相当な給料取で，或は学校の教員とか，或は小さい会社の俸給取り，吏員，店員と云ふやうな所に於て……自分の所有家屋を造らせると云ふ事は，住宅難を救ふ一つの緩和策であらうと云ふ考を持ったのでありまして，併ながら是は単に住宅組合のみでは住宅難を救ひ得るとは考へて居りませぬ……住宅会社法と云ふのを住宅組合法と同時に法案を組みまして……其会社法は相当の家を造って，貸家を作らせる，或は貧民窟，或は労働者の集って居る場所等に於きましても，大長屋式に依って衛生的若くは簡易に生活が出来るやうな家を造る方法をやらせたい，貸家政策を其方で取りたいと云ふ希望を持って居ります」と説明している。これでわかる通り，住宅組合が中間層を対象にした持ち家推進策であるのに対し，住宅会社のほうは賃貸住宅供給という役割を担わされていた。しかも一団地の建設・経営を中心的業務とするというのは，戦後の日本住宅公団に類似した住宅供給機関だったことがわかるのである。そこから当時「小住宅改良要綱審議の過程から見ても住宅問題の所在から見ても，会社法こそが住宅政策のむしろ『本命』であった」という評価[16]もなされているほどである。

　この住宅会社の財源は社会事業資金特別会計を設けて充てることが社会事業調査会によって結論された。その額は計3億円とされていた。同

特別会計法案は「1　住宅組合に対する低利資金の融通，2　住宅会社の配当補償，3　細民住宅建築費，4　部落改善費，5　職業紹介所法実施に伴う費用，6　救済賑恤費」の6項目からなる包括的なもので，つまり社会事業調査会はここにおいて，社会政策とまちづくりを平行的に行うことを目論んだのであった。こうして住宅会社法案は1921年11月，社会事業資金特別会計法制定の条件付きで答申されたのであるが，おりから積極財政から緊縮財政へ転換しつつあった大蔵省との交渉の難航，突然の原敬首相の死去等，社会情勢の変化で会計法案が議会に提案されないままに終り，したがって住宅会社法案もまた成立せずに終わるのである。

　しかし，この一団地の賃貸住宅供給を担うべく公的住宅供給機関はその後，思わぬかたちでつくられることになる。一時に大量の住宅不足を招いた関東大震災の災害復興を目的に，1924（大正13）年5月，内外から集まった救恤金と交付金1000万円を基金として発足した財団法人同潤会がそれである。

　同潤会ははじめ震災による罹災者向けの平屋長屋建ての応急住宅の建設を行ったが，それが完了すると，東京，横浜において勤労者向けの普通住宅とアパートメントを建設・供給することになる。その後アパートメントの供給に特化することになり，両市の15カ所で計2500戸弱を建設する。量としてはそれら都市の住宅問題を解決することにはつながらなかったが，勤労者を対象に賃貸住宅を供給する役割を担ったわが国ではじめての本格的な公的住宅供給機関となった。しかも，その住宅はすべて中層の鉄筋コンクリート造，水道，ガス完備，トイレは水洗式という集合住宅は時代の先端を行くものであり，それはまた都市の不燃化への道を開くものであって，戦後の日本住宅公団住宅をふくめて，その後の住宅のあり方に大きな影響を与えた。つまり同潤会住宅は，住宅会社が建設・供給しようとしていた住宅を住宅会社に代わって実施したのであり，住宅会社の延長線上に位置付けてしかるべき機関なのである。その規模はさほど大きいものではなかったが，住宅会社が行おうとしていた

一般勤労者向けの賃貸住宅供給を進めてきたわけだから。

このように見てくると，公益住宅，住宅組合，住宅会社が公営住宅，住宅金融公庫，日本住宅公団とみごとに重なりあっていることが理解できよう。そして，さらに強調しておきたいのは，わが国の住宅政策は戦前においても社会政策的に展開するのを意図し，かつ展開されてきたところに意義を有したが，戦後はそれが新しい憲法の登場により，その第25条にしるされている国民の生存権保障，国の保障責務を具体化するのを意図して，より福祉的に傾斜した政策が体系化されることになるわけである。

3 福祉国家形成の要件としての住宅政策

しかし，なぜ住宅政策が社会福祉政策ないし社会保障政策の一環として展開される必要性があるのか。これはまたなぜ，住宅法制度の形成過程におけるときどきの当局者がそういう観点からその立法化に当たったのかという問題でもある。つまり，なぜ戦前の内務省当局者は福祉的観点から公益住宅制度をつくったのか，またなぜ戦後に公営住宅制度が生まれたのかということである。

福祉国家への道筋

福祉国家への道筋を探る作業の中で住宅問題に取り組んだ一人に原田純孝がいるが，その原田はかつて「今日のわが国住宅法制と住宅政策の特徴を，いわば"福祉国家の住宅法制"という観点からどのように捉えるか」と問題提起したことがある[17]。その原田の言葉を借りれば，住宅問題とは「第一義的には，都市の勤労者とその家族にとっての基本的な生活の場の問題として現象」しており，しかも住宅をめぐる人間の要求が多面的である結果，住宅自体の物理的衛生的安全性の確保から居住水準，住宅費負担，職場との近接性等々，質的に異なるさまざまな問題を伴っている。それこそ現代資本主義社会の住宅問題なので，そこから

さらに次の二重の規定を受け取ることになる。その一つは住宅問題はすぐれて現代都市問題の一環であると同時に重要な社会問題であるという。したがって、国家は住宅問題に対してさまざまなレベルで「かつ多様な目的と内容をもって」介入することになる。その一つが都市の勤労者の住宅確保を目的とする政策的介入であり、二つ目がその場合の住宅保障の内容の問題であり、三つ目が現代都市問題の一環としての住宅・生活環境問題への対処という課題だとする。

　これには筆者も異議はない。筆者自身そうした視点からこれまで、都市・住宅問題にアプローチしてきた[18]。つづけて原田は言う。それゆえに住宅政策に関わる法制度も狭義の住宅関係の諸法律から都市計画、土地、環境から社会保障法の一部までの多面的内容的広がりを持つと。これは住宅政策とは単に住宅・都市計画法制のみならず社会福祉的観点をも包括的に踏まえて取り組まなければならない課題だということだろう。筆者がとくに憲法第25条にこだわってきた理由を明らかにしたいゆえ、原田の問題提起を紹介したわけである。

　さらに原田は言っていた。「福祉見直し」の動きがあり、また来るべき「高齢化社会にそなえて」住宅および住環境整備施策を充実させる必要に迫られていると。だから「都市住民とその家族の生活の場としての住宅を、都市自体の一部をなす居住・生活環境の整備とあわせていかに社会的に保障していくかという課題は、今後とも一層重要性を増していかざるをえない」というのが原田の見通しであった。原田がそう言っていた重要性が今日、ますます大きな意味を有してきているのはあらためて言うまでもあるまい（原田が言っていたのは1985年のことであるが）。

　原田が言う「社会的に」とは、どういうことなのか。それはつまり「公的に」ということであろう。その「公的」に国民の居住を保障する政策的概念をその後、「居住福祉」という言葉で表現したのは早川和男である[19]。早川はその定義をまとめるに当たり、住宅を福祉の基礎であり、人間の生命・健康を支えるべく「健康資本」ととらえ、そのうえ

第2章　戦後住宅法制度の発足とその意義

で「社会政策的」に国民に十分な住居を実現してはじめて，その概念の先にある居住福祉社会が可能になり，その結果として健全な現代国家が形成されることになると説明した。早川は「居住の安定がなければ，これからの社会は成り立っていかない。高齢社会の福祉など成立しようもない。『住居は人権であり，福祉の基礎である』という考えは，（今日ますます）意義をましている」[20]と言う。すなわち原田，早川らは，国民の居住保障を福祉国家成立の要件と見なしているわけであるが，その居住保障実現のために何よりも重要なのが「公的」に「社会政策」として住宅政策が展開されることにあるのは言うまでもない。そして，そのように「公的」に展開される「社会政策」としての住宅政策が展開されてこそ実現可能なのが居住の安定ということになる。これを整理すれば，現行社会保障体系の中に住宅保障を位置付け，住宅問題に対し公的介入を強めることによってこそ居住の安定を実現しうるということにほかならない。あらためて言うまでもなく，それは国民の住生活を人権として位置付け，国家がその実現の責務を負っていると考えるならば当然の帰結であろう。筆者も前述しているように原田の指摘以前にそのむねを提起してはいた[21]（この項では，法律専攻の原田のそれがより整理されているのでまずそれを紹介した）。あらためて当然の帰結たるその根拠を挙げておこう。

　その第一はあらためて言うまでもなく（前述しているように），憲法第25条に国民の生存権保障の規定がしるされていることであり，これを受けて各住宅法が前述しているように，ひとしく「国民生活の安定と社会福祉の増進に寄与することを目的とする」と述べ，また地方自治法第1条の2項が「地方公共団体は，住民の福祉の増進を図ることを基本として」行政を実施する役割を担うとし，あるいは同法第2条14項が「地方公共団体はその事務を処理するに当っては，住民の福祉の増進に努める」のを責務としているように，国民ないし住民の福祉を増進させることが，国，自治体の基本的責務であるとされているところにある[22]。

57

その二は，住宅が公共財的性格を有しているところにある。公共財は，排除困難な外部効果が一般的におよぶゆえに市場メカニズムにのみ委ねていると，たとえ独占的要素がなくとも資源の効率的配分はもちろん分配の公正にとっても好ましい事態を招かないところに特徴を有する。なぜならば，それは社会の構成員がそれぞれ消費する量が等しく，かつ社会全体の消費量が各構成員の消費量と等しいような財であるからであり，もっぱら政府の必要不可欠な活動によって提供される。その結果，それは各人がそれぞれ異なった量を消費しながら社会全体としての消費量は各人の消費量の総和にひとしい私的財と対応しており，しかも対価を支払った人に限定してサービスを提供するのが困難なところに私的財と異なった性格を有していて，これは市場において取り引きするのが困難な財と言えるからである。それはもっぱら政府の行政サービスによって提供可能なものであると言え，ここが公共財たるゆえんである。

　しかも，ふつう資本主義社会においては，あらゆる商品は市場メカニズムを通じて適正な質と価格のものが供給されるが，住宅に限ってはそうではない側面を有することが以上の理由をさらに補強している。早川がかつてその住宅固有の側面を挙げていた[23]。すなわち，住宅は位置的に固定していて，住宅適地としての土地は限られており，需要が増えたからといって需給関係を通じて良質のものを大量に安く供給するのは不可能である。また地価は経済動向により上昇する（もちろん下落することもあり，バブル崩壊後は下落している）が，勤労者の賃金は地価とは無関係で，それに対応できない。さらに住宅建設には巨額の資金を要し，持ち家でなく貸家の場合でも，要したその資金を家賃等で返却していくのは不可能なので，借り手の勤労者の支払い家賃に見合った額での良質な賃貸住宅は市場において成立せず，それは公的資金により公共財として供給されるしかないということである。だからこそ各住宅法も福祉的観点に立つことを宣言しているわけであり，これは市場経済主義者といえども首肯せざるをえないところだろう。

　その三は，以上の根拠と関連するが，それは分配政策上の理由で，社

第2章　戦後住宅法制度の発足とその意義

会福祉の中に食べていくための生活の保障と仕事（完全雇用）の保障に加えて，居住のナショナルミニマムを保障することを人間の基本的ニーズに応える政策として位置付けるとすれば，所得の平等化とともに居住の平等化への公的介入が要請される。というのも第二の根拠において説明したように個人が居住水準の改善・向上を図ろうとしても，現代においては外部条件によって，それが制約されることがあまりに多い。その外部条件を除去することが個人の行動，力の範囲外であるとすれば，公的介入，つまり政策的に疎外要因と化している外部条件を除去しなければならない。そうして分配が居住の面においても平等であるように図らなければならないということである。

　その四は，公的介入によって住宅の平等化と同時に居住環境の平等化も図りうるということである。その例は公共住宅によるニュータウンやさまざまな規模の公共住宅団地に見ることができるが，公的介入が土地利用の適正化を進め，公共公益施設を充実させるなどの面で都市形成に一定の役割を果たし，当該地域における居住環境の水準を上げ，その平等化を図っているのはまぎれもない事実なのである[24]。居住環境を整備することは地域福祉の一里塚を実現することにほかならない。

　このように示しうる住宅政策が公的・社会政策として展開されなければならない根拠の中で，とくに強調されなければならないのは第三の所得の再分配としての住宅保障への公的介入であろう。あらためて言うまでもなく住宅政策には賃貸住宅に関わるそれと持ち家推進策とがあるが，所得の再分配という点においては二つの住宅政策ともそれぞれ大きな矛盾を内蔵しているからである。すなわち現行（2003年時点において）の住宅政策は最低保障としての住宅扶助に始まって，ボーダーラインすれすれの低所得層には公営住宅を，中所得層については公団，公社の賃貸住宅を，それ以上の階層には住宅金融公庫融資による持ち家推進策を進めている。持ち家にはほかに公団や公社による分譲住宅もあるが，いずれにしてもこれらは中所得層以上がその対象であり，しかも公庫融資は土地を所有していないと，（マンションの場合は別だが）その

59

便益は受けられないことになっている。

公共住宅政策の特性

ここで公庫，公団の性格をあらためて見てみると，両者とも政府出資による特殊法人であり，その資金は政府の財政投融資資金から低利で融資を受けたり，政府の補助金に拠ったりして直接的間接的に政府資金によって運営されている。財政投融資の資金源は郵便貯金であり，補助金は国税によるものである。さらに公庫，公団は私企業とちがって利潤をあげる性格のものではないので，政府としては融資や補助金交付による得べかりし利益を公庫，公団に与えていることになり，これは最終的には国民が得べかりし利益を負担していることに通じる。このようにして行われている政府の公庫，公団に対する給付は公庫，公団利用者への給付であり，結局は公庫，公団非利用者の国民から利用者への所得再分配を意味することになる。公庫，公団の利用者が中所得層以上とすれば，このことは低所得層から中所得層への分配の逆流をも内蔵し，こうした所得再分配が公平を欠くことはあらためて言うまでもない（そうした不公平を解消するためにも公庫，公団は民営化すべきなのだという議論があった）。

同様なことは公共賃貸住宅一般についても言える。公団の賃貸住宅の入居者は中所得層以上となっているが，その入居者は非入居者の低所得層に比較してより有利な居住条件にあると言えるし，公営住宅入居者についても同じことが言えるだろう。つまり公庫，公団も利用できなければ，近年その建設戸数が減っているため公営住宅にも入居できないでいる低所得層は，狭小過密のうえ家賃も公共住宅に比較して高額の民間賃貸住宅に住まわざるをえない状況でいるのに，それらの人々は住宅という所得分配の恩恵に蒙らないでいるばかりか，逆に不公平な所得再分配を強いられているわけである。そのため中高所得者から低所得者へという所得再分配の本来のあり方を実現するうえにおいて，住宅に対する公的介入はいよいよ強く要請されることになるのである。

第2章　戦後住宅法制度の発足とその意義

　民間賃貸住宅居住者がそのような不公正な状態に陥っているのは，本来，低所得層こそもっとも住宅政策において重視されなければならないのに，画一的な持ち家策と賃貸住宅策の狭間で，この層がすっかり置き去りにされてきたからにほかならない。したがってそうした層にウェイトを置いた住宅政策（つまり所得の再分配としての住宅保障）を展開する方向に転換することこそ今後重要なのであって，不公平だから公庫，公団を民営化すべきだというのは安易な議論というべきだろう。むしろ民間賃貸住宅居住者の高齢化が進む中で，それら居住者の住宅保障をいかに進めていくかが最大の政策課題と化しつつあるといっていいだろう。それらの人々に対する年金制度や保険医療制度の充実も重要であるが（それらは年々後退していっているが），そうした「フロー」の対策だけでなく，最大の社会保障とは良質で水準が高く，しかも家賃の低い住宅をまず公的に「ストック」することであるのを，民間賃貸住宅居住者の例は示している。

　これらは単に法制度を整備すれば済む問題ではないのは言うまでもない。これまで見てきた通りにわが国の住宅法制度の多くは，憲法に掲げられた生存権の保障責務の観点から，それら法の目的をしるしている。それがその趣旨通りに展開されてきたかどうかを見てみるとはなはだ心もとないが，ともかく法制度は社会福祉的な立場に立って整備され，スタートすることはしたのである。問題はそれら法制度が，心もとないとしても，どう展開されてきたかということになる。国民の福祉を実現するうえで欠かせない居住を保障する役割を果たしてきたかどうかということである。おそらくそれを検証することは，戦後住宅政策の全容を検証することにつながるにちがいない。

4　住宅建設計画法

　住宅金融公庫，公営住宅，公団住宅各法による直接・間接の住宅供給は当初から政府による住宅建設計画によって進められた。最初の住宅建

設計画は鳩山内閣当時の1950年に策定された住宅建設10カ年計画であった。

　この計画は同内閣が国民の支持を期待して重要施策の一つに「住宅対策の拡充」を掲げたことから策定されたもので，1955年度当初における全国の住宅不足を約270万戸と推定し，これを10カ年で解消するとともに毎年の新規需要25万戸を充足することを目標とし，初年度の1955年度には42万戸を建設する計画を立てた。その内訳は民間自力によるものが24万5000戸，政府計画によるものが17万5000戸である。公庫，公営，公団による公的住宅供給の法制度が整備されたとはいえ，民間自力建設にその大半以上を委ねた計画であった。そのために政府は住宅建設に関わる税の軽減，金融機関の融資準則の改定，住宅融資保険制度の創設等の施策をつぎつぎ打ち出し，民間のそれはほぼ計画を達成することになる。

　その後は計画の破棄，新しい計画の策定，それを破棄してさらなる新計画の策定という試行錯誤がしばらくつづく。すなわち1956年12月に成立した石橋内閣は，計画を住宅事情の実態に合わせて短期間に進める必要があると前内閣のそれを破棄し，1957年度からほぼ5カ年で住宅事情を安定化するとして，同年度を初年度とする新しい住宅建設5カ年計画を策定，スタートさせる。

　この計画は毎年の新規需要の18～22万戸を充足しつつ，同年度における住宅不足数233万戸をほぼ5カ年で解消しようと，この間に政府施策住宅110万戸，民間自力による住宅170万戸の計280万戸の建設を目標とした。しかし，1958年10月に行われた住宅統計調査によれば，世帯の細分化による世帯増加が著しく，しかもそれが都市に集中しているばかりか，家屋の老朽化による建て替え必要な住宅も増えており，計画に対し住宅不足の解消が遅れていることが明らかになる。実態に合わせて策定されたはずの計画が，実は実態に即してはいなかったわけである。

　おりから1960年6月に成立した池田内閣は，12月に国民所得倍増計画を決定して，その中で1970年までの10カ年に1000万戸の住宅を建設する

第 2 章　戦後住宅法制度の発足とその意義

とし，さしあたり65年までの5年間に400万戸，そのうち政府施策分160万戸の住宅を建設して「一世帯一住宅」と不良住宅居住，老朽住宅居住，狭小過密居住の解消を実現しようという5カ年計画を策定する。ここでは政府施策分の大半は3寝室型と，質の高さも追求された。この計画実現のために新住宅地の開発事業，住宅の高層化を促進する施策が進められた。

　それらの結果，1963年住宅統計調査によれば全国の住宅数は2109万戸で58年の1793万戸に比べ17.6％の増加となった。しかし，総世帯数を見ると2182万世帯で，世帯当たりの住宅数は0.96から0.97に伸びたものの，いぜんとして一世帯一住宅は確保されていないことが判明する。世帯の細分化がその大きな理由の一つになっており，それはたとえば一世帯当たりの家族数が1960年国勢調査の4.54人から63年住宅統計調査では4.24人に少なくなっていることに示されている。戸数はなお充足されていないわけである。

　これを受けて1963年に，70年度までに一世帯一住宅を実現することを目標に10年間に1000万戸を建設するという総建設量はそのままにして，残りの64年度からの6年間に780万戸の建設を図る住宅建設7カ年計画をスタートさせることになるのである。しかし，この途中で，住宅建設計画を法律に基づく計画として展開することを模索し始める。

　これまでの住宅建設計画は，政府部内あるいは建設省内の計画にとどまり，政府計画として閣議決定などしたものではなく，また公的資金による住宅建設は厚生省所管の厚生年金住宅，労働省所管の雇用促進住宅等，各所管省庁によって独自に運営されている実情であった。また公営住宅については国会承認を受ける計画として，公営住宅法に基づく公営住宅建設3カ年計画があったが，これは住宅全体の総合的な計画を定めるものではなかった。そこに建設省が住宅建設計画の根拠法を模索するにいたった理由があった。

　大内健伉によれば「従来も住宅建設計画はずっとつくられていますが，位置づけというか性格がちょっと曖昧だったんです。法定計画とし

ては，公営住宅法の公営住宅3カ年計画という制度がありますが，それ以外は計画の根拠がなくて，そのときどきの経済政策の前提とか裏づけとかの関連で逐次，住宅計画を打ち出していたわけです。しかし，これらはどちらかというと建設省の計画だという感じで，政府全体の計画だという位置づけがないわけです。そういうことで住宅の総合計画をつくる。その場合に法にもとづくいわゆる法定計画，それから政府全体の計画にするという意味で閣議決定で決めたい」[25]ということだったというのである。なぜなら，建設省としては「閣議決定となれば，財政当局も責任をもって決めたということになります。もちろんそのときの財政事情があって，計画どおりにいかないということもありえますが，決めた計画自体は建設省も責任をもつと同時に財政当局も責任を負っている。そのほか各省もそれぞれ責任をもっている」[26]ことを法律で明示したかった。その計画は5年ごとに区切って，内容も民間建設までふくむ，総合的な計画とすることが省内の論議でまとめられた。

住宅建設計画法の制定

そのような事情を踏まえ1966年6月，住宅に関する総合的な計画立法としての住宅建設計画法[27]が制定されるのである。その第1条は法律の目的を

> 「この法律は，住宅の建設に関し，総合的な計画を策定することにより，その適切な実施を図り，もつて国民生活の安定と社会福祉の増進に寄与することを目的とする」

と述べている。ここでも法律の目的が「社会福祉の増進」にあることに注目しておきたい。加えて，この法律には，他の公共事業の長期計画の根拠法と比較してちがう点や特徴があることもしるしておかなければなるまい。

それはまず，この住宅建設計画法が恒久法であることである。大部分

第2章　戦後住宅法制度の発足とその意義

の公共事業関係長期計画が特別措置法を根拠としていて，その計画の策定のたびに法律の改正を要する（2003年4月に国土交通省が道路，河川など各種公共事業長期計画を社会資本事業整備計画として一本にまとめ，同整備計画法を国会に提出し，この事情は変わった）が，この法律は第4条1項において「国民の住生活が適正な水準に安定するまでの間，昭和41（1966）年度以降の毎5箇年を各1期として，当該期間中の住宅の建設に関する計画（以下『住宅建設5箇年計画』という）の案を作成し，閣議の決定を求めなければならない」と規定し，法律の改正を行うことなしに，5年ごとに計画を策定することになっている。これは「当時，著しく立ち遅れている我が国の住宅事情を向上させ，国民の住生活を適正な水準に安定させるためには，長い年月を要するとともに，住生活の水準自体も，社会経済の発展に応じて不断の向上を要請されるという認識に基づくものである」と，かつて建設省は説明していた[28]。

また，この法律では公的資金による住宅建設だけでなく，民間による住宅建設もふくめたすべての住宅建設の目標を立てているのが特徴になっている。これは民間建設の住宅に関して国は，資金的な援助は行っていないが，金融上，税制上においてさまざまな措置を講じているという認識から発したものと説明されている。

さらにこの法律では，地方にも住宅建設5カ年計画を策定させることになっているのも特徴的である。これは，住宅事情の実態は各地域，都道府県ごとにその様相を異にしており，全国一律の施策ではなじまない固有の問題をかかえており，また住宅建設が地方の行政と密接に関連していて，国全体の計画だけでは実効性ある計画とはなりにくいといった判断から，地方ブロックごと（地方住宅建設5カ年計画）と都道府県ごと（都道府県住宅建設5カ年計画）の計画をそれぞれ策定することになった[29]。しかし，これに問題なしとはいえない。つまり，それら地方計画の策定であるが，住宅建設5カ年計画が閣議決定されたあと，建設大臣がこれに基づき地方住宅建設5カ年計画を策定し，都道府県はこ

(表2-3) 住宅建設

区分 \ 5カ年計画	1期 (1966〜70年度)	2期 (1971〜75年度)	3期 (1976〜80年度)	4期 (1981〜85年度)
背景	残存する住宅難を解消するとともに，高度成長に伴う人口の大都市集中等による住宅需要に対処する。	残存する住宅難を解消するとともに，ベビーブーム世代の世帯形成による住宅需要に対応する。	住宅の量的充足を背景に長期的視点に立った居住水準の向上を図る。	大都市地域に重点を置いて引き続き居住水準の達成に努めるとともに，戦後ベビーブーム世代の持家取得需要等に対処する。
計画の目標	住宅難の解消 「一世帯一住宅」の実現	住宅難の解消 「一人一室」の規模を有する住宅の建設	居住水準目標の設定 ○最低居住水準…1985年を目途に，すべての国民に確保すべき水準。80年までに水準未満居住のおおむね2分の1の解消を図る。 ○平均居住水準…1985年を目途に，平均的な世帯が確保することが望ましい水準	引き続き居住水準目標の達成を図る。「住環境水準」を別途設定する。
建設戸数(千戸) 計画 総建設戸数	6,700　(50.0)	9,576　(55.3)	8,600　(60.0)	7,700　(71.4)
建設戸数(千戸) 計画 公的資金による住宅	2,700　(43.3)	3,838　(40.1)	3,500　(60.0)	3,500　(68.8)
(持家率%) 実績 総建設戸数	6,739.3　(50.7)	8,280　(59.5)	7,697.5　(70.6)	6,104　(63.0)
(持家率%) 実績 公的資金による住宅	2,565.3　(40.3)	3,108　(57.6)	3,648.5　(76.0)	3,231　(76.8)
備考	(68年住調) 全国的には住宅数が世帯数を上回る。	(73年住調) すべての都道府県で住宅数が世帯数を上回る。	(78年住調) 全体としての居住水準は着実に改善する。空家が268万戸に達する。	(83年住調) 最低居住水準未満居住について解消に遅れがみられる。

出所：各年度『建設白書』『国土交通白書』および『住宅建築ハンドブック』（日本住宅協会）より

第2章　戦後住宅法制度の発足とその意義

5カ年計画の推移

5期 (1986〜90年度)	6期 (1991〜95年度)	7期 (1996〜2000年度)	8期 (2001〜05年度)
21世紀に向けて安定したゆとりある住生活の基盤となる良質な住宅ストックの形成を図る。	90年代を通じた住宅対策を推進し、良質な住宅ストックの形成、大都市地域の住宅問題の解決、高齢化社会への対応等を図っていく。	①国民のニーズに対応した良質な住宅ストックの整備②安全で快適な都市居住の推進と住環境の整備③いきいきとした長寿社会を実現するための環境整備④地域活性化に資する住宅・住環境の整備の4課題に重点的に取り組む。	①国民の多様なニーズに対応した良質な住宅ストックの整備②いきいきとした少子・高齢社会を支える居住環境の整備③都市居住の推進と地域活性化に資する住宅・住環境の整備④消費者がアクセスしやすい住宅市場の環境整備の推進の4課題に重点的に取り組む。
新たな居住水準の設定 ○最低居住水準……基本的には4期水準を引き継ぐ。計画期間中できる限り早期にすべての世帯が確保できるようにする。 ○誘導居住水準……2000年までに半数の世帯が確保できるようにする。 都市居住型一都市の中心及びその周辺における共同住宅居住を想定 一般型一郊外及び地方における戸建住宅居住を想定 4期の住環境水準を維持しこれを指針として住環境の向上に努める。	誘導居住水準確保を目指した施策展開 ○誘導居住水準…5期の水準を引き継ぐ。2000年に全国で半数の世帯が、さらにその後できるだけ早期に、すべての都市圏で半数の世帯が確保することを目標とする ○最低居住水準…すべての世帯が確保すべき水準とし、特に、大都市地域に重点を置いて最低居住水準未満の世帯の解消に努力。 住環境水準を指針として、引き続き住環境の整備・改善に努める。	引き続き居住水準目標の達成を図る。 ○各居住室ごとの詳細な規定を簡略化し、間取りについては居住者の自由な選択に委ねる。 ○性能・設備について、安全性、耐久性、高齢者居住への対応、環境への配慮の観点から充実。 引き続き住環境水準に基づいて、住環境の着実な改善に努める。	○居住水準 誘導居住水準については、2015年度に全国で2/3の世帯の、また大都市圏の半数の世帯の達成を目指す。 ○住宅性能水準 2015年度において、手すりの設置、広い廊下幅の確保、段差の解消等がなされた住宅ストックの割合を全住宅ストックの2割、居住者の個別の事情に応じたバリアフリーリフォームがなされた住宅ストックを新たに2割形成する。 ○住宅環境水準 「緊急に改善すべき密集住宅市街地の基準」、「住宅市街地の改善等の指針」を設定
6,700　(63.3)	7,300　(61.2)	7,300　(59.5)	6,400　(63.8) (増改築4,300 (外数))
3,300　(72.1)	3,700　(68.2)	3,525　(70.2)	3,250　(69.6) (増改築4,300 (外数))
8,356　(49.2)	7,623　(58.3)	6,812　(61.9)	ー
3,138　(80.8)	4,017　(72.6)	3,487　(77.4)	ー
(88年住調) 最低居住水準未満居住が1割を下回った。 (9.5%)	(93年住調) 全体としての居住水準は着実に改善しつつある。	(98年住調) 約半数の世帯において誘導居住水準を達成した (46.5%)	ー

作成

の地方住宅建設5カ年計画に即して都道府県住宅建設5カ年計画を策定することになっている。すなわち中央―地方―都道府県という上から下への構造が明確にされていることである。国の計画は（法律では一応，都道府県の資料を参酌するとはしているものの）下から積み上げてつくられるのではなく，逆に都道府県の計画は国が策定したものに沿ってまとめなければならないことになっているのである。これでは国の計画も地方の計画も，地方の実態に対応した計画になるはずもない。

そうした特徴，欠点を有しながらもこの法律による第1期住宅建設5カ年計画が1966年にスタートする。この第1期計画は，当面の住宅難の解消とともに都市集中，世帯の細分化に伴う新規の住宅需要を充足させること，居住水準の改善を目標として，1970年度までに「一世帯一住宅」を実現することを目標にした。そこでは70年度までに小世帯（2～3人世帯）で9畳以上，一般世帯（4人以上の世帯）については12畳以上の居住水準を確保しようと，そのために同年度までに予測される世帯増による需要380万戸，建て替えまたは除却の需要143万戸，必要な空き家の増加分52万戸の計853万戸の中から64，65年度に建設された181万戸を除いた計670万戸が期間中の建設必要戸数として算出され，うち公営住宅は44万戸，公庫融資は108万戸，公団住宅は35万戸の建設が計画された。

こうして戦後住宅政策はここにいたり，公庫，公営，公団の法制度が一体化して展開されることになるわけである。それらを貫く理念があらためて指摘するまでもなく，憲法に基づき各住宅法が掲げた「国民生活の安定と社会福祉の増進」であったことは言うまでもない。

しかし，この時期から（あるいはこれ以前から）公庫，公営，公団ともに，それぞれその内部に問題を抱えていた。それが高度成長時代に入り，政府の政策の誤謬により顕在化するまでにそう時間はかからなかった。それは前記大内が言っていた「そのときどきの経済政策の前提というか裏づけの関連で逐次，住宅計画を出していた」やり方を避けようと，住宅建設計画法を立法化した建設省の意図をまったく無視し，経済

第 2 章　戦後住宅法制度の発足とその意義

政策の下に住宅政策を位置付け，経済政策の一環として住宅政策を展開させた歴代内閣の最高方針の結果，次第に顕在化してくるのである。
　以下，各法制度別にそれらを検証していこうと思う。

(1)　福祉国家形成に向けての観点からの住宅政策研究としては『福祉国家 6 日本の福祉と社会』(東京大学出版会, 1985年) における原田純孝「戦後住宅法制の成立仮定―その政策論理の批判的検証」, 大本圭野「福祉国家とわが国住宅政策の展開」があり, これは欠かせない文献である。筆者も『現代都市住宅政策』(三省堂, 1983年) の中でその観点からのアプローチを試みている。

(2)　この住宅不足数は, 当時は敗戦後の混乱のさなかであり, 住宅事情の現況把握が不可能な状態であったため, 戦災復興院が1935年を基準にして, 一定の住宅建設が実施された場合には住宅事情はほぼ一定に保たれ, 定常状態になることを前提として, この状態を破る要因を種類別に1935年から敗戦直後まで策定して不足数としたものである。今日ではこの420万戸が定説として説明されている。

(3)　たとえば『建設省50年史』(1998年), 建設省編『日本の住宅と建築』(大蔵省印刷局, 1973年) など。本城和彦「住宅問題の歴史的発展」(住宅問題研究会編『住宅問題』相模書房, 1951年) も, そのむね規定している。

(4)　土地・住宅行政研究会編『土地対策と住宅対策』(大蔵省印刷局, 1982年) 第3部第3章における記述。

(5)　前掲本城論文。

(6)　前掲『建設省50年史』461頁。

(7)　小泉重信「公営住宅の変遷と評価」(『ジュリスト』有斐閣, 1973年7月15日号)。当時小泉は建設省建築研究所住宅計画研究室長。その後, 1980年代以降, 小泉は建設省住宅政策の説明者として自治体などの各種審議会を通じて地域の住宅政策に携わる。

(8)　公営住宅法 (抄) は第4章の (注) において掲げる。

(9)　「小住宅改良要綱」
　1　公共団体ニ対シ相当ノ条件ノ下ニ住宅改良ノ用ニ供スル土地ノ収用権ヲ認ムルコト並ニ官公有地ノ譲渡貸付ニ付便宜ヲ図ルコト
　2　住宅建築及ビ用地買入其ノ他必要アル場合ニ於テハ公共団体ノ起債ヲ認メ及低利資金ノ融通ヲ図ルコト
　3　住宅巡視員ヲ設置シテ住宅改良ノ歩ヲ進メ特ニ密集住居ノ弊ヲ防クニ努メシムルコト
　4　公共団体又ハ公益団体ニ於テ低廉宿泊所ヲ設クルコトヲ奨励スルコト

5　官公署ニ於テハ成ルヘク従業員ノ住宅ヲ建築スルコト
　6　住宅改良ヲ目的トスル公益団体建築組合等ヲ奨励シ一定ノ条件ノ下ニ之ニ保護ヲ与フルコト
　7　会社工場等ニ従業員ノ住宅ヲ供給スルコトヲ奨励スルコト
　8　住宅ノ所有ヲ奨励スル為メ相当ノ資格ヲ有スル者ニ一定ノ組織ヲ設ケテ住宅資金ノ融通ヲ図ル等保護ノ方法ヲ講ズルコト
　9　長屋建築及会社工場等ノ従業員住宅ノ建築ニ付テハ認可制度ヲ設置スルコト
　10　衛生上又ハ保安上有害ナリト認ムル住宅ノ一部又ハ全部ノ修築ヲ命ジ其ノ使用ヲ停止若クハ禁止シ並ニ其ノ取崩シヲ命スル権能ヲ地方長官ニ与フルコト但シ其ノ取崩シヲ命スル場合ニ於テハ時宜ニ依リ公共団体ノ費用ヲ以テ補償ヲ与フルコト
　11　衛生上又ハ保安上有害ナリト認ムル地区ノ改良ニ付テモ亦前項ノ例ニ依ルコト
　12　市外ノ小住宅所在地ニ対スル交通機関ノ普及ヲ図リ且ツ賃銭ノ割引ヲ実行セシムルコト

希望事項
　1　住宅賃借ノ条件ニ付キ速ニ調査ヲ遂ケ相当ノ制限ヲ設ケルコト
　2　小住宅建築ニ適スル公有地ハ成ルヘク之ヲ保有セシムルコト
　3　小住宅改良ニ密接ノ関係アル土地増価及借地料ノ増加ニ対スル課税ニ関シテハ速ニ調査ヲ遂クルコト

(10)　『東京市社会局年報44』（東京市，1924年）。
(11)　『東京市の市営住宅設計方針』（東京市会において1918年7月可決の文書）。
(12)　第44回帝国議会貴族院委員会議事録（1921年3月12日）。
(13)　「住宅組合法」（大正11年法律第66号）
　第1条　住宅組合法ハ組合員ニ住宅ヲ供給スルヲ以テ目的トス，住宅組合ハ法人トス
　第2条　住宅組合ハ前条ノ目的ヲ達スル為左ノ事項ヲ行フコトヲ得
　　1．住宅用地ノ取得造成若ハ借受又ハ組合員ニ対スル貸付若ハ譲渡
　　2．住宅ノ建設又ハ購入
　第3条　本法ニ於テ住宅ト称スルハ住居ノ用ニ供スル家屋及其ノ附属設備ヲ謂フ
　　前項ノ附属設備ノ種類及範囲ハ命令ヲ以テ之ヲ定ム
　第4条　組合ノ供給スル組合員ノ住宅ハ一組合員ニ付一戸ニ限ル
　第5条　住宅組合ノ供給スル住宅ニ関スル坪数其ノ他ノ制限ハ命令ヲ以テ之ヲ定ム
　第6条　組合員ノ持分ノ之ヲ相続スルコトヲ得

第2章　戦後住宅法制度の発足とその意義

第7条　組合員住宅ノ所有権ヲ取得シタル後出資払込ノ完了ニ至ル迄ノ間左ノ各号ノ一ニ該当スルトキハ組合ハ定款ノ定ムル所ニ依リ組合員ニ対シ住宅ノ所有権ヲ組合ニ譲渡スルコトヲ請求スルコトヲ得
　1．出資払込ノ義務ヲ怠リタルトキ
　2．組合ノ定ムル住宅使用条件ニ違反シタルトキ
第8条　組合員ハ前条ノ規定ニ依リ其ノ住宅ノ所有権ヲ失ヒタルトキハ組合ヲ脱退ス
第9条　組合員出資払込ノ完了前住宅ノ所有権ヲ取得シタルトキハ組合ハ組合員ヲシテ未払込出資金額ニ付其ノ住宅ノ上ニ抵当権ヲ設定セシムルコトヲ得
第10条　住宅ハ定款ノ定ムル所ニ依リ之ヲ火災保険ニ付スヘシ
第11条　住宅組合ノ住宅ノ建設，購入若ハ住宅用地ノ取得又ハ組合ト組合員トノ間ニ於ケル住宅若ハ其ノ用地ノ所有権移転ニ関シテハ地方税ヲ課スルコトヲ得ス
第12条　北海道地方費，府県又ハ市町村ハ勅令ノ定ムル所ニ依リ住宅組合ニ対シ住宅資金ヲ貸付スルコトヲ得
第13条　国，北海道地方費，府県，郡又ハ市町村ノ所有ニ属スル土地ハ随意契約ニ依リ住宅組合ニ之ヲ売払又ハ貸付スルコトヲ得
第14条　住宅組合ハ主務大臣，地方長官，郡長及市長之ヲ監督ス
第15条　本法中，郡，郡長トアルハ郡長ヲ置カサル地ニアリテハ之ニ準スヘキモノトシ市町村，市長トアルハ市制又ハ町村制ヲ施行セサル地ニアリテハ之ニ準スヘキモノトス
第16条　略
本法施行ノ期日ハ勅令ヲ以テ定ム
住宅組合法の施行
勅令第303号を以て，左記の如く，住宅組合法施行の期日を公布せられた。
住宅組合ハ大正10年7月10日ヨリ之ヲ施行ス
(14)　第44回帝国議会貴族院委員会議事録（1921年3月12日）。
(15)　「住宅会社法案要綱原案」
　1　住宅会社は小額所得者に住宅の供給を為すを以て目的とする事
　2　住宅会社の組織は株式会社組織とする事
　3　住宅会社は一営業区域に一会社を以て限りとし原則として北海道又は府県の区域を一営業区域とする事但し土地の状況により道府県を二区域以上に分割し又は二以上の県を合併し一区域とする事を得る事
　4　住宅会社の業務の種類及範囲を左の通りとする事
　　イ．住宅用地の造成賃貸または売却
　　ロ．住宅の建築賃貸又は売却
　　ハ．住宅の管理其他前二項の事業の為に必要なる事項

ニ．以上の外必要なる公益的設備の建設若しくは管理又は其請負を為す事
5　住宅会社は一団地の住宅経営を為す場合に限り内務大臣の許可を受け前項の外必要なる公共的事務を管理する事
6　内務大臣必要と認めたる時は住宅会社に対し期間を指定して住宅の建築を命ずる事を得る事
7　北海道地方費府県又は市郡町村をして其区域とする住宅会社の株式を引受くるを得せしめ之を甲種株式とし一般の引受けたる株式を乙種株式とする事
8　甲種株式の離権は内務大臣の許可を受けしむる事
9　住宅会社に対しては左の特典を与ふる事
　　イ．払込資本金の10倍を限り住宅債券を発行する事
　　ロ．会社成立後10年間国及北海道地方費又は府県は各払込資本金の百分の三を限度とし配当率六分に達するまで乙種株式に対し等分の割合を以て補給を為す事
　　ハ．一団地の住宅の経営を為す場合に限り土地収用法の規定に拠り必要なる土地を収用又は利用する事を得せしめ其住宅用地として使用せらるる間は買戻権を行使せしめざる事
　　ニ．一団地の住宅経営を為す場合に於ては国及公共団体は会社の供給する住宅及敷地に対し其所有に属する土地租税共他の公課を課せざるを得る事
10　住宅会社の所有する建築物は定款の定むる所に由り火災保険を課せしむる事
11　利益金の処分に就ては左の各号に拠らしむる事
　　イ．毎営業年度決算補填準備金として利益金の百分の八以上配当平均準備金として百分の二以上を積立つる事
　　ロ．利益配当に就ては先づ乙種株式に対し年六分の配当を為したる後甲種株式に対し年六分に達する迄配当を為し尚剰余ある時乙種株式に対し年二分迄の追加配当を為すことを得る事
12　故に留保利益金の振替を以て増資を為さんとする場合に於ては其増資振当額中より先づ配当補給を為したる北海道地方費及府県に対し従来の配当補給支出金額に達するまで無償にて甲種乙種新株券を交附せしめ其残余の増資振当金は甲種株主と乙種株主に対し平等に割り宛て増資払込金に充当せしむる事
13　内務大臣は住宅会社の業務を監督し監督上必要なる命令を発するの外土地家屋の賃貸又は売買の制限に関する必要なる命令を発するを得る事
14　住宅会社の定款の設定並に其変更及取締役並監査役の選任は内務大臣の認可を受けしむる事
15　政府は内務省又は関係地方庁の高等官中より住宅会社監理官を命じ内務大臣の指揮を受け住宅会社の業務を監視せしむる事

第 2 章　戦後住宅法制度の発足とその意義

　　16　住宅会社監理官の職務権限を左の如く定むる事
　　　イ．何時にても住宅会社に命じて営業上諸般の計算及び状況を報告せしめ書類帳簿を徴し及び実地に就き業務及び計算を検閲するを得る事
　　　ロ．株式総会其の他諸般の会議に出席し意見を陳述するを得る事但議決の数に加はらしめざる事
　　17　住宅会社に於て左の行為ある時は取締役を2000円以下の科料に処する事
　　　イ．内務大臣の建築命令監督命令及び賃貸売買の制限に関する命令に従はざる事
　　　ロ．制限を越えて債券を発行し建築物を火災保険に附せず所定の積立金を為さず利益配当の規定に違背し又は増資担当の規定に従はざる時
　　　ハ．住宅会社監理官の命に従はず又其の業務及び計算の検閲を拒みたる時
　　18　住宅会社の設立は左の各号に依る事
　　　イ．内務大臣必要と認むる地方に設立委員会を置き住宅会社の設立に関する一切の事務を処理せしむる事
　　　ロ．設立委員は定款を作り内務大臣の認可を受けたる後株主を募集し之を終りたる時は株式申込証監査委員に提出し住宅会社の認可を申請する事
　　　ハ．住宅会社の認可を受たる時は設立委員は遅滞なく各株式に就き第一回の払込を為さしむる事
　　　ニ．創立総会終結したる時は設立委員は其の事務を住宅会社に引渡しする事
　　　　　　　　　　　　　　　　　　　　　（『日本社会事業年鑑』1921年版より）

(16)　日本住宅総合センター『戦前の住宅政策の変遷に関する調査』(1981年) 第3章。
(17)　前掲原田「戦後住宅法制の成立仮定―その政策論理の批判的検証」318頁および321頁以下。
(18)　前掲本間『現代都市住宅政策』。
(19)　早川和男・岡本祥浩『居住福祉の論理』(東京大学出版会, 1993年), のち早川和男『居住福祉』(岩波新書, 1997年)。早川の呼び掛けにより2001年に居住福祉学会が発足している。
(20)　前掲『居住福祉』226頁。
(21)　前掲本間『現代都市住宅政策』。
(22)　「はじめに」の（注2）で前述しているように憲法第25条の生存権については, プログラム規定説がもっとも有力な解釈とされている。
(23)　早川和男「住宅政策転換の理念と方向」(『土地住宅問題』土地住宅問題研究センター, 1978年7月号)。
(24)　前掲本間『現代都市住宅政策』の第3章の3「住宅都市の形成」において, 東京都江東区がかつての工場都市から住宅都市へ変わっていく過程から, 公的住宅団地の建設が地域の社会資本整備に果たした役割を検証している。

(25)(26) 大本圭野『証言 日本の住宅政策』（日本評論社，1991年）中の大内「住宅建設計画法の成立過程」432頁以下。当事者からの聞き取りをまとめた同書は住宅政策研究の必須文献の一つである。大内健価は元建設省住宅局住宅計画課課長補佐。のち日本住宅公団総務部長などを経て建設省大臣官房営繕参事官などを務める。
(27)「住宅建設計画法」（昭和41＝1966年6月30日，法律100号）施行。なお以下は1999年改正に基づく。

（目的）
第1条　この法律は，住宅の建設に関し，総合的な計画を策定することにより，その適切な実施を図り，もつて国民生活の安定と社会福祉の増進に寄与することを目的とする。

（国及び地方公共団体の責務）
第2条　国及び地方公共団体は，住宅の需要及び供給に関する長期見通しに即し，かつ，住宅事情の実態に応じて，住宅に関する施策を講ずるよう努めなければならない。

（定義）
第3条　この法律において「公的資金による住宅」とは，次の各号に掲げる住宅をいう。
 1　公営住宅法（昭和26年法律第193号）による公営住宅（以下「公営住宅」という）
 2　住宅地区改良法（昭和35年法律84号）による改良住宅
 3　住宅金融公庫が融通する資金によって建設され，若しくは購入され，又は改良される住宅
 4　都市基盤整備公団がその業務として賃貸し，又は譲渡する住宅
 5　前各号に定めるもののほか，国，政府関係機関若しくは地方公共団体が建設する住宅又は国若しくは地方公共団体の補助金，貸付金等の財政援助による住宅

（住宅建設5箇年計画）
第4条　1　国土交通大臣は，社会資本整備審議会の意見を聴いて，国民の住生活が適正な水準に安定するまでの間，昭和41年以降の毎5箇年を各1期として，当該期間中の住宅の建設に関する計画（以下「住宅建設5箇年計画」という）の案を作成し，閣議の決定を求めなければならない。
　2　住宅建設5箇年計画には，5箇年間における住宅の建設の目標を定めなければならない。この場合において，公的資金による住宅については，その建設の事業の量を明らかにしなければならない。
　3　前項の目標を定めるに当たっては，住宅の需要及び入居者の負担能力を考慮し，かつ，適切な規模，構造及び設備を有する居住環境の良好な住宅が建設されるよう配慮しなければならない。

第2章 戦後住宅法制度の発足とその意義

　4　国土交通大臣は，住宅建設5箇年計画の案を作成するに当たっては，都道府県知事が，国土交通省令で定めるところにより，市町村の意見をきいて作成し，国土交通大臣に提出した資料を参酌しなければならない。
　5　国土交通大臣は住宅建設5箇年計画を作成しようとするときは，あらかじめ関係行政機関の長に協議しなければならない。
　6　国土交通大臣は，第1項の規定による閣議の決定があったときは，遅滞なく，住宅建設5箇年計画を都道府県に通知しなければならない。
　7　前各項の規定は，住宅建設5箇年計画を変更しようとする場合に準用する。
（地方住宅建設5箇年計画）
第5条　1　国土交通大臣は，前条第1項の規定による閣議の決定があったときは，遅滞なく，住宅建設5箇年計画に基づいて，社会資本整備審議会の意見を聴き，政令で定める地方ごとの住宅建設5箇年計画（以下「地方住宅建設5箇年計画」という）を作成するものとする。
　2　前条第2項及び第3項の規定は，地方住宅建設5箇年計画について準用する。
　3　国土交通大臣は，地方住宅建設5箇年計画を作成しようとするときは，あらかじめ，関係行政機関の長に協議するとともに，関係都道府県の意見をきかなければならない。
　4　国土交通大臣は，地方住宅建設5箇年計画を作成したときは，遅滞なく，これを関係都道府県に通知しなければならない。
　5　前各項の規定は，地方住宅建設5箇年計画を変更しようとする場合に準用する。
　6　国土交通大臣は，地方住宅建設5箇年計画を作成したときは，遅滞なく，地方住宅建設5箇年計画に基づいて，関係都道府県の意見を聴き，都道府県の区域ごとの5箇年間における公営住宅の整備の事業の量（以下「都道府県公営住宅整備事業量」という）を定め，これを当該都道府県に通知しなければならない。
　7　国土交通大臣は，都道府県公営住宅整備事業量を定めようとするときは，公営住宅（公営住宅法第8条，第10条並びに第17条第2項及び第3項の規定によるものを除く）に係る部分については，あらかじめ厚生労働大臣に協議しなければならない。
　8　前2項の規定は，都道府県公営住宅整備事業量を変更しようとする場合に準用する。
（都道府県住宅建設5箇年計画）
第6条　1　都道府県は，前条第4項及び第6項の規定による通知を受けたときは，遅滞なく，市町村と協議の上，地方住宅建設5箇年計画に即して当該都道府県の住宅建設5箇年計画（以下「都道府県住宅建設5箇年計画」という）を作成するものとする。

2　都道府県住宅建設5箇年計画には，5箇年間における住宅の建設の目標を定めなければならない。この場合において，公営住宅その他地方公共団体が建設する住宅及び地方公共団体の補助金，貸付金等の財政援助に係る住宅については，その建設の事業の量を明らかにしなければならない。
3　第4条第3項の規定は，都道府県住宅建設5箇年計画について準用する。
4　都道府県住宅建設5箇年計画のうち，公営住宅に係る部分については，都道府県公営住宅整備事業量によらなければならない。
5　都道府県住宅建設5箇年計画は，当該都道府県が作成した総合的な開発に関する計画との調整について十分配慮されなければならない。
6　都道府県は，都道府県住宅建設5箇年計画を作成したときは，これを国土交通大臣に報告しなければならない。
7　前各項の規定は，都道府県住宅建設5箇年計画を変更しようとする場合に準用する。
（住宅建設5箇年計画の実施）
第7条　1　国は，住宅建設5箇年計画に係る公的資金による住宅の建設の事業の実施のために必要な措置を講ずるとともに，住宅建設5箇年計画を達成するために必要なその他の措置を講ずるように努めなければならない。
2　地方公共団体は，都道府県住宅5箇年計画に係る前条第2項後段の住宅の建設の事業の実施のために必要な措置を講ずるとともに，都道府県住宅建設5箇年計画を達成するために必要なその他の措置を講ずるように努めなければならない。
第8条　関係行政機関は，住宅建設5箇年計画の実施に関連して必要となる公共施設及び公益施設の整備に関し，相互に十分な協力をしなければならない。
（住宅の建設基準）
第9条　1　国は，住宅建設5箇年計画に定められた住宅の建設の目標に即して必要な住宅の建設基準を定め，これに基づいて住宅の建設又は住宅の建設に関する指導を行うように努めなければならない。
2　地方公共団体は，前項の建設基準に基づいて住宅の建設又は住宅の建設に関する指導を行うように努めなければならない。
（資料の提出等）
第10条　国土交通大臣は，住宅建設5箇年計画又は地方住宅建設5箇年計画の作成又は実施のために必要があると認めるときは，関係行政機関の長に対し，必要な資料の提出を求め，又はその所管に係る公的資金による住宅の建設基準，助成条件その他当該住宅の供給に関し意見を述べることができる。

(28)(29)　前掲『建設省50年史』480頁。

第 3 章

住宅金融公庫

住宅金融公庫の発足当時，政府資金も民間金融機関も産業復興資金の供給に追われ，長期かつ低利の住宅金融を行う資金力がなかった。この資金不足が戦後の住宅建設を困難にしているという認識が政府部内に大きくなったことから，公庫がスタートした。そもそもは民間金融機関が住宅金融をやってくれないから公庫を発足させてやるしかないということだったのである。この公庫を，政府が個人の住宅建設，つまり持ち家推進策に特化して利用しているうちは大きな問題は生じなかったが，経済政策の大きな柱として利用することになって，公庫に対する利子補給金の額が増え，したがって住宅金融市場が拡大していくにつれ，政府，民間金融機関双方に大きな問題が生じることになり，結局，その問題解決のために公庫の業務は民間に移されることになった。公庫発足から民間への業務委譲までの約50年間において，政府が冒した最大の政策的誤謬は，本来住宅政策の一環として進められるべき公的住宅金融を，経済政策に傾斜して利用したことにあったといっていいだろう。

1　特殊法人改革の締め括り

　2003年6月4日，住宅金融公庫法[1]および住宅融資保険法の一部を改正する法律が国会で成立し，同11日に公布，施行された。新聞は「民間も公庫並みに」という見出しを掲げて「民間金融機関が住宅金融公庫並みの長期固定金利の住宅ローンを供給できるよう，公庫が住宅ローンの証券化支援業務を実施するための改正住宅金融公庫法・住宅融資保険法が4日，参院本会議で可決，成立した。政府の特殊法人等整理合理化で同公庫が廃止され，新たな独立行政法人に業務が引き継がれることに伴う措置。新たな独立行政法人業務に直接融資を残すかは，民間金融機関の長期ローンの普及をみて判断する[2]」と伝えた。これにより政府が進めていた特殊法人等改革のうち，住宅金融公庫についてはほぼ完結したことになる。

　住宅金融公庫法の改正は詳しくは，公庫が民間金融機関の住宅ロー

を譲り受け，信託したうえで，それを担保として公庫が債券を発行する「買取り型の証券化支援業務」と，公庫の住宅融資保険がつけられた民間金融機関の住宅ローン債券やその信託受益権を担保とする債券等について公庫が期日通りの元利払いを保証する「保証型の証券化支援業務」を公庫が行うことを可能にするためになされたものである。また，この法律の附則によって公庫の業務を受け継ぐ独立行政法人が2007（平成19）年3月31日までに設置されることが定められた。

この改正は主に同法第1条（目的），第5条（資本金），第17条（業務の範囲），その他で行われた。

つまり第1条では「住宅金融公庫は，国民大衆が健康で文化的な生活を営むに足る住宅の建設および購入（住宅の用に供する土地又は借地権の取得及び土地の造成を含む）に必要な資金で，銀行その他一般の金融機関が融通することを困難とするものを融通することを目的とする」とあったのを，「住宅金融公庫は，国民大衆が健康で文化的な生活を営むに足る住宅の建設及び購入（住宅の用に供する土地又は借地権の取得及び土地の造成を含む）に必要な資金について，銀行その他一般の金融機関が融通することを困難とするものを自ら融通し，又は銀行その他一般の金融機関による融通を支援するための貸付債権の譲受け若しくは貸付債権を担保とする債券等に係る債務の保証を行うことを目的とする」と改正された。

第5条では，3「政府は，前項の規定により公庫がその資本金を増加する場合においては，予算に定める金額の範囲内で，公庫に出資することができる。この場合において，政府は，当該出資した金額の全部又は一部が住宅融資保険法（以下「保険法」という）による保険の基金に充てるべきものであるときは，その金額を示すものとする」とあったのを，「政府は，前項の規定により公庫がその資本金を増加する場合においては，予算に定める金額の範囲内で，公庫に出資することができる。この場合において，政府は，当該出資した金額の全部又は一部が第26条の3第1項の規定により第26条の2第1項第2号に掲げる債券譲受けの

業務，同号掲げる債務保証特定保険の業務又は同項第3号に掲げる保険の業務に関して設けられた基金に充てるべきものであるときは，それぞれの金額を示すものとする」と改正された。

　第17条では，9「公庫は，第1条第2項に掲げる目的を達成するため，融通法第7条に規定する資金の貸付けの業務及び保険法による保険の業務を行う」が「公庫は，第1条第1項に掲げる目的を達成するため，住宅の建設又は既存住宅の購入に必要な資金（当該住宅の建設又は既存住宅の購入に付随して新たに土地又は借地権の取得を必要とするときは，当該土地又は借地権の取得に必要な資金を含む）の貸付けに係る主務省令で定める金融機関の貸付債券について，次の業務を行う。1　当該貸付債券の譲受け（以下「債券譲受け」という）。2　当該貸付債券（保険法第5条第2項に規定する債務保証特定保険関係〈以下単に「債務保証特定保険関係」という〉が成立した貸付けに係るものに限り，その信託の受益権を含む）を担保とする債券その他これに準ずる主務省令で定める有価証券に係る債務の保証（以下「債務保証」という）」という文言に替えられた。その他，同条関係では13の4号についても，前記9を補足する規定が加えられた。

　つまりは住宅金融公庫の融資業務を民間金融機関が行うことに当たり，そのリスクを公庫（あるいは公庫に代わって設立される独立行政法人）が負うことが法律に明文化されたわけであるが，この法律改正に当たり，衆参両院の国土交通委員会はそれぞれ附帯決議を行っている。それが注目してよい内容なので紹介しておきたい。ちなみに2003年4月18日に行われた衆議院における附帯決議は次のようなものであった。

　　　政府は，本法の施行に当たっては，次の諸点に留意し，その運用について遺憾なきを期すべきである。
　　1．今後の住宅政策の展開に当たっては，公共賃貸住宅，民間賃貸住宅及び持家住宅についてバランスのとれた施策を講ずることとし，民間賃貸住宅の居住水準の向上を図ること。

2．住宅金融公庫の資産負債管理の推進に当たっては，資金調達手段の多様化と財務状況の公開を積極的に行うこと。
3．住宅金融公庫の貸付けに係る住宅の耐久性に関する技術の普及に努めるとともに，引き続き住宅建設コストの低減に努めること。
4．良質な中古住宅の流通の円滑化のために，中古住宅の評価システムの普及，市場における住宅情報の提供機能の整備等に努めること。
5．住宅金融公庫融資に係る延滞債務が増加している現状にかんがみ，今後の経済状況を踏まえ利用者の事情に配慮した返済困難者対策を講ずるよう努めること。
6．住宅金融公庫融資については，障害者，高齢者等社会的弱者の居住の安定，シックハウス問題への対応，地域材を用いた木造住宅の建設推進，外断熱の推進等住宅の省エネルギー化等の政策誘導機能を重視したものとなるよう努めること。
7．証券化支援業務の推進に当たっては，将来的に保証型の支援業務が拡大するよう努めること。
8．住宅金融公庫から，その権利及び義務を承継する独立行政法人の業務については，平成19年3月31日までに，民間金融期間が長期固定ローンを大量・安定的かつ公平に供給している状況を充分検討した上で，国民の住宅取得に支障がないように留意して決定すること。

附帯決議の意味

参議院における6月3日の附帯決議もこれとほぼ同じ内容であるが，最後の6において「民間金融期間が長期固定ローンを大量・安定的かつ公平に供給している状況を充分検討した上で，国民，特に中・低所得者の住宅取得並びに住宅政策推進の観点から支障がないように留意して決定すること」と，とくに中低所得者に対し配慮がなされるようと言って

いるのが注目される。

　この附帯決議を紹介したのは，ここには住宅金融公庫を廃止するうえで本来検討しておかなければならなかった住宅政策の根幹に触れている部分があるからにほかならない。たとえば衆議院決議における1あるいは5，6，8であり，参議院決議における6の部分である。しかし，特殊法人改革に当たっては，これらについてまったく議論が行われることなく，「まず改革ありき」で，政府は前述「特殊法人等整理合理化計画」を策定し，国会での手続きをも進めたのであった。官邸主導のそれに対する国会の憂慮（それはまた住宅金融公庫や都市基盤整備公団を所管する国土交通省の予算・諸施策について検討する役割の両院国土交通委員会が同省に配慮したものかもしれない）がこの附帯決議には込められていると言えるかもしれない。

　しかも政府は，住宅金融公庫の改革に当たり，2007（平成19）年3月31日までに公庫の業務を引き継ぐ独立行政法人を設置するとしているのに，なぜ，2003年というかくも早い時点で民間金融機関が公庫の行ってきた住宅ローンを代替できるように法律改正を行ったのだろうか。それに対する答えを，この法律改正より数カ月前に新聞が報じている[3]。

　　「特殊法人改革の評価・監視をする政府の参与会議（座長・飯田亮セコム最高顧問）は27日，5年後に廃止され，独立行政法人に移行する住宅金融公庫などについて議論した。同公庫が融資から撤退するスケジュールの前倒しを求める全国銀行協会側の考えに理解を示す声が大勢を占めた」

　これは小さなベタ記事ではあるが，コトの背景を直截に衝いている。つまりは民間金融機関を代表する全国銀行協会の求めに応じて，民間金融機関が住宅ローン業務を開始しうる時期を早めたということなのである。民間金融機関，中でも大手銀行にしてみれば，多額の不良債券を抱える一方，景気回復が遅々として進まない中で，新規業務の拡大は経営

にとっての至上命題である。それは一日も早く実現するのがのぞましい。民間金融機関のそうした意向を受けてはやばやと行われたのが，この法律改正であったと理解していいだろう。こうして住宅金融公庫はその融資業務を民間に委譲することが法的にも決定されたことになるのである。

2　住宅金融公庫の業務

あらためて住宅金融公庫がどのような業務を行ってきたのか，振り返ってみたい。まず「住宅金融」の定義であるが，それは一般的に住宅の建設，購入，住宅の増改築に必要な資金の貸し付けを指して言っている。融資の主体により公的住宅金融と民間住宅金融に分かれ，公的住宅金融機関にはこれまで住宅金融公庫，年金福祉事業団などがあるが，その大部分は住宅金融公庫によるものであり，民間住宅金融機関としては都市銀行，地方銀行などのほかに信用金庫，生命保険会社，住宅金融専門会社などがある。うち，住宅金融公庫が発足したのは前述している通り1950年である。

公庫の目的は当初，同公庫法によれば(1)国民大衆のための住宅建設と宅地の取得，造成資金の融通，(2)産業労働者住宅建設資金の融通と住宅融資保険の業務，(3)相当の住宅部分を有する中高層耐火建築物の建設資金の融通，の三つが掲げられた。公庫の業務はほとんど毎年のように変更，拡充されてきており，貸付け条件の細かい相違を含めると非常に複雑化してきたが，以上のうち(1)は公庫設立以来の中心的業務であり，(2)は1950年前後にとくに住宅に困窮していた産業労働者のために給与住宅の建設資金を融通するため53年に制定された産業労働者住宅資金融通法と，民間の住宅金融を拡大させるために55年に制定された住宅融資保険法に基づく業務であり，(3)は1955年以降に高まった都市の不燃化と高度利用の要請に応えるため58年に加えられたものである。ちなみに2003年度における公庫の融資業務は，

〈個人向け融資〉
　　　マイホーム新築（戸建て等建設）……床面積80〜280平方m，土地100平方m以上，返済期間35年
　　　マンション（共同建て）……床面積80〜280平方m，返済期間35年
　　　建売り住宅（戸建て等購入）……床面積70〜280平方m，土地100平方m以上，返済期間35年
　　　優良分譲住宅購入……床面積55〜280平方m，返済期間35年
　　　公社分譲住宅購入……床面積55〜280平方m，返済期間35年
　　　リ・ユース住宅（中古住宅）……床面積55〜280平方m，返済期間25〜35年
　　　リフォーム（増築・改築・修繕）……返済期間20年
　　　マンション共用部分リフォーム……外壁補修，屋上防水などの共用部分の工事，返済期間10年
　　　財形住宅（各種融資）……財形貯蓄残高50万円以上，床面積70〜280平方m，返済期間35年
　　　災害復興住宅……床面積13〜175平方m，返済期間35年
〈事業者向け融資〉
　　　賃貸住宅……土地500平方m，延床500平方m以上，返済期間35年
　　　都市再生等（まちづくり関連）……都市居住再生　住宅割合1／2超，返済期間35年　市街地再開発等　住宅割合1／4以上，返済期間25年

第3章　住宅金融公庫

　　　　　　　　　中高層建築物　地上階数
　　　　　　　　　3以上，返済期間20年
　　関連公共施設……関連公共・公益施設の整備，返済期間15年
　　　（うち据置期間3年）
　　宅地造成……計画面積1.65 ha以上，返済期間10年（公的宅
　　　地造成）

　という内容であった。（表3－1）は2002年度におけるそれらの融資限度額や融資利率を明らかにしたものである。中で公庫の主業務は一般の個人住宅貸付けといっていいだろう。公庫発足時の1950年度においては総融資戸数6万5525戸のうち5万4910戸を占めた。

　公庫がその1950年11月に第1回貸付け契約承認済みの2万5825人を対象に行った調査では，申込み者の職業は会社または商店等の勤め人がもっとも多く50.6％，ついで公務員が20.4％，個人経営者13.6％と説明されており，月収別では1万円から2万円までが61％，2万円から3万円未満が16％，1万円未満が17％となっていて，会社員，公務員等で月収1万円から2万円の当時の中所得層が公庫利用者の大半を占めていたことがわかる。かれらが公庫融資を利用して建てた住宅は18坪以上の専用住宅が42％，15～18坪未満のそれが26％，12～15坪未満のが20％だったという[4]数字が残っている。この時点で公庫の融資を受けて持ち家を取得した人々はかなり恵まれた層ではあったが，しかし，かれらが建てた住宅は慎ましいものであったことがわかるのである。そういう意味で前章において触れた当時の政府や住宅対策審議会の政策意図は，ひとまず的中したといっていいだろう。

　公庫のカネの出入り

　公庫が設立されて以来，2002年度末までの52年間に融資した実績は戸数で1890万戸，融資金額で177兆3703億円にのぼり，融資残高は522万件，72兆6483億円になる。融資戸数のうち75.2％が個人住宅であり，融

(表3-1) 住宅金融公庫

融資種目			融資対象	融資限度額・融資率	特別割増融資額	生活空間割増融資額
個人住宅	建設		個人が建設する住宅	・建設費 1,390万円 ・土地費 680万円	・建設費 250万円 ・土地費 150万円	・建設費 300万円 ・土地費 200万円
	購入	公社分譲住宅	個人が自ら居住する住宅 / 地方住宅供給公社等が公庫の承認を受けて建設する分譲住宅	80%	400万円	500万円
		優良分譲住宅	民間事業者が公庫の承認を受けて建設する分譲住宅	・共同住宅 1,820万円 ・戸建て住宅 2,330万円		
		高層住宅	民間事業者が分譲するマンション	1,420万円		
		建売住宅	民間事業者が建設する10戸未満の分譲建売住宅	1,930万円		
	中古住宅		人の居住の用に供されたことのある住宅又は人の居住の用に供されたことのない住宅で建設後2年を越えたもの	1,280万円		
	住まいひろがり特別融資		週末居住用の郊外型住宅 子が老親のために確保する住宅等	上記各種別ごとの融資限度額等に同じ		
賃貸住宅	公社賃貸住宅		地方住宅供給公社等の供給する賃貸住宅	99.45%	850万円	
	民間賃貸住宅（土地担保賃貸住宅）		個人等が供給する賃貸住宅	99.45%	65㎡/戸以上の場合 320万円	
住宅改良			増改築・修繕	530万円 バリアフリー化，断熱構造化等を行う場合は1,000万円	200万円	

(注)・利率は，2002年10月30日現在。( )書は11年目以降の金利。
　　・融資限度額は，東京特別区，75㎡超95㎡以下（共同住宅の場合），125㎡超175㎡以下（戸建ての場合），土地面積180㎡以上215㎡未満の場合。
　　・生活空間割増融資額は，三大都市圏の場合（75㎡超（共同住宅の場合），125㎡超（戸建ての場合）の場合に適用

第3章 住宅金融公庫

融資制度の概要（2002年度）

利　率	償還期間	償還方法
175m²以下 　一定の良質な住宅　　2.55% 　　　　　　　　　　　(3.50%) 　その他の住宅　　　　2.65% 　　　　　　　　　　　(3.50%) 175m²超280m²以下　　3.15% 　　　　　　　　　　　(3.50%) 高額所得者（所得1,200万円超） 　　　　　　　　　　　3.15% 〈規模別区分なく一律〉(3.50%) 高額住宅所得者　　　3.15% 〈規模別区分なく一律〉(3.50%) 特別割増融資　　　　3.55% 　　　　　　　　　　　(3.55%)	35年以内 {40〈50〉}	元利均等 又は 元金均等
	・優良中古住宅 {・マンション　35年以内 　　　　　　　 ・戸建 {耐久性基準に該当　35年以内 　　　　　　　　　　　 上記以外　　　　　25年以内 ・一般　　　 {・マンション　25年以内 　　　　　　　・戸建 {築25(20)年以内　25年以内 　　　　　　　　　　 築25(20)年超　　20年以内	
3.15% 　　　　　　　　　　　(3.50%)	上記各種別ごと 償還期間に同じ	
2.55%	中高層耐火　　35年以内 　　　　　　　50年以内	元利均等 又は 元金利等
一般　2.55% 　　　　　(2.75%) 　　　特定　2.55%	35年以内	元利均等 又は 元金均等
175m²以下 　一定の性能向上を行う工事　2.55%(3.50%) 　その他の工事　　　　　　 2.65%(3.50%) 175m²超　　　　　　　　　　3.15%(3.50%) 高額所得者(所得1,200万円超)　3.15% 〈規模別区別なく一律〉　　　(3.50%)	20年以内	元利均等 又は 元金均等

・申込日前1年間の住宅が自己所有住宅でない者が三大都市圏の共同住宅（175m²/戸以下）を購入する場合、はじめてマイホーム加算として500万円/戸の加算あり。
・償還期間の欄の{ }書は、二世帯承継償還制度の場合であり、〈 〉書は耐火構造の住宅（一定の耐久性を有する住宅に限る）及び高性能の準耐火構造の住宅の場合である。
　出所『住宅・建築ハンドブック2002』（日本住宅協会）

(表3-2) 住宅ローン新規貸出額（個人向け）の推移

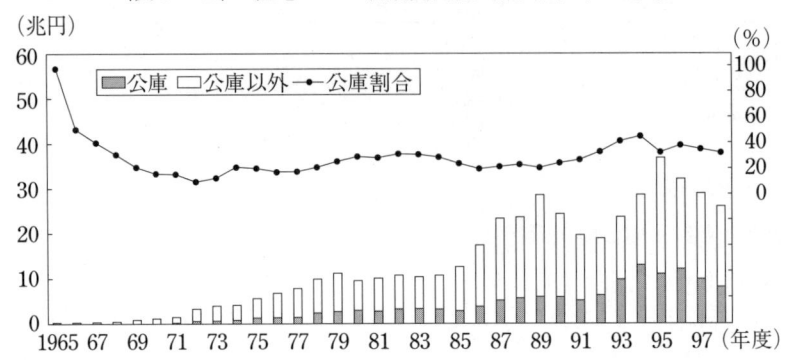

凡例：公庫　公庫以外　公庫割合

(表3-3) 新設住宅着工戸数の推移（全体）

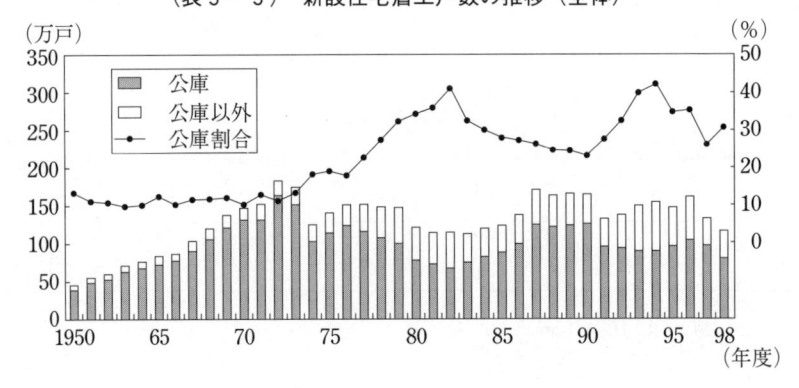

凡例：公庫　公庫以外　公庫割合

第3章　住宅金融公庫

（表3-4-1）　融資契約戸数・金額の推移

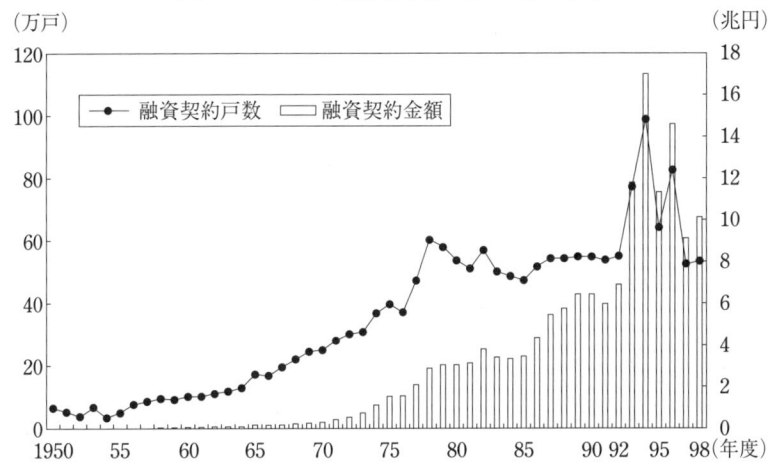

（表3-5）　融資契約戸数・金額の推移（累計）

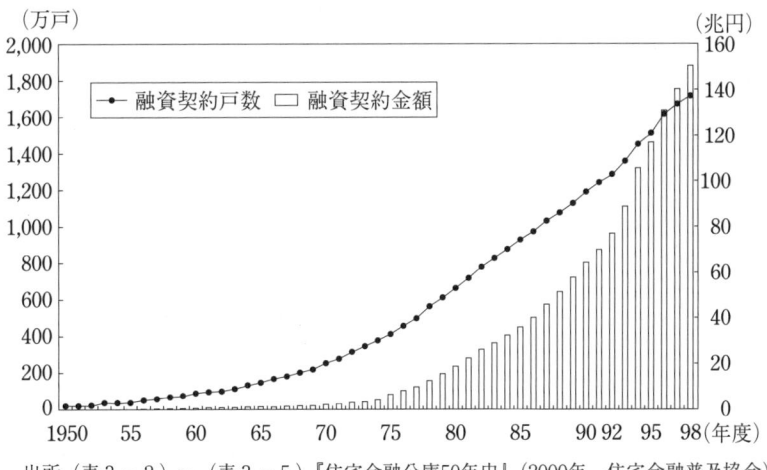

出所（表3-2）～（表3-5）『住宅金融公庫50年史』（2000年，住宅金融普及協会）

（表3-4-2） 融資契約戸数・金額の推移（単位：万戸，億円）

	融資契約戸数	融資契約金額
1950	7	152
1951	5	186
1952	4	159
1953	7	253
1954	4	159
1955	5	190
1956	8	257
1957	9	322
1958	10	373
1959	9	441
1960	10	457
1961	10	490
1962	11	628
1963	12	725
1964	13	985
1965	17	1,362
1966	17	1,458
1967	20	1,744
1968	22	2,106
1969	25	2,495
1970	25	2,888
1971	28	4,085
1972	30	5,296
1973	31	7,440
1974	37	11,074
1975	40	15,131
1976	37	15,280
1977	48	20,841
1978	61	28,634
1979	58	30,567
1980	54	30,641
1981	51	31,671
1982	57	38,295
1983	50	34,400
1984	49	33,835
1985	48	34,828
1986	52	43,536
1987	55	54,865
1988	55	57,805
1989	55	64,743
1990	55	64,789
1991	54	60,035
1992	55	69,286
1993	77	118,445
1994	99	170,798
1995	64	113,567
1996	83	146,475
1997	52	91,153
1998	54	101,603

出所：住宅金融公庫資料

第３章　住宅金融公庫

（表３－６）　資金計画（当初予算）の推移　　　　（単位：億円）

年度	見返資金	産投会計	一般会計	資金運用部資金	簡保資金	債券	民間借入金	小計	自己資金等	計
1950	100		50					150	1	151
1951			50	50				100	10	110
1952			50	100				150	18	168
1953			80	100				180	88	268
1954			50	95				145	44	189
1955			4(3)	153	30			187(3)	48	235(3)
1956				136	60			196	82	278
1957		30		125	110			265	31	296
1958		25		141	107			273	55	328
1959		45		162	123			330	49	379
1960		50		187	123			360	70	430
1961		90		240	70			400	85	485
1962		95		325	70			490	97	587
1963		95		450	50	9		604	106	710
1964		100		565	35	20		720	157	877
1965		40		790	20	25		875	169	1,044
1966			(1)	1,091	90	25		1,206(1)	187	1,393(1)
1967			(1)	1,247	110	25		1,382(1)	260	1,642(1)
1968				1,454	100	25		1,579	350	1,929
1969				1,748	164	25		1,937	321	2,258
1970				2,178	170	25		2,373	337	2,710
1971				2,599	230	20		2,849	340	3,189
1972				3,747	230	20		3,997	454	4,451
1973				5,577	265	20		5,862	597	6,459
1974				7,062	500	20		7,582	1,509	9,091
1975				8,807	500	20		9,327	604	9,931
1976				11,600	650	20		12,270	969	13,239
1977				14,666	700	140		15,506	769	16,275
1978				21,559	748	266		22,573	955	23,528
1979				27,440	400	364		28,204	1,779	29,983
1980				31,173	400	521		32,134	33	32,167
1981				32,456	450	755		33,661	▲699	32,962
1982				33,486	450	945		34,881	▲1,033	33,848
1983				35,752	350	771		36,873	▲1,595	35,278
1984				35,296	300	949		36,545	▲1,802	34,743
1985				34,502	300	991		35,793	▲1,629	34,164
1986				38,043	400	1,201		39,644	▲795	38,849
1987				41,161	400	1,370	823	43,754	2,579	46,333
1988				46,553	400	2,086	1,832	50,871	6,253	57,124
1989				49,913	885	2,241	2,045	55,084	4,869	59,953
1990				54,639	1,100	2,362	2,425	60,526	4,253	64,779
1991				62,552	1,250	2,570	3,254	69,626	▲2,576	67,050
1992				63,737	800	2,792	3,976	71,305	▲6,900	64,405
1993				67,719	1,100	2,880	4,430	76,129	▲4,017	72,112
1994				83,485	5,915	2,926	4,739	97,065	▲979	96,086
1995				99,797	6,259	2,807	4,736	113,599	1,769	115,368
1996				102,596	6,277	2,974	3,757	115,604	▲4,617	110,987
1997				103,196	3,139	2,283	3,325	111,943	▲973	110,970
1998				96,829	2,338	1,277	1,644	102,088	3,643	105,731
1999				98,703	2,427	1,848	1,529	104,507	5,363	109,870

（注）　1．（　）書きは保険基金で外書きである。
　　　　2．債券欄は財形住宅債券，宅地債券及び住宅宅地債券の合計額である。

（表3－7） 公庫補給金等の推移　　　　（単位：百万円）

区分 年度	一般会計より受入			交付金	合計	対前年度 伸 び 率	特別損失金
	補給金						
	通常分	財形分	計				
1975	(55,006)	(－)	(55,006)	(－)	(55,006)		(－)
	52,721	－	52,721	－	52,721	83.9	－
1976	84,665	－	84,665	－	84,665	60.6	－
1977	106,847	185	107,032	－	107,032	26.4	－
1978	112,497	308	112,805	－	112,805	5.4	－
1979	132,071	400	132,471	－	132,471	17.4	－
1980	(195,391)	(503)	(195,894)	(－)	(195,894)		(－)
	177,098	512	177,610	－	177,610	34.1	－
1981	216,786	649	217,435	－	217,435	22.4	－
1982	280,539	811	281,350	－	281,350	29.4	51,700
1983	280,630	820	281,450	－	281,450	0.0	77,800
1984	284,837	1,413	286,250	－	286,250	1.7	104,500
1985	329,341	1,569	330,910	10,340	341,250	19.2	103,400
1986	315,623	1,727	317,350	25,900	343,250	0.6	108,400
1987	(295,575)	(1,620)	(297,195)	(46,800)	(343,995)		(85,700)
	294,830	1,620	296,450	46,800	343,250	0.0	85,700
1988	295,232	1,963	297,195	46,800	343,995	0.2	114,700
1989	(435,237)	(1,658)	(436,895)	(516,360)	(953,255)		(－)
	305,260	1,935	307,195	46,800	353,995	2.9	129,700
1990							93,100
	352,018	1,977	353,995	－	353,995	0.0	48,400
1991	369,518	4,477	373,995	－	373,995	5.6	118,900
1992	389,348	4,647	393,995	－	393,995	5.3	67,000
1993	(402,478)	(2,022)	(404,500)	(－)	(404,500)		(23,800)
	402,478	2,022	404,500	－	404,500	2.7	23,800
1994							38,900
	402,902	1,598	404,500	－	404,500	0.0	－
1995							109,800
	(418,159)	(1,560)	(419,719)	(－)	(419,719)		(93,000)
	409,066	1,834	410,900	－	410,900	1.6	93,000
1996	(472,835)	(16,465)	(489,300)	(37,300)	(526,600)		(98,300)
	388,193	1,907	390,100	37,300	427,400	4.0	98,300
1997	375,790	15,010	390,800	49,200	440,000	2.9	207,700
1998	(323,121)	(14,879)	(338,000)	(222,000)	(560,000)		(157,300)
	320,121	14,879	335,000	75,000	410,000	△6.8	157,300
1999	(322,815)	(14,785)	(337,600)	(283,400)	(621,000)		(140,200)
	322,815	14,785	337,600	97,400	435,000	6.1	140,200

(注) 1　上段（　）書は，補正後予算である。
　　 2　1990年度の特別損失金は，1991年1月22日の政令改正により931億円に引き上げた。
　　 3　1994年度の特別損失金は，1995年2月8日の政令改正により389億円に引き上げた。
　　 4　1995年度の特別損失金は，1996年2月7日の政令改正により1,098億円に引き上げた。
出所：(表3－6, 7) 住宅金融公庫資料

第3章　住宅金融公庫

資金額で見ると84.0%が個人住宅が占める。この結果、公庫融資により建設された住宅はわが国の全住宅ストックの約30%を占めるに至っている。（表3-2）から（表3-5）はそれらの推移を示したものである。

ちなみに特殊法人改革が政府の具体的日程に入った2002年度の個人向け融資は42万7000戸に対し6兆9000億円、2003年度は28万9000戸に対し4兆3000億円が予算化されていた。この数字をもってしても公庫の融資業務が民間金融機関にとっていかに魅力ある市場であるかが理解できるというものである。

これは公庫のカネの出入りからいうと「出」の部分に当たる。では「入」のほうはどうなっていたか。その公庫の資金計画の推移を示すのが（表3-6）である。そのほとんどを財投の資金運用部資金が占め、これに簡保資金、債券、民間借入金が加わり、資金の大部を形成していることがわかる。しかし、これだけでは公庫の資金計画は説明できない。このほかに政府から公庫に対し毎年支出されている利子補給金がある（1965年度以降）。これは公庫の融資利子と財投資金の利子との差額について、政府が政策的に毎年公庫に支出しているものである（表3-7）。これにより公庫は低金利を維持しているわけである。公庫の融資資金はこれらから構成されている。

この「入」の部分のうち財投資金や民間借入金などは公庫が返還していくが、利子補給金は一般会計予算から支出されているもので、返還の要はない。毎年どれくらいの金額が支出されているか、（表3-7）はその1975年以降の推移を示しているが、これを見る通り、それは85年以降、毎年3000億円台に達している。これが所得の再分配策として妥当かどうか（後述するように公庫融資の民間委譲を主張した人々はまさにこの点を含めて、民営化の根拠とした）の議論はあるにしても、政府にとっては少なからぬ負担であることは間違いない。つまり公庫融資を民営化すれば、政府にとってこの支出がなくなり、財政負担がその分だけ軽くなる。政府にとっては特殊法人改革によって公庫を独立行政法人化

するメリットはそこにあり，民間金融機関側の思惑とこの一点で一致する。これが特殊法人改革の公庫の部分に関する解と見ていいだろう。問題はなぜ利子補給金が増大することになったのかである。

さまざまな数字を見ると，公庫の融資額，融資戸数ともに1970年代に入ってから増えてきていることがわかる。利子補給金に関しては，76年ごろから増え，77年に入ると1000億円台に達することになる。この時期，住宅建設5カ年計画は，第2期から第3期にかけて展開されているところである。前述しているように住宅建設5カ年計画は1966年から第1期計画がスタートしており，公庫融資住宅はその中で大きなウェイトを占めてはいた。つまり第1期では全270万戸のうちの108万戸だった。これが第2期になると全383万戸のうちの137万戸になり，さらに第3期では全350万戸のうちの190万戸が計画されることになる。つまり，政府が持ち家推進策を取り始めたのが第2期から第3期にかけてであったのである。

具体的には1970年には高層分譲住宅購入資金の貸付けが始まり，71年からは都市開発融資，民間分譲住宅団地融資が制度化されて民間事業主体に対しても融資が行われることになり（この年，財形法も施行されている），さらに73年からは民間の宅地開発事業に対する融資が始まり（この年，年金福祉事業団も被保険者貸付けを始め，公庫融資と併用が可能になる），78年には貸付け期間が改定されて木造18年から25年に延長になる。つまりカネ，タイコで個人の持ち家取得が容易になるような施策が展開されることになった。政府は公庫を利用し，こうした施策を通じて住宅建設5カ年計画が計画通り進展し，それが経済成長につながるよう図っていくことになるわけである。

持ち家推進策は一般にも受入れられた。公庫自身の分析によれば[5]，それは次の三つの理由によるという。すなわち第一に持ち家は財産として価値が高く，財産形成の主要ターゲットとして位置づけられている。第二に建設された住宅の規模は，持ち家で広く，借家は狭いという格差があることから，広さへの欲求が持ち家の欲求に転嫁されている。第三

第3章　住宅金融公庫

に持ち家の借入金返済額が借家の支払い家賃とほぼ同程度になったため，借家居住者に「家計負担が同程度であれば，持ち家のほうが有利」という風潮を生んだ，というのである。それらもあろうが筆者の見るところ，国民の側にとっては自らの住宅が公的に保障される見通しがないならば，いやおうなしに自らの手で自らの住宅を手当てしなければならない。諸住宅法が掲げる理念が実現される見通しなどない。その切迫感が国民の持ち家志向を醸成していったと見るべきであろう。ともあれ，こうして公庫の融資戸数，融資額は年々増加するばかりになる。このことは利子補給金額も年々増大していくことをも意味するのはいうまでもない。

　まもなく，公庫融資にはこの持ち家推進策に加えて経済対策の役割をも課せられることになる。持ち家推進策より，むしろ経済対策として麻薬のように使われるにおよんで，公庫の融資戸数，融資額および，それに対する利子補給金はますます拡大の一途をたどることになるのである。

3　経済対策としての公庫融資

　住宅金融公庫が経済対策を担うべく劇的変容を遂げるのは1970年代半ばになってからである。すなわち，わが国経済は74年度，前年秋のオイル・ショック，それにつづく狂乱物価，総需要抑制策のもとに進められた金融引締めなどの影響を受けて，戦後最大の不況に陥ったのであった。そのような景気の落ち込みに対応して政府は，75年度の経済運営をそれまでの抑制基調から積極的な景気刺激型に切り替え，数次にわたり景気対策を打ち出すのであるが，その中で公庫融資の拡大を景気対策の大きな柱とするのである。その劇的変化は1973年度の融資（貸付け）契約戸数31万戸が78年度には61万戸に急増していることにうかがえる。この時期，民間金融は景気低迷の影響を受けて落ち込んでいたから，公庫はその落ち込みを補う役割をも果たした。そのことはかつて岸真清も指摘しているところである[6]。

95

公庫もそうした政府の政策に積極的に協力した。つまり76年には大型住宅向け融資，既存住宅購入資金の貸付け，77年には財形住宅資金直接融資制度などであり，これらは75年に4次にわたり，また76年に行われた第5次景気対策の一環として展開された。

　公庫自身の分析によれば，公庫融資が景気対策として重視されるに至ったのは以下の6点によるという。すなわち(1)従来の不況期は個人消費や輸出などで景気の下支えをしたが，74年度の不況ではこれらの最終需要が非常に弱いため，財政支出によって公共投資や住宅建設を推進する必要があったこと，(2)公庫融資は財源が逼迫している一般会計に大きな負担を与えることなく，比較的に弾力的運用が可能な財政投融資の利用が中心であること，(3)根強い住宅需要に支えられて公庫融資を拡大すると，その分住宅建設が確実に伸び景気対策の効果が出てくること，(4)住宅建設の関連産業の生産誘発効果は公共投資と並んで大きく，比較的少ない財政支出で大きな波及効果が期待できること，(5)住宅建設投資のGNPに占める割合が増大しているなかで住宅建設を刺激すると，それに伴ってGNP増大への寄与度が大きくなっていること，(6)国民の根強い住宅需要が存在しているなかでその潜在需要を実現していくことは社会資本整備にもつながること，を（筆者には若干疑問のところもあるが）公庫は挙げている[7]。

　ちなみに，これはのちのことであるが，公庫は2002年の時点において，自ら発行している冊子で国土交通省『建設部門分析用産業連関表』を用い，公庫融資による住宅投資は約2倍の生産誘発効果をもたらすとしている。また公庫『公庫融資利用者に係る消費実態調査』に基づき，公庫持ち家系住宅投資に対する耐久消費財購入支出額は11.6％と推計されると発表している。こうした推計は以前にも行われているが，これはつまり，公庫が政府の経済（景気）対策の一環として融資業務を拡大していったことに対して，自ら納得せしめるための理論的根拠といっていいかもしれない。

　ともあれ70年代半ばから公庫の融資業務は急激に拡大していく。1975年1月10日から受付けられた74年度第2回受付け分が3万戸分の財投追

加を受けて拡大されたのを皮切りに以降，次第に大型化していくようになる。70年度当初予算で2893億円であった融資契約金額は74年度に1兆円の大台に達し，79年度には3兆円を超えることになる。

　この結果，73年度に170万戸台になりながら74年度に120万戸にいったん大きく落ち込んだわが国の住宅建設着工件数は，75年度には140万戸まで戻り，76年度には153万戸と前年度に比べ7.2％の伸びを示す。新設住宅着工戸数に占める公庫融資住宅のシェアも大幅に拡大した。1970年度に新設住宅149万戸のうち公庫融資住宅は16万戸で10.6％であったのが，10年後の79年度には新設住宅149万戸，公庫融資住宅49万戸，シェアは32.9％にまで拡大した。とくに持ち家については70年度の17.1％が，79年度には49.9％と2戸に1戸が公庫融資住宅となった。

公庫融資の拡大へ

　1980年代に入ると，政府による経済対策としての公庫融資の拡大はいよいよ加速されることになる。その端緒となったのは1978年末のイラン革命により始まった翌79年の第二次オイル・ショックである。石油製品を中心に物価が高騰し，経常収支は赤字に転落し，実質GNP成長率は低落（80年度4.0％から81年度3.3％，82年度3.2％）をつづけた。さらに85年9月のプラザ合意以後，各国による為替への協調介入をきっかけに急激な円高・ドル安が進み，わが国はいわゆる円高不況に見舞われる。こうした過程において緊急経済対策の一つとして公庫融資の拡大が進められるのである。そうした経済対策と公庫融資の拡大がどのようにリンクして以降展開されることになるのかを，85年以降の内閣別にあらためて見ておきたい。それらの対策を決定したのは各内閣の経済対策閣僚会議であった。

〈中曽根内閣（1982年11月〜87年11月）〉

　第一次内需拡大策（85年10月15日）「円レートの動向と国内経済に及ぼす影響に注意しつつ弾力的な政策運営を行うとともに，民間活力を最

大限に活用して内需拡大を図る」決定のもとに，特別割増融資制度の実施。融資枠の拡大（4900億円，2万戸）。下期受付け期間の延長。

　第二次内需拡大策（85年12月28日）「財政投融資の活用による公共事業費の前年度以上の伸び率確保。住宅減税の実施と設備投資促進のための税制上の措置。民間活力の活用」の方針のもとに融資対象面積区分の引上げ。リフォーム融資限度額の引上げ。土地担保賃貸住宅の敷地規模条件の緩和。特別割増し融資制度の活用による86年度予算戸数の増加（2万戸）。

　第三次内需拡大策（86年4月8日）「ひきつづき内需を中心とした景気の維持・拡大を確実なものとするため，1）公共事業の上半期繰上げ執行，2）円高・原油差益の還元，3）規制緩和による市街地再開発の推進」の決定のもとに，融資金利の引き下げ（基準金利5.4%～5.25%）。受付け期間繰上げ・拡大。民間賃貸住宅の募集回数増加。分譲住宅の譲渡価額上限引上げ。

　第四次内需拡大策（86年9月19日）「調和ある対外経済関係の形成に努めるとともに，内需を中心とした景気の着実な拡大を図り，雇用の安定を図るため，公共投資等の拡大（約3兆円），住宅建設・民間設備投資等の促進，規制緩和など8項目の総合経済対策」決定のもとに公庫融資の追加（7000億円，3万戸）。特別割増し融資額の増額。融資対象住宅の面積上限の引上げ（180平方m～200平方m）。土地担保賃貸住宅等の非住宅部分への融資実施。分譲住宅の譲渡価額上限引上げ。

　第五次内需拡大策（87年5月29日）「内需を中心とした景気の積極的拡大を図るとともに，対外不均衡の是正，調和ある対外経済関係の形成に努めるため，公共投資追加，減税の先行実施など，総額6兆円を上回る緊急経済対策」のもとに，公庫融資の追加（7000億円，2万5000戸）。融資金利の引き下げ（基準金利4.2%の最低水準）。融資限度額引上げ。建替え割増し融資の新設等。受付け期間の延長。分譲住宅に対する特別割増融資額の引上げ。法人格のない管理組合に対する共用部分改良融資の実施。

第3章　住宅金融公庫

〈竹下内閣（1987年11月〜89年6月）〉
とくになし。
〈宇野内閣（1989年6月〜89年8月）〉
とくになし。
〈海部内閣（1989年8月〜91年11月）〉
とくになし。
〈宮沢内閣（1991年11月〜93年8月）〉

　緊急経済対策（92年3月31日）「現在調整過程にあるわが国経済を内需を中心とするインフレなき持続可能な成長経路へ円滑に移行させるため，公共事業の前倒し執行，電力などの公益的事業の設備投資の繰上げ発注，省力化投資の推進，住宅投資の拡大を図る」ために，個人住宅等について融資限度額の引上げ。特別割増し融資額の増額。受付け期間の拡大。共同住宅等の車庫整備促進のための割増し融資の導入。

　総合経済対策（92年8月28日）「バブル経済崩壊後の景気停滞下において，市場経済の活力の源泉である民間部門の自助努力による在庫調整や経営革新とあいまって，調整過程にある経済を，内需を中心とするインフレなき持続可能な成長経路へ円滑に移行させる」ため，「公共投資等の追加（8兆6000億円）」「設備投資減税」「政府系金融機関の活用等による内需拡大」「金融システムの安定性の確保」などに総額10兆7000億円，を受けて公庫融資の追加（5000億円，1万戸）。特別割増し融資額の増額。融資対象住宅の面積上限の引上げ（220平方m〜240平方m）。分譲住宅の融資対象期間の延長（時限措置）。中古マンション融資の金利引き下げ。駐車施設割増しの拡充。宅地造成融資の融資率引上げ。財形融資限度額の引上げ。大型住宅の融資限度額の引上げ。受付け期間の延長。

　新総合経済対策（93年4月13日）「わが国経済は一部に回復の兆しを示す動きが徐々に現れてきているものの，循環的な要因のほかバブル経済の崩壊の影響もあって，依然として低迷をつづけており，未だ予断を許さない状況にある」ので，「景気の足取りを確実なものとするため」，

99

公共投資等の追加（10兆6200億円）など総額13兆2000億円の経済対策を実施，の決定により公庫融資の追加（1兆4300億円，5万戸）。一定規模以上の住宅を対象とした基本融資額の増額（100万～300万円）。個人住宅建設・購入の特別割増し融資額の増額（100万円）。宅地造成融資の拡充。貸付け金利の引き下げ（基準金利4.3%～4.1%）。申込み受付け期間の延長。

〈細川内閣（1993年8月～94年4月）〉

緊急経済対策（93年9月16日）「わが国経済は，公共投資や住宅投資には回復の動きが見られるものの，個人消費や民間設備投資の低迷に加え，急激な円高や災害，異常気象による影響もあって，回復に向けた動きにも足踏みが見られる。また経済の先行きに対する中期的な不透明感も広がるなど今後の景気回復には予断を許さない」ので，公共投資等の追加（5兆1500億円）など総額6兆1500億円の緊急対策を行う，を受けて公庫融資の追加（2兆5000億円，10万戸）。

総合経済対策（94年2月8日）「わが国経済を94年度中のできるだけ早い時期に本格的な回復軌道に乗せ，95年度以降の安定成長を確実なものにするとともに本格的な高齢者社会の到来への対応など中長期的課題にも取り組んでいくため，来年度末までの間に可能な限り有効な施策を展開する」ために，公共投資等の追加（7兆2000億円）など総額15兆2500億円の総合経済対策に基づき，公庫融資の追加（1兆2000億円，7万戸）。

〈羽田内閣（1994年4月～94年6月）〉

とくになし。

〈村山内閣（94年6月～96年1月）〉

緊急円高・経済対策（95年4月14日）「急激な為替レート変動等に対応して，緩やかな景気回復基調を確実なものにするため，1）内需振興策，2）規制緩和の前倒し，3）円高差益還元と公共料金の引き下げ等，4）円高による影響への対応などからなる経済対策」に基づき，公庫融資の追加（阪神・淡路大震災分7076億円）。耐震改修工事に係る融

資限度額の引上げ（240万～520万円）。高耐震住宅割増し融資額の引上げ（50万～100万円／戸）。

当面の経済対策（95年9月20日）「景気回復を確実なものにするため，1）思い切った内需拡大策（12兆8100億円）の実施，2）資産価値の下落に伴う諸問題を含め，直面する課題の早期克服，3）中長期的発展に資する日本経済の構造改革の推進に重点を置き，総額14兆2200億円の経済対策，に基づき，公庫融資の追加（5200億円，3万戸）。申込み受付け開始時期の前倒し。中古住宅融資に係る経過年数要件の緩和等。住宅改良融資における断熱構造化工事割増し引上げ（30万～100万円）。克雪住宅化工事割増し引上げ（50～150万円／戸）。「建築物の耐震改修の促進に関する法律」に基づき認定を受けた耐震改修工事の適用金利改善（中間金利～基準金利）。

〈橋本内閣（1996年1月～98年7月）〉

21世紀を切りひらく緊急経済対策（97年11月18日）「財政出動を伴わない構造改革型の施策によって足踏み状態にある景気を回復軌道に戻すため，規制緩和，土地の取引き活性化・有効活用，中小企業対策など7分野にわたる緊急経済対策」に基づき，特別加算額の引上げ（800万～1000万円）。住まいひろがり特別融資の実施（田園住宅，親孝行ローンの拡充）。返済能力の十分な者に対する融資限度額割合（80％）の撤廃。受付け期間の長期化（原則2週間～4週間）。住宅改良の受付け期間の通年化。

総合経済対策（98年4月24日）「深刻な景気情勢への対応のため，4兆円の特別減税と7兆7000億円の公共投資を柱に総額16兆6500億円の経済対策」に基づき，特別加算額の増額措置の延長（99年3月31日まで）。民間賃貸住宅融資の拡充（敷地規模要件の緩和＝全国500平方m）。新築住宅の竣工後経過期間要件の緩和（竣工後2年以内～3年以内）。宅地造成の融資対象規模の緩和。中間資金交付率の引上げ（住宅の通常融資額の60％～80％）。木造住宅振興のための地方公共団体施策住宅特別加算制度の拡充。

〈小渕内閣（1998年7月～2000年4月）〉

住宅金融公庫等の融資に関し緊急に講ずべき対策（98年10月23日）「景気低迷の深刻化への対応のため，内需の柱である住宅投資の促進を図るとともに，居住空間を拡大し，居住水準の向上を図ることを目的とした緊急経済対策」に基づき，融資金利引下げ（基準金利2.55％～2.00％）。2.00％を融資金利の下限とする。融資額の臨時的引上げ（生活空間倍増緊急加算の創設）。住宅ローン返済が困難な者に対する措置。都市居住再生のための融資の拡充。融資限度割合80％の臨時的撤廃に係る適用要件の見直し。政策誘導型住宅改良の基本融資額の限度額の引上げ。中古住宅融資の改善（建物の経過年数要件の緩和，融資対象住宅の拡大）。財形中古住宅の改善（建物の経過年数要件の緩和・融資対象住宅の拡大）。受付け期間の延長。

緊急経済対策（98年11月16日）「需要の創造，失業者を増やさない雇用と起業の推進及び国際協調の推進（特に対外経済摩擦の抑制）を目標とした緊急経済対策」により，保証金により取得する定期借地権に対する土地費融資の拡充。地域優良分譲住宅及び地域活性化分譲住宅への支援。

経済新生対策（99年11月11日）「雇用不安を払拭しつつ，公需から民需へのバトンタッチを図り，民需中心の本格的な回復軌道に乗せるための新規需要を創造するとともに，わが国社会経済の構造改革の方向を決定的にし，経済新生を実現することを目的とし，全体の事業規模が17～18兆円の経済対策」により，公庫融資の追加（2兆円，10万戸）。生活空間倍増緊急加算措置の適用期限の延長（00年3月31日～01年3月31日）。特別加算額に係る臨時的増額措置の適用期限の延長（同）。住宅ローン返済が困難な者に対する措置の適用期限の延長（同）。都市居住再生のための融資の拡充。良質な賃貸住宅の供給支援。住宅改良の拡充。高規格住宅工事割増しの拡充。定期借地権の取得に要する保証金に係る土地費融資の拡充。新築住宅の竣工後要件緩和措置の適用期限の延長（00年3月31日～01年3月31日）。個人住宅融資保険の改善。

第 3 章　住宅金融公庫

　以上の政府の経済政策に基づき展開された住宅金融公庫の諸方策を見ると，公庫は政府の意図に沿うべく，考えられる可能なかぎりの手法（中には疑問を抱かざるをえないものも含めて）を使って，さまざまな措置を行ってきたことが理解されるというものである。その効果はあったのかどうか。一時的に住宅に関してはあったことが，たとえば新設住宅着工統計などは示している。
　バブルの崩壊は90年1月早々の株価の急落で始まった。秋以降は地価も大都市を中心に下落を始め，景気は後退局面に一気に突入する。いわゆる「平成不況」になるわけで，その詳細は省くが，この結果，91年度，新設住宅着工は貸家が対前年度比24.1％の減少，分譲住宅同29.5％の減少，持ち家が同5.6％の減少，新設住宅全体としては約134万戸で，同19.4％の減少となった。これに対して1992年3月31日の緊急経済対策から94年2月8日の総合経済対策まで5回にわたり対策が講じられ，その中で上記のような公庫の措置が行われたが，その結果を見てみると，新設住宅着工は92年の4月～6月期から回復し始め，同期は持ち家が対前年同期比10.1％増，貸家が同13.6％増となった。92年度の新設住宅着工は持ち家と貸家の増加で計約142万戸（対前年度比5.7％増）翌93年度と94年度は持ち家と分譲住宅の増加でそれぞれ約151万戸（同6.3％増），約156万戸（同3.4％増）と回復基調となったのである。
　これを資金別で見ると[8]，公庫融資を受けた新設住宅着工は92年度が合計47万2926戸（対前年度比24.4％増），うち持ち家が25万9748戸（同22.9％増），貸家が10万2876戸（同108.7％増），93年度は合計で61万2136戸（同29.4％増），うち持ち家が33万0078戸（同27.1％増），貸家が14万4172戸（同40.1％増），分譲住宅が13万6503戸（同25.0％増），94年度は合計で66万6348戸（同8.9％増）で，うち持ち家が37万4503戸（同13.5％増），分譲住宅が16万7557戸（同22.7％増）となり，この時期に景気の下支えの役割を果たしていることがわかっている。
　念のために付け加えると，92，93年度に貸家着工が大幅に増加したの

は，公庫融資の条件が緩和されて利用者にとって融資を受けやすくなったことのほかに，91年4月に生産緑地法の一部改正法が施行され，92年度から農地に宅地並み課税が実施されることになり，さらに農地を転用して賃貸住宅を建設すると当該賃貸住宅と敷地に係る固定資産税が減免される特例措置が取られることになったため，近郊農地所有者が駆け込み的に貸家の建設に走ったこともその大きな要因になっている。

公定歩合はこの間（93年9月いらい），1.75％に引き下げられており，公庫の基準金利も94年1月には史上最低の3.6％になり，つづく94年度には公庫融資の大幅な追加が行われた結果，同年度の公庫融資戸数は計99万戸に，融資額は総額17兆円強に達することになる。これにより財投借入金とともに政府からの利子補給金も大幅に増えることになったのは言うまでもない。

そして，このように景気回復を理由に公庫融資が拡大されていった結果，それは財政はもちろん，わが国の経済社会に見逃せない問題を引き起こすことになるのである。

融資拡大の影響

それは個々の融資利用者について見れば，戦前の住宅組合の場合と同様の結果をもたらした。住宅組合は7人以上で組織した組合の組合員に対し，互助的な仕組みを利用し，住宅新築と土地購入の費用を大蔵省預金部が都道府県を通じて融資した制度であり，1921年に設立された，戦後の住宅金融公庫の起源となったものであり[9]，1926〜27年ころ，融資がピークに達したあとに破綻が生じることになる。それに酷似した影響は融資利用者側，公庫側の双方に顕著に現れた。

利用者側により現れた一つは，土地や住宅価格をつり上げたことである。公庫の融資拡大策は限度額が住宅価格の10割にまで拡大されたり，当初5年間の返済額を低く押さえる「ゆとり返済」制度が導入されるなど，さまざまな手法を駆使して進められ，需要を喚起したことによる。政府も期限付きの住宅減税を行うことなどにより，それを先導した。中

第3章　住宅金融公庫

堅勤労者にとって持ち家の取得が容易になった結果，土地や住宅価格が下支えされることになった。戦前，住宅組合を組織する人々による住宅建設のための土地獲得競争が地価の高騰を招いたのと同様の結果をもたらしたわけである。大都市圏では，90年代半ば以降地価下落がつづいたが，商業地のそれに比べて住宅地における下落率が小さいのが示している通りである。また戦前の住宅組合の場合と同じく，持ち家取得が盛況になればなるほど土地利用の混乱に拍車がかかり，とくに集合住宅（マンション）建設による混乱と，それがもたらす住環境の破壊に反対する住民運動が多発し，多くの訴訟が起こされることにつながった[10]。

　もう一つは利用者側の都合による延滞と繰上げ返済の問題である。延滞は景気の低迷により返済負担が過重になり，返済が不可能な人々がこの時期，急増することになる。また一方では超低金利時代を背景に公庫からの融資をより低金利の民間金融機関に借り換える例も急増する。利用者内に起きるこの二つの動きに公庫は直面することになるのである。前者についていえば，これも住宅組合の例と酷似している。住宅組合の場合は利用者の家計が関東大震災と1927.8年以降の不況の深刻化により打撃を受けたのと，一般物価の下落に伴う債務者負担の過重のために返済が不可能になり，大蔵省預金部は資金回収が著しく困難になり，数度の救済措置を取らざるをえなかった。90年代の半ば，すでに企業のリストラが始まっている。持ち家と賃貸住宅居住者の居住水準の二極化はよく指摘されることであるが，公庫利用者においても返済不可能に陥った人々と，繰上げ返済して借り換えする層との二極化が顕著になってきたのである。

　まず，その延滞について見てみよう。1995年度以降，住宅金融公庫における延滞債権件数，延滞債券額および貸付け金残高に占める延滞債券額の割合は，95年度が1万4205件，1937億円，0.30％，96年度が1万5800件，2155億円，0.31％，97年度が1万8525件，2711億円，0.37％，98年度が2万2905件，3372億円，0.47％と，件数，金額，割合ともに増えた。これに関連して公庫住宅融資保証協会からの個人債権の代位弁済の

105

件数，金額も，95年度が8493件，1065億円，96年度が9644件，1337億円，97年度が9715件，1447億円，98年度が1万4140件，2063億円となっている。

繰上げ返済のほうはどうか。これはバブル崩壊後に公定歩合が数次にわたって引き下げられ，93年9月21日以降1.75%，95年4月14日以降1.0%，，同9月8日以降0.5%というふうに低金利となり，金融の自由化，グローバル化が進み，さまざまな金融派生商品が続出する中で，94年7月に大蔵省が民間住宅ローン金利を規制する通達を廃止したことにより，民間金融機関でつぎつぎ固定金利期間選択型住宅ローン，変動金利型住宅ローン（短期プライムレート連動）などの新商品を導入していったことによる。変動金利型住宅ローンは，95年5月には3.375%，同年9月には2.625%と，これまでにない低水準となり，同年度のほとんどの期間で公庫の基準金利を下回った。このため都市銀行，地方銀行，第二地方銀行の住宅ローン新規融資額は94年度の8兆7144億円から95年度には16兆8422億円へと2倍弱の伸びとなる。

この影響を受けて公庫への任意繰上げ返済額が増加することになり，94年度の3兆3994億円から95年度には9兆8716億円となり，96年度は若干減ったものの，それでも5兆5560億円に達した。このことは公庫にとってだけでなく，財政にとっても大きな問題を引き起こすことになる。一般会計からの短期的必要補給金が増大することになるのである。政府は民間住宅金利の規制を廃止する政策を選択することにより，自らのクビを締める結果に陥るのである。

政府の公庫に対する利子補給金は1965年度以降，行われてきた経緯がある。つまり公庫は資金運用部からの調達金利と利用者への融資金利との金利差を一般会計からの補給金で補塡して，業務を運営してきていた。それが経済対策として公庫に対する大幅な財投追加が行われた結果，これに必要な補給金が年々増加することになった。財投金利は80年の金融引締め期には8.5%となっていたのに同時期，公庫融資の基準金利の上限が5.5%であったことなどが金利差が拡大していったことを如

実に示している。その結果，81年度には必要な補給金の予算化が困難となり，当初予算から損失金を計上せざるをえなくなって，翌82年度に公庫法を改正し，補給金の一部を後年度に繰り延べる特例措置として「特別損失金制度」が設けられた。しかし，（表3－7）で見るように補給金，特別損失金ともに増加する一方で，85年度には補給金が3309億円，特別損失金が1034億円に達し，89年度には補給金が4368億円，特別損失金が1297億円の巨額におよぶことになる。政府が自ら蒔いたタネとは言え，政府がこの対策に迫られることになるのは避けられなかった。何か打つ手はないものか，政府内で検討されたのだろうと推察されるのである。

　その役割を担ったのが臨時行政調査会であり，同調査会は政府系金融機関に対する利子補給金の累増に対応して，財政負担を減らす方向で見直し作業を行った結果，82年7月，「行政改革に関する第三次答申」において「住宅金融公庫等公的住宅金融については，民間金融との適切な役割分担の下で安定的な事業規模の設定を行う」とするのである。この動きはその後，90年代に入り，さらに加速していくことになる。

　つまり95年2月に「特殊法人の整理合理化について」が閣議決定され，ここで「住宅金融公庫については，民間金融を質的に補完する機関としての役割を明確にし，民間金融機関と適切な協調が図られるよう特別割増額の縮減を行うなど役割分担の適正化を図る。また，高齢社会へ対応したバリアフリー化の推進等政策誘導機能を強化し，良質な住宅ストックの形成を促進するとともに，財政的支援の効率化・重点化を図る観点から，住宅宅地審議会の審議を踏まえて，金利体系の見直しや融資制度の簡素合理化を行う」とされるのである。これを受けた同年6月の住宅宅地審議会答申「21世紀に向けた住宅・宅地制度の基本的体系について」においても，住宅金融公庫については(1)住宅投資の安定化と金融動向に配慮しつつ，民間ローンと協調しうる融資とすること，(2)政策誘導機能を強化すること，(3)制度の複雑化に対処し，簡明な制度に改めること，の方向で改善を図るべきだとされる。これを受けて金利体系の見直しや特別割増融資制度の改革などが行われることになるが，しかし，

方向としては公庫融資を民間金融機関に委ねるほうへ進んで，おりからの金融ビックバンと重なりあうようにして，その後，公庫廃止が決まるのは前述している通りである。

　住宅金融公庫融資は，一応住宅政策の枠内において行われている。したがって，公庫のあり方を考えるうえでもっとも重要なのは，住宅政策の中で公庫をいかに位置付けるかであるはずだが，そうした観点からの議論は行われなかった。財政支出の中に占める補給金のみに焦点が合わされ，同じ財政支出の中で行われる他の住宅政策との関連などについても一切問われなかった。そうした議論はないまま，民間金融機関との「協調」のみが論じられてきたのであった。そしてこの流れは公庫融資を民間にゆだねる方向へ一気に加速していくのである。また，その動きを後押しした，住宅市場の再編を構想したと見られる意図的な動きもあった。こうして政府は住宅政策について誤謬に誤謬を重ねていくことになるのである。

4　民営化論

　住宅金融公庫の廃止，民営化を主張しつづけていたのは民間金融機関ばかりではない。寺尾仁は，アカデミズムの一角にもそれを後押しする主張が存在していたことを報告している[11]。それは都市住宅学会[12]の学会誌『都市住宅学』に拠った経済学者らの主張を指している。とくに同誌36号は特集として「特殊法人改革と住宅政策」を掲げて，岩本康志・福井唯嗣「財政投融資・特殊法人の改革」，小林重敬「都市再生の新しい役割と都市基盤整備公団」，高田光雄「今こそ住宅政策を論じなければならない―公団・公庫改革のあり方」，山崎福寿「住宅補助と住宅金融公庫の問題点について」などの論文を掲載している。

　中で高田論文は「住宅政策に関する十分な議論なしに，特殊法人改革のみの論理で，公団，公庫の廃止が一方的に進められているところに大きな問題がある」として，「公団や公庫という組織を擁護しようとして

第 3 章　住宅金融公庫

いるわけでもなければ，特殊法人改革や行政改革を抑制しようとしているわけでもない。住宅政策の視点から見ても公団や公庫の改革は大いに必要なのであり，改革の中で，組織としての公団，公庫を廃止するという選択も十分ありうると考えている。しかし，そうした結論を引き出すためには，住宅政策の議論を十分行うべきであり，（中略）住宅政策改革のあり方と特殊法人改革のあり方を十分吟味したうえで論理的に結論を引き出すべきである」と[13]，同誌の中では当たり前の議論すぎて，やや異色である。あとは公団について触れた小林論文を除けば，客観的に見てその高田の指摘から遠く離れたところからの議論であり，加えて八田達夫の「市場機能を積極的に活用した住宅金融のあり方に係る論点整理について／座長見解」なるものを掲載しているほど，公庫の廃止・民営化に傾斜した特集である。

　八田のその「座長見解」[14]とは，どういうものなのか。それは特殊法人改革に迫られた国土交通省が2001年10月に住宅金融のあり方を検討するために設置した「市場機能を積極的に活用した住宅金融のあり方懇談会」の座長としての見解で，同懇談会で配布されたものという。この見解において前提となっているのは「住宅金融公庫においては，民業圧迫の回避と財政負担の削減が課題」ということであり，かねて公庫に対し指摘されてきたことをそのまま踏襲しているのがまず目を引く。そして，その課題を解決するために必要なのは「住宅金融の市場を育成し，効率的なシステムの形成に努め，市場機能を積極的に活用して，住宅政策の公益的な目的と手段を確保することにある」と言い，そのうえで市場機能を積極的に活用する手段について指摘するという構成になっている。

　その手段とは何か。これも以前から指摘されていたことであるが，一つは民間金融機関が住宅ローン業務を行うさいに長期固定の融資を実現しうる仕組みと，それに対する公的支援のあり方であり，二つ目は住宅金融の証券化の制度インフラをどう構築していくかであり，三番目は融資保険制度の充実であり，その他，物件審査機能，質的誘導機能等の必

要性についても指摘,「本見解は座長としての現時点での論点の整理を行ったものである（が），懇談会としては市場機能を積極的に活用するという観点から，証券化を中心に長期固定融資のあり方を論議する」こととしたいとしている。しかし，この懇談会が，はじめに結論ありきでスタートしているのは，この見解が実は懇談会発足直前の2001年9月に国土交通省がまとめた公庫の組織形態見直し案が示していた民間金融機関との協調融資，公庫自らの住宅ローン債権の証券化拡大，同市場の育成，民間金融機関の長期固定住宅ローン債権の証券化支援などとまったく軌を一にするものであることや，その後決定した公庫廃止後の新たな独立行政法人に関する国土交通省まとめが，前記国土交通省見直し案を受けた八田見解における指摘点をそのまま新業務としていることを見れば明らかといえよう。

所得再分配論

こうした「見解」をバックアップしているのが岩本・福井,山崎らの論文であるが，それらに共通しているのが所得再分配論の観点である。逆に言えばかれらが主に依拠しているのがその論点でしかないと言える。そこが気になる人も相当いよう。

岩本・福井は公団・公庫に廃止・民営化論が出てきたのは「住宅金融，賃貸・分譲住宅については民間も事業を行っている」のだから当然というところに立ち，まず民間に対する公庫の優位性を補給金制度に求め，さらに所得再分配論の観点からこう言う。「住宅金融公庫の活動の恩恵を受けられるのは，融資基準を満たした住宅を購入できる階層に限られており，このような階層に税金を財源にした補助をおこなうことは，所得再分配上の観点から問題がある」。したがって，かりにこの補助をなくせば「補給金なしの公庫融資は民間のローンとの違いがなくなるので，直接融資業務をおこなう意義はなく，できるだけ早期に撤退するべきである」[15]と言うのである。

山崎は，この二人より踏み込んで，そもそも再分配策のあり方に疑問

を表明して「貧しい人々に対する再分配のあり方として，所得ではなく住宅そのもので供給すること自体に果たして合理的な根拠があるのだろうか。(中略)住宅ではなく所得で補助されれば，住宅より必需性の高い財に需要を振り向けるかもしれない。そのような合理的な人々の行動を無視して，政府が住宅に対して補助を与えることに合理性を認めるのは難しい」(つまり，かれは公庫のみならず住宅政策そのものに対し異議を唱えているわけでもある。しかし，住宅政策はどうあるべきかについては触れていない)としたうえで，こう言うのである。

> 「住宅の保有者は相対的に所得水準の高い人々である。住宅金融公庫の融資を受けられる人々は，受けられない人々に比べて所得水準の高い人々である。本当に所得水準の低い人たちは，住宅を買うことなどできないはずである。政府が支援してこのような人々に持ち家という財産を保有させることが政策的に許容されるだろうか。貧しい人も支払っている税金を使って，裕福な人々に補助を与えることが，分配上望ましくないのはあきらかである。このような観点からすると，住宅取得を積極的に推進するような税制，補助金等，すなわち持ち家促進政策は，分配上の観点から正当化することはできない」[16]。

山崎は加えて補給金と損失金も問題にはしている。補給金については，それにより公庫の金利が市中金利より低くなっている。しかし，公庫は長期固定で融資しているから，金利が低くなると市中銀行から資金を借り入れたほうが有利になるから繰上げ返済が行われるようになり，そのための損失金がさらなる補助金として支出されることになる，そのために国庫の負担は大きくなるばかりになる。それでいいのかというわけであるが，しかし，山崎の主要論点は再分配論に集約しうるといっていいだろう(さらに山崎は公庫廃止・民営化は賃貸住宅市場を拡大することになり，持ち家取得をしない人々が投資家となり，資金を証券投資

に振り向けることになる,といった議論をしている)。

そもそも政府が住宅政策に公的に介入し,これまで市場原理にすっかりゆだねないできたのは,住宅およびその環境に公共財性があり,外部性が存在し,市場の失敗,あるいは市場メカニズムが働かないことにより,国民の側に著しい被害がおよぶおそれがあるからであった。したがって,その一部の住宅金融について市場化を検討するにしても,まずそれにより国民の側に著しい被害がおよぶことはないかどうかの論議が欠かせない。それは決して所得再分配にとどまらない議論である。

実は高田はこのような議論をひとり危惧していたのであろうと推察できる。「住宅政策に関する十分な議論なしに,公団・公庫の廃止が一方的に進められているところに大きな問題がある」と。たとえば住宅政策における再分配論を論じるとすれば,公庫だけでなく公営・公団の公共賃貸住宅,あるいは公団分譲住宅に関しても再分配上どう位置付けるべきか論じなければならないだろう。それは住宅政策のあり方そのものについて論じなければならないことに通じるのであるが,以上の経済学者の議論にはそこのところが欠落しているのである。公庫融資を民間に行わせることによる民間の市場拡大期待論が中心になっている。しかし,期待論は期待論でしかない。

定期借家権制度

その例の一つに定期借家権制度をあげてもいいだろう。定期借家権は,契約期間が切れれば正当な理由がなくても家主が契約更新を拒否できるものである。その推進派は,契約期限を切った定期借家権制度を導入すれば,家族向け借家の供給が増えると主張してきていた。かれら公庫民営化推進派の経済学者たちはこの定期借家権制度の発足にも影響力をおよぼしている。かれらが集中的にその主張を行ったのも前記『都市住宅学』誌であった。同誌14号(1996年夏)は特集として「借家制度が住宅市場に与える影響」を組んでいるが,そのなかで定期借家権制定促進の立場から岩田規久男,八田達夫,福井秀夫,山崎福寿らが論文を発

第3章　住宅金融公庫

表している（なお同誌12号＝1995年冬には八田が赤井伸郎とともに「借地借家法は，賃貸住宅供給を抑制していないのか？」を発表している）。これは森本信明が1994年以来，経済学者間で行われてきた借地借家法の効果論について疑問を呈する論文「借地借家法によるファミリー向け賃貸住宅の供給制限効果」（『都市住宅学』7.8号）などを数年間にわたり発表してきたのを機に特集が組まれたものであるが，森本論文に対する総反論のかたちになっている（このあと同誌は23号＝1998年冬，において自民党衆議院議員保岡興治，八田，阿部泰隆らによるシンポジウム「定期借家権と不動産・債券流動化セミナー」を特集している）。

　かれらの論点は借地借家法に定期借家権制度を創設すれば，不動産賃貸市場が活性化し，水準の高い賃貸住宅の供給拡大が図られるというところにあった。八田は「確実にいえることがある。それは持家の転換による借家供給が，直ちにかなりな規模でおきるであろうということである」と言っていた[17]。

　こうした期待を担って定期借家権制度は「良質な賃貸住宅等の供給の促進に関する特別措置法」に基づく借地借家法の一部改正により2000年3月から施行された。その結果はどうであったか。定期借家権に疑問を表明しつづけた森本が2000年，2001年度におけるアットホーム社，リクルート社，定期借家推進協議会の三者の借家供給調査に基づき分析していところによると，全借家供給のうち定期借家契約が占める割合は「数パーセントにとどまっている」というのである。そしてこう結論している。「推進論者の主張は定期借家制度創設前の借地借家法が，経営者に対して強い供給制限効果をもっているという誤った仮説の上に構築されたものであった。制度施行後3年間の実績をみれば，今後とも定期借家のシェアが少しは増大すると予測されるものの，議論の出発点である『定期借家制度の導入による良質な賃貸住宅の大量供給』という目標には，到底たどりつかないものと考えられる。『市場を語って市場を知らず』，科学の基本である実証の軽視が生んだ一幕の喜劇であったといえよう」[18]。筆者も定期借家制度については森本と同じく疑問を持ちつづ

けていたが，いまさらながら森本の見解に頷かざるをえない[19]。問題は，推進派が考えていたように，良質の借家がなかなか供給されないでいるのは，借家権が強すぎるからではなく，その大きな初期投資に比べて資金回収に長期間要するなど，借家の経営自体が抱える問題そのものに起因するところが大きいことである。推進派はそこのところの認識に欠ける面があったので，上記のような楽観・期待論を抱くに至ったものと解される。

　公庫廃止・民営化論にも，この定期借家論に似た期待論が大きなウェイトを占めてはないか。筆者の知るかぎりでは，この定期借家権論議では森本は少数派であった。同政策論議の結果は多数派が少数派を席巻したことになったが，しかし，政策実施後の結末は少数派のほうに分があることになった。政策論議はつねに多数派と少数派に分かれるが，少数派のほうに真実があることはこれまでも多くの事例が示しているところである[20]。それにもう一つの事例を加えることになったのが，この定期借家権問題であったのである。期待論だけで政策を実施するのは慎まなければならない。

　しかし，そうした危惧をよそに前述しているように2003年6月，住宅金融公庫法の改正が行われ，民間金融機関が公庫と同じ長期固定金利の住宅ローン業務を行える道が開かれたのであった。これにより民間金融機関が長期固定金利の住宅ローンを安定的に供給できるように住宅債券証券化市場が育成されていくスキームがつくられたが，その中で公庫は（つまり廃止後の新法人ということになろう），(1)民間金融機関の住宅ローン債権を公庫が買って投資家に売却する，(2)民間金融機関の住宅ローン債権に公庫が支払い保証となる住宅融資保険をつけ，特定目的会社がこの債権を担保とする証券を発行して投資家に売却する役割を担うことになる。すなわち公庫は，民間金融機関の業務遂行支援の機関にとどまることにより，組織そのものは縮小されるにしても残ることになるわけであるが，それはしかし，さまざまな懸念を抱いたままの住宅ローン民営化ということになる。

第3章　住宅金融公庫

　さまざまな懸念とは，何を指してそういうのか。一つは住宅金融市場が抱える種々のリスク（それはまさに公庫がつねに直面していたリスクであるが）を回避するにはどうしたらいいかという問題であろう。あらためて復習すると，それらはたとえば支払い不能の事態発生の可能性の信用リスクであり，市場金利の上昇に伴う逆ザヤ発生の可能性のリスクであり，また市場金利低下に伴う借り換え発生の可能性のリスクである。公庫はこれらに悩まされつづけてきた。このリスクに備えるのは民間金融機関のみでは不可能で，とすれば何らかの公的支援が必要になることが予想される。しかし，一部の経済学者たちは楽観的である。これに対して大泉英次は次のように警告（筆者は金融については非専門家なので，ここでは共感するところの大きい専門家の主張を紹介することにする）するのである。

　「証券化推進論者は，証券化支援スキームで公庫が信用リスクを負担するし，他のリスクも証券化市場が発展していけば吸収，管理が可能であるという。しかし金融市場で発生するリスクを管理することはけっして容易ではない（日本の現状を見ればよくわかる）。超低金利で超金余りの今だから，安定した利回りのとれる証券化商品なら投資家は歓迎するだろうという話になっているが，超低金利，超金余りはあくまで異常な状態であることを忘れてはならない。証券化の本家アメリカでは住宅金融市場を管理するために膨大な公的資金を注ぎ込みつづけているのだ。つまり公庫融資業務に代わる証券化支援業務は，住宅金融市場への政府の新たな関与とコスト負担に途を開く」。

　大泉が指摘する通りだとすると，公庫の廃止とは何だったのかということになりかねないだろう。つまり民間金融機関に新たな市場を提供するためだけであったのか。しかも政府による万全の支援スキームつきの，である。さらに融資対象者の選別発生のおそれが出てこざるをえな

い。民間ゆえに信用リスクを冒したくないから，選別して融資を行う可能性がある。また融資住宅の質をどう確保するかという問題もあるが，ここでも大泉は言うのである。

　「ここで市場主義論者が展開する議論には注目すべきものがある。『公庫が住宅ローン債権を買い取るときに条件をつければ選別融資を減らすことはいくらでもできる』というが，その程度のことで選別融資が解消するなら今日の貸し渋り，貸しはがし問題は存在しない。また『自分の家をバリアフリーにするのはまったく自分の勝手』『住宅ローン債権の買取りに（住宅の質の面で）不必要な条件をつけるのは誤りだ』という。こういう論者においては，住宅の質の向上は個人の選択，住宅資産価値の大小についての選択のみの問題でしかない」[21]。

　大泉によると，つまり選別融資が行われることになるだろう，また一方，そのローンを利用した住宅の質が低下していくのは避けられないというわけである。筆者も楽観論よりは，そうした現実論に組みしたい。よりそのほうに説得力があることは，超長期固定金利ローンの安定的供給がいかに困難なことかを示す，公庫法改正直後に起こった事例が示している。

　2003年7月上旬，東京債権市場において国債相場が暴落に近い状況となり，長期金利の指標となる10年物国債の利回りが急上昇し，約8カ月ぶりの高い水準となった。これにより固定金利型住宅ローンの金利も連動して見直されることになり，メガバンクの一つは7月1日にさかのぼり，7年物の固定金利の住宅ローンを引上げ，他の各行もこれに追随した[22]。これは7年物ではあったが，当時すでに大手銀行が始めていた「35年間固定金利で年2％台」という超低金利の住宅ローンも，原則として毎月の月初めに1度適用金利を見直すことになっているので，長期金利の動向いかんではいつこれが見直されないともかぎらない。このこ

とは今後，民間金融機関の住宅ローンが長期固定低金利をとっていたにしても，それがいつ変更されるかわからない可能性を残していることを示している。利用者はつねにそうしたリスクを抱えつづけなければならないことになる。これに対し利用者保護の見地から政府がさらなる特典（たとえば利子補給金の交付）を民間金融機関に与えなければならない事態さえ考えられないこともないといっていいだろう。わが国の住宅金融は，国民にとってはもちろん，政府にとってもこれまで以上にきわめて危険が予想される道を歩み出したことになりかねないわけである。

5　評　価

　戦後住宅政策は主に住宅金融公庫，公営住宅，公団住宅の三つによって展開されてきた。筆者自身は福祉国家構築の手段としては，それらのうち公共賃貸住宅の供給に当たってきた公営，公団住宅が主力になり，主に低中所得層の居住確保と居住水準改善に当たるべきであったと長年考えてきているが，しかし，実際には当初は資金が産業中心にシフトしていて住宅にまでは回せなかった民間金融機関に代わって，その後は経済対策の主要手段として，住宅金融公庫を利用した持ち家推進策がわが国の住宅政策の柱となってきた。それにより，良くも悪くもさまざまな影響をわが国社会におよぼした。それを住宅金融公庫が一定の役割を終えることになったとき，どう評価したらいいか。

　もちろん，その評価には肯定的なものと否定的なものがあるだろう。筆者が意外に感じたのは2001年12月に日本住宅会議や公団自治協などの居住者団体により結成された「国民の住まいを守る全国連絡会」が出した共同声明が，公庫の役割について「住宅金融公庫の融資は広く国民に定着し，公庫融資を受け返済中の住宅は547万戸にのぼっている。公庫融資の利用者は年収800万円以下の層が約8割を占め，中低所得者の住宅取得を可能とする長期・固定・低利の融資が行われている。また，融資住宅の質を誘導することにより，良質な住宅ストック形成に寄与し，

地域工務店などの住宅生産者にとっても，仕事の確保と地域経済の振興といった極めて重要な役割を果たしている」と肯定的な評価をしていることである。意外感は，この声明を出した団体の多くはそれまで，公共賃貸住宅の大量供給にシフトした住宅政策を要求しつづけてきたところから発している。そこで，この声明を手掛かりに，まず肯定的な面から見てみよう。

　上の声明のキーワードは「年収800万円以下」というところにあると思われる。住宅金融公庫融資は，一定収入を境に融資を受けられる層と受けられない層とに分け，それは結果的に国民の居住形態を持ち家層と非持ち家層とに分けた。融資を受けたことにより持ち家層となった人々は，居住の自由と居住水準の改善を確保した。それはどういう人々であったか。

　前述しているように公庫廃止論者の山崎は，それは「所得水準の高い人々」「裕福な人々」であると言っていた。だから所得再配分の必要性はないとしていた。また前記「国民の住まいを守る全国連絡会」の声明は「年収800万円以下の層」としていた。ところが，公庫融資利用者調査報告によると，利用者の多くはそれより下の中低所得層であることがわかるのである。1998年度の同調査によれば，世帯年収600万円前後が分布の山を描き，（図3－1，2）で見るように年収5分位における第2（398～564万円），第3（564～748万円）の中低所得層の利用割合が高くなっている。マイホーム新築の利用者の場合を見ると，もっとも多いのは第3分位の31.2％で，ついで第2分位の26.8％，さらに第4分位（748～1018万円）が23.2％である。つまり第2，3分位で全体の60％近いのである。マンション，建売り住宅購入の場合もほぼ同じ傾向を示している。公庫融資はこれら中低所得層の居住の自由と居住水準の改善を確保したという点で，一定の役割を果たしたことになる（なお同調査によれば，公庫融資を利用しないで持ち家を新築したものは世帯年収800万円前後と1200万円を超える第4～5分位の中高所得層であった。「裕福な人々」というのはおそらく，これらの層であろう）。ちなみにマイ

第3章　住宅金融公庫

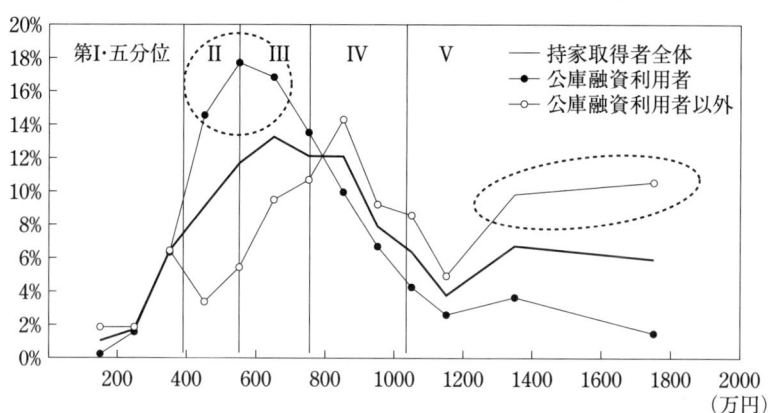

（図3-1）　持家取得者の年収分布図（資金別）

凡例：
― 持家取得者全体
●― 公庫融資利用者
○― 公庫融資利用者以外

横軸区分：第I・五分位、II、III、IV、V

（注）1. 持家取得者全体は，建設省「民間住宅建設資金実態調査結果」による。
　　 2. 公庫融資利用者は，「マイホーム新築融資回次別分析」による。
　　 3. 公庫融資利用者以外の持家取得者は，以上を基に住宅着工戸数の資金別シェアを用いて推計している。

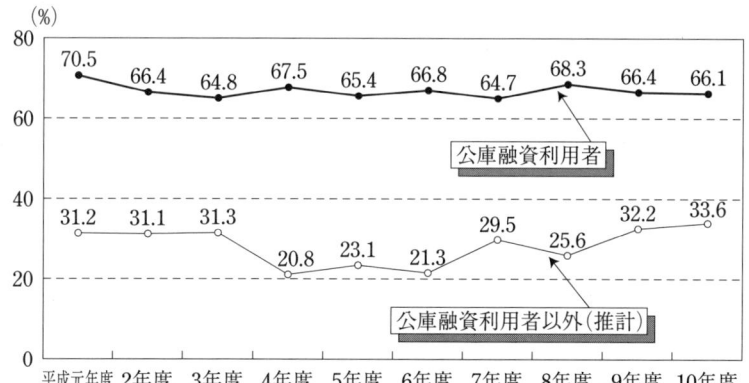

（図3-2）　中・低所得者（年収第III・五分位以下）の割合

公庫融資利用者：
平成元年度	2年度	3年度	4年度	5年度	6年度	7年度	8年度	9年度	10年度
70.5	66.4	64.8	67.5	65.4	66.8	64.7	68.3	66.4	66.1

公庫融資利用者以外（推計）：
平成元年度	2年度	3年度	4年度	5年度	6年度	7年度	8年度	9年度	10年度
31.2	31.1	31.3	20.8	23.1	21.3	29.5	25.6	32.2	33.6

（注）総務庁「貯蓄動向調査」，建設省「民間建設資金実態調査」，「住宅着工統計」，住宅金融公庫「公庫融資利用者調査報告（マイホーム新築融資編）」による。

ホーム新築の場合，同調査によると利用者の居住水準は，従前の90.0平方mから146.4平方mに改善している。

ここから別の問題が生じていることもまた事実である。それは公庫に対する否定的評価につながることでもあるが，前述しているように一つは，利用者が中低所得層が多いことによる支払い延滞を余儀なくされるに至る人々が年々増加したことである。また融資を受けられなかった人々は居住水準の改善から取り残されることになった。これらの人々の多くは借家に居住している。5年毎の住宅統計調査で各居住水準を見てみると，1988年持ち家116.78平方m，借家44.27平方m，1993年持ち家122.08平方m，借家45.08平方m，1998年持ち家122.74平方m，借家44.49平方mと借家はほとんど停滞したままである。

本来の所得再分配は，実はこれらの人々に対して行われなければならない。それにもっとも有効なのは公共賃貸住宅の供給策なのであるが，それと公庫のバランスをめぐる議論は行われないまま公庫のあり方のみ論じられて，廃止となったのは前述している通りである。今後，これらの人々の居住改善をどう進めるかは，大きな課題である。

大泉は「政府の安直な景気対策の一環として公庫融資（そして民間住宅融資）が肥大しつづけた結果，そのツケとして今日，郊外や都心における劣悪な戸建て，集合住宅ストックの荒廃化が問題視されている」[23]と書いているが，その実態は科学的にはよくわからない。ただ戦前の住宅組合においても，融資を受けた人々の土地獲得競争により土地の合理的利用が妨げられ，都市計画をなしくずしにする事態が起きた[24]という報告があり，公庫の場合もそれと同じような事態が一部業者の開発行為と連動して起こったのは容易に推察できるところである（見ることもできる）。

さらに経済対策として融資戸数を拡大し，融資条件を緩和していった過程で，公庫融資を受けて持ち家を取得するのが一般勤労者の「甲斐性」であるかのような風潮を生み，文学的表現にはなるがローン社会への途を加速させたことをどう考えたらいいのか。これを公庫を評価する

ときに否定的側面としてとらえる人々も少なくない。日本住宅会議などはそうであった。

しかし，別の観点から個々の融資住宅を見れば，住宅の質（面的広さでなく）改善において公庫が果たした役割は大きかったと言える。筆者がもっとも評価したいのもその点であり，それは「公庫住宅等基礎基準」[25]により進められた。この基準は以前は「個人住宅基準及び集団住宅等基準」と言った。この基準の根拠は公庫法18条の2（住宅の基準）に「必要な安全性，良好な居住性及び一定の耐久性（公庫法施行規則に定める耐久性）」にあり，その条件を備えた住宅を実現するための詳細な規定を定めたものである。この基準は公庫融資のさいの条件であり，設計・現場審査における審査基準となった。

それは初め，もっぱら伝統的職人の技術に頼ってつくられてきた木造住宅の施工技術を標準化するうえで不可欠の基準として，利便，安全，衛生，土地の形状などについても定め，またその後一般化した「布基礎の設置」「柱の小径10 cm以上」「火打材の設置」「防腐措置」といった基準を設けることにより，住宅の基本的性能の向上を図った。それは一時は建築基準法が定めた建築物の最低基準よりも厳しいものであった。以降も1960年代に入ると，住宅の不燃化，水洗式便所，浴室の設置の促進を，70年代には断熱構造や給湯設備，暖房設備を進め，近年においては省エネルギー対策，高齢者対策などにも基準を示してきた経緯があり，そういったところで福祉実現に役割を果たしてきたと言える。

これが1997年4月に抜本的に改められ，「公庫住宅等基礎基準」となったわけである。それはたとえば住宅敷地に関して道路に2 m以上の幅で接していること，住宅敷地の面積は100平方m以上であること，住宅の1戸当たり床面積は80平方m以上280平方m以下であること等，かなり細かい基準であり，これによって個々の融資住宅は一定の居住水準が確保されることになった。その意味では「国民の住まいを守る全国連絡会」の声明が言っている通りである。これが住宅金融がすっかり民間にゆだねられることにより，どうなるのか。大泉が心配している

ように，民間金融機関の主導のもとでこれが今後どうなるのかである。

いずれにしても住宅金融に関する政府最大の誤謬となりかねない公庫の廃止後（それはまた都市基盤整備公団の新法人化をふくめ）の住宅政策はどうあるべきなのか，今後，住宅金融をふくめて，市場や国家の立場によるものでなく，国民の側に立った議論をしなければなるまい。公庫をふくめた特殊法人改革論議には国民の側の視点があまりに欠如していた。

 （1） 住宅金融公庫法（抄）（昭和25年＝1950年法律第156号，2003年6月改正）
  （目的）
   第1条 住宅金融公庫は，国民大衆が健康で文化的な生活を営むに足る住宅の建設及び購入（住宅の用に供する土地又は借地権の取得及び土地の造成を含む）に必要な資金について，銀行その他一般の金融機関が融通することを困難とするものを自ら融通し，又は銀行その他一般の金融機関による融通を支援するための貸付債権の譲受け若しくは貸付債権を担保とする債券等に係る債務の保証を行うことを目的とする。
   2 住宅金融公庫は，前項に規定するもののほか，産業労働者住宅資金融通法（昭和28年法律第63号）に基づき産業労働者住宅の建設に必要な資金を融通すること，及び住宅融資保険法（昭和30年法律第63号。以下「保険法」という）に基づき金融機関の住宅建設等に必要な資金の貸付けにつき保険を行うことを目的とする。
   3 住宅金融公庫は前2項に規定するもののほか，相当の住宅部分を有する建築物で土地の合理的利用及び災害の防止に寄与するものの建設に必要な資金で，銀行その他一般の金融機関が融通することを困難とするものを融通することを目的とする。
  （定義）
   第2条 この法律において次の各号に掲げる用語の意義は，それぞれ当該各号に定めるところによる。
   1 住宅 人の居住の用に供する家屋又は家屋の部分をいう。
   2 主要構造部 建築基準法（昭和25年法律第201号） 第2条第5号に規定するものをいう。
   3 耐火構造 建築基準法第2条第7号に規定するものをいう。
   4 耐火構造の住宅 建築基準法第2条第9号の2イに掲げる基準に適合する住宅をいう。
   5 準耐火構造の住宅 耐火構造以外の住宅で，建築基準法第2条第9号の3イ若しくはロのいずれかに該当するもの又はこれに準ずる耐火

第3章　住宅金融公庫

性能を有する構造の住宅として主務省令で定めるものをいう。
6　耐火建築物等　建築基準法第2条第9号の2イに掲げる基準に適合する建築物又は同条第9号の3イ若しくはロのいずれかに該当する建築物若しくはこれに準ずる耐火性能を有する構造の建築物として主務省令で定めるものをいう。
7　中高層耐火建築物　耐火建築物等で地上階数3以上を有するものをいう。

(中略)

(業務の範囲)
第17条　(1)　公庫は第1条第1項に掲げる目的を達成するため，第1号及び第2号に掲げる者に対し，住宅の建設（新たに建設された住宅で，まだ人の居住の用に供したことのないもの＝以下「新築住宅」という＝の購入を含む。以下同じ）の購入に必要な資金の貸付けの業務を，第3号及び第4号に掲げる者に対し，住宅の建設に必要な資金の貸付けの業務を行う。
1　自ら居住するため住宅を必要とする者
2　親族の居住の用に供するため自ら居住する住宅以外に住宅を必要とする者
3　次に掲げる者に対し住宅を建設し賃貸する事業を行う者（地方公共団体を除く）
　　イ　自ら居住するため住宅を必要とする者
　　ロ　自ら居住するため住宅を必要とする者に対し住宅を賃貸する事業を行う者
4　自ら居住するため住宅を必要とする者又は親族の居住の用に供するため自ら居住する住宅以外に住宅を必要とする者に対し住宅を建設し譲渡する事業又は住宅を建設してその住宅及びこれに付随する土地若しくは借地権を譲渡する事業を行う者
(2)　公庫は，前項の場合においては，次に掲げる資金を，それぞれ当該住宅の建設又は当該既存住宅の購入に必要な資金に併せて貸し付けることができる。
1　前項各号に掲げる者が住宅の建設または既存住宅の購入に付随して新たに土地又は借地権の取得を必要とするときは，当該土地又は借地権の取得に必要な資金
2　前項第3号又は第4号に掲げる者（次号に掲げる者を除く）が住宅の建設と併せて幼稚園又は保護者の委託を受けてその乳児若しくは幼児を保育することを目的とするその他の施設（以下「幼稚園」という）の建設を必要とするときは，当該幼稚園等の建設に必要な資金（幼稚園等の建設に付随して新たに土地又は借地権の取得を必要とす

るときは，当該土地又は借地権の取得に必要な資金を含む）
- 3　前項第3号又は第4号に掲げる者で政令で定める規模以上の一団地の住宅の建設をするものが当該住宅の建設と併せて学校，幼稚園，店舗その他の居住者の利便に供する施設で政令で定めるもの（以下「関連利便施設」という）の建設又は道路，公園，下水道その他の公共の用に供する施設で政令で定めるもの（以下「関連公共施設」という）の整備を必要とするときは，当該関連利便施設の建設に必要な資金（関連利便施設の建設に付随して新たに土地又は借地権の取得に必要な資金を含む）又は当該関連公共施設の整備に必要な資金（関連公共施設の整備に付随して新たに土地又は借地権の取得を必要とするときは，当該土地又は借地権の取得を含む）

(3)　（略）

(4)　公庫は，第1条第1項に掲げる目的を達成するため，土地又は借地権を取得し，土地を造成し，及び土地もしくは借地権を譲渡する事業又は土地を造成し，及び土地若しくは借地権を譲渡する事業を行う会社その他の法人並びにこれらの事業を行う地方公共団体並びに土地区画整理法（昭和29年法律第119号）による土地区画整理事業を行う者（土地区画整理組合が行う土地区画整理事業にあっては，その組合員で当該土地区画整理組合から委託を受けて土地区画整理事業に係る土地造成を行うもの＝当該土地の造成を行うために必要な資力及び信用を有することその他の主務省令で定める基準に該当する者に限る＝を含む）及び大都市地域ににおける住宅及び住宅地の供給の促進に関する特別措置法（昭和50年法律第67号。以下「大都市地域住宅等供給促進法」という）による住宅街区整備事業を行う者に対し，住宅の用に供する土地若しくは借地権の取得及び土地の造成又は住宅の用に供する土地の造成に必要な資金の貸付けの業務を行う。この場合においては，次に掲げる資金を併せて貸し付けることができる。

- 1．当該土地の造成と併せて居住者の利便に供する施設の用に供する土地を造成することが適当であるときは，当該施設の用に供する土地若しくは借地権の取得及び土地の造成又はこれらの土地の造成に必要な資金
- 2．当該事業が新住宅市街地開発法（昭和38年法律第134号）による新住宅市街地開発事業またはこれに準ずる政令で定める事業であるときは，当該事業により建設される関連利便施設の建設に必要な資金又は当該事業により整備される関連公共施設の整備に必要な資金
- 3．当該事業に係る土地と併せて一体的に造成することが事業の施行上必要やむを得ないと認められる土地を，委託を受けて造成するときは，当該土地の造成に必要な資金

第3章　住宅金融公庫

(5) 公庫は，住宅の改良を行う者に対し，その改良に必要な資金（区分所有に係る建築物でその大部分が住宅部分であるもの以外の建築物＝以下この項及び第20条第4項において「特定建築物」という＝の共用部分の改良に必要な資金にあっては，当該共用部分の改良に必要な資金のうち，当該特定建築物に占める住宅部分の割合に対応するものに限る）を貸し付けることができる。

(6) 公庫は，地震，暴風雨，洪水，火災その他の災害で主務省令で定めるものにより，人の居住の用に供する家屋（主として人の居住の用に供する家屋を含む）が滅失し，又は損傷した場合において，当該災害の当時当該家屋を所有し，若しくは賃借し，又は当該家屋に居住していた者が，自ら居住し，又は他人に貸すために，当該災害発生の日から2年以内に，当該家屋に代わるべき家屋若しくは当該損傷した家屋で主務省令で定めるもの（以下「災害復興住宅」という）を建設し，購入し，若しくは補修し，又は当該災害復興住宅の補修に付随して当該災害復興住宅を移転し，当該災害復興住宅の建設若しくは補修に付随してたい積土砂の排除その他の宅地の整備（以下「整地」という）をし，若しくは当該災害復興住宅の建設若しくは購入に付随して土地又は借地権を取得しようとするときは，これらの者に対し，当該災害復興住宅の建設，購入若しくは補修又は当該災害復興住宅の補修に付随する当該災害復興住宅の移転，当該災害復興住宅の建設若しくは補修に付随する整地若しくは当該災害復興住宅の建設若しくは購入に付随する土地若しくは借地権の取得に必要な資金を貸し付けることができる。

(中略)

(9) 公庫は，第1条第1項に掲げる目的を達成するため，住宅の建設又は既存住宅の購入に必要な資金（当該住宅の建設又は既存住宅の購入に付随して新たに土地又は借地権の取得を必要とするときは，当該土地又は借地権の取得に必要な資金を含む）の貸付けに係る主務省令でへ定める金融機関の貸付債権について，次の業務を行う。
 1．当該貸付債権の譲受け（以下「債権譲受け」という）
 2．当該貸付債権（保険法第5条第2項に規定する債務保証特定保険関係＝以下単に「債務保証特定保険関係」という＝が成立した貸付けに係るものに限り，その信託の受益権を含む）を担保とする債券その他これに準ずる主務省令で定める有価証券に係る債務の保証（以下「債務保証」という）

(中略)

(13) 公庫は，第1項，第2項及び第4項から前項までに規定する業務のほか，次の業務を行うことができる。

1．住宅，幼稚園等，関連利便施設，災害復興住宅，地すべり等関連住宅又は合理的土地利用耐火建築物等の設計，工事及び維持補修，土地の造成，関連公共施設の整備及び維持補修，災害復興住宅の建設又は補修に付随する整地並びに宅地防災工事に関する指導
　　2．住宅の建設に必要な土地または借地権の取得に関するあっせん
　　3．前2号に規定する業務に関連して行う土地の取得，造成及び譲渡並びに住宅の建設及び譲渡
　　4．貸付金（譲り受けた貸付債権又は保険法第5条第1項に規定する特定保険関係（以下単に「特定保険関係」という）が成立した貸付けについて商法＝明治32年法律第48号＝第662条第1項の規定に基づき取得した貸付債権に係るものを含む）の回収に関連して取得した動産，不動産又は所有権以外の財産権の管理（建設中若しくは改良中の住宅，幼稚園等，関連利便施設，災害復興住宅，地すべり等関連住宅若しくは合理的土地利用耐火建築物又は増成中の土地，整備中の関連公共施設若しくは宅地防災工事中の土地についてそれらの円滑な処分を図るために必要やむを得ない範囲内で行う建設工事若しくは改良工事又は造成工事，整備工事若しくは宅地防災工事を含む）及び処分
　　　（貸付けを受けるべき者の選定）
第18条　公庫は，前条第1項，第2項，第4項から第8項まで，第11項及び第12項の規定による貸付けの業務を行う場合においては，貸付けの申込みをした者（以下「申込者」という）の貸付希望金額，申込者の元利金の償還の見込み及び前条第1項第1号又は第2号に該当する者についてはその住宅を必要とする事由，同条第3号若しくは第4号に該当する者又は同条第4項若しくは第11項の規定による貸付けの申込みをした者についてはその事業の内容，工事の計画その他資金の貸付けに必要な事項，同条第5項の規定による貸付けの申込みをした者についてはその改良を必要とする事由をそれぞれ十分に審査し，かつ，申込者の総数及び申込みに係る貸付希望金額の総額を参酌して，公庫から資金の貸付けを受けるべき者を公正に選ばなければならない。
　　　（住宅の基準）
第18条の2　第17条第1項，第11項及び第12項の規定による貸付金に係る住宅（既存住宅を除く）は，必要な安全性及び良好な居住性を有するとともに，主務省令で定める基準に該当する耐久性を有するものでなければならない。
　　　（合理的土地利用耐火建築物等の敷地の基準）
第19条　貸付金に係る合理的土地利用耐火建築物等の敷地は，安全上及び衛生上良好な土地で，かつ，当該合理的土地利用耐火建築物内の居住者が健康で文化的な生活を営むに足る居住環境を有する土地であるよ

第 3 章　住宅金融公庫

うに特に留意されなければならない。
　　（貸付金額の限度）
第20条　(1)　第17条第 1 項または第 2 項第 1 号の規定による貸付金（次条第 1 項の表 1 の項区分の欄に規定する政令で定める貸付金，第17条第 1 項第 2 号に掲げる者に対する貸付金及び同項第 4 号に掲げる者のうち地方公共団体，地方住宅供給公社その他政令で定める者＝以下「地方公共団体」という＝以外の者に対する貸付金を除く）の 1 戸当たりの金額の限度は，次の表の上欄各項に掲げる区分に応じ，それぞれ同表の下欄各項に掲げるとおりとする。（表略，別表 3 － 1 参照）

(2)　土地又は借地権を有する者が当該土地に耐火建築物等を建設する場合において，当該耐火建築物等内の住宅の建設について第17条第 1 項の規定による貸付けを受けるとき（併せて同条第 2 項の規定による当該住宅の建設に付随する土地又は借地権の取得に必要な資金の貸付けを受ける場合を除く）は，その貸付金の 1 戸当たりの金額の限度は，前項の規定にかかわらず，当該住宅の建設費及び当該住宅の建設に通常必要な土地又は借地権の取得に必要な費用（当該土地又は借地権の取得に必要な費用が当該住宅の建設費の 1 割 7 分を超える場合においては，当該住宅の建設費の 1 割 7 分に相当する金額）を合計した額の 8 割 5 分に相当する金額とする。

　　　　　　　　　　　　（中略）

(5)　第17条第11項又は第12項の規定による貸付金で同条第11項第 1 号に掲げる建築物の住宅部分（政令で定める住宅に係るものを除く）に係るものの金額の限度は，当該住宅部分に係る住宅の建設費及び住宅の建設に付随して新たに取得を必要とする土地又は借地権の価額の 8 割に相当する金額とする。

　　（貸付金の利率及び償還期間）
第21条　第17条第 1 項，第 2 項，第 4 項，第 5 項，第11項，又は第12項の規定による貸付金で次の表の区分の欄各項に掲げるもの及び同条第 6 項から第 8 項までの規定による貸付金の利率，償還期間及び据置期間は，同表の区分の欄各項に掲げる区分に応じ，それぞれ同表の利率の欄，償還期間の欄及び据置期間の欄各項に掲げるとおりとする。（表略）

　　　　　　　　　　　　（中略）

(3)　公庫は，第17条第 1 項，第 2 項第 1 号，第11項若しくは第12項の規定による貸付けを受けた者で自ら居住するため住宅を必要とするもの又は同条第 5 項の規定による貸付けを受けた者で自ら居住する住宅の改良を行うもののうち，当初期間経過後においてその者の所得（その者と生計を一にするその親族の所得を含む）が低額であり，かつ，特に

居住の安定を図る必要がある者として政令で定めるものに対する貸付金の利率については，第1項の規定にかかわらず，政令で定めるところにより，当初期間後の期間の全部又は一部につき，その利率を当初期間の利率と同一の率とすることができる。

(中略)

(貸付金の償還方法)

第21条の4　(1)　公庫の貸付金の償還は，割賦償還の方法によるものとする。ただし，第17条第1項第3号若しくは第4号の規定に該当する者に係る貸付金又は同条第4項若しくは第11項の規定による貸付金の償還は，割賦償還の方法によらないことができる。

(2)　公庫から貸付けを受けた者(包括承継人を含む。以下「貸付けを受けた者」という)は貸付金の弁済期日が到来する前に，貸付金の全部又は一部の償還をすることができる。

(3)　公庫は，第1項の規定にかかわらず，次の各号のいずれかに該当する場合においては貸付けを受けた者に対し，貸付金の弁済期日が到来する前に，貸付金についていつでも償還を請求することができる。ただし，償還を請求することができる額は，第5号に該当する場合においては，当該住宅，幼稚園等，関連利便施設，関連公共施設，災害復興住宅，地すべり等関連住宅に係る貸付金の額をそれぞれ超えることができない。

1．貸付けを受けた者が6月以上割賦金の償還をしなかったとき，又は正当な理由がなく割賦金の償還を怠ったと認められるとき。

2．貸付けを受けた者が当該貸付金を担保するため設定された抵当権の目的たる住宅，幼稚園等，関連利便施設，関連公共施設，災害復興住宅，地すべり等関連住宅，合理的土地利用耐火建築物等，土地その他の不動産に係る租税その他の公課を滞納したとき。

(3)　貸付けを受けた者が貸付金を貸付けの目的以外の目的に使用したとき。(以下略)

(貸付けの条件の変更等)

第22条　貸付けを受けた者が，災害その他特殊の事由により，元利金の支払が著しく困難となった場合において，公庫は，主務大臣の認可を受けて，貸付けの条件の変更又は延滞元利金の支払方法の変更をすることができる。ただし，主務省令で定める災害により主務省令で定める範囲内の変更をするときは，主務大臣の認可を受けることを要しない。

(以下略)

（2）『毎日新聞』2003年6月5日付朝刊。
（3）『朝日新聞』2003年1月28日付朝刊。

第 3 章　住宅金融公庫

（4）　建設省『建設白書』1951年度版の住宅金融公庫の項。
（5）　住宅金融公庫『住宅金融公庫50年史』（2000年）25頁。
（6）　岸真清「金融改革と住宅」（早川和男・横田清編『現代居住4　居住と法・政治・経済』＝1996年，東京大学出版会）229頁。
（7）　前掲『住宅金融公庫50年史』32頁。
（8）　同上88頁などによる。
（9）　住宅組合の詳細については本間『内務省住宅政策の教訓』（1988年，御茶の水書房）を参照されたい。
（10）　五十嵐敬喜・小川明雄『都市再生を問う』（2003年，岩波書店），あるいは五十嵐「景観論」（東京市政調査会『都市問題』2003年7月号）などが詳しい。
（11）　寺尾仁「学界回顧・土地法」（日本評論社『法律時報』2002年12月号，97頁）。
（12）　都市住宅学会は1992年設立，2000年に社団法人化。設立当初から10年間，巽和夫・京都大学名誉教授が会長を務める。巽は日本住宅協会『住宅』2000年6月号に「これからの住宅金融公庫に期待する」を執筆しているが，建設省建築研究所出身で，長らく同省の住宅宅地審議会会長などの任にあり，同省住宅政策をリード，バックアップしてきた。また同学会創立10周年を記念した『都市住宅学』誌第40号で，福島隆司はこの間の同学会活動を振りかえり「大成果は，定期借家法の施行です」と述べている。
（13）　高田光雄「今こそ住宅政策を論じなければならない」（都市住宅学会誌『都市住宅学』2002年冬＝第36号）の16〜21頁。
（14）　前掲『都市住宅学』誌の13〜15頁。
（15）　岩本康志・福井唯嗣「財政投融資・特殊法人の改革」（前掲『都市住宅学』誌）の2〜8頁。
（16）　山崎福寿「住宅補助と住宅金融公庫融資の問題点について」（前掲『都市住宅学』誌）の22〜27頁。
（17）　八田達夫「『定期借家権』はなぜ必要か」（有斐閣『ジュリスト』1997年12月1日号）。なお同号では座談会「定期借家権論をめぐって」が特集されており，推進派の阿部泰隆，岩田規久男に対し，瀬川信久，吉田克己の2人が疑問を表明している。その中で吉田が，この問題は住宅政策全体の中で考えるべきだとして，さまざまな角度から問題提起している。また瀬川，吉田のここでの危惧は，森本の指摘の通りとなっている。
（18）　森本信明「デフレ下の賃貸住宅市場」（日本住宅会議の機関誌『住宅会議』58号，2003年6月の17〜22頁）。
（19）　この定期借家権については後日談ではあるが，法改正成立の前後に同法改正を強く求めていた業界団体の全国宅地建物取引業協会連合会がつくる全国不動産政治連盟から法案を提出した国会議員に，1998年から2001年に

かけ，多額の政治献金がなされていたことが衆議院予算委員会（2003年2月20日）で明らかにされている。とくに法案の旗振り役をつとめた元建設官僚には計4270万円の寄付があったと，『毎日新聞』（2003年2月22日付朝刊）は伝えている。同紙によると不動産業界は「8000億円のビジネスチャンス」と新法成立に期待し運動を行っていたという。
(20) 少数派の都市論について詳しくは本間『都市改革の思想―都市論の系譜』（2002年，日本経済評論社）を参照されたい。
(21) 大泉英次「デフレ時代の住宅市場と住宅金融」（『住宅会議』58号，2003年6月）の4～9頁。
(22) 詳しくは『朝日新聞』2003年7月4日付朝刊。
(23) 大泉英次「住宅金融公庫廃止方針にどう対抗するか――『市場に対する権利』のために」（前掲『住宅会議』55号，2002年6月）の9頁以下。
(24) たとえば福岡峻治「大正期の都市政策」（東京都立大学『東京都立大学法学部雑誌』第2号，1971年）などによる。
(25) 「公庫住宅等基礎基準」
 1．住宅の敷地は，一般の交通の用に供する道に2 m以上の幅で接していること。
 2．住宅の敷地面積は，原則として100平方m以上であること（昭和57年1月2日以降に分筆・分割していない敷地等の場合は，この限りでない）。
 3．住宅の1戸当たりの床面積は，原則として80平方m以上280平方m以下とし，店舗・事務所付き建物の場合の住宅部分の床面積は全体の1／2以上であること。
 4．住宅には，2以上の居住室，炊事室，便所，浴室を設けること。
 5．耐火構造の住宅・準耐火構造の住宅以外の住宅は1戸建て又は連続建てとすること。
 6．住宅の屋根又は天井，壁，床で外気等に接する部分は，断熱構造とすること。
 7．住宅の外壁に接する土台を木造とする場合は，地面から外回りの基礎の上端までの高さは24 cm以上とすること。土台はひのき，ひば，その他耐久性のある材料とし，柱を有する構造の場合は，柱と同じ寸法以上のものとすること。
 8．共同住宅の給水・配水管等で各戸に共用するものは，構造耐力上主要な部分である壁の内部に設けないこと。共同住宅以外の住宅の炊事室の給水・排水管等は，点検口等から点検できること。
 9．1戸建て以外の建て方型式の住宅の場合には，それ以外の部分と耐火構造又は1時間準耐火構造の床又は界壁で区画すること（木造の連続建住宅の界壁は，両面が防火構造で中間に不燃材をはさんだ二重壁とすることができる）。

第3章　住宅金融公庫

10. その他，地域の気候，風土，環境等の特殊な事情により地方公共団体が必要と認める基準の付加・代替がなされる場合がある。

［団体融資に係るものに付加される事項］

11. 戸数50以上の団地には，団地面積の3％以上の公園・緑地等の空地を設けること。
12. 共同住宅の住戸間等の床は，鉄筋コンクリート造で厚さ13 cm（賃貸住宅の場合は，10 cm）以上又はこれと同等以上の遮音性能を有するものであること。
13. 共同住宅の居住室の天井高は，2.3 m以上であること。
14. 共同住宅の住戸には，原則としてバルコニーを設置すること。
15. 店舗・事務所等が住宅と併存する建築物にあっては，その用途が住宅等に風教上，安全上及び衛生上又は生活環境を維持する上で悪影響を及ぼすものでないこと。

第4章

公営住宅

公営住宅は当初，住宅政策の中で「国民住宅」として位置付けられていたはずであったが，法の改正に次ぐ改正により，完全に「救貧住宅」化してきている。これは福祉国家が目指すべく多種多様な人々が暮らす（ソシャル・ミックス）地域社会の実現を阻みかねない方向である。それは一に公営住宅法が成立した当時の政治状況と無縁ではないが，それに加えて住宅の市場化促進の動きを受けた中低所得層に対する持ち家取得推進策が拍車をかけた結末とも言える。その結果，入居者が固定化し，本来なら公営住宅に入居していい層の居住確保が，きわめて困難な状態が出現することになってしまった。国際的には1996年6月にトルコのイスタンブールで開催された第2回国連人間居住会議（ハビタット）における宣言を受け，各国が国民の「居住の権利」保障に向かって動き始めてきているときに，わが国ではその逆の方向に行きつつあるわけである。加えて公営住宅は近年にいたり，一方からは所得再分配策として「非合理的」であるむねの非難を受けており，そうした状況をどう乗り越えるか，厳しい局面に立たされるに至っているのである。

1　公営住宅法の成立とその意義

　公営住宅法は[1]1951年5月に成立，6月に公布，7月1日から施行された。
　敗戦直後の住宅政策としては，1945年9月の「戦災都市応急簡易住宅建設要綱」（閣議決定）に基づく国庫補助応急簡易住宅の建設，翌46年度からの公共事業としての国庫補助賃貸庶民住宅の建設が行われていたが，国民各層の住宅難は長期的に持続するものと予見され，また国民所得の実態からも「従来の国庫補助庶民住宅の供給について恒久性と計画性を持たせる必要があり，そのための立法化を図るべきである」との声が高まってきたのが，公営住宅法の立法化につながった[2]。1950年夏ごろから開始された同法制定の作業は，英国のシャフツベリー法，米国の合衆国住宅法などを参考にして進められたという[3]。同法案は，建設省

第4章　公営住宅

案をもとに，形式的には議員提出法案として国会に提出された。

　前述はしているが繰り返すと，公営住宅法は「国及び地方公共団体が協力して，健康で文化的な生活を営むに足りる住宅を建設し，これを住宅に困窮する低額所得者に対して低廉な家賃で賃貸することにより，国民生活の安定と社会福祉の増進に寄与すること」を目的としている。つまり，公営住宅制度は低所得層に対して低廉な家賃の住宅を供給することを目的とした国の政策を実現するためのもので，事業主体となる地方公共団体に公営住宅の供給を義務付け，住宅計画（法制定当時は3カ年計画，その後は住宅建設計画法による都道府県住宅建設5カ年計画）に基づき，その建設を行うものとし，それに対して国庫補助が行われる。

　法制定当初の公営住宅制度はどのようなものであったか。それはまず公営第1種住宅と第2種住宅に区分され（この区分は後述するように1996年の法改正でなくなる），第1種は一定基準の収入（入居者の平均月収から扶養親族一人につき1000円を控除した額が，家賃の6倍以上15倍＝その額が2万円を超えるときは2万円＝以下）あるものに対して賃貸するためのものであり，第2種は第1種の家賃を支払うことができない程度（平均月収が1万円以下とされた）の低所得層に対し賃貸するものとされ，国の補助率も第1種に対しては建設費の2分の1に対し，第2種は3分の2であり，家賃は第2種は低く定められるようになっていた。国の補助は住宅本体のほか，集会所などの共同施設の建設や次年度以降の敷地の取得造成費についても行われた（用地費の補助についての規定は1969年に改正される）。

　当初の公営住宅の家賃は，これを低廉なものにするために，公営住宅の建設に要する費用（土地の取得造成費をふくむ）から国または都道府県の補助額を差引いた額を期間20年以上（たとえば木造は20年，耐火構造は70年），年利率6％以下で毎年元利均等で償却するものとして算出した額に，修繕費，管理事務費，損害保険料を加えたものの月割額を限度として事業主体が定める（家賃の算出方法については1996年に改正される）とされていたところに特徴があった。つまり，少なくとも補助金

相当額ははじめから回収を予定しないとされていたので、それだけ家賃を低く押さえられる仕組みになっていたのである。ともあれ、こうして国家が法のもとに都道府県とともに公的住宅を直接供給するシステムがここに確立されたわけである。公営住宅法の内容を逐一見ていくと、このシステムが当時の住宅政策としては画期的なものであったことがあらためて理解されよう。

　たとえば公営住宅供給の責任についてである。地方自治体（地方公共団体）はつねにその地域内の住宅事情に留意し、低所得層の住宅不足を緩和するため必要があるときは、公営住宅の供給を行うことが義務付けられ（法第3条）、国は必要があると認めるときは地方自治体に対して、公営住宅の供給に関し、財政上、金融上および技術上の援助を与えなければならず（法第4条第1項）、また都道府県は同様の援助を市町村に与えなければならない（同条第2項）としている。

　あるいは公営住宅の建設に関する規定である。公営住宅を建設する場合には(イ)建設大臣（当時）の定める建設基準に従い行うこと、(ロ)一団の土地に50戸以上集団的に建設するときは、これに合わせて共同施設を建設するように努めなければならないこと、(ハ)住宅および共同施設は耐火性能を有する構造のものとするよう努めることとされており（法第5条）、これを受けて建設省令で「公営住宅建設基準」が定められた。この基準は公営住宅を法の目的に沿わしめ、その公共的使命を果たさせるために公営住宅に相当の耐久性と合理性をもたせるように定められており、住宅を集団的に建設する場合における宅地の造成、住棟の配置、共同施設の設置等に関する団地基準、1戸の間取り、各部構造、付帯施設等に関する住宅基準からできている。

　これらをまとめると、建設省によって当時描かれていた公営住宅像が浮かび上がってくる。それは第一に低所得層を対象にした公的住宅とは言え、法の目的やその第1種住宅入居基準が家賃の6倍〜15倍で2万円以下とあったことでもわかるように、住宅難にあった国民一般向けの「国民住宅」であったということである。第二にわが国の戦後における

住宅水準(居住と建設両面における)向上に一定の役割を果たすのを目指していたことである。それは一団地の造成という居住環境整備の役割をも担うべく構想されていた。公営がはじめて着手した2DK(51C型)タイプの住宅や団地形式の住宅供給はのちの公団による団地住宅の先鞭をつけている。第三に公的住宅の建設・供給を地域の意思と責任において行うという点で地方分権的要素をも内包したものであったと言えよう。そうした意味で,この公営住宅制度は当時としては画期的なものであったと言っていいのである。

公営住宅の建設・供給

この公営住宅は,法第6条第1,2項がその建設を計画的に行うため「建設大臣は,都道府県知事の提出した資料に基づき,住宅対策審議会の意見を聞いて公営住宅建設3カ年計画を作成して閣議の決定を求め,内閣総理大臣はその計画の大綱を国会に提出して承認をもとめなければならない」とし,さらに「内閣は,昭和27年度以降毎年度,国の財政の許す範囲内において,3カ年計画を実施するために必要な経費を予算に計上しなければならない」と規定(現行法は「住宅建設5カ年計画」と改正されている)していたのに基づき,公営住宅建設3カ年計画が最初の法定住宅建設計画として決定されたのを受けて,各地で建設・供給が始まる。

(表4-1) 第1期公営住宅建設3カ年計画の実施成果

第1期3カ年計画		実施戸数				実施率(%)
		1952年度	53年度	54年度	計	
一種木造	72,000	12,993	22,964	22,067	58,024	80.6
一種耐火	63,000	7,151	16,573	17,354	41,078	65.1
二種木造	45,000	5,235	10,489	9,255	24,979	53.2
計	180,000	25,379	50,026	48,676	124,081	68.9

(注) 1 一種耐火の実施戸数には簡易耐火造(4,523戸)を含む。
    2 二種木造の実施戸数には耐火造(668戸)および特殊耐火造(42戸)を含む。
出所:建設省資料

（表4－2） 都道府県別公営住宅建設及び管理戸数 （単位：戸）

都道府県	年度	管理戸数（2001.3現在）	建替え戸数
北　海　道		169,126	2,948
青　森		21,295	244
岩　手		18,253	233
宮　城		31,722	212
秋　田		12,110	307
山　形		10,224	207
福　島		40,372	271
茨　城		35,454	431
栃　木		22,743	378
群　馬		32,799	341
埼　玉		40,899	419
千　葉		40,133	374
東　京		258,603	4,064
神　奈　川		100,527	1,752
新　潟		19,054	154
富　山		11,217	257
石　川		12,866	228
福　井		9,565	142
山　梨		17,586	177
長　野		34,545	582
岐　阜		19,503	212
静　岡		43,076	99
愛　知		141,123	1,549
三　重		18,208	198
滋　賀		12,421	311
京　都		39,089	200
大　阪		241,268	3,339
兵　庫		135,371	1,114
奈　良		16,707	170
和　歌　山		17,100	152
鳥　取		9,816	320
島　根		13,135	213
岡　山		24,215	225
広　島		44,403	336
山　口		39,128	441
徳　島		17,689	177
香　川		16,295	98
愛　媛		24,812	208
高　知		12,149	207
福　岡		119,009	1,382
佐　賀		16,075	76
長　崎		37,498	473
熊　本		39,923	610
大　分		27,111	466
宮　崎		31,343	506
鹿　児　島		48,259	602
沖　縄		28,801	416
合　　計		2,174,620	27,821

出所「住宅・建築ハンドブック2002」

第4章 公営住宅

　1952年度を初年度とするその第1期計画は計18万戸を建設・供給するというもので，その内訳は第1種木造7万2000戸，同各種耐火構造6万3000戸，第2種木造4万5000戸で，住宅の建設にあわせて児童遊園，共同浴場，集会所等を必要に応じて建設することが付記されていた。この計画策定の根拠は，それまでの住宅不足数が戦前との対比で推定されていたのに対し，現に狭小過密，老朽化，同居，非住宅居住状態にある量的質的に住宅不足と見られる四つの指標に基づき算出されたものとされ，その住宅不足数は計316万戸，うち緊急度の高い住宅不足が36万戸で，これを公庫と公営住宅がそれぞれ18万戸ずつカバーするとした。したがって実際の住宅需要に即したものではなかった。

　3カ年で18万戸という数字は，年間6万戸を建設供給しなければならないことを示している。しかし，初年度52年度の実績は2万5000戸余，53年度は5万戸，54年度は4万8600戸にとどまり，結局，3カ年における計画実施率は68.9％に終わる。各年度の『建設白書』はその理由の第一に建築費の高騰を挙げているが，そのために犠牲にされたのが第2種住宅であり，その実施率はわずか53％でしかなかった（表4－1）。

　公営住宅の建設・供給はこの第1期計画以降もほとんどは計画の100％実施を見ることなく進められるが，それでも2001年度末までに計217万戸を建設・供給してきた（表4－2）。都道府県別に見ると，当然のことながら大都市圏で多い。東京都は26万戸近く，また大阪府は24万戸に達する。しかし，1998年度時点における公的賃貸住宅295万戸が全国の住宅総数4392万2000戸に占めるシェアは6.7％であり，また公営住宅のシェアは5％にすぎない。これはたとえば英国における公営住宅率30％と比較すると，いかにも小さな数字であると言えよう。

　各住宅建設5カ年計画別に見ると，第1期が計画44万戸（実施率101.3％），第2期が計画59万7000戸（実施率75.9％），第3期が計画45万戸（実施率73.8％），第4期が計画32万戸（実施率72.0％），第5期が計画25万5000戸（実施率79.3％），第6期が計画29万戸（実施率111.4％），第7期が計画40万9000戸（実施率73.6％）となっている。第

8期は26万2000戸（ただし改良住宅をふくむ）の計画である。これを見てわかるようにバブル期の前後の第5，6期（1986～1995年度）は量的に公営住宅はあまり顧みられないできたことがわかる。この時期，資金的に持ち家推進策が優先されたことによる。また，この時期，地価の高騰により自治体当局が公営住宅の用地取得がなかなかできなかったことも一因になっている。あるいは大都市圏では「団地お断り」の市町も続出して，計画の進捗を妨げた。

しかし，自治体の公営住宅の建設・供給が計画通りに進まなかったのには，他の理由も存在した。それは結局のところ，政府の公営住宅政策そのものによるところが大きいと見るしかない理由である。それはひとことで言えば，その補助内容である。その一例として東京都の場合を見てみよう。

2　東京都営住宅の場合

東京都が2000年度末までに建設・供給した都営住宅は25万8572戸に達する。東京都は70年代の初めまで，年間2万戸前後の都営住宅を建設・供給してきたが，74年度，1万9000戸の計画に対して実績は1529戸にとどまった。これが東京都における公営住宅後退の始まりであった。また，これが75年以降，それが全国的規模になる予兆でもあったと今日見ることができる。すなわち1977年度を例にとると，全国で8万5000戸の計画に対して，前年度からの繰越し6681戸を加えても実施率は84.4％であり，繰越し分を除くと78.3％と，前年スタートした第3期住宅建設5カ年計画は2年目にして早くも躓くことになるのである。この77年度計画では東京，埼玉，神奈川，愛知などの大都市圏での落ち込みが目立ち，中でも東京都では6574戸の建設にとどまった。なぜ，このように公営住宅建設が計画通りに進まなくなったのか。それは公的住宅を建設するさいに必要な費用を分解すればわかりやすい。

まず国からの補助。もともと，国庫補助・公営住宅は制度発足当時か

第4章　公営住宅

ら財政的に逼迫した中で進められてきていた。制度発足時に建設省住宅局にいた沢田光英が「(公営住宅)建設費は年と共に騰貴し，これに従って補助単価も年々上昇して来ているものの，近年は稍々もすると建設費の騰貴に追い付かない傾向があり，(中略)これに地方財政の窮乏も加わって，事業主体に於ける建設は難航を続け，年度後期に於いて建設戸数の再配分を余儀なくされた」と言っていたように[4]，とりわけ建築費の高騰と補助単価の乖離に伴う負担に悩まされつづけてきた。

　これを超過負担という。国からの補助は住宅本体部分に加えて，特殊基礎費，併存構造費，ピロティ構造費，集会室工事費などに関する特別加算対象費などがあるが，本体部分については価格是正があって超過負担は少なくなってきているものの，特別加算対象費に関してはなかなか差が埋まらず，鹿毛迪彦によると[5]，東京都の場合，75年度は本体と合わせて9.1%の超過負担になっていたというのである。

　70年代に入ると，加えて地価の高騰による用地の取得難の二重苦に陥ることになる。つまり用地費である。77年度の場合，中層住宅1戸当たりの用地費単価は全国平均240万円であるのに対して，大都市圏では458万円と2倍近くなってはいたが，それでも用地の取得が困難になっていた。用地費の差額を自治体が負担しようにも，自治体財政も逼迫するに至っており，結局計画の数字を断念するほかなかった。公営住宅を計画的に建設・供給していくには，少なくとも3～4年先の利用分まで用地を確保しておくことが必要であるが，それが不可能となれば，取得したら直ちに開発可能な用地のみ買収の対象としなければならない。建設計画はさらに縮小せざるをえなくなる。この間の事情についても前記鹿毛迪彦がかつて証言していた通りである[5]。

　これに関連公共公益施設費が加わる。東京都の場合，区，市とも当面の生活環境整備に追われていて，都営住宅建設に伴う関連公共公益施設までは手が回らず，その負担分のほとんどが都に転嫁されてきた。都もこの負担を受入れなければ，都営住宅の建設ができない。そのために「都営住宅建設に関する公共施設及び公益的施設の整備に関する要綱」

を定めていた。この要綱による負担だけでなく，さらなる要望，条件をつけてくる地域自治体も多い。都営住宅団地ができると，自治体の経常的経費が増大するからである。とくに第2種住宅の場合，低所得層の住宅なので税収が期待されないことから拒絶反応が強く，「団地お断り」の自治体が増加していった。東京都の場合,75年度この関連公共公益施設費が約94億円に達した。しかも，この関連公共公益施設費は国の補助の対象にはなっていないのである。これらをふくめると，都営住宅の超過負担は40％になり，これが都財政を圧迫して，さらに都営住宅の建設を困難にする。この悪循環により，大都市圏ではどこでも，公営住宅の建設が計画通りにいかなくなっていったわけである。

　これにより第3期住宅建設5カ年計画において公営住宅の建設計画は全国的に見て前期より15万戸近く少なくなる。第4期は第3期よりさらに13万戸減ることになる。建設省が行ったのは公営住宅建設の隘路を打開することでなく，隘路に陥ったのに合わせて戸数を削減することでしかなかったのである。

　しかし，この時期，東京都の場合は頑張った部類に入るのではないかと筆者は評価している。都は確かに74年度に1万9000戸の計画に対して1529戸しか建設できなかったが，この前年は日本中が列島改造ブームに踊った年であり，自治体が公営住宅用地の購入計画をたてても不動産ブローカーにすべてもっていかれた経緯がある。その地価狂乱のツケが公営住宅にしわ寄せされていたわけであり，これは東京都だけでなく，全国の自治体に共通していたと言っていいだろう。そうした中で都は77年度になると，7666戸の計画に対して6944戸を建設・供給しているのである。これは94％の実施率である。こうした健闘の裏には，それまでのただ建てればいいといった考え方をあらためて，地域自治体や住民の希望をできるだけ取り入れ，団地と地域との共生を計画に反映させたからだという。それはたとえば「北側の隣接地と住棟との距離も団地内の隣棟間隔以上に確保し，オープンスペースとしての公園・広場・緑地は居住者だけでなく，地域住民の利用に役立つよう配慮し，さらに地域のため

第 4 章　公営住宅

の生活関連施設整備を行う」[6]などと心を砕いた結果だというのである。建設省が団地建設のさいの環境整備費を補助することになり，その予算を組んだのは78年度のことであるから，その意味でも都の試みは先駆的であったと言っていいだろう。

都の先駆的取組み

　その後の東京都の取組みについても簡単に触れておきたい。というのも，その後も都は自治体として住宅政策に関し，先駆的取組みを行ってきているからにほかならない。それはバブル期に国の住宅政策が破綻してしまったさいに，国に代わり都として都民の付託に応えうる住宅政策はないかどうか，当時の都の当事者が発想したところから始まる。

　その先駆的取組みとは，1992年3月に東京都住宅基本条例[7]を制定したことを指す。これより先，都は80年代後半からのバブル期に，地価高騰により多くの大都市圏が住民の居住継続をめぐり深刻な住宅問題に直面していた中で，1988年2月，東京都住宅政策懇談会を設置，地価高騰下に対応した都独自の住宅政策の検討を始めた。座長を勤めたのは日笠端であった。日笠は長らく東大都市工学科教授を務めたが，都市工では生活環境，住宅を都市計画の核心ととらえていた異色の人（開発先行の高山英華一門とは異なるという意味で）で，この日笠のリーダーシップにより90年4月に「生活の豊かさを実感できる住まいをめざして」との副題をつけた最終報告書がまとめられる。

　同報告書は，その中の「住宅政策の目標」において「自力では居住水準改善が困難な」「低・中所得層の住宅に対する願いに応える」ために都は何をしたらいいか，とるべき政策メニューを掲げており，まず低中所得層に対する施策を拡充すべきだと「都営住宅施策の積極的な展開を図るとともに，それ以外の低・中所得層施策として民間賃貸住宅居住のファミリー層などに多数の供給主体が多様な施策で賃貸住宅を供給する」ことを挙げた。同時に住宅政策におけるそうした目標を都政の中心的な課題として掲げるべきだと，別に住宅条例の制定を求める。都の住

宅基本条例は，こうした経緯を経て制定されたものである。

　この条例の特色は，都がとるべき住宅政策について，きわめて具体的にその方向を示していることである。例えば都営住宅に関しては（公共住宅の促進等）として第9条において「都は，都民の住生活の安定を図るため，公共住宅（都，区市町村又は東京都住宅供給公社＝以下『公社』という＝が供給する賃貸住宅及び公社若しくは知事が指定する法人が管理を受託し，又は当該法人が借り上げる民間賃貸住宅で，その供給に当たり都から家賃等に係る補助が行われるものをいう）の供給を促進するよう努めるものとする」としるしている。さらに同条2項は「都は，前項の規定による供給の促進を図るため，老朽化した公共住宅の建替え，都の事務事業の用に供する施設と公共住宅の併設，良質な民間賃貸住宅の公共住宅としての借り上げ等を促進し，及び都が自ら行い，又はその関与若しくは財政上の援助により行われる大規模な都市開発に際し，公共住宅を設置するよう努めるものとする」と具体的である。

　東京都は，先の東京都住宅政策懇談会とこの条例が掲げた住宅政策の目標を先取りしたかたちで，1991年7月に「東京都住宅マスタープラン」を策定しており，実際に公共住宅供給促進策についても施策を明らかにしている。それによれば，同年以降10カ年に都における住宅供給戸数は175万戸，うち公的関与・支援の住宅が70万戸，うち都が関与・支援の住宅が35万戸（これに要する予算3兆8000億円を事業別に明示）というものであり，さらにそれら公共住宅1戸当たりの広さを60平方mから70平方mに引き上げることなども示している。

　しかし，この住宅マスタープランは1997年3月に（表4－3）のように改定される。主な改定点は，都が直接関与する都営住宅を減らす，代わりに市町村営住宅に委ねる，民間住宅を特定優良賃貸住宅として支援する都民住宅を増やす，大規模宅地開発分を減らすなどであり，これらにより都が関与または支援する住宅の供給を2万戸分減らすというものである。以降都住宅局予算も減額の一途をたどることになる。ちなみに1999年と2000年度予算を比較したのが（表4－4.5）である。2000年度

第4章　公営住宅

(表4－3)　住宅マスタープラン供給フレームの比較

種別			改定計画 (1996～2005年度)	第一次計画 (1991～2000年度)
都の関与又は支援による供給	公共住宅	公営 都営住宅	53,000戸	60,100戸
		区市町村営住宅	12,000戸	7,900戸
		特優賃 都民住宅	52,000戸	25,500戸
		区市町村民住宅	8,000戸	2,000戸
		その他	5,000戸	15,300戸
		(計)	130,000戸	110,000戸
	優良民間賃貸住宅		60,000戸	90,000戸
	持家供給の促進		50,000戸	50,000戸
	まちづくりと連動した住宅供給		70,000戸	50,000戸
		うち木造住宅密集地域整備	36,000戸	20,000戸
		うち都心共同住宅供給事業	20,000戸	――戸
	大規模住宅地の開発		20,000戸	50,000戸
	〔合計〕		330,000戸	350,000戸
その他の公的住宅			345,000戸	350,000戸
【総合計】			675,000戸	700,000戸

(注)　1　「区市町村営住宅」の第一次計画には,福祉型借上住宅を含む。
　　　2　「公共住宅」の「その他」は,公社賃貸住宅,ケアハウス等である。
　　　3　「優良民間賃貸住宅」の第一次計画には,一般民間賃貸住宅を含む。
　　　4　「まちづくりと連動した住宅」の計は,公共住宅等との重複分を除いた計である。
　　　5　「その他の公的住宅」は,公団住宅及び公庫融資住宅等である。
　　　6　第一次計画の「公共住宅」の計は,「公営」「特優賃」「その他」の合計値の概数である。

(表4－4)　2000年度東京都住宅局予算

会計別		2000年度	1999年度	増(▲)減	増(▲)減率
一般会計		百万円 206,678	百万円 239,395	百万円 ▲32,717	% ▲13.7
特別会計	都営住宅等保証金会計	3,485	3,560	▲ 75	▲ 2.1
【計】		210,163	242,955	▲32,792	▲13.5

出所『東京都住宅局事業概要2001年度版』(表4－3.4とも)

予算は前年度に比べ，全体で327億円減っており，中で都営住宅予算は81億2000万円の減額となっている。この減額について住宅局は「都財政の構造改革を推進する中で，財政再建の達成に向けて確実な第一歩を踏み出す」ためと，「社会経済情勢の変化を踏まえ，施策の再構築を図りつつ，新たな行政需要にも的確に対応すること」[8]を踏まえて行われたものだとしている。つまりバブルが終焉したことにより財政規模が縮小することになったので，それに合わせて住宅局予算も減ることになったという説明であり，ここでもバブルが住宅政策に大きなダメージを与えたことが理解される。

　加えて東京都の場合，石原知事の登場により，福祉関連の諸政策は多くが後退の方向を取るに至っている。住宅政策も例外ではない。その熱意のなさは，東京都生活文化局が編集した"都政白書"ともいうべき『都政2002年』の全442ページのうち，都営住宅について触れられているのがわずか半ページということでもわかるだろう。バブルのさなかに住宅基本条例を制定し，住宅マスタープランを策定するなど，住宅政策の面で全国自治体の先頭を切っていた東京都にも昔日の面影はない。まして他の自治体において，国の住宅政策を凌駕する政策を掲げるところは皆無となったと言ってもいい。一方において公営住宅の「救貧住宅」化だけは着実に進んだ。その結果として，公営住宅に入居できず，持ち家取得は不可能，さりとて公団住宅にも入居できない，いわば住宅政策の谷間に宙づりになったかたちの層が幅広く存在することになった。

3　公営住宅法改正の経緯

　冒頭に公営住宅法は改正に次ぐ改正を重ねてきたとしるした。公営住宅（法）の歴史は公庫法ほどではないにしても，改正の歴史だったとしても過言ではあるまい。2002年までに計16回にわたり改正を重ねてきた。何のために改正を繰り返してきたのか，その改正過程を通じて改正の目的が何であったのか見てみたい。

第4章　公営住宅

　実は公営住宅法は施行後1年で早くも第一次改正を行っている。施行後こんなに早い時期に改正を行った法律は珍しい。1952年8月のことである。この改正は，①公営住宅および共同施設の主要構造部を耐火構造としなければならない，②家賃変更の事由の一つに公営住宅について改良を施したときを加え，かつ法定限度額を超える家賃変更を行うさいには公聴会を開かなければならない，③事業主体の修繕義務の対象を拡大した，の三点にあった。これは立法時におよばなかった点について，あらためて触れたという程度のものと言っていいだろう。しかし，その後に繰り返される改正は，その都度意味を有するものになるのである。その主な改正を見てみよう。

　1959年改正　収入超過者に対する明渡し努力義務，割増し賃料の規定。譲渡処分の規制を明記。家賃における地代相当額の概念の導入。この改正意図について「法制定後8年を経て住宅管理面で不合理が生じることになったため，家賃の不均衡の是正を図り，収入超過者が住宅を明渡さない場合に割増し賃料を徴収することにした」と説明された。

　1960年改正　災害の場合の適用範囲の拡大。

　1969年改正　高額所得者に対する明渡し請求の規定，公営住宅建替え事業の新設，用地費に対する補助制度を地方債による融資制度へ切替え，家賃収入補助制度の規定などを明文化。この改正についての説明「法制定後20年近くを経過した中で生じていた問題を解消するために，土地の取得に要する費用について国の援助方式を改め，この費用に充てるために起こす地方債について配慮することにし，この切替えによる家賃変動を避けるために家賃収入補助制度を求め，さらに法の趣旨にかんがみ高額所得者に対し，明渡しを請求できることとし，また公営住宅の建設促進と居住環境の整備を図るために建替え事業に関する規定を設けた」。

　1980年改正　高齢者，身体障害者の単身入居制度の導入，建替え戸数倍率の緩和。これに対する説明「高齢者，身体障害者などのとくに居住

の安定を図らなければならない者に対して、現に同居し、または同居しようとする親族等がいない場合にも入居できるようにし、公営住宅建替え事業により新たに建設すべき公営住宅の戸数を、除去する戸数の一律2倍以上から、構造と階数に応じて1.2倍以上で政令を定める倍率以上とした」。

　こうした改正を経て1996年にこれまでにない大改正が行われることになる。当時の建設省によれば「法制定以来の抜本改正」であり、同年5月31日に公布され、8月30日から施行された。なぜ大改正となったのか、同省はこう説明している[9]。

　　「しかしながら、その後の急速な高齢化の進展など大きく変化する経済社会情勢に対応し、高齢者や障害者など真に住宅に困窮する者に対して、良好な居住環境を備えた公営住宅の的確な供給を図ることが一層必要となり、また、公営住宅制度が抱える次の問題点が顕著になった。(イ)高齢者、障害者などの住宅需要に対して十分に対応できていない一方、低所得者とは言えない高額所得者などの長期居住による不公平が発生しているなど、真に住宅に困窮する者に必ずしも公営住宅が的確に供給されているとは言い難い。(ロ)公営住宅建設用地の取得難などによって、従来からの地方公共団体による直接建設方式のみでは、需要に応じた的確な供給が難しくなってきた。(ハ)公営住宅の老朽化などにより、地域の良好なコミュニティが低下してきている。(ニ)多様なニーズに対応するために、地方公共団体の政策手段の拡大が求められてきている。従って、本格的な長寿社会の到来を前に、経済社会情勢の変化に対応するとともに、これらの問題に対処し高齢者、障害者などの真に住宅に困窮する者に対し、良好な居住環境を備えた公営住宅を的確に供給する（ために法改正が必要）」

第4章　公営住宅

（表4－5）　東京都の一般会計予算と住宅局所管予算の推移（当初予算）

年度	都の一般会計総額		住宅局の予算額		都一般会計予算に占める率	対前年度伸び率	
	金額	(指数)	金額	(指数)		都	住宅局
1982	百万円 3,300,600	107.2	百万円 (97,662) 150,150	(98.9) 103.3	% 4.5	% 7.2	% (▲ 1.1) 3.3
1983	3,430,000	111.4	(104,249) 170,903	(105.5) 117.6	5.0	3.9	(6.7) 13.8
1984	3,607,300	117.2	(104,616) 173,864	(105.9) 119.6	4.8	5.2	(0.4) 1.7
1985	3,870,000	125.7	(101,415) 176,271	(102.7) 121.3	4.6	7.3	(▲ 3.1) 1.4
1986	4,079,500	132.5	(106,053) 178,001	(107.4) 122.5	4.4	5.4	(4.6) 1.0
1987	4,360,300	141.7	(107,700) 186,552	(109.1) 128.3	4.3	6.9	(1.6) 4.8
1988	5,229,800	169.9	(98,791) 212,776	(100.0) 146.4	4.1	19.9	(▲ 8.3) 14.1
1989	6,210,100	201.7	(123,575) 248,167	(125.1) 170.7	4.0	18.7	(25.1) 16.6
1990	6,663,000	216.5	(158,143) 270,605	(160.1) 186.2	4.1	7.3	(28.0) 9.0
1991	7,069,100	229.7	(253,079) 294,331	(256.2) 202.5	4.2	6.1	(60.0) 8.8
1992	7,231,400	234.9	(355,043) 319,157	(359.4) 219.6	4.4	2.3	(40.3) 8.4
1993	7,011,200	227.8	(336,953) 330,145	(341.1) 227.1	4.7	▲3.0	(▲ 5.1) 3.4
1994	6,835,000	222.0	(385,730) 345,455	(390.5) 237.7	5.1	▲2.5	(14.5) 4.6
1995	6,970,000	226.4	(392,664) 335,765	(397.5) 231.0	4.8	2.0	(1.8) ▲ 2.8
1996	6,865,000	223.0	(367,510) 332,807	(372.0) 229.0	4.8	▲1.5	(▲ 6.4) ▲ 0.9
1997	6,655,000	216.2	(265,513) 298,564	(268.8) 205.4	4.5	▲3.1	(▲27.8) ▲10.3
1998	6,675,000	216.8	(161,636) 283,312	(163.6) 194.9	4.2	0.3	(▲39.1) ▲ 5.1
1999	6,298,000	204.6	(160,186) 239,395	(162.2) 164.7	3.8	▲5.6	(▲ 0.9) ▲15.5
2000	5,988,000	194.5	(116,722) 206,678	(118.2) 142.2	3.5	▲4.9	(▲27.1) ▲13.7

206,678百万円の内訳　住宅費　204,113百万円
　　　　　　　　　　　諸支出金　2,565百万円

（注）　1　住宅局の予算額欄の（　）内は，債務負担行為のⅠで外数である。
　　　　2　指数は，昭和56年度を100とした場合の値である。
出所：『東京都住宅局事業概要2001年度版』

(表4-6) 公営住宅の家賃算定方法

(家賃)＝(家賃算定基礎額)×(市町村立地係数)×(規模係数)
　　　　×(経過年数係数)×(利便性係数)

イ　家賃算定基礎額：収入分位50％以下を8つの階層に区分し，それぞれについて毎年度収入の状況を考慮して設定する。

収入分位	政令月収		家賃算定基礎額
	下限値	上限値	
～10％	0円	123,000円	37,100円
10　～15％	123,001円	153,000円	45,000円
15　～20％	153,001円	178,000円	53,200円
20　～25％	178,001円	200,000円	61,400円
25　～32.5％	200,001円	238,000円	70,900円
32.5～40％	238,001円	268,000円	81,400円
40　～50％	268,001円	322,000円	94,100円
50％～	322,001円		107,700円

ロ　市町村立地係数：市区町村ごとに，0.7から1.6の範囲内で配分する。
ハ　規模係数　　　：住戸専用面積/70m^2
ニ　経過年数係数　：経過年数に応じて1.0から低減する。
ホ　利便性係数　　：地域の実情に応じ1.0から0.7の範囲内で地方の裁量により低減する。

出所：国土交通省『公営住宅の整備2002年度版』(ベターリビング)

公営住宅法大改正の主要点

こうした理由により行われた大改正で改められたのは，以下のような点である。すなわち㈠高齢者等の入居収入基準について，地方裁量により一定額まで引上げることができることとした。㈡公営住宅の家賃は入居者の収入と住宅の立地条件，規模等に応じて設定されることとした。㈢種別区分を廃止して補助制度を一本化し，また供給方式として買取り，借上げ方式を導入した。㈣建替え事業の要件の緩和を行った。㈤公営住宅を社会福祉法人等へ使用させることができることとした，などである。これに伴い政令も改正され，入居者サイドから見て大きな変化が生じることとなった。

　すなわち公営住宅の対象階層は原則として全所得階層の下から25％ま

で（政令月収20万円まで）となり，ほかに裁量階層（50歳以上の高齢者，障害者等）は40％まで（政令月収26万8000円まで）とし，高額所得者については明渡しが請求され，明渡ししないときには近傍同種の民間住宅家賃並み[10]の家賃が徴収される，などとなった。すでに入居している人の場合は，家族合算収入で年収790万円を超えると高額所得者として認定される。

　家賃の設定方法に関しては，入居者の申告に基づき近傍同種の住宅の家賃以下で，入居者の収入，住宅の立地条件，規模等の住宅の便益に応じて事業主体が決定することになった。さらにこの家賃は従来の方式（法制定当初は工事費＝国または都道府県の補助に係る部分を除く＝を一定期間＝木造20年，簡易耐火平屋35年，簡易耐火2階45年，耐火70年＝で利率6％で毎年元利均等に償却するものとして算出した償却額に修繕費，管理事務費，損害保険料および地代相当額を加えたものの月割額を限度とした）から，収入分位50％以下を八つの階層に区分し（表4－6），それぞれについて毎年度収入の状況を考慮して設定された家賃算定基礎額×市町村立地係数×規模係数×経過年数係数×利便性係数というものになった。このように家賃算定の方法を変更したことについて建設省は「公営住宅の入居者に適切で公平な負担を実現するため，応能応益家賃を導入した」としている[11]。

　また，第1種，第2種の区分がなくなったことで建設費補助の内容，あるいは家賃対策補助などに関しても改正が行なわれたが，それらは入居者にとってあまり重要ではないので，ここでは省略することとする。

　しかし，公営住宅法がこのようにつぎつぎ改正され，大改正におよんだことはどういうことを意味しているだろうか。それは入居者を超低所得者に固定する「救貧住宅」化する過程と市場化への道であったと言える。

　すなわち1959年の改正では割増し賃料制度が導入され，入居収入基準が設定され，その基準を超えた入居者に明渡し努力義務が課せられ，第1種で最高40％，第2種で最高80％の割増し家賃が適用されることにな

り，さらには明渡し努力義務の規定が付け加わった。この改正では，一定の収入超過者に対して，ひきつづき公営住宅に入居する場合は家賃の法定限度額の，第1種では40％，第2種では80％の割増し賃料を徴収すると具体的数字が政令により示された。しかし，それでも収入超過者でひきつづき入居するものが多数いるので，明渡し努力義務が明渡し強制の規定に強化された。それが1996年の大改正では，この方向がさらに強固なものになり，収入超過者は近くの民間住宅家賃と同額の家賃を課せられることになるから，いやでも退去せざるをえなくなった。既入居者の家族合算790万円以下というのは，総務庁貯蓄動向調査による勤労者の年間平均所得767万円（法改正の1996年度）とあまり変わりない。つまり，平均所得はすなわち高額所得というわけなのである。そういう世帯は住宅市場において住宅を求めるべきだという。

このような入居基準の限定化と入居者の固定化は何を意味するのか。それは低所得層ではないが，中間所得層でもない層が公営住宅から排除されることを指している。公営住宅団地は低所得者，高齢者が主の居住地になりかねないでいるわけで，公営住宅制度発足当時における公営住宅の「国民住宅」的意義はここで完全に失われることになったと言っていいだろう。逆にそのボーダーライン層が安心して居住しうるところ（公的賃貸住宅）は狭められてきている。この公営住宅法の改正は，その意義に変更が加えられたのがこの大改正であったのである。この改正作業に当たった建設省住宅局の担当者も「今回の公営住宅法の大改正は，この『公営住宅』の意義を再検討しながらのものであったと言ってよい」と書いている[12]。そして，その意義に変更がなされたのである。

こうして公営住宅の意義に変更が加えられた背景には，さまざまな状況が存在するのは言うまでもない。その最大のものは，公営住宅の建設・供給量の絶対的不足であろう。前述しているように公営住宅の建設・供給量は年々低下してきており，とくにバブル後の落込みにははなはだしいものがある。ちなみに2001年度と02年度の公営住宅予算を示し

第4章 公営住宅

(表4－7)　2002年度公営住宅等予算額　　(単位：百万円)

区分	2002年度 (A)		前年度(B)[1]		倍率 (A/B)	
	事業費	国費	事業費	国費	事業費	国費
公営住宅等建設事業費	656,319	212,832	774,841	266,124	0.85	0.80
住宅建設事業調査費	222	222	185	185	1.20	1.20
新産業都市等事業補助率差額	−	534	−	555	−	0.96
家賃収入補助	−	71,057	−	71,057	−	1.00
家賃対策補助	166,360	84,470	156,078	79,761	1.07	1.06
阪神・淡路家賃低減対策	8,162	4,800	8,192	4,820	1.00	1.00
計	831,063	373,915	939,296	422,502	0.88	0.89

(注)　前年度の事業費・国費は組み替え後の額である。
出所：国土交通省資料

たのが(表4－7)であるが、これを見るように同予算は減ってきている。全住宅に占めるシェアも5％にすぎない。とすれば、より入居希望者を絞り込み、また一方では少しでも現在の公営住宅のキャパシティを広げる必要が出てくる。公営住宅法の改正は一貫して、この方向を取りつづけてきたと言っていいだろう。

しかし、公営住宅がこのような方向をひた走りしてきたのには、ほかにもっと大きな理由があり、それは公営住宅法の制定時にまで遡り、見ることができるのではないかというのが筆者の見解である。つまり、公営住宅法の立法経緯を見れば、同法が変容せざるをえなかった理由が理解できるだろう。そこであらためて、その立法経緯を振り返ってみたいのである。

4　公営住宅法と厚生住宅法案

公営住宅法が1951年5月に制定されたことは前述している。その前年、国庫補助住宅について、生活困難層(生活保護法対象者など)を対象とした、さらに低家賃の国庫補助住宅の建設・供給を図ろうとする動きが厚生省社会局にあった。厚生省は1950年の時点でその法案、厚生住宅法案を作成するに至り[13]、同省はこの法案を携え予算折衝に入ろう

153

としていた。建設省が公営住宅法を立法化することになったのは、この厚生省の動きに対応したものであった。建設省側からも同様の政策目的の予算要求が出され、51年度予算においては国庫補助住宅の中に「特に低所得者の用に供する庶民住宅（甲型）」が設けられることで落着くが、しかし、両省とも法案提出にこだわり、厚生省からは厚生住宅法案が、建設省からは公営住宅法案が国会に提出されることになるのである[14]。

その経緯について筆者は前にしるしているので[15]、ここで詳しくは触れないが、公営住宅法案は衆議院建設委員会で田中角栄議員を小委員長とする小委員会で法案を作成し、1951年5月12日法案提出、24日衆議院で可決している。一方、同じ時期に厚生委員会では厚生住宅法案の審議中であり、公営住宅法案の成立を見て、同委員会から公営住宅法案について一部修正の意見が出され、第2種住宅の建設と管理について厚生省の発言権を認めること、海外引揚者の応急住宅を適用から除外することの要求があり、その結果、参議院で一部修正のうえ5月28日に可決、6月4日、法律第193号として公布される。

なぜ同法案が議員提出法案のかたちを取ったのか。それは厚生、建設両省で同様の法案として競合していたことがあって、当時建設省住宅局にいた堺徳吾は「政府提案だと各省調整が難しくて、ダメになる場合があります。そこでそういうものを議員提案でやると、国会が各省調整をやる形になるわけです。だから議員提案にしたのは、政府提案では厚生省からも横やりが入ったりしてなかなか難しいという事情がひとつあった[16]」と述べている。この5月24日から28日までの間に、その建設省案と厚生省案との最終的「調整」が行われ、公営住宅に第2種が生まれたことになる。

しかし、この「調整」というのは官僚独特の説明で、実際には厚生省が低額所得者を対象とした福祉住宅供給の一元化を意図して「低家賃厚生住宅建設要綱案」をまとめ、これに基づき厚生住宅法案を作成するに至って、おりから住宅行政全般の一元化を目指していた建設省が危機感

第4章 公営住宅

を抱き，相当のムリを行ったらしい。厚生省は，建設省より先に国会に対し法案の説明を行っているが，原田純孝によれば「〈戦後の新しい省庁編成のもとでの住宅行政は，これまで他省庁の所管に委ねられてきたものをも含めて，当然建設省住宅局で一元的に統轄されるべきもの〉という立場にたつ建設省側としては，戦後せっかく同省のもとに統合されてきていた住宅施策が，対象を限定した部分的なものについてではあれ新たに他省庁に帰属するようになることは，とうてい認めがたいところであったようである」と読んでいるが，前後の事実から見て，この読み方はまさに正鵠を射ていると思われる。当時，厚生省において社会局生活課長補佐を勤めていた越田得男は大本圭野のインタビューにこたえて，こう言っているのである。

「厚生委員会は当時，松永仏骨さんが委員長で，5月14日から16日の3日間はなんらかのご都合で松永さんが留守だったんです。ですから，厚生常任委員会はその3日間は開くことはできなかったわけです。それで厚生常任委員会はあらかじめ建設委員会に申し入れをしまして，この3日間だけは建設委員会も開かないでくれと。建設委員会ももう相当問題が煮詰まっていることはわかっていましたから，その煮詰まった過程においてこれは話し合いをしなきゃならんということは厚生委員会としても考えておられただろうと思うんです。だから，この3日間だけは委員会をひらかないでほしいという申し入れをして，建設委員会も了解しておられたわけです。ところが，この約束があるのにかかわらず，15日に可決したということはまさしく陰謀だ」[18]。

そして前述しているように5月24日に衆議院は公営住宅法案を可決する。この結果，厚生委員会は厚生住宅法案を審議する意味がなくなり，厚生省はその後の折衝により公営住宅に第2種というかたちで低額所得者向けの住宅を受入れさせることで当初の意図をかろうじて反映させる

155

ことになってしまうのである。しかし，建設省は第2種住宅にはあまり熱心でなかった。（表4-1）で示したように第1期公営住宅3カ年計画における第2種の実施率は53%にすぎなかった。これがあとあとまで公営住宅制度に大きな影響をおよぼすことになるのである。

　こうして「挫折」した厚生住宅こそ，実は社会福祉政策の観点から構想された「福祉住宅」であった。あらためて同法案を読むと，それがよくわかるのである。もともと厚生省は戦前においては住宅行政を所管しており，戦後住宅行政が戦災復興院―建設院―建設省に移行，一元化されたあとも，海外からの引揚げ者の住宅対策を引揚援護庁で展開しており，さらに生活保護法に基づく住宅扶助を行っていた。同省としては生活保護世帯については生活保護法による住宅扶助で居住を保障し，その上のボーダーライン層に対する住宅保障として厚生住宅法案を準備していた経緯があるが，そうした意図を同法案に見ることができる。

　たとえば厚生住宅法案は第1条（目的）はこうしるしている。「この法律は，住宅に困窮している国民で，生活の困難なために，一般の方法により住宅を得るみちのない者に対して，その支払能力に応じた低家賃により，健康で文化的な最低限度の生活水準を維持するに足る住宅を供給し，あわせて生活の維持向上のための指導を行い，もって社会の福祉を増進することを目的とする」。これを公営住宅法第1条（目的）「この法律は，国および地方公共団体が協力して，健康で文化的な生活を営むに足りる住宅を建設し，これを住宅に困窮する低額所得者に対して低廉な家賃で賃貸することにより，国民生活の安定と社会福祉の増進に寄与することを目的とする」と比較すれば，前者のほうがより具体的に社会福祉的方向性を表現しているのが理解されよう。後者が供給対象について単に「住宅に困窮する低額所得者」としているのに対し，前者は「住宅に困窮している国民で，生活の困難なために，一般の方法により住宅を得るみちのない者」としている点。あるいは家賃について後者が単に「低廉な家賃」としているのに対し，前者が「その支払能力に応じた低家賃」としている点。さらに後者が抽象的にしか触れていない憲法第25

条の規定を受けて前者が「健康で文化的な最低限度の生活水準を維持するに足る住宅を供給する」のを目的としてうたっている点などに両者の決定的な差異がある。

そうした違いはすぐわかるが，その他重要であったのは前記越田によれば「厚生住宅法案と公営住宅法案との違いは，これを地方について申しますと，厚生住宅ではすべての計画を県の民生（厚生）部が主管し，地方の社会福祉審議会というところに諮り，家賃等もそういうところに相談して決めて，それから入居者選定や，入居後の生活指導も民生委員やケース・ワーカーがやるというところが大きな特徴」で，「建設省のつくったものについては，地方では県の建築部が主管しますが，同じようなことをしても，社会福祉についてのセンスが違います。つまり，市町村がやる分には，国が5割補助して県がまた2割補助するとか，そういう補助の基準とかは厚生省がつくっても建設省がつくってもあまり違いがないわけです。要するにどういうものを建て，どういう管理をして，入居者の選定とか，入居者に対する生活指導とか社会福祉の配分とかをこと細かにやるかゆらないかというところで違ってくる」[19]と言っている。同法案の狙いは社会福祉そのものであったのである。

川島証言

ところが，公営住宅法案にはそもそも，そうした発想は皆無であった。当時，建設省住宅局で同法案の作成に当たっていた川島博は，それどころか「底辺の階層は置き去りなんです。それは厚生省の所管で建設省の所管ではない。建設省が考える公営住宅は最底辺の階層は相手にしない。その対策は厚生省でおやりください。私のほうは住宅経営だから，経営が成り立つような，少なくとも一定の家賃が払える人でなければ入れませんよ……貧乏人は切り捨てる。それはそうでしょう。とにかく住宅の絶対数が足りないんですから。どこからつくっていくかです。日本の復興に貢献する人をさておいて，お荷物になる人だけを優遇していたら，日本国家の再建はできない」と述べていた。

公営住宅制度に第2種住宅を導入したのは厚生住宅法案に対する見返りであったが，この制度に対する建設省の態度もきわめて冷ややかなもので，「（昭和）25年の暮れに予算折衝で，甲型というのは従来の2分の1国庫補助に対して3分の2補助する。底辺階層のためにやるのだから国庫補助率を高くして，家賃を下げる。そういう制度が予算的に認められたので，法律案も1種，2種と分けることにした。厚生省の申し入れで，貧乏人に対する2種甲型を建てることになった」というのである。同法成立時点における1種住宅は10坪，2種住宅は8坪であったが，このような格差がつけられたことについても川島は「貧乏人は狭い家で我慢すべきだということではないでしょうか」と言っている[20]。

　この川島証言は公営住宅法と厚生住宅法案との根本的差異を明らかにしていると言えよう。つまり，建設省が考えていた住宅政策の対象，すなわち公営住宅の入居対象者は一般国民であって，それ以下の生活保護世帯はもちろん，一般国民と生活保護世帯との間のボーダーライン層もまったく考慮外であったのである（したがって公営住宅はあくまで住宅経営であったから，その家賃も入居者の収入，支払い能力に対応して定められる応能負担的なものではなく，建設費や管理費を基にして採算的に定められたのは当然の成り行きだったのである）。厚生住宅法案や厚生省の甲型住宅に見られる社会福祉的住宅政策の観点は第2種住宅によって一見実現されているかのようにみえるが，それは換骨奪胎されて法律化されたものなのである。

　こう見てくると第1章にしるしたように建設省当局者が公営住宅法を社会福祉政策として位置付けているのは，きわめて欺瞞的な説明と言える。それは厚生住宅法案をも吸収した法律であることを建て前として言っているにすぎないものである。しかし，公営住宅法が厚生住宅法案を潰してスタートしたことにより，その後同法は自縄自縛に陥らざるをえなくなる。それはどういうことを指すか。

　公営住宅はこの時点において低所得層を切り捨て「国民住宅」として発足したが，しかし，このことはそれらの層のうちの膨大な住宅難世帯

第 4 章　公営住宅

を置き去りにしたことを意味する。それらの層の人々のために第 2 種住宅制度をつくることはしたが，もともとそのキャパシティは小さいものであるし，その後も年々世帯増に伴う住宅難世帯は増えていったから，到底それらの人々の居住不安を解消することはできない。では，どうしたらいいか。それは公営住宅に現に居住する世帯のうち高額所得層を退去させて，公営住宅全体のキャパシティを低所得層のために広げるしかない。公営住宅法の改正の歴史は，実にそのために当局が苦心を重ねた歴史であったわけである。その結果として公営住宅そのものが厚生住宅にきわめて近い性格を帯びることになるのは避けられないことであった。公営住宅法が1996年の大改正により入居者を低所得層に固定し，また第 1，2 種の区別を廃止したのは，その帰結であったのである。

　また付け加えると，当初の公営住宅制度はそのようにして基本的に低所得層の住宅需要に対応して社会福祉的に住宅を建設・供給すべき観点が失われた結果として，その計画が経済情勢によって左右されるのを余儀なくされるのは当然のことであった。そのたびに計画は縮小され（バブル後のように），法制度の存在意義が問われる事態になり，その状況は今日においてもつづいており，結果的には低所得の一般国民層抜きの超低所得層対象の「救貧住宅」化することになったわけである。

　少なくともこういうことは言えるだろう。つまり，建設省は厚生住宅法案を潰すべきではなかった。そして「社会福祉住宅」としての低所得層向けの厚生住宅と，「国民住宅」として幅広い層を対象にした公営住宅とを併存させる住宅政策を展開すべきであった。これにより低所得層，あるいはボーダーライン層ともに住宅難に陥ったさいの砦を確保しうることになる。併存というのは両者を同じ団地に併設することによって，一方の団地の入居者が低所得層や高齢者のみに偏るのを防ぎ，地域におけるソシャル・ミックスを実現するためである（その意味では，その後制度が確立することになる公団，公社住宅も公営住宅などと併存して建設・供給されるのが望ましかったのは言うまでもない）。

　次善の策としては，建設省は第 2 種住宅の建設・供給に誠実に取り組

むべきであったと言える。公営住宅法制定時における建設省当局者の認識には驚かざるをえないにしても，公営住宅の意義をそのように「国民住宅」としてとらえており，その説明により多くの国民もそう認識していたのであるから，建設省としては厚生住宅法案を潰した代償として第2種住宅の建設・供給に誠実に取り組むべきであったのである。それを怠った自己矛盾の結果が度重なる法の改正だったと言えよう。それにより公営住宅は超低所得者にのみ固定・特化した公共住宅に変質するのを余儀なくされるに至った。

このように見てくると，公営住宅の建設・供給実績217万戸というのは決して大きな数字ではないことがあらためて理解されるというものである。

5　所得再分配策としての是非

公営住宅の建設・供給が減少してきていることについて，建設・供給を促進すべきだという議論が根強くあるのに対して，一方ではその必要はないとする議論も存在する。それは公共住宅（公団住宅をふくめ）の建設・供給が所得再分配策として公平と言えるかどうかという疑問から発している。市場経済を重視する経済学者がその立場に立っている。かれらがリーダーシップを取った住宅の市場化論が拡大する中で策定された第8期住宅建設5カ年計画は，住宅宅地審議会の答申「21世紀の豊かな生活を支える住宅・宅地政策について」（2000年6月）を受けたものであるが，そこで示された市場重視，ストック重視のコンセプトを反映して，公営住宅は3.3万戸しか計画されなかった。これは，それまでの各期5カ年計画の10分の1程度でしかない。多くの自治体もこの前後から公営住宅の新規建設・供給に消極的になってきつつある。この背景には経済の活性化のために持ち家促進こそ望ましいという古典的な発想があるにしても，近年大きくなってきているのは所得再配分の見地からの公共住宅供給抑制論である。

第4章　公営住宅

　国民の居住保障に関しては，住宅そのものの供給により保障する方法と，人々に家賃補助を行うことによって保障する方法とがあり，各国さまざまであるが，これはつまり「石（イシ）」に拠る補助か，「人」に対する補助に拠るかということであり，両者を併用しているところが少なくない。公営住宅の建設・供給と生活保護法による住宅扶助の制度があるわが国の場合は，その内容・質はともかく両者を併用している国家と言えよう。市場論者はその中でとくに「石」に対する補助は効果的でないと，これを排除しようとする。

　たとえば山崎福寿はこう言う。少し長いが紹介する。

　　「日本も住宅については外国同様さまざまな補助や規制がある。公的な主体による住宅の直接供給から始まって，税制上の優遇措置，また民間主体の住宅建設や購入に対する補助，さらには住宅供給者に対する補助などかなりのものが存在する。しかし，一定の所得水準以下の人たちを保護するためには，所得の再分配によって実施するべきである。住宅の需要や供給に補助をつけること自体に説得的な論拠を与えることは，一般にそれほど簡単ではない。衣食の足りていない人々に住居を与えることは，本当に望ましいことだろうか。一般に，所得による再分配ではなく，家賃補助による分配が望ましいという論拠は説得的ではない。

　　　もう少しこの点を詳しく説明してみよう。住宅補助には次のような問題点がある。いま住宅に一定の補助金を与えた場合を考えてみよう。このもとでは住宅価格が実質的に低下する結果，人々は自分が住みたいと思う住宅よりも，より大きな住宅を需要しようとするであろう。本来ならば住宅を節約して衣食に当てたほうが望ましいと考えている人がいても，家賃補助のために，より大きな住宅に住む結果になってしまう。このときにもし家賃補助でなく，所得補助が与えられた場合はどうであろうか。そのときは同じ金額の補助である場合でも，今よりも住宅を節約して，他の

衣食により多くの支出を割くことになるであろう。貧しい人々に対する分配のあり方として，所得ではなく住宅そのもので供給すること自体に果たして合理的な根拠があるのであろうか。
　　所得水準の低い人々が，いまの住宅よりも必ずしも大きな住宅を望んでいるとは限らない。住宅でなく所得で補助されれば，住宅よりも必需性の高い財に需要を振り向けるかもしれない。そのような合理的な人々の行動を無視して，政府が住宅に対して補助を与えることに合理性を認めるのは難しい」[21]。

　つまり，低所得層に対する再分配策としては，住宅の直接供給という「石」による補助や，あるいは家賃という「人」に対する補助，すなわち家賃補助を通じて行うのは，人々の経済行動を考えた場合に合理的でない，というわけである。それより他の需要にカネを使い，市場に効果が期待できる所得再分配のほうが，本人のためにも市場のためにもよいというのである。
　ここには国家（が目指すべき方向をふくめて）のあるべき姿や，その国家が国民に負う責務のあり方について触れられていないが，それはひとまず置くにしても，この議論からすると，これまで（現行）の住宅政策は全否定されることになりかねない。しかし，この議論には飛躍がありすぎると言っていいだろう。つまり低所得の住宅難世帯に，住宅より「必需性の高い財」はあるか，という人々の住宅に対する根源的なニーズを無視しかねないでいるところである。中には再分配された所得を住宅以外のものに支出するものが，あるいは存在するかもしれないが，それでは住宅政策としての再分配が意味をなさないことになる。だからこそ住宅政策においては「石」に拠る補助が必要なのであって，それは実は住宅政策担当者も述べているところなのである。
　公営住宅法の1996年改正に関わった当時建設省住宅局の杉藤崇が言っている。

第 4 章　公営住宅

「(金銭給付は)民間住宅に居住し続けたまま,公共部門から適正負担額との差額をもらうという,いわば『お金がもらえる政策』である。単に金銭給付を受けるだけであれば,誰しも給付を受けたい願望を抱くであろう。このような状況で,真に援助を必要とする者だけに適正に給付を行うような利害調整を行うことは相当困難と考えられ,かえって不公平感を増幅させるおそれもある。よく,経済学者が市場の最適配分機能を歪めないためには現物給付ではなく金銭給付による方が優れており,当たった者だけが利益を受けるという宝くじ的不公平も生じない,と主張しているのを見受けるが,行政実務に携わる者の感想としては,金銭給付だから公平だというのは,原理的にはそうであっても実務レベルでは幻想に過ぎないという感じがしてならない。およそ金銭給付や無償提供といった制度というものは,よほど慎重に検討しなければ導入すべきではない,と筆者は考えている」[22]。

　従来,建設省は住宅政策において一般的な家賃補助政策を取らず,公共賃貸住宅の供給政策をとってきている理由として,借家の居住水準が著しく遅れているのでは,単なる家賃補助では問題の解決にはつながらず,かえって家賃水準の上昇をもたらすおそれのほうが大きく,賃貸住宅の直接供給のほうが住宅難世帯を解消するうえで効率的であるという説明をしていた。杉藤は,その状況はいまも変わっておらず,現物給付はそれなりに現実的だし,かつ合理性があるとしているのである。

戦前の分配論

　わが国の住宅政策を振り返ると,実は80年近くも前にも同じような議論があった。1927(昭和2)年3月7日,おりから貴族院委員会において不良住宅地区改良法案の審議が行われたさいに委員の中島守利が改良住宅にかかる費用に触れて「1世帯当リ国庫ガ負担スル金ハ1000円以上ニナリマス,斯ウ云フ金ヲ細民ニドウ云フ方法カニ依テ遣ッテ,細民自

身ガ家屋ヲ持ツヤウナ方法ニナラヌカ，其方ガ細民ノ思想ノ上ニ好イ結果ヲ見ヤシナイカ」と問うている。これは不良住宅を改良して新しい住宅として供給する現物給付より，カネを渡して本人に使わせる金銭給付のほうがいいのではないかという問いである。行政手続きとしては金銭給付のほうが容易なはずである。あるいは対象たる低所得層からも喜ばれるかもしれない，というのが質問の趣旨であった。

　これに対し，当時内務省社会局長官であった長岡隆一郎は，徒らに金銭を施与することはよろしくない，依頼心を起こさせ乞食根性を養わせる，よってなすべからざることであるとして，さらにこう答えている。

　　「只今迄ノ状況ヲ見マスト云フト，中産階級ニ対シテ低利資金ヲ供給シ，若クハ其他ノ方法デ自己ノ家ヲ持タセルヤウナ方法ヲ執リマシテモ，中々後ノ始末ガ附キマセヌ，詰リ所定ノ金ヲ年限内ニ納メナイ，或ハ途中デ逼ゲラレマスト云フヤウナコトデ，中産階級知識階級ヲ相手ニシテ居ルモノモ成績ガ今日非常ニ良ク行ッテ居ルカト云フト，実ハ後始末ノ収拾ニ困ルヤウナモノモ相当出テ来テイル，中産階級ニ比シテ一層知識ノ低イ，且ツ移動性ノ多イ細民ニ対シテハ，只今迄ノ経験ニ依リマスト，御説ノヤウナ方法ハ極ク理想的ノモノト思ヒマスケレドモ，実行問題トシテハ，余程困難ヲ伴フモノデハナカラウカト考ヘテ居リマス」[23]

　貴族院の委員会の場でこのような応酬が行われている。国民をまるで信用していないような長岡の答弁であり，今日であったらおそらく弾劾されるにちがいない低所得層蔑視の答弁である。しかし，長岡はそのような文脈で，つまりは不良住宅地区改良事業による公共住宅の直接供給の意義について述べているわけである。低所得層の居住水準の改善にもっとも効果的なのは，水準の高い住宅にまず住まわせることである。内務省はすでにこのとき，地方公共団体，公益団体を通じて公益住宅の直接供給を始めており，長岡はその経験に基づいてそのような答弁を

第4章 公営住宅

行ったものと推察できるのである。

　当時長岡が，中産階級でさえ政府のせっかくの金銭的援助に対してだらしがないのだから，まして中産階級より知識の低い細民に対する援助を金銭で行うのには問題があると言っていたのはあくまで資金の効率的運用の面からのものであったと見ていいだろう。どこでどう消費されるかわからない金銭的援助よりも，確実に居住の改善がなされると期待できる住宅の直接供給のほうがわが国には似合っているとの確信を長岡は持っていたのであろう。長岡が答弁において触れている低所得層に対する蔑視的偏見は当時の官僚の社会観を示したものとは言え，問題である。しかし，援助のあり方として「人」より「石」を選択しようとしていたその考えには，今日に通じるものがあると言っていいだろう。

　この長岡の主張を今日的に整理して，そのありようを考えるとしたら，どういうことが言えるだろうか。筆者は低所得層の住宅難世帯に所得再分配策として金銭援助を行うことにより，他に住宅の確保よりほしいものがあったら，それに使ってもいいとする政策には問題があると考える。しかし，公共住宅の直接供給により入居者と非入居者の間に生じる分配の不公平は解消しなければならないと思う。これまでにも入居者と非入居者間に大きな分配の格差が生じていたが，それが拡大していった結果として，コミュニティにおける両者の間が分断されてしまうことになるのは決して好ましいことではない。そこで考えられるのは「石」の援助にもれた人々に対しては，基本は「石」の援助に置いた「人」に対する援助である。それは公営住宅の事業主体（都道府県）が供給不足分を民間住宅を買い上げ，あるいは借り上げることによって住宅難世帯に供給し，借り上げ住宅については公営住宅家賃と民間家賃との差額分を入居者にでなく家主に支払うというものである。

　現に米国では「セクション8既存住宅プログラム」により，家賃が年収の30％を超える低所得住宅難世帯に市場家賃との差額を月400ドルを限度に連邦政府から家主に支払われる補助制度が稼働している[24]。市場経済中心の米国でさえ，このような援助を行っていることを認識しな

165

ければならないだろう。というのも前記杉藤がいみじくも言っているように「所得再配分効果が生じるとしても，公共住宅政策で支援すべき階層は確実に存在する。公営住宅の供給は，（その）真の住宅困窮者に的確に行われる必要がある」(25)からにほかならない。

　問題は公共住宅全体の建設・供給量とともにストックが最低居住水準未満世帯の総数に比べて，きわめて少ないことにある。そのために低所得住宅難世帯でありながら公営住宅に入居できない人々が多いことであり，また公共住宅に入居していながら収入基準が合わなくなったものの，転居可能なランクの公共住宅もないといった状況が長くつづいていることである。ちなみに東京都の場合，公社住宅入居者の約30％が公営住宅入居階層に当たる世帯であり，逆に公営住宅入居者の約40％が所得制限以上の収入世帯であるが，なかなか相互の住替えができないでいるのは，相互の絶対量が足りないことによるところが大きい。さらに公社・公団住宅の家賃上昇に伴い，公営にも公社・公団住宅にも入居できない階層も生じてきている。住宅需要の実態は公共住宅制度の発足時に比べて大きく変化してきていると言っていいだろう。絶対数が少ない中での変化であるから，その矛盾も拡大するばかりである。その意味では，矛盾解消のために公営住宅の役割はなお意義を有しているのである。その矛盾が解消したときにおそらく所得再分配をめぐり「石」への援助か，「人」への援助かといった問題も解消するにちがいない。

6　公営住宅の評価

　公営住宅の建設・供給量（管理戸数）が2001年度末の時点で計217万戸になることは前述している。しかし全住宅総数に占める割合は5％にすぎない。この数字が先進国として決して十分なものかどうかについては議論があるところであろうが，筆者としてはわが国が福祉国家を目指すとすれば，なお努力しなければならない数字であると思う。わが国で1世帯1住宅は1973年住宅統計調査の時点において実現している。もは

第4章　公営住宅

や住宅の量を急ぐ時代ではないが，なお最低居住水準未満世帯が公共賃貸住宅で14.1％，民間賃貸住宅で12.2％，持ち家をふくめた全国平均で5.1％（総務庁1998年住宅・土地統計調査）存在するのも事実である。世帯数にすると224万戸である。あえて，もしの仮定をするならば，数のうえでは公営住宅が2倍建てられていたならば，これらの最低居住水準未満世帯は解消していたことになる。もちろん公営住宅の数さえ増やしても住宅問題の解決にはつながらないにしても，少なくとも低所得層の救済にはつながったはずであり，このことは「量」の意味をあらためて問いかけている。

この公営住宅は全国で建設・供給されている。公営住宅建設事業計画で事業主体になっている都道府県，区市町村は1998年の時点で1300以上に達する。しかし，これを都道府県別に見てみても，その数には地域的バラつきがあり，たとえば最低居住水準未満世帯の多い東京，大阪などの大都市圏でその世帯数に対応して建設・供給されているかどうかをみると，そうでもない。これは，戦後各地で数多くの自然災害が発生したのに対応して災害公共住宅が地方に多く建設された事情によるところが大きい。阪神淡路大震災においても兵庫県が策定した「ひょうご住宅復興3ヵ年計画」により，4次にわたって被災者のために計2万4000戸の公営復興住宅が（地域的には不便なところで，そのために批判も出たが）建設・供給された（他に公団・公社住宅2万2000戸，準公営住宅1万6000戸，民間4万6000戸が97年秋までに，同計画による復興住宅として建設・供給された経緯がある）。本来，公営住宅は地域の住宅需要に合わせて建設・供給されるべきもので，大都市圏においてはより実態に即した対策が望まれるところである。兵庫県の場合は，その公営住宅本来のあり方を，不幸な中ではあるが実現したものと言っていいだろう。そのように公営住宅対策とは，それが一に自治体の住宅政策にかかっているのは言うまでもないが，首長が変わったことにより，それに大きな変更がなされるのは不幸なことと言わなければならない。

質の面では，公営住宅はわが国の住宅様式を変えた。それは食寝分

離，性別分離就寝を実現しようとし，DKの新しいスタイルを生んだ。また住宅の不燃化に関して先導的な役割を果たした。中高層化によって土地の高度利用の先鞭をつけた。地域によっては先駆的な建築により，地域の建築・住宅事情をリードした。筆者がそれらの中で特筆しておきたいのは，たとえば愛知県足助町桑田団地（1986年）や長崎県諫早市けやき団地（1992年）における民家型構法による戸建て集合住宅である。けやき団地は昔，棚田として利用されてきた斜面を利用して地域住宅計画（HOPE計画）に基づきつくられた木造の公営住宅団地で，さまざまな傾斜地に高齢者から若者向けの戸建て住宅が並んでいる。一見して屋敷町のようなたたずまいである。これらの設計をしたのは現代計画研究所という設計事務所であるが，その設計は地域のみならず，全国の自治体の公営住宅関係者にインパクトを与えたのではないかと思われる。

　ただ全体的に見ると，公営住宅の規模はなお狭いのが実情である。全国の公営住宅の平均的広さは2002年度の場合，低層で74.7平方m，中層耐火で85.5平方mで，持ち家の116.8平方mに比べると，その差は歴然としている。もちろん制度発足時においては，もっと狭かった。もともと，わが国の公共住宅の設計基準は，戦時下における建築学会の庶民住宅建設基準，住宅営団の住宅設計基準に範を置いている。前者は「い号型」30平方mから「へ号型」80平方mに至る10平方m刻みの6段階があったが，中でもっとも薦められたのが「い型」であり，これをもとに1943（昭和18）年に告示された臨時日本規格の居住用建物の最小規模は18平方mにすぎなかった。これを受けて戦後すぐの応急簡易住宅の広さは20平方m（6坪）と決められた経緯がある。1957年にIFHP（国際住宅・都市計画会議）が決めた公共住宅の最低居住水準は3～5人の標準世帯で69.2平方mというものであった。わが国の公営住宅は1990年代に入り，ようやくこれをクリアした。

　公営住宅が集団住宅団地として都市の形成に果たしてきた役割には大きなものがあった。筆者はかつて東京都江東区と町田市を例にその評価を試みているが[26]，その他にもとくに大都市圏における郊外都市では，

第4章 公営住宅

公営をふくめた住宅団地が都市の核となって成長した例が少なくない。

そのように公営住宅が果たしてきた役割をどう見たらいいのか。そこで思い出さざるをえないのは，かつて下總薫が言っていた言葉である。下總はこう言っていた。「一つのたとえとして，ここに大きな川を考え，川のこちら側には住宅に困窮する一群の人々がおり，川を隔てた向う岸には住宅難を解決した一群の人々が居ると仮定しよう。この川の幅は広く流れは急で，こちら側の住宅困窮者は自力で川を泳ぎ渡るわけにはいかない。更に向う岸は切り立った崖になっており自力でよじ登れないと考えていいだろう。この川の上に一本の不燃性の橋が懸かった。不燃ないし耐火構造を主力とした公共住宅である。公共住宅は橋であろうか」[27]。そして，公共住宅の中でも公営住宅こそ，その橋に当たるものだと言うのである。下總は建設省出身で東大都市工の教授を勤め，建設省などのイデオローグの役割を果たしたが，公共住宅のあり方に関しては正面から取組む姿勢を示していた一人であったろうと思われる。この言葉にも公共住宅の本質をついているところを感じさせる。が，一歩踏み込んで考えるに，しかし，その川の上に架かる橋は数も少なく，対岸まで十分に届いておらず，まただれでも渡るのが可能でもないのが現実である。数はともかく，それが対岸まで届いておらず，まただれでも渡ることができないとすれば，それは橋ではない。橋を橋として機能させるためには橋を架けるたるの条件を整備していくことが必要である。

実は，その橋を架けるための条件が年々厳しくなってきているのが公営住宅を取り巻く状況である。それでいまや，公営住宅からの撤退を検討中の自治体まで現れているのである。それは社会福祉政策全般の見直しとも無縁でないが，市場化への動きがそれを加速させている。わが国が福祉国家への道を歩むことを想定しているとすれば，それは逆行でしかない。かりに福祉国家を志すのだとすれば，福祉国家を目指す住宅政策はどうあるべきなのかに始まり，もう一度公営住宅制度を見直さなければならない。居住保障こそ福祉政策としての最低限の保障だからである[28]。

（1） 公営住宅法（抄）（昭和26＝1951年法律193号，同年7月1日施行，2002年までに改正16回）
　第1章　総則
　（この法律の目的）
　第1条　この法律は，国及び地方公共団体が協力して，健康で文化的な生活を営むに足りる住宅を整備し，これを住宅に困窮する低額所得者に低廉な家賃で賃貸し，又は転貸することにより，国民生活の安定と社会福祉の増進に寄与することを目的とする。
　（用語の定義）
　第2条　この法律において，次の各号に掲げる用語の意義は，それぞれ当該各号に定めるところによる。
　　1　地方公共団体　市町村及び都道府県をいう。
　　2　公営住宅　地方公共団体が，建設，買取り又は借上げを行い，低額所得者に賃貸し，又は転貸するための住宅及びその附帯施設で，この法律の規定による国の補助に係るものをいう。
　　3　公営住宅の建設　公営住宅を建設することをいい，公営住宅を建設するために必要な土地の所有権，地上権若しくは土地の賃借権を取得し，又はその土地を宅地に造成すること（以下「公営住宅を建設するための土地の取得等」という）を含むものとする。
　　4　公営住宅の買取り　公営住宅として低額所得者に賃貸するために必要な住宅及びその附帯施設を買取ることをいい，その住宅及び附帯施設を買取るために必要な土地の所有権地上権又は土地の賃借権を取得すること（以下「公営住宅を買取るための土地の取得」という）を含むものとする。
　　5　公営住宅の建設等　公営住宅の建設又は公営住宅の買取りをいう。
　　6　公営住宅の借上げ　公営住宅として低額所得者に転貸するために必要な住宅及びその附帯施設を賃借することをいう。
　　7　公営住宅の整備　公営住宅の建設等又は公営住宅の借上げをいう。
　　8　公営住宅の供給　公営住宅の整備及び管理することをいう。
　　　　　　　　　　　　　（中略）
　　15　公営住宅建替事業　現に存する公営住宅（第7条第1項又は第8条第1項若しくは第3項の規定による国の補助を受けて建設又は買取りをしたものに限る）を除却し，又は現に存する公営住宅及び共同施設（第7条第1項若しくは第2項又は第8条第1項若しくは第3項の規定による国の補助を受けて建設又は買取りしたものに限る）を除却するとともに，これらの存していた土地の全部又は一部

第4章 公営住宅

の区域に，新たに公営住宅を建設し，又は新たに公営住宅及び共同施設を建設する事業（新たに建設する公営住宅又は新たに建設する公営住宅及び共同施設と一体の公営住宅又は共同施設を当該区域内の土地に隣接する土地に新たに整備する事業を含む）でこの法律で定めるところに従って行われるものをいい，これに附帯する事業を含むものとする。

16 事業主体 公営住宅の供給を行う地方公共団体をいう。

（公営住宅の供給）

第3条 地方公共団体は，常にその区域内の住宅事情に留意し，低額所得者の住宅不足を緩和するため必要があると認めるときは，公営住宅の供給を行わなければならない。

（国及び都道府県の援助）

第4条 (1) 国は，必要があると認めるときは，地方公共団体に対して，公営住宅の供給に関し，財政上，金融上及び技術上の援助を与えなければならない。

(2) 都道府県は，必要があると認めるときは，市町村に対して，公営住宅の供給に関し，財政上及び技術上の援助を与えなければならない。

第2章 公営住宅の整備

（整備基準）

第5条 (1) 公営住宅の整備は，国土交通省令で定める整備基準に従い，行わなければならない。

(2) 事業主体は，公営住宅の整備をするときは，国土交通省令で定める整備基準に従い，これに併せて共同施設の整備をするように努めなければならない。

(3) 事業主体は，公営住宅及び共同施設を耐火性能を有する構造のものとするよう努めなければならない。

（公営住宅の計画的な整備）

第6条 公営住宅の整備は，住宅建設計画法（昭和41年法律第100号）第6条第1項に規定する都道府県住宅建設5箇年計画（以下単に「都道府県住宅建設5箇年計画」という）に基づいておこなわなければならない。

（公営住宅の建設等又は共同施設の建設等に係る国の補助）

第7条 (1) 国は，事業主体が都道府県住宅建設5箇年計画に基づいて公営住宅の建設等をする場合においては，予算の範囲内において，当該公営住宅の建設等に係る費用（当該公営住宅の建設をするために必要な他の公営住宅又は共同施設の除却に要する費用を含み，公営住宅を建設するための土地の取得等に要する費用及び公営住宅を

171

買い取るための土地の取得にようする費用を除く。以下この条及び次条において同じ）の2分の1を補助することができる。
(2) 国は，事業主体が都道府県住宅建設5箇年計画に基づいて共同施設の建設等（国土交通省令で定める共同施設にに係るものに限る。以下この条において同じ）をする場合においては，予算の範囲内において，当該共同施設の建設等に要する費用（当該共同施設の建設をするために必要な他の共同施設又は公営住宅の除却に要する費用を含み，共同施設を建設するための土地の取得等に要する費用及び共同施設を買い取るための土地の取得に要する費用を除く。以下この条において同じ）の2分の1を補助することができる。
(3) 前2項の規定による国の補助金額の算定については，公営住宅の建設等に要する費用又は共同施設の建設等に要する費用が標準建設・買取費を超えるときは，標準建設・買取費を公営住宅の建設等に要する費用又は共同施設の建設等に要する費用とみなす。
(4) 前項に規定する標準建設・買取費は，公営住宅の建設等に要する費用又は共同施設の建設等に要する費用として通常必要な費用を基準として国土交通大臣が定める。

(中略)

第9条 (1) 事業主体は，公営住宅の借上げをする場合において，公営住宅として低額所得者に転貸するために必要となる住宅又はその附帯施設の建設又は改良を行う者に対し，その費用の一部を補助することができる。
(2) 事業主体は，共同施設の借上げをする場合において，共同施設として公営住宅の入居者の共同の福祉のために必要となる施設の建設又は改良を行う者に対し，その費用の一部を補助することができる。
(3) 国は事業主体が都道府県住宅建設5箇年計画に基づいて公営住宅の借上げをする場合において第1項の規定により補助金を交付するときは，予算の範囲内において，当該住宅又はその附帯施設の建設又は改良に要する費用のうち住宅の共用部分として国土交通省令で定めるものに係る費用（以下この条及び次条において「住宅共用部分工事費」という）に対して当該事業主体が補助する額（その額が住宅共用部分工事費の3分の2に相当する額を超える場合においては，当該3分の2に相当する額）に2分の1を乗じて得る額を補助するものとする。
(4) 国は，事業主体が都道府県住宅建設5箇年計画に基づいて共同施設の借上げをする場合において第2項の規定により補助金を交付するときは，予算の範囲内において，当該施設の建設又は改良に要す

第 4 章　公営住宅

る費用のうち国土交通省令で定める施設に係る費用（以下この条において「施設工事費」という）に対して当該事業主体が補助する額（その額が施設工事費の 3 分の 2 に相当する額を超える場合においては，当該 3 分の 2 に相当する額）に 2 分の 1 を乗じて得た額を補助することができる。

(中略)

第 3 章　公営住宅の管理

(管理義務)

第15条　事業主体は，常に公営住宅及び共同施設の状況に留意し，その管理を適正かつ合理的に行うように努めなければならない。

(家賃の決定)

第16条　(1)　公営住宅の毎月の家賃は毎年度，入居者からの収入の申告に基づき，当該入居者の収入及び当該公営住宅の立地条件，規模，建設時からの経過年数その他の事項に応じ，かつ近傍同種の住宅の家賃（次項の規定によりさだめられたものをいう。以下同じ）以下で，政令の定めるところにより，事業主体が定める。ただし，入居者からの収入の申告がない場合において，第34条の規定による請求を行ったにもかかわらず，公営住宅の入居者がその請求に応じないときは，当該公営住宅の家賃は，近傍同種の家賃とする。

(2)　前項の近傍同種の住宅の家賃は，近傍同種の住宅（その敷地を含む）の時価，修繕費，管理事務費等を勘案して政令で定めるところにより，毎年度，事業主体が定める。

(3)　第 1 項に規定する入居者からの収入の申告の方法については，国土交通省令で定める。

(中略)

(公営住宅の家賃に係る国の補助)

第17条　国は，第 7 条第 1 項若しくは第 8 条第 3 項の規定による国の補助を受けて建設若しくは買取りをした公営住宅又は都道府県住宅建設 5 箇年計画に基づいて借上げをした公営住宅について，事業主体が前条第 1 項本文の規定に基づき家賃を定める場合においては，政令で定めるところにより，当該公営住宅の管理の日から起算して 5 年以上20年以内で政令で定める期間，毎年度，予算の範囲内において，当該公営住宅の近傍同種の家賃の額から入居者負担基準額を控除した額に 2 分の 1 を乗じて得た額を補助するものとする。

(2)　国は，第 8 条第 1 項の規定による国の補助に係る公営住宅又は同項各号の 1 に該当する場合において事業主体が災害により滅失した住宅に居住していた低額所得者に転貸するため借上げをした公営住宅について，事業主体が前条第 1 項本文の規定に基づき家賃を定め

る場合においては，政令で定めるところにより，当該公営住宅の管理の開始の日から起算して5年以上20年以内で政令で定める期間，毎年度，予算の範囲内において，当該公営住宅の近傍同種の住宅の家賃の額から入居者負担基準額を控除した額に3分の2を乗じて得た額を補助するものとする。

（中略）

（敷金）
第18条　(1)　事業主体は，公営住宅の入居者から3月分の家賃に相当する金額の範囲内において敷金を徴収することができる。
　　　　(2)　事業主体は，病気にかかっていることその他特別の事情がある場合において必要があると認めるときは，敷金を減免することができる。

（中略）

（家賃等の徴収猶予）
第19条　事業主体は，病気にかかっていることその他特別の事情がある場合において必要があると認めるときは，条例で定めるところにより，家賃又は敷金の徴収を猶予することができる。

（中略）

（入居者の募集方法）
第22条　(1)　事業主体は，災害，不良住宅の撤去，公営住宅の借上げに係る契約の終了，公営住宅建替事業による公営住宅の除却その他政令で定める特別の事由がある場合において特定の者を公営住宅に入居させる場合を除くほか，公営住宅の入居者を公募しなければならない。
　　　　(2)　前項の規定による入居者の公募は，新聞，掲示等区域内の住民が周知できるような方法で行わなければならない。

（入居者資格）
第23条　公営住宅の入居者は，少なくとも次の各号（老人，身体障害者その他の特に居住の安定を図る必要がある者として政令が定める者＝次条第2項において「老人等」という＝にあっては，第2号及び第3号）の条件を具備する者でなければならない。
　1．現に同居し，又は同居しようとする親族（婚姻の届出をしないが，事実上婚姻関係と同様の事情にある者その他婚姻の予約者を含む。第27条第5項及び附則第15項において同じ）があること。
　2．その者の収入がイ，ロ又はハに掲げる場合に応じ，それぞれイ，ロ又はハに掲げる金額を超えないこと。
　　イ　入居者が身体障害者である場合その他の特に居住の安定を図る必要があるものとして政令で定める場合　入居者又は同居者の居住の

第4章　公営住宅

　　安定を図るため必要なものとして政令で定める金額以下で事業主体が条例で定める金額
　ロ　公営住宅が，第8条第1項若しくは第3項若しくは激甚災害に対処するための特別の財政援助等に関する法律第22条第1項の規定による国の補助に係るもの又は第8条第1項各号の1に該当する場合において事業主体が災害により滅失した住宅に居住していた低額所得者に転貸するため借上げるものである場合　災害により滅失した住宅に居住していた低額所得者の居住の安定を図るため必要なものとして政令で定める金額以下で事業主体が条例で定める金額
　ハ　イ及びロに掲げる場合以外の場合　イ又はロの政令で定める金額のいずれをも超えない範囲内で政令で定める金額
3．現に住宅に困窮していることが明らかな者であること。

(中略)

(入居者の選考等)

第25条　(1)　事業主体の長は，入居の申込みをした者の数が入居させるべき公営住宅の戸数を超える場合においては，住宅に困窮する実情を調査して，政令で定める選考基準に従い，条例で定めるところにより，公正な方法で選考して，当該公営住宅の入居者を決定しなければならない。
　(2)　事業主体の長は，借上げに係る公営住宅の入居者を決定したときは，当該入居者に対し，当該公営住宅の借上げの期間の満了時に当該公営住宅を明け渡さなければならない旨を通知しなければならない。

第26条　削除

(入居者の保管義務等)

第27条　(1)　公営住宅の入居者は，当該公営住宅又は共同施設について必要な注意を払いこれらを正常な状態において維持しなければならない。
　(2)　公営住宅の入居者は，当該公営住宅を他の者に貸し，又はその入居の権利を他の者に譲渡してはならない。

(中略)

(収入超過者に対する措置等)

第28条　(1)　公営住宅の入居者は，当該公営住宅に引き続き3年以上入居している場合において政令で定める基準を超える収入のあるときは，当該公営住宅を明け渡すように努めなければならない。
　(2)　公営住宅の入居者が前項の規定に該当する場合において当該公営住宅に引き続き入居しているときは，当該公営住宅の毎月の家賃は，第16条第1項の規定にかかわらず，毎年度，入居者からの収入

の申告に基づき，当該入居者の収入を勘案し，かつ，近傍同種の家賃以下で，政令で定めるところにより，事業主体が定める。

第29条　(1)　事業主体は，公営住宅の入居者が当該公営住宅に引き続き5年以上入居している場合において最近2年間引き続き政令で定める基準を超える高額の収入のあるときは，その者に対し，期限を定めて，当該公営住宅の明渡しを請求することができる。

(中略)

(2)　前項の政令で定める基準は，前条第1項の政令で定める基準を相当程度超えるものでなければならない。

(3)　第1項の期限は，同項の規定による請求をする日の翌日から起算して6月を経過した日以後の日でなければならない。

(4)　第1項の規定による請求を受けた者は，同項の期限が到来したときは，速やかに，当該公営住宅を明渡さなければならない。

(5)　公営住宅の入居者が第1項の規定に該当する場合において当該公営住宅に引き続き入居しているときは，当該公営住宅の毎月の家賃は，第16条第1項及び前条第2項の規定にかかわらず近傍同種の住宅の家賃とする。

(6)　事業主体は，第1項の規定による請求を受けた者が同項の期限が到来しても公営住宅を明け渡さない場合には，同項の期限が到来した日の翌日から当該公営住宅の明渡しを行う日までの期間について，毎月，近傍同種の住宅の家賃の額の2倍な相当する額以下の金銭を徴収することができる。

(中略)

第30条　(1)　事業主体は，公営住宅の入居者が当該公営住宅に引き続き3年以上入居しており，かつ，第28条第1項の政令で定める基準を超える収入のある場合において，必要があると認めるときは，その者が他の適当な住宅に入居することができるようにあっせんする等その者の入居している公営住宅の明渡しを容易にするように努めなければならない。この場合において，当該公営住宅の入居者が公営住宅以外の公的資金による住宅への入居を希望したときは，その入居を容易にするように特別の配慮をしなければならない。

(2)　前項の場合において，公共賃貸住宅（地方公共団体，都市基盤整備公団又は地方住宅供給公社が整備する賃貸住宅をいう）の管理者は，事業主体が行う措置に協力しなければならない。

(中略)

（公営住宅の明渡し）

第32条　(1)　事業主体は，次の各号の一に該当する場合においては，入居者に対して，公営住宅の明渡しを請求することができる。

第4章　公営住宅

　　　　1　入居者が不正の行為によって入居したとき。
　　　　2　入居者が家賃を3月以上滞納したとき。
　　　　3　入居者が公営住宅又は共同施設を故意に毀損したとき。（中略）
　　　第4章　公営住宅建替事業
　（公営住宅建替事業の施行）
　　第35条　地方公共団体は，公営住宅の整備を促進し，又は公営住宅の居住環境を整備するため必要があるときは，公営住宅建替事業を施行するように努めなければならない。（以下略）
（2）　『建設省50年史』464頁「公営住宅制度の確立」。
（3）　堺徳吾・大本圭野対談「公営住宅法の成立過程」（住宅産業開発協会誌『土地住宅問題』1982年2月号）。大本のこの対談シリーズは前述している大本『証言　日本の住宅政策』（1991年，日本評論社）として刊行される。同書の中では289頁以下に所収。
（4）　沢田光英「国庫補助住宅の6年」（建設省『建設月報』1951年9月号）。
（5）　鹿毛迪彦「東京都における住宅政策」（『ジュリスト増刊総合特集・現代の住宅問題』（1977年5月，有斐閣）。
（6）　上記鹿毛論文。
（7）　東京都住宅基本条例などバブル期前後の自治体住宅政策については，本間『自治体住宅政策の検討』（1992年，日本経済評論社）を参照されたい。
（8）　東京都住宅局『事業概要・平成12年度版』23頁。
（9）　国土交通省住宅局住宅総合整備課監修『公営住宅の整備・平成14年度版』（2002年，ベターリビング）123頁以下の「公営住宅法の経緯」。
（10）　近傍同種家賃の算定方法は次の通り。
　　　　近傍同種の住宅の家賃＝複成価格×利回り＋償却額＋修繕費＋管理事務費＋損害保険＋空家等引当金＋公課（複成価格＝土地建物の現在価格）
（11）　『建設省50年史』576頁。
（12）　住本靖「新公営住宅法の法的・歴史的役割―借地借家法および公的賃貸住宅一元化論における位置づけについて」（『住宅』1996年7月号，日本住宅協会），2頁以下。
（13）　厚生住宅法案（抄）
　　　第1章　総則
　　（この法律の目的）
　　第1条　この法律は，住宅に困窮している国民で，生活の困難なために，一般の方法により住宅を得るみちのない者に対して，その支払能力に応じた低家賃により，健康で文化的な最低限度の生活水準を維持するに足る住宅を供給し，あわせて生活の維持向上のための指導を行い，もって社会の福祉を増進することを目的とする。

177

（用語の定義）
第2条　この法律において「厚生住宅」とは，この法律に基づいて地方公共団体が設置する住宅をいう。
　2　この法律において「要入居者」とは，第25条の規定により，厚生住宅の供給を受ける要件を具えているものをいう。
　3　この法律において「入居者」とは，要入居者のうち，第26条及び第27条の規定により，厚生住宅の供給を受けることに決定したもの，及びこれにより厚生住宅に居住するものをいう。
（無差別平等）
第3条　すべて国民は，この法律の定める要件を満たす限り，この法律により厚生住宅の供給を無差別平等に受けることができる。
（向上への努力）
第4条　入居者は常に，勤労に励み，家計の合理化を図り，その他生活の維持，向上に努めなければならない。
（生活保護法との関係）
第5条　生活保護法（昭和25年法律第144号）により，住宅の現物給付を受ける者は，厚生住宅の供給を受けることができない。
　　　　第2章　実施機関
（実施機関）
第6条　都道府県知事及び市町村長（特別区の存する区域においては，都知事とする。以下同じ）は，要入居者のために，この法律の定めるところにより，厚生住宅を設置するものとする。
　2　前項の実施は，要入居者の現在地の都道府県知事又は市町村長が行うものとする。
　　　但し，政令の定めるところにより，他の都道府県知事又は市町村長に委託して行うことを妨げない。
　　　　　　　　　　　（中略）
（諮問機関）
第8条　厚生住宅に関する重要な事項の決定に関し，中央社会事業審議会は厚生大臣の，地方社会事業審議会は都道府県知事の諮問に答え，又はそれぞれ関係行政機関に意見を具申することができる。
　　　　　　　　　　　（中略）
　　　　第3章　厚生住宅の基準
（基準の決定）
第12条　厚生大臣は，中央社会事業審議会の意見を聞き，厚生住宅の敷地，構造，設備，配置及び家具について，基準を定めなければならない。
　2　前項の規定による厚生住宅の基準は，第1条に掲げる，この法律

第4章 公営住宅

　の目的を達成するに充分なものでなければならない。
　　第4章　厚生住宅の設置及び廃止
（調査）
第13条　厚生大臣は，要入居者の状況について，自ら調査を実施し，又は都道府県知事その他関係行政機関から調査報告を求め，その結果に基づいて，厚生住宅の設置及びこれらの生活の維持，向上の措置を徹底せしめるように努めなければならない。
第14条　都道府県知事及び市町村長（特別区の存する地域については，都知事とする。以下同じ）は，世帯別の当該要入居者調査票を作成し，常にその世帯数と実情とを正確に記載しなければならない。
（都道府県別割当）
第16条　厚生大臣は都道府県別厚生住宅設置年次計画を樹立し，これに基づき各年度毎に都道府県厚生住宅設置割当数を決定し，これを都道府県知事に通知しなければならない。（市町村別割当）
第17条　都道府県知事は，前条に規定する都道府県別厚生住宅設置割当数の範囲内で，市町村別厚生住宅設置割当数を決定し，これを都道府県知事に通知しなければならない。
　　　　　　　　　　　　（中略）
　　第5章　入居者の決定
（供給及び決定の範囲）
第24条　厚生住宅の供給は，一世帯当り1戸に限るものとする。入居者には，要入居者以外のものを決定してはならない。
（要入居者の要件）
第25条　厚生大臣は，中央社会事業審議会の意見を聞き，要入居者の生活困難の程度，住宅困窮の程度について，要件を定めなければならない。
　2　前項の規定による要入居者の要件は，第1条に掲げるこの法律の目的に適合するものでなければならない。
　3　要入居者は第30条に規定する厚生住宅管理規定に示される義務を，忠実に履行し得るとともに，真面目な勤労意欲を有するものでなければならない。
（申請決定）
第26条　厚生住宅の設置者たる都道府県知事又は市町村長（以下設置者という）は，厚生住宅の供給を受けるについて，申請があったときは，その申請者が，要入居者に該当するか否かを決定しなければならない。
　2　前項の決定による要入居者のうちから，設置者は，当該厚生住宅の戸数の範囲内で，入居者を決定しなければならない。その要入居

者の数が当該厚生住宅の戸数を超過したときは設置者は第25条に規定する要件の高度なものから入居者を決定しなければならない。
（職権決定）
第27条　設置者は，要入居者が急迫した事情にあるときは，申請を待たずに，職権をもって，すみやかにこれを入居者に決定することができる。

第6章　厚生住宅の管理

（管理の方法）
第28条　設置者は，第1条に掲げるこの法律の目的に適合するように，当該厚生住宅の管理を行わなければならない。
（生活指導の限度）
第29条　設置者が，当該入居者に対して，生活の維持，向上のための指導を行うに当っては，入居者の事由を充分尊重しなければならない。
（管理規程）
第30条　設置者は，その運営を開始する前に，左に掲げる事項を明示した厚生住宅管理規程を定めなければならない。
　1　管理人の定数及び職務内容
　2　入居者の生活指導の方法
　3　入居者の守るべき規律
　4　その他厚生住宅の管理についての重要な事項
（譲渡禁止）
第31条　入居者は，厚生住宅に居住する権利を譲り渡すことができない。
（届出の義務）
第32条　入居者は，収入，支出，資産その他生計の状況について変動があったとき，又は世帯の構成に異動があったときは，すみやかに設置者に届け出なければならない。
（家賃の猶予減免）
第33条　設置者は，当該入居者に対して，天災事変，その他巳むを得ない事由があるときは，地方社会事業審議会の意見を聞いて家賃の猶予，減額又は免除を行うことができる。
（明渡）
第34条　設置者は，当該入居者に対し，左に掲げる事由があるときは，地方社会事業審議会の意見を聞いて，その厚生住宅を明渡させることができる。
　1　第25条の要件を失ったとき
　2　詐偽又は不正の手段により，入居者に決定されたとき

第 4 章　公営住宅

(2) 設置者は，前項の場合に，当該入居者に対して弁明の機会を与えなければならない。この場合においては，あらかじめ，当該処分をしようとする理由，弁明すべき日時及び場所を通知しなければならない。
(3) 前 2 項の規定により，厚生住宅を明渡させる場合は，6 箇月の猶予期間を置かなければならない。

（指導監督）
第35条　都道府県知事は，厚生住宅の運営を適切ならしめる必要があるときは，当該厚生住宅の設置者から報告を求め，又は当該吏員をして実地につき指導監督させることができる。（中略）

　　　　第 7 章　費用

（市町村の支弁）
第37条　市町村（特別区の存する区域においては都知事とする。以下同じ）は左の各号に掲げる費用を支弁しなければならない。
　1　その法律の施行に伴い必要な市町村の人件費及び事務費（以下「行政費」という）
　2　第15条の規定による市町村の要入居者調査票の作成に要する費用（以下「要入居者調査票作成費」という）
　3　第18条，第19条及び第21条の規定により，市町村が設置した厚生住宅の設備に要する費用（以下「設備費」という）

（都道府県の支弁）
第38条　都道府県は左の各号に掲げる費用を支弁しなければならない。
　1　この法律の施行に伴い必要な都道府県の行政費
　2　第15条の規定による都道府県の要入居者調査票作成費
　3　第20条及び第21条の規定により，都道府県が設置した厚生住宅の設備費

（都道府県の補助）
第39条　都道府県は，政令の定めるところにより，左の各号に掲げる費用を補助しなければならない。
　1　第37条第 2 号の市町村要入居者調査票作成費の10分の 8
　2　第37条第 3 号の市町村が設置した厚生住宅設備費の10分の 8

（国の補助）
第40条　国は，政令の定めるところにより，左の各号に掲げる費用を補助しなければならない。
　1　第38条第 2 号の都道府県要入居者調査票作成費の10分の 6
　2　第38条第 3 号の都道府県が設備した厚生住宅設備費の10分の 6
　3　第39条の規定による都道府県が補助した費用の10分の7.5（以下略）

(14) この過程に関しては，原田純孝「戦後住宅法制の成立過程―その政策論理の批判的検証」（東京大学社会科学研究所編『福祉国家　第6巻　日本の社会と福祉』1985年，東京大学出版会）の第6章341頁以下に詳しい。
(15) 本間『現代都市住宅政策』(1983年，三省堂）の第4章「公営住宅論」466頁以下。
(16) 堺徳吾・大本圭野対談「公営住宅法と国庫補助住宅」（住宅産業開発協会誌『土地住宅問題』1982年2月号）。これはのちに大本編『証言　日本の住宅政策』(1991年，日本評論社）所収される。その289頁以下。
(17) 前掲原田の342頁。
(18) 越田得男「厚生住宅法の挫折」（前掲大本編著の304頁）。
(19) 同上306頁。
(20) 川島博「公営住宅法の成立過程」（前掲大本編著の275～276頁）。
(21) 山崎福寿「住宅補助と住宅金融公庫の問題点について」（都市住宅学会誌『都市住宅学』36号，2002年冬）の6頁以下。
(22) 杉藤崇「予算制度の側面からみた公営住宅法改正と今後の公営住宅整備」（日本住宅協会誌『住宅』1996年7月号）の6頁以下。
(23) このやりとりは第52回帝国議会貴族院委員会議事録，1927年3月7日分。
(24) 東京都職員研修所『世界都市住宅危機への挑戦―ニューヨーク住宅政策の新展開』(1989年3月)，東京都住宅政策懇談会『欧米の都市・住宅政策に関する報告書』(1989年9月）などによる。
(25) 前掲杉藤の9頁。
(26) 前掲本間『現代都市住宅政策』の第3章の3「住宅都市の形成」277頁以下。
(27) 下總薫「公共住宅―その現代的意義・役割」(『ジュリスト』1973年7月15日号）14頁以下。
(28) これまで公営住宅に関する総合的研究としては，玉置伸悟の学位論文『公営住宅に関する計画論的研究』(1980年）があり，この論文は今日，歴史的意義を有する研究である。また公営住宅と福祉との関係についてはリム・ボンの学位論文『公営住宅事業における地域福祉機能の展開に関する研究』(1988年）などがある。

第5章

公団住宅

公団住宅とは，1955年に設立された日本住宅公団が建設・供給を始めた公共住宅を指している馴染みの名称である。その後，1981年に日本住宅公団は宅地開発公団と合併して住宅・都市整備公団となって宅地開発先行にシフトすることになり，さらに1999年に都市基盤整備公団に名称変更した。それが特殊法人改革により廃止されて，同公団の業務は地域振興整備公団の地方都市開発整備部門と統合して，新たに設置される独立行政法人都市再生機構に引き継がれる。本来なら，この章の標題も政策実施主体にするべきであったが，日本住宅公団も住宅・都市整備公団もすでに存在しないし，都市基盤整備公団の業務も都市再生機構に引き継がれることになり，それらを標題に掲げるのは困難なので，あえて，おそらく今後もその名称は残るであろう「公団住宅」とした（それとも「機構住宅」という新語が生まれることになるのだろうか）。しかし，振り返れば，政府が自らの政策の誤謬により生じた不始末をその都度，それら特殊法人の経営責任に転嫁して合併・統合を進めてきた，まさにそこに公団住宅の建設・供給主体が廃止され，日本一の大家が消滅することになった最大の原因があるように思われる。その意味で公団の最終的な運命は，宅地開発公団と合併し，より政府の経済政策の先兵の役割を担わされることになった1981年にほぼ決まったと言っていいかもしれない。

1　都市再生機構へ——その意味について

　都市基盤整備公団の廃止と独立行政法人都市再生機構の設置は，次のような手続きの後に決まった。
　2001年12月19日，特殊法人等整理合理化計画閣議決定。
　2003年2月12日，独立行政法人都市再生機構法案[1]閣議決定。同日付，国会提出。
　（衆議院）
　2003年4月18日，国土交通委員会において提案理由説明。5月7日，

国土交通委員会質疑。同9日参考人質疑。同14日質疑・採決。同15日本会議可決。

（参議院）

2003年6月5日，国土交通委員会において提案理由説明。同10日，質疑。同11日，参考人質疑。同12日質疑・採決。同13日，本会議可決。

両院国土交通委員会における政府側の提案理由は「これにより，大都市及び地域社会の中心となる都市において，社会経済情勢の変化に対応した都市機能の高度化及び居住環境の向上を通じた都市の再生を図るための市街地の整備改善，賃貸住宅の供給の支援等を行うとともに，都市基盤整備公団から承継した賃貸住宅等の管理等に関する業務を行うことにより良好な居住環境を備えた賃貸住宅の安定的な確保を図り，もって都市の健全な発展と国民生活の安定向上に寄与し，またそれらを効率的・合理的な執行体制により行うこととする」(2)と説明している。では，具体的にはどんな業務を行なうのか。同説明によれば，それは主に三つあり，

(イ)すでに市街地を形成している区域において，都市再生に民間事業者を誘導するための条件整備として，権利関係の調整等のコーディネーター業務や関連公共施設の整備を行うとともに，市街地の整備改善のための事業，(ロ)民間事業者による賃貸住宅供給に資するための敷地を整備して提供することとし，賃貸住宅の供給については民間事業者に委ねる，(ハ)良好な居住環境を備えた賃貸住宅の安定的な確保を図るため，都市基盤整備公団から承継する賃貸住宅を引き続き管理するとともに，必要な建替え等を行う，である。新たに市街地を整備することを目的とした宅地開発等，つまりニュータウン開発事業等，政策的に実施する必要がなくなった業務は行わない，ということになっている。

ここで明らかにされている新独立行政法人都市再生機構の役割は，都市再開発や賃貸住宅供給の面などで民間事業を誘導していくことである。それは具体的にはどういうことを指すのか。同機構法案が審議された参議院国土交通委員会における参考人質疑に立った，住宅・都市整備

公団運営委員をも務めていた伊藤滋は，同委員会に提出した2枚の発言レジュメの冒頭に同機構の業務は基本的に「都市再生に民間を誘導する為の支援事業を行う。それにより民間投資が拡大する」とし，さらに「賃貸住宅建設から原則撤退する」「再開発を民間と共同事業で行う」のを具体的方策とすると書いたうえで，質疑においてこう述べている。

「都市再生機構は何のためにやられて（ママ）いるか，これは，都市再生に民間を誘導するための支援事業を行う。それにより，民間投資が拡大するということでございます。ですから，一番理想的な形を考えますと，なるべくこれは今度の独立法人でございますから，自分たちの金を工面して，余り税金を使わないで利益を出しながら，民間にもその結果つくり出した土地の上で民間が建物をつくって利益を生み出してほしいと，こういうのが一つの理想形態でございます」[3]。

公平を期せば，伊藤はここで実は大都市が直面している問題にも触れている。それは密集市街地，つまり木造住宅密集市街地の再開発は同機構にとって格好の事業になるだろうとしているのである。ただし，それは大幅な赤字を伴うから「知恵が必要だ」と言っていた。したがって，そうした事業を除くと，基本的業務は上記のようなものになるというのが伊藤の見解であった。こうして国土交通省の提案説明（それは実は特殊法人改革をリードした，何でも民間にという総合規制改革会議の民間議員などの論理なのであるが）をバックアップした。

すでに2001年12月に決定した特殊法人等整理合理化計画において，市街地整備改善事業は都市再生を図るものにかぎり行う，ニュータウン開発事業は行わない，賃貸住宅の新規建設は行わない，賃貸住宅事業については入居者の同意を得たうえで棟単位で賃貸住宅の売却を行う，都市公園事業は大幅な見直しを行う，などとしていたが（さらに地域振興整備公団に関しては，地方都市開発整備事業は都市再生を図るものを除き

第5章　公団住宅

行わない，工業再配置は抑制，未利用地は早期に売却する，などとしていた），国土交通省は同法案審議の国会において，新法人の事業に関して（つまり行わない事業でなく，行うことになる事業について）次のような事業を行うと説明している。それが伊藤の言う「民間誘導の支援事業」である。

(1) 民間再開発の条件整備　大規模な工場跡地の土地利用転換，密集市街地整備のための民間による都市再生の条件整備としてコーディネイト（事業計画提案，権利者調整，関係行政機関との調整等），関連公共施設整備，再開発，区画整理等における敷地整備，細分化土地の集約整形化。

(2) 民間による賃貸住宅等の建築物の整備および管理の誘導。経営ベースに乗りにくいファミリー向け賃貸住宅について，新法人が敷地を整備・賃貸（定期借地）すること等により民間賃貸住宅の供給を図る。新法人は民間による供給が困難になった場合にかぎり賃貸住宅等の建築物を建設する。

(3) 民間による再開発事業や建築投資の支援。参加組合員，特定建築者等の多様な方法の活用により民間都市再生事業の完遂を支援。民間だけでは実施困難な場合，共同事業者となる民間がいない場合に行う。

(4) その他，賃貸住宅の管理等の業務。つくば研究学園都市，関西文化学術研究都市の整備などの国家的プロジェクトへの対応。被災市街地の復興，密集市街地整備。すでに着手ずみのニュータウン整備，特定公園施設整備などの経過措置業務。

これを見ればわかるように，新独立行政法人都市再生機構は民間支援の組織とされ，スタートすることになったわけであるが，それは新法人が，これまでの公団が「国民支援」の業務を行ってきたのに対し，文字通り「民業支援」の組織に大きく転換することになるのを意味する。

民業支援の公的組織

「民業支援」とは，つまり民間が投資を行い，それにより利潤を得られるように新法人は税金などによる資金を使い，組織を挙げて，その環境づくりに頑張りますということにほかならない。公団はこのように変質することになる。坂庭国晴によれば，2001年11月の時点において政府の都市再生本部が都市再生事業として公的に支援措置を検討していた民間都市再生プロジェクトは206件（東京圏132，大阪圏32，名古屋圏13件）となっていて，これらに対し都市計画・建築規制の緩和と下水道などの関連公共施設の整備を行い，プロジェクトの早期立ち上げの支援を行うことになっていると言う[4]。新法人はその役割を担い，つまり「民業支援」することになるわけである。

政府はかねて，バブル崩壊後に金融・不動産・ゼネコンなどが抱えることになった不良資産，不良債権の処理を行うために，土地・不動産の流動化・活性化策として1997年以降につぎつぎ策定してきた「土地の有効高度利用の促進策」，「新総合土地政策推進要綱」や，都心に高層住居誘導地区を創設する都市計画法と建築基準法の改正，さらには住宅・都市整備公団の廃止，都市基盤整備公団の発足などを通じて，その環境整備を行ってきたが，ここにおいて特殊法人改革の名のもとに，その民業支援のフレームを一応整えたことになる。それはしかも，後述するように，シビアな見方をすれば政府自らの政策の誤謬を覆いかくすことにつながる都合のいいものであった。

しかし，注目すべきはこの法案審議の過程においても，住宅金融公庫法改正のさいと同様に，国会により附帯決議がなされたことである。衆議院の「独立行政法人都市再生機構法案に対する附帯決議」は言う。

1. 政府は，住宅が国民生活を支える基本的な基盤であり，ゆとりある住宅に安心して住むことが生活の真の豊かさを確保する上で重要であることに鑑み，多様な居住を実現する政策を通じて国民生活の安定と福祉の増進に寄与するするように努めるこ

第5章　公団住宅

と。
2．政府は，高齢者その他住宅に困窮する者をはじめ国民の居住の安定が図られるよう，公的賃貸住宅の計画的整備，高齢者向け賃貸住宅の供給の促進のための制度の拡充等により，国民の住宅セーフティネットの構築に努めること。
3．独立行政法人都市再生機構（以下「機構」という）は，都市基盤整備公団から承継する既存の賃貸住宅団地について，居住者の居住の安定を図ることを政策目標として明確に定め，居住者との信頼関係を尊重し，十分な意思の疎通と連携の下に住宅や利便施設等の適切な維持管理を行い，快適な生活環境の確保に努めること。
4．機構は，賃貸住宅の家賃の設定及び変更に当たっては，居住者にとって過大な負担とならないよう家賃制度や家賃改定ルールに対する十分な配慮に努めること。特に，低所得の高齢者等に対する家賃の減免や建替えに伴う急激な家賃の上昇の抑制については，居住者が安心して住み続けることができるよう十分に配慮すること（以下略）。

　この附帯決議を読むと，特殊法人改革の名により都市基盤整備公団（当初の日本住宅公団に比べ変質したとしても）を廃止，しかも新独立行政法人においては賃貸住宅の建設は行わないとする政府よりも余程，衆議院のほうが（都市再生機構法案を可決はしたが）住宅問題の本質，それが国民生活を支える基本的基盤であること，国民の住宅セーフティネットの構築が必要であること，居住の安定・継続，良好な生活環境の確保こそ重要であること等々を理解していることがわかる。新法人がこうした附帯決議を果たして順守できるかどうかが次の課題となるが，それにしても政府は50年近くにおよぶ公団住宅の建設・供給事業からいかにも安易に撤退してしまったと見ざるをえない。公団住宅が積み重ねてきたものは，それほど脆いものであったのだろうか。

2 公団住宅の発足とその実績

 日本住宅公団は1955年7月,日本住宅公団法の制定に基づき,発足した。その経緯は次のようなものであった[5]。

 住宅公団発足の背景となったのは1955年に策定された住宅建設10カ年計画である。戦後10年を経た当時,経済は戦前のピークの水準に達しはしたが,住宅不足は約270万戸とされ,なお戦前の水準には遠かった。同年3月に成立した鳩山内閣は,重要施策の第一に住宅対策の拡充を掲げて,同年度を初年度とする住宅建設10カ年計画を策定する。

 ところが当時,公的資金による住宅供給の主力は公営住宅と住宅金融公庫融資住宅のみであり,これでは第一に行政区域を越えて拡大しつつあった大都市圏における住宅不足を急いで解消するのにつながらない実情があった。しかも公営住宅は低所得層,公庫融資住宅は比較的高額所得者を政策対象としており,その間の中堅所得層の住宅需要に対処できないでいた。第二に住宅建設を困難にしていた大きな原因に宅地の取得難があり,これを解決するために大規模な新市街地を造成する必要があるとほうぼうから指摘されるに至っていた。第三に住宅建設の拡充を図るうえで国と地方財政の状況から,財政当局が住宅建設資金の相当部分を民間資金を導入して充てる必要に迫られるに至っていた。

 当時建設省住宅企画課長として公団設立に当たり,のち公団総裁(1971～1978年)になる南部哲也によると[6],同省が公団設立に踏み切ったさらなる背景には,自治体が公営住宅建設を計画通りに進められないでいることに対する不信があり,このため公営住宅政策に当たっていた官僚群と,公団設立を主張する南部ら官僚群との省内対立が表面化したり,あるいは吉田自由党や経団連も公団設立に難色を示したが,結局,運営に当たっては民間資金を活用することにより財政を圧迫しないなどの公団設立派の主張,また,それがこのころ政府が検討中だった東京圏,大阪圏,名古屋圏の広域構想にも合致するところがあると,判断されたこ

第5章　公団住宅

とから公団設立が認められたのだという。

　筆者は上記公団設立の理由の中でも、中堅所得層対策としての意味合いが濃いように思う。なぜならば、この公団設立により、わが国の特徴である階層別住宅政策が成立することになるからである。南部も言っている。「沿革としてはいちばん最初に上層ができた。とにかく金を貸してやるから、借りられる者はどんどん自分の家を建てろという金融のほうですね。それから下層ができた。所得が1万円以下で、こういう人たちのためにといって、とくに2種住宅はは3分の2も国が補助してやる。その代わり所得制限をする。2種は月収1万6000円以下、1種は2万5000円以下という形です。そうすると、2万6000円以上の人はいくところがない。3万円、3万5000円の月収で、公庫を借りて家を建てるだけの頭金はとてももっていないという中間層が抜けている。こういう人たちに住宅を供給しなければならないだろう。しかもその層は相当多い。上と下のまんなかですから、5分位の2、3、4の三階層が入る」。[7]

　こうした政策意図を受けて日本住宅公団は(イ)住宅不足の著しい地域における勤労者のための住宅建設、(ロ)耐火性能を有する集合住宅の建設、(ハ)大都市周辺における広域的な計画に基づく住宅の建設、(ニ)大規模な宅地開発、等の事業を行うこととし、公的資金のほかに生保、信託銀行からの借入れ、政府保証による住宅債券の発行等により積極的に民間資金を導入して事業を行う特殊法人として、法律が成立して発足することになるのである。もはや歴史となった日本住宅公団法を見てみよう。

　日本住宅公団法がその第1条において「日本住宅公団は、住宅の著しい地域において、住宅に困窮する勤労者のために耐火性能を有する構造の集団住宅及び宅地の大規模な供給を行うとともに、健全な市街地に造成し、または再開発するために土地区画整理事業等を行うことにより、国民生活の安定と社会福祉の増進に寄与することを目的とする」と、その目的を掲げているのは、上記のような経緯を反映したことによるものである。同法第31条は公団の業務を規定しているが、それによると（その後の法改正による業務もふくむ）(1)住宅の建設、賃貸その他の管理お

よび譲渡，(2)住宅の用に供する宅地の造成，賃貸その他の管理および譲渡，(3)市街地において公団が行う住宅の建設と一体として商店，事務所等の用に供する施設の建設，賃貸その他の管理および譲渡，(4)第2号の宅地の造成とあわせた学校，病院，商店，工場等の用に供する宅地の造成，賃貸その他の管理および譲渡，(5)公団が賃貸し，または譲渡する住宅，宅地の居住者の利便に供する施設の建設，賃貸その他の管理および譲渡，(6)土地区画整理法による土地区画整理事業，(7)新住宅市街地開発法による新住宅市街地開発事業，(8)首都圏，近畿圏の近郊整備地帯および都市開発区域の整備に関する法律による工業団地造成事業，(9)流通業務市街地の整備に関する法律による流通業務団地造成事業，(10)都市再開発法による市街地再開発事業，(11)新都市基盤整備法による新都市基盤整備事業，(12)大都市地域における住宅地等の供給の促進に関する特別措置法による住宅街区整備事業，(13)水面埋立事業——等が公団の業務内容となっている。これは驚くほど多岐にわたるものであるが，大別すると，住宅の建設，住宅の管理，宅地の開発と住宅の建設，宅地の開発に関連した利便施設，公共施設の建設，整備に分けられ，中でも大きな柱が住宅の建設，管理であったのは言うまでもない。

住宅公団の事業

こうして日本住宅公団は1955年8月に東京，名古屋，大阪の3カ所に支所を開設して発足したが，その資本金は国が60億円出資したほか，東京都，大阪府などの自治体も出資した。2002年度末における資本金および出資額の状況は（表5-1）の通りである。自治体も出資しているとは言え，金銭，現物とも国の出資が圧倒的に大きい。これにより，いよいよ公団の事業はスタートすることになるが，それは具体的どう進んでいったか。

発足初年度は全国で50以上の団地を造成，合計2万戸の住宅建設が計画され，うち約1万7000戸が実際に建設・供給されたが，それらの賃貸住宅団地第1号は公団発足9カ月目の1956年4月に入居開始した大阪・

第 5 章　公団住宅

(表 5 － 1)　資本金及び出資額の状況（2002年 3 月31日現在）
① 都市基盤整備勘定

(単位：百万円)

出資者	出資額		
	金銭出資	現物出資	計
政　　府	701,481	11,889	713,370
東　京　都	560	200	760
大　阪　府	310	－	310
大　阪　市	250	－	250
神　奈　川　県	65	60	125
愛　知　県	90	－	90
名　古　屋　市	90	－	90
福　岡　県	90	－	90
横　浜　市	44	15	60
川　崎　市	55	－	55
北　九　州　市	54	－	54
福　岡　市	36	－	36
京　都　府	20	－	20
京　都　市	20	－	20
兵　庫　県	20	－	20
神　戸　市	20	－	20
小　　　　計	1,724	275	2,000
計	703,205	12,165	715,370

② 鉄道勘定

(単位：百万円)

出資者	出資額		
	金銭出資	現物出資	計
政　　府	5	－	5
千　葉　県	2,978	－	2,978
計	2,983	－	2,983

③ 資本金の増減

(単位：百万円)

年　度	資　本　金	都市基盤整備勘定	鉄道勘定
2000年度	688,004	685,020	2,983
2001年度	718,353	715,370	2,983
増　減	30,350	30,350	0

(注) 増減の内訳（国からの出資）
・居住環境整備型出資金（14,000百万円）
　　大都市圏において総合的な居住環境の整備を推進するため，用地の先行取得の推進，良質な居住環境空間の整備，住宅や施設の立上がり期間の経営支援等を図る。
・土地有効利用型出資金（10,000百万円）
　　土地の有効利用を促進（流動化を促進）するとともに，再開発，まちづくりを推進（効率的都市構造の転換，密集市街地の整備等）するため，既成市街地内の事業用地の先行取得等を推進する。
・都市機能更新型出資金（200百万円）
　　現下の経済情勢において，都市の再開発を適切に推進するため，都市機能の更新等を目的とした都市機能更新事業において，事業用地先行取得の保有コストの軽減，施設経営の立上がり支援を図る。
・宅地供給推進型（定期借地権活用型宅地供給推進）出資金（1,350百万円）
　　うるおいとゆとりのある生活を実現するため，定期借地権を活用することにより，小さな初期負担で中堅所得者が取得可能な，質の高い居住スペースの確保に資する宅地の供給を推進する。
・施策賃貸住宅供給促進運用金（4,800百万円）
出所：『都市基盤整備公団業務年報2002年度版』

堺市の金岡団地（賃貸住宅675戸）であった。以降，公団は「団地」と呼ばれることになった耐火構造・鉄筋コンクリート造の共同集合住宅を賃貸・分譲用に建設・供給し始めることになる。公団が建設する住宅の規模は，当時の公営住宅の規模であった12坪より1坪大きい13坪（42平方m）から始まり（つまり住宅の規模も階層別であった），当初は2DK，3Kが主力であった。この団地住宅は，わが国の居住様式に新しい形式を持ち込み，人々の住意識，生活様式に大きな変革をもたらした。普通分譲住宅の第1号は1956年5月に入居開始となった千葉市の稲毛団地で，これは期間20年の割賦払いによる分譲住宅であったが，共同集合住宅の一室の分譲を受けること自体がまだ馴染まないでいたこと，一時金の支払いもかなりの負担であったことなどから入居者は比較的高所得のかぎられた層の人々であったという記録がある[8]。既成市街地において，土地所有者と提携して共同でビル建設を計画し，施設部分を公団が建設して，土地所有者に長期低利で施設部分を譲渡し，上階を公団住宅とする，いわゆるゲタばき住宅もこの50年代に登場した。

　一方，公団事業としての宅地開発は1955年から3カ年で1000 haを開発する計画で6大都市と北九州市など計15カ所で事業が始まり，東京周辺では豊田地区（多摩平），金ケ作（常盤平），大阪周辺の香里地区（千里ニュータウン），五月ケ丘地区がこの時期の代表的開発地である。この開発はそれまでの宅地開発手法とは異なり，いわゆる先買方式による土地区画整理事業を主体として大規模な新市街地が造成され，ここに公団住宅が建設された。

　これら住宅の建設・供給，宅地造成の集大成というべき事業が高蔵寺，多摩の両ニュータウンだとされている[9]。高蔵寺ニュータウンは，名古屋市の北東約20 kmのところにあって面積702 ha，土地区画整理事業による大規模宅地開発で，1960年11月に開発に着手，1981年3月に事業収束となった。当初の計画人口は6万8000人，1万7400戸であったが，途中に見直されて，結局8万1000人，2万600戸のニュータウンとなった。多摩ニュータウンは，1963年に制定された新住宅市街地開発法

第5章　公団住宅

による開発事業の第1号として，66年に八王子，多摩，稲城，町田市にまたがる東西14k，南北2～4k，計3000 haにおよぶ地域において，計画目標人口33万人という巨大ニュータウンを目指して，公団と，東京都，都住宅供給公社により1966年に事業が着手された。公団はこのうち1330 haを受け持ち，71年3月に第一次入居があった（この多摩ニュータウン開発事業が公団にとり大きな足枷となるについては後述する）。

　このように公団は中間所得層の住宅対策の先兵として，住宅の大量供給を進めていくことになるわけである。そのために法制度も改正に改正を重ねた。それは公団事業の拡大に拡大を図る法改正だったと言っていいだろう。鳩山内閣の公約以降，住宅建設計画によって大量の戸数の住宅を建設・供給する約束をした政府としては，その実現のためには公団をフルに活用するしかなかったのである。つまり戸数主義である。それはまた，公団事業がその後行き詰まることになる遠因の一つを形成することになる。

　その法改正は公団発足2年目の1957年に早くも行われ，この第1回の改正では宅地造成とあわせて学校，商店などの用地造成，水面埋立て事業が新業務に加えられ，61年の改正では市街地住宅と一体として建設される施設の建設が加えられ，またこの改正で公団が投資できる規定が置かれ，子会社の団地サービスが設立される。63年改正では，宅地開発資金を調達し，宅地供給を拡大する方法として宅地需要者に計画的な資金積立てをさせることを目的にした宅地債券制度が創設され，翌64年改正では特別住宅債券の制度が創設され，需要者が計画的積立てにより分譲住宅を取得できる措置が整えられる。このころから公団においても持ち家促進の方向が模索されだしたと言っていいだろう。66年改正では宅地開発事業，住宅建設事業を大規模に進めるとの趣旨で，それらの開発とあわせて公共施設の整備を行えることとともに，新市街地開発事業，工業団地造成事業の施行が加えられた。また地方自治体から関連公共公益施設の整備費用について関係者が負担すべきであると強い要求が出てきたため，67年には自治体の財政負担の軽減を図り，公団の開発がスムー

195

ズに進められるようにするのを狙いに大蔵，文部，厚生，自治，建設各省による五者協定が締結され，大規模開発を行うさいの関連公共公益施設の立替え施行を可能にする，というふうに法制度の改正が進められていくのである。

住宅建設計画法のスタート

1966年から，それまでの住宅建設10カ年計画に代わり，住宅建設計画法による第1期住宅建設5カ年計画がスタートしている。同計画は66年から70年度までの5年間に計670万戸の住宅を建設する計画の内容となっており，うち公団には35万戸が割当てられていた。これは年間7万戸におよぶ割当てであり，政府としては公団にこれを消化させるために住宅建設，宅地開発を大量に進めさせる必要があった。しかも，おりから公団には64年12月に千葉県知事から「輸送力に見合った団地建設を」との申入れがあり，大都市周辺自治体から「団地お断り」の声がいっせいに高まり始めていた。それはそうだろう。公団の団地進出に伴う公共施設の整備で地方財政が圧迫され，しかも入居者の多くは中堅勤労者であるから税収も期待できないとすれば，自治体当局の不満も高まろうというものである。それに対する政府の焦りが以上のような法改正につながった。

このようなさまざまな供給対策が進められた結果として，第1期住宅建設5カ年計画において公団は，ノルマの35万戸の住宅を計画通り消化したが，しかし，71年にスタートした第2期住宅建設5カ年計画においては，同期間中の地価の高騰，建設コストの上昇，地方自治体の人口抑制策との調整難などの要因により事業推進に支障をきたし，46万戸の計画を大きく下回る28万4000戸（実施率61.7％）の建設にとどまる。次の第3期住宅建設5カ年計画（1976～80年度）においては，計画の31万戸に対して16万9000戸（実施率54.5％）にとどまった。いずれも惨澹たる結果である。そうした中で公団に対し，大きな変革が行われることになる。それは戸数主義を公団事業行き詰まりの一因とすれば，筆者がその

第5章　公団住宅

後の事業が行き詰まることになる遠因の二つ目，三つ目になると見ている変革である。

それはまず，1981年10月に行政改革の一貫として宅地開発公団との合併が行われ，日本住宅公団は住宅・都市整備公団として新発足し，同時に公団の目的に変更がなされたことである。すなわち住宅・都市整備公団法第1条はその目的を「住宅・都市整備公団は，住宅事情の改善を特に必要とする大都市地域その他の都市地域において健康で文化的な生活を営むに足りる良好な居住性能及び居住環境を有する集団住宅及び宅地の大規模な供給を行うとともに，当該地域において健全な市街地に造成し，または再開発するために市街地開発事業等を行い，並びに都市環境の改善の効果の大きい根幹的な都市公園の整備を行うこと等により，国民生活の安定と福祉の増進に寄与することを目的とする」としている。日本住宅公団法との大きなちがいは，同公団法が「住宅のいちじるしい地域において」としていた対象地域が「住宅事情の改善を特に必要とする大都市地域その他の都市地域」と改められて開発地域が広がり，さらに，住宅公団法がその住宅建設を「住宅に困窮する勤労者のために」行うとしていた部分がすっかり削除されたことである。そうして，この宅地開発公団との合併により，新公団は法で言う「大規模な」宅地開発にいよいよ励まざるをえなくなるのである。

次は，住宅公団は主たる業務として賃貸住宅と分譲住宅を建設することになっていたが，しかし当初においては賃貸住宅に主力が置かれていた。それが1980年度を境に賃貸住宅と分譲住宅の割合が逆転することになったのを指す。第4期住宅建設5カ年計画（1981～1986年度）初年度においてその割合は，賃貸住宅8268戸，分譲住宅1万7478戸と1対2にまでになった（表5-2）。このように一般勤労者を対象とした賃貸住宅のシェア低下は60年代後半から顕著になってはいたが，その既成事実を明文化したのが，実は新発足した住宅・都市整備公団法だったということができるのである。両法第1条を見れば，1955年の発足以来，わが国の住宅政策の大きな柱であった公団住宅が80年代に入るや，その方向

197

(表5－2) 都市公団の住宅供給戸数の推移

年度	賃貸住宅 a (左目盛)		分譲住宅 b (左目盛)		合計
	戸数 a	a/(a+b)(右目盛)	戸数 b	b/(a+b)(右目盛)	T=a+b
1956	14,213	84.0%	2,698	16.0	16,911
1957	11,140	83.4%	2,213	16.6%	13,353
1958	21,432	93.1%	1,578	6.9%	23,010
1959	23,745	99.5%	124	0.5%	23,869
1960	16,906	99.3%	119	0.7%	17,025
1961	13,766	100.0%	0	0.0%	13,766
1962	23,278	100.0%	0	0.0%	23,278
1963	21,053	99.3%	140	0.7%	21,193
1964	26,095	95.1%	1,340	4.9%	27,435
1965	21,250	94.7%	1,200	5.3%	22,450
1966	29,795	88.5%	3,874	11.5%	33,669
1967	24,713	79.6%	6,349	20.4%	31,062
1968	30,032	76.9%	9,012	23.1%	39,044
1969	38,034	77.9%	10,786	22.1%	48,820
1970	35,818	74.8%	12,064	25.2%	47,882
1971	42,346	86.8%	6,415	13.2%	48,761
1972	44,793	83.9%	8,586	16.1%	53,379
1973	26,515	85.7%	4,415	14.3%	30,930
1974	30,707	79.4%	7,954	20.6%	38,661
1975	24,695	69.8%	10,682	30.2%	35,377
1976	21,452	71.4%	8,577	28.6%	30,029
1977	20,924	77.5%	6,060	22.5%	26,984
1978	23,241	75.3%	7,637	24.7%	30,878
1979	19,838	59.2%	13,697	40.8%	33,535
1980	12,378	40.9%	17,891	59.1%	30,269
1981	8,268	32.1%	17,478	67.9%	25,746
1982	7,605	30.9%	16,983	69.1%	24,588
1983	9,321	40.7%	13,593	59.3%	22,914
1984	11,085	50.2%	10,980	49.8%	22,065
1985	9,508	53.7%	8,202	46.3%	17,710
1986	10,396	59.8%	6,975	40.2%	17,371
1987	8,634	55.6%	6,893	44.4%	15,527
1988	7,606	57.3%	5,657	42.7%	13,263
1989	7,295	51.9%	6,755	48.1%	14,050
1990	7,669	55.8%	6,082	44.2%	13,751
1991	6,078	52.1%	5,588	47.9%	11,666
1992	6,771	50.5%	6,642	49.5%	13,413
1993	8,287	55.3%	6,700	44.7%	14,987
1994	9,140	63.8%	5,178	36.2%	14,318
1995	11,531	74.6%	3,933	25.4%	15,464
1996	10,252	79.1%	2,709	20.9%	12,961
1997	10,785	86.4%	1,698	13.6%	12,483
1998	14,273	85.5%	2,412	14.5%	16,685
1999	13,646	87.6%	1,925	12.4%	15,571
2000	13,181	93.8%	867	6.2%	14,048
2001	9,964	94.0%	641	6.0%	10,605
合計	819,454	74.4%	281,302	25.6%	1,100,756

(資料) 都市基盤整備公団業務年報20002年版などより作成

第5章 公団住宅

を大きく転換したことが容易に理解できるというものである。

とは言え，日本住宅公団発足以来，2001年度末までに建設・供給されてきた公団住宅は110万戸を超え，三大都市圏と福岡圏における勤労者の居住水準改善に大きな役割を果たしたと言っていいだろう。その建設・供給の過程と量を示したのが，前記（表5-2）と（図5-1）である。110万戸の内訳は，賃貸住宅が81万9454戸，分譲住宅が28万1302戸であり，合計戸数で見ると，その割合は賃貸74.4％，分譲25.6％となっている。繰り返すと，分譲が増えはじめたのは80年代初めからであり，とくに80年～83年度は建設・供給戸数の半分を超えた。そのために，この時期，公団は宅地造成をも急がなければならなくなり，また戸数をこなさなければならないことから，アフォーダビリティから言って好ましくない団地が多数出現し，それを象徴する「遠・高・狭」の言葉を生むことになったのは広く知られる通りである。

遠・高・狭

「遠」は，賃貸住宅，分譲住宅ともに団地が大規模化するとともに，

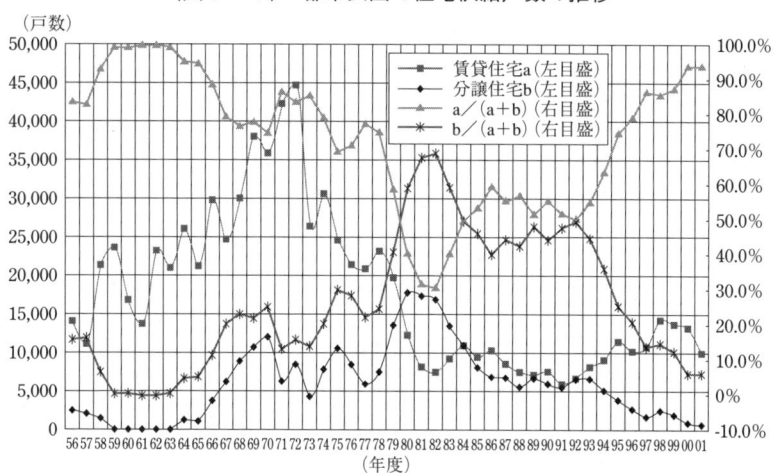

（図5-1） 都市公団の住宅供給戸数の推移

その立地が遠隔化していったことを指す。その分布を見ると，東京圏では75年以降，30ｋ圏から40ｋ圏へ広がっていき，その片道通勤時間は59年度までに建設されたもので69分，64年度までのもので75分，69年度までのもので82分と遠隔化していった。「高」は，家賃が年々高額化していったのを指し，1956年に管理開始した住宅の当初家賃は月額平均4600円であったが，それが10年後の65年には１万円台に乗って１万200円に，さらに10年後の74年には２万8100円になり，81年には５万7700円になった。１平方ｍ当たりの家賃について見ると，56年度のそれを指数100とすると，81年度のそれは706になる。近年の家賃を見たのが（表5－3）である。2003年１月に入居者募集があった東京都新宿区河田町の賃貸住宅の家賃は，286戸のうち10戸の家賃が30万円を超え，最高は２LDK，84平方ｍのもので月額33万7000円であった。新聞は「日本一の公団家賃」と伝えたが(10)，これでは財政投融資資金を使った公共住宅とは言えまい。「狭」は，もちろん住宅規模の狭さを指している。先に56年当時の全住宅の平均的規模は42平方ｍであることを紹介している。それが81年度において73.2平方ｍになってはいるが，それでも当時の新着工住宅のうち持ち家のそれと比べると30平方ｍ狭かった。近年における，その規模の変化は（表5－3）の通りである。

　公団にとって不幸なことは，この間にわが国の住宅事情は，数のうえではいちおう１世帯一住宅に達している。相変わらず住宅困窮，最低居住水準未満世帯が存在するとは言え，国民の住宅需要は多様化しつつあった。その需要実態とかけ離れて，いくら戸数を建設・供給しても需要に応えることにはならない。一方，大手民間デベロッパーのほうは量から質へ，高度成長から低成長への転換を巧みになしとげて需要に応えていっているのに，公団はなお安易に質より量に固執していた（それは政府の要求であったが）ところに，この「遠・高・狭」の住宅が拡大生産されつづけた原因がある。これでは，公団住宅への入居者離れが起きるのは当然の帰結であった。本来なら公団は質と量を同時に満たさなければならなかったのである。

第5章　公団住宅

(表5-3)　年度別住宅規模・価格

供給年度 区分	1987	1988	1989	1990	1991	1992	1993	1994	1995	1996	1997	1998	1999	2000	2001
(賃貸住宅) 平均床面積 (㎡)	(64.50) 69.75	(65.20) 71.07	(64.27) 70.76	(63.65) 70.02	(65.28) 71.50	(62.50) 68.54	(61.29) 67.68	(62.56) 68.72	(61.16) 68.03	(62.44) 69.45	(62.98) 70.50	(63.01) 70.75	(61.45) 69.53	(61.49) 70.10	(62.88) 71.50
平均家賃 (円/月・戸)	75,400	85,200	94,400	103,000	106,000	100,800	114,800	119,500	119,800	110,800	102,800	98,600	96,000	120,100	116,100
(分譲住宅) 平均床面積 (㎡)	(92.34) 97.49	(97.90) 103.01	(99.61) 106.99	(97.00) 102.80	(96.33) 103.77	(88.07) 96.06	(91.82) 99.95	(91.68) 99.55	(90.50) 99.05	(93.18) 101.01	(94.28) 103.06	(89.96) 97.58	(84.96) 93.89	(80.67) 89.93	(87.93) 97.87
平均家賃 (円/月・戸)	(5.2倍) 3,180	(6.3倍) 3,900	(6.7倍) 4,380	(6.8倍) 4,710	(6.4倍) 4,700	(6.0倍) 4,570	(6.2倍) 4,750	(5.6倍) 5,060	(5.9倍) 4,570	(5.4倍) 4,200	(5.4倍) 4,190	(4.5倍) 3,630	(4.8倍) 3,810	(4.1倍) 3,160	(—)※ 2,681

(注)　1．賃貸，分譲ともに平均床面積は，下段が専用，上段（　）書が専有面積である。
　　　2．平均家賃および平均価格は供給時点のものである。
　　　3．分譲平均価格欄の上段（　）書は，勤労者の平均年収（貯蓄動向調査による全国平均）に対する倍率である。
　　　4．2001年は貯蓄動向調査が実施されていないため，データなし。
出所：『住宅・建築ハンドブック2002』

　1973年の時点においてすでに建設省内部では「良質な住宅への国民の欲求は今なお強いことから，公団が供給する住宅も，この国民の需要動向に対応するよう規模，設備等質の向上を一層はかるとともに建設する住宅の多様化をも図っていく必要があろう」という声が起きてはいた[11]。だが，具体的には，政策当局はこの時点において第2期住宅建設5カ年計画の只中におり，住宅公団に対しては46万戸の建設計画を割当てていたのであるから，その誤謬もきわまれりと言える。

　筆者は，公団がやがて行き詰まりを見せることになる遠因として，第一に戸数主義を挙げ，第二に宅地開発公団との合併により宅地開発により傾斜することになったことを指摘し，さらに第三に住宅建設・供給を分譲へよりシフトしていったことを挙げた。それにより入居者離れが起きることなるが，それはどういう結果をもたらすことになったろうか。

3 公団住宅経営の困難化

　最初にその兆候が現れたのは1977年11月28日付の官報で告示された公団の76年度決算であることは広く知られている。それは公団に課せられた大量供給というノルマによる未入居住宅，未利用地などの仕掛品（決算書では「仮勘定」としてある）により，公団財政がきわめて危険な状況に陥っていることを示していた。それによると公団の76年度の事業資産は4兆7800億円であるが，うち未入居住宅などの住宅建設仮勘定は1兆5400億円，未利用地などの宅地建設仮勘定は8660億円で計2兆4000億円，前年度より住宅建設仮勘定で33％，宅地建設仮勘定で18％増えている。このように膨大な不良資産を抱えるに至ったことにより，公団は財投資金や民間からの借入金を年々増やさなければ住宅を計画通りに建設していけなくなったところにくる。

　1976年度末のその借入金残高は4兆3216億円，77年度のそれは5兆5000億円であるが，76年度の場合の民間資金借入残高は9537億円（生保4810億円，信託3275億円，政府保証債1371億円など）で，この民間借入金の支払い利子（累計分）は年間2700億円に達した。1日当たり7億5000万円である。77年度の民間借入金の利子は3646億円，1日当たり10億円であり，78年度のそれは約4500億円，1日当たり12億円強に達する（ちなみに旧国鉄が76年度中に支払った借入金の利子は一般会計，棚上げ分，建設関連分をあわせ，およそ5460億円，1日当たり約15億円である）。ここで注目しなければならないのは，公団の民間借入金の内訳でわかるように，公団が生保，信託など民間の投資対象となっていたことである。公団設立のさいの趣旨に民間資金を長期的に運用して住宅建設を図ることにはなっていたが，その額は政府保証債と比べてきわめて高い。政府が民間に公団で儲けさせていたことがわかるというものである。

　会計検査院は1976年度決算検査報告において，住宅公団をふくむ公共

住宅が当時直面していた問題点（予算のいわゆる問題支出）に触れて次のような指摘を行うに至る。

公的資金による住宅の建設及び管理について（金額3115億円）

　建設省の総合的な住宅建設計画に基づき実施する公的資金による住宅の供給（地方公共団体，日本住宅公団等が建設し供給する住宅，住宅金融公庫が行う融資等）についてみると，第2期住宅建設5カ年計画（昭和46～50年度）の達成状況は全体として81％であるが，住宅難世帯が特に多い大都市を抱える都府県及びその周辺の県において達成率が低くなっている（東京都，大阪府49％，神奈川県57％等）。

　会計検査院では，本年，東京，大阪，神奈川，愛知，千葉，埼玉など16都道府県の公営住宅，公社住宅や日本住宅公団の公団住宅の建設状況，管理状況について，実態を調査したところ，次のような状況であった。

＊新築空家（住宅建設後，入居者の募集を行い，居住できる状態になっている空家となっている住宅をいう）の状況

　建設費1438億5400万円

　このような事態を生じたのは，土地取得費が大都市周辺部で特に高騰したことなどにより建設された住宅がいわゆる「遠・高・狭」となっていて，立地，規模等の質的充足を求めるようになった近年の住宅需要に合致しないものとなっていることによる。そして，このような状況のまま推移すると，建設のため投入された財投資金が効果を発現しない事態を継続することになる。

　公営住宅　埼玉，千葉などで10道府県2153戸，建設費105億5115万円（うち国庫補助金51億8803万円）

　公社住宅　東京都住宅供給公社など1322戸，建設費169億9016万円（うち金融公庫の融資66億5441万円）

　公団住宅　多摩ニュータウンなど1万4523戸，建設費1479億4904万円
　＊以上のほか，公団住宅で住宅の用に供することができないまま保守

管理されている未募集の新築住宅の状況　1万7532戸

　更に，住宅公団では，住宅建設計画の達成を急ぐあまり着工の目途も立っていないのに発注するなどして，既に発注しながら未竣工の住宅が12万5199戸ある。このうちには，前記のような大量の新築空家や未募集の新築住宅のある団地に建設されるものがあることからみて，完成しても空家となるおそれのあるものが多い。

　また公団が前記のように新築空家や未募集の新築住宅を保有していることによって，これに要する管理経費を8億円（1976年度分）負担するほか，新築空家についての収入減は計算上66億円に達し，一方，未募集の新築住宅に係る，完成後76年度末までの金利相当額は47億円に及んでいる。

　この会計検査院の決算検査報告書は，住宅公団が当時直面し，その後も公団のアキレス腱となりつづけた問題点をもっとも的確・簡潔に指摘した最初の公文書である。住宅公団は，このように募集しても入居者が集まらない新設団地の空家を，ピーク時の1977年10月末には1万6257戸，そのほかに住宅は完成したものの学校，下水道など関連公共公益施設の工事が遅れ，入居募集が行えないでいた団地1万9116戸のあわせて3万5000戸余の住宅を空家のまま遊ばせていたのである。加えて公団は，67，67年ごろから72，3年にかけての過剰流動性を背景に買収を急いだ土地のうち未利用地を大量に抱えていて，78年当時，そうした土地は22地区1600 haにおよんだ。この土地は多くが当時開発が規制されていた市街化調整区域にあり，団地を造成できなかった。この未利用地についても前記会計検査院は決算検査報告書において次のような指摘を行っていた。

　日本住宅公団が住宅等建設用地として取得した土地のうち，昭和51（1976）事業年度以降に住宅建設等の事業に着手することとして保有している土地は，50事業年度末現在，住宅等建設用地として1474万余平方

第5章　公団住宅

メートル，(取得価格3355億7946万余円)，宅地造成用地として2476万余平方メートル（取得価格971億7976万余円）であるが，これらの土地のうちには長期間使用できないと見込まれるものが1586万余平方メートル（取得価格971億7976万余円）である。(中略)このような事態となっているのは，関連する公共施設の整備が遅延していることなどによると認められるが，今後も上記のような状態で推移すると建設工事費の金利負担や保守管理費が増大することになる。

　住宅公団がこのような事態に陥った原因を究明するのはさほど難しいことではない。戦後の住宅政策の目標は住宅不足の解消にあったから，住宅公団にも住宅建設計画により大量のノルマ（戸数）課せられたことについては前述している。そこで重視されたのは言うまでもなく質より量であった。戸数をこなすには立地条件を詳しく検討するまでの余裕はない。立地状況がかなり悪条件だったとしても建てまくらざるをえない。住宅公団の当事者自身が「このような背景のもとに，(昭和) 30年代は量の供給に重点がおかれ，ともかく早く，多く，安く建てることが急務であったと言える。(中略)住宅公団は由来与えられた戸数を，是が非でも消化すべく，まさに無理に無理を重ねながら今日に至ったのであって，ある計画数を住宅公団に任せておけば，曲りなりに遂行しうるという錯覚を生むところとなった」[12]と述べていたほどである。公団が市街化調整区域のようなところまで土地を買い，会計検査院が指摘する膨大な未利用地を抱えざるを得ない事態となったのも，一に用地がなければ住宅建設計画によって割り当てられた戸数をこなせないからであり，上下水道や学校などの関連公共公益施設が不十分なのを承知で団地を建設したのも同様の理由による。公団住宅の「遠・高・狭」もそうしてもたらされたものなのである。
　こうした経緯を見ると，よく言われる公団の未利用地，未入居住宅問題は，実に70年代から始まっているわけである。筆者も70年代後半からこの問題について，それがやがて公団経営を破産しかねない要素をはら

(表5－4) 各事業年度別用地取得の推移

(単位：ha)

	住宅開発地区	工業開発地区	流通開発地区	全地区
1955年～1980年	11,466.2	2,213.7	59.8	13,739.7
1981年	502.2	71.7	0.0	573.9
1982年	258.9	40.7	0.0	229.6
1983年	188.5	28.5	0.0	217.0
1984年	83.7	29.9	0.0	113.6
1985年	33.5	16.5	0.0	50.0
1986年	31.5	0.7	0.0	32.2
1987年	50.1	0.1	0.0	50.2
1988年	61.6	0.0	0.0	61.6
1989年	184.9	102.8	0.0	287.7
1990年	136.6	58.9	0.0	195.5
1991年	195.4	54.1	0.0	249.5
1992年	122.3	83.0	0.0	205.3
1993年	226.0	15.5	0.0	241.5
1994年	264.2	7.2	0.0	271.4
1995年	250.7	0.3	0.0	251.0
1996年	107.6	4.0	0.0	111.6
1997年	27.3	0.1	0.0	27.4
1998年	16.2	0.0	0.0	16.2
1999年	2.9	0.2	0.0	3.1
計	14,210.3	2,727.9	59.8	16,998.0

資料：都市基盤整備公団『職員業務要覧』2000年版

んでおり，住宅政策を単なる戸数主義から質中心のものに転換しなければ，その傷は大きくなるばかりだろうと，指摘しつづけていた経緯がある。しかし，わが国における中間所得層の居住水準改善は必要であり，その観点から公団にとっては，量だけを追うのでなく，量と質を両立させうる住宅政策が必要なのだと主張してきた[13]。政府，公団はこの間，そうした指摘を受けて，この問題に対して真剣に取組むことなく，その後もたとえば住宅用地をふくめ土地を買いつづけていくのである。そして前述のように住宅建設・供給を賃貸から分譲へシフトさせて量的

第5章 公団住宅

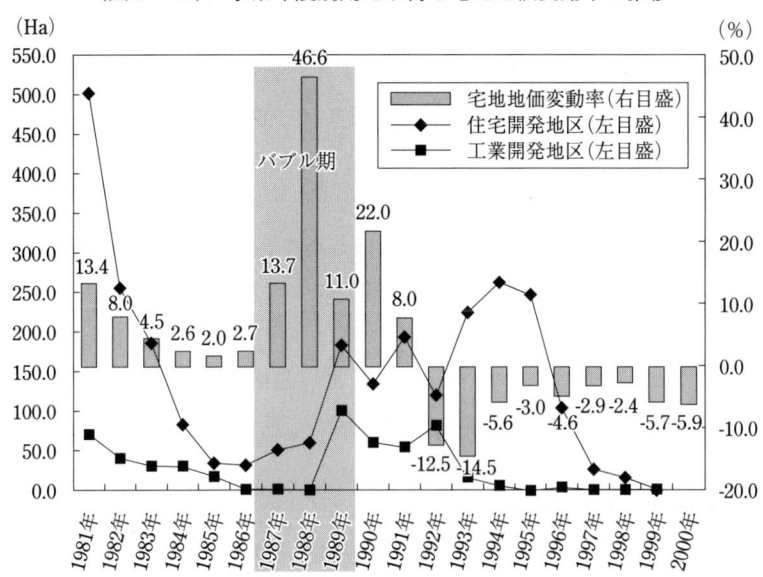

（図5-2） 事業年度別用地取得と宅地地価変動率の推移

宅地地価変動率（右目盛）
住宅開発地区（左目盛）
工業開発地区（左目盛）

バブル期

主な数値：13.4、8.0、4.5、2.6、2.0、2.7、13.7、46.6、11.0、22.0、8.0、-12.5、-14.5、-5.6、-3.0、-4.6、-2.9、-2.4、-5.7、-5.9

注：宅地地価変動率は、各年1月1日の地価公示価格の前年1月1日の地価公示価格に対する平均変動率である。
資料：①都市基盤整備公団『職員業務要覧』2000年版。
　　　②「地価公示」（国土交通省）による。

（表5-5） 公団取得面積中，未造成面積及び基本方針未決定地区の概要

（1999年現在，ha）

公団取得面積（ha）	未造成・基本方針未決定地区	山林原野	田畑	宅地	その他	公共用地
7,313	3,381.2	2,024.1	863.6	125.2	210.9	157.2
構成比（％）	100.0	59.9	25.5	3.7	6.2	4.6

（注）基本方針未決定地区を含めて用地取得総施行面積は7,312.5 ha，総施行地区は103地区。
（資料）都市基盤整備公団都市開発事業部『事業地区の概要・1999年』より作成。

拡大を図っていくのである。つまり筆者などの指摘とは逆の方向へ急ぐのである。

すなわち公団は（表5－4）に見るように80年代に入ってからも土地を買いつづける。それは住宅開発地区だけで1986年から89年のバブル期には計328.1 haになり、1990年から99年のバブル崩壊後には1349.2 haに達するが、この地価高騰が甚だしかったバブル時に買った土地が公団にとり大きな負担になっていることは歪めない（図5－2）。地価が下がりつづけたバブル崩壊後も土地を買いつづけたのは、公団が政府から地価の下支えの役割を担わせられていたからだと見る向きもある[14]。かりにそうだとしたら、政府に公団経営の悪化を公団自身の責任として、特殊法人改革の必要を言う資格はないと言っていいだろう。

未利用地と未入居住宅

（表5－4）で見るように公団が1999年度末までに買い入れた用地は計1万4210 haであるが、そのうち公団が開発を予定して現に所有している土地7313 haのうちで、未造成あるいは基本方針未決定地区の土地（つまり塩漬けになっている用地）は3381 haに達している。所有している土地の50％近くが塩漬けになっている勘定である。それらの中で大きいのは順に、千葉ニュータウン249 ha、多摩ニュータウン172 ha、滋賀県大津市伊香立地区166 ha、奈良県高山地区161 ha、八王子市川口地区140 haなどとなっている。これらの土地はその後の長期にわたる不況により、宅地、分譲住宅ともに売れなくなったために未利用になっているものである、これが公団財政を悪化させる大きな原因になる。ちなみに都市基盤整備公団が2001年9月に公表した「2000年度の行政コスト計算書」によれば、地価下落による販売用不動産の含み損は約3700億円というものであった（一方分譲不動産の含み益が約1500億円あるとしていた）。これは言うまでもなく2000年度単年度だけの数字である。あらためて未利用の用地を見ると、すべて大都市周辺であり、この時期に至っても建設・供給戸数の拡大のみ念頭にあった政府と公団の政策意識

第5章 公団住宅

(表5－6) 公団賃貸住宅の未入居住宅及び空家状況

(2003年3月31日現在)

○支社別空家状況

支社名	管理戸数	空家戸数	空家率
東京	183,618	684	0.37%
千葉	91,363	92	0.10%
神奈川	73,925	146	0.20%
埼玉	84,521	55	0.07%
中部	59,603	521	0.87%
関西	216,730	1,988	0.92%
九州	50,781	261	0.51%
全社計	760,541	3,747	0.49%

○ニュータウン地区別空家状況

ニュータウン名	管理戸数	空家戸数	空家率
多摩ニュータウン	11,121	43	0.39%
千葉ニュータウン	4,087	22	0.54%
港北ニュータウン	2,949	1	0.03%
高蔵寺ニュータウン	7,991	97	1.21%
千里ニュータウン	9,116	0	0.00%
泉北ニュータウン	9,219	47	0.51%
計	44,483	210	0.47%

注) 1. 未入居住宅とは，新規賃貸住宅で，入居可能日以後3ヶ月経過しても入居者が確定していない住宅（繰上げ手続中の住宅は除く）であり，当該時点で0戸。
　　2. 空家戸数は，既存賃貸住宅で，設備水準の向上・LDK化等の間取改善等を行うリニューアル公示等を行うため事業上・施策上必要なものとして確保している住宅，及び後住者の補充にあたって補修工事，募集・契約手続等のために必要な期間空家となっている住宅を除く。
　　3. 空家率は，当該時点の管理戸数に対する空家戸数の占める割合。

出所：公団資料

が理解できるというものである。

　一方の未入居住宅のほうはどうなっているか。公団が公式に明らかにしている賃貸住宅の空家数が（表5－6）である。これによると全体で3747戸であり、全管理戸数の0.49％にすぎないと公団は言っているが、この数字は注にあるような条件のもとでのものなのを注意しておく必要がある（実際にはこの数字の数倍はあると言う公団関係者がおり、自宅近くにある公団賃貸住宅が入居者を常時受付けている空家状況を承知している筆者も、この関係者のほうに頷きたいところがある）。分譲住宅については、公団が2001年より分譲住宅事業から完全撤退しているとの理由で、未入居、つまり売れ残りがあるかどうか公表されていないのでわからない。公団が分譲住宅から完全撤退したのは、分譲より賃貸にシフトするという政策転換によるものではなく、民間との価格競争に敗れたのが大きな要因であった（その結果、公団が新法人として民間事業を支援する組織に衣替えすることになるとは、まことに皮肉と言わなければならない）。

　そうした中で都市基盤整備公団は2003年6月、多摩ニュータウンにおける開発事業を05年度中に終了させることを決定している。同ニュータウンは前述しているように新市街地開発法により1965年に都市計画決定されて開発が始まったが、それから40年で事業未完成のまま開発が終了することになるわけである。同月に公団が廃止されたあとの独立行政法人都市再生機構法が成立したのを受けてとられた措置であった。新法人は新規の宅地開発は行わないことになっているためである。これも前述しているように多摩ニュータウンには、なお172 haの未利用先行取得土地がある。公団は開発終了後も土地販売はつづけるとしているが、公団が開発から手を引いたあとでも、その土地が売れるかどうか、「売れ残りが懸念されている」と新聞は伝えている[15]。

　公団の経営に問題が生じたのは、政府の戸数主義に基づく住宅建設計画によりしゃにむに事業を拡大させた70年代末からであることがわかったが、では、その経営のどこに問題とすべき点が、どういう理由によ

り，どういうかたちで現れることになったのだろうか。つまり公団経営の問題点は何かということである。ここでは，それを2003年5月9日に行われた都市再生機構法案審議中の衆議院国土交通委員会における参考人質疑を窓口に探ってみることにしよう。

4 公団経営の問題点

上記の衆議院国土交通委員会の参考人質疑には，参考人として学識経験者としての青山学院大学の山口不二夫のほかに経団連国土・都市政策共同委員長（三井不動産社長），公団住宅入居者代表（自治協代表幹事）の三者が出席している。そこで山口が述べたのは「公団の経営分析を行ってみて，結論として言えるのは賃貸住宅部門はきわめて健全で，問題なのは都市整備部門で，不良土地，不良資産を多く抱えていることによる」ということであったのである。なぜなら「公団は固定資産を多く抱えている。その固定資産は日本では，現行では取得原価主義，つまり取得したときに要した値段で評価するという基準で評価している。つまり，貸借対照表に表示された固定資産，そして土地の値段は買ったときの値段で表示されているわけだが，実際はバブル崩壊後地価は値下がりしている。その結果として公団の貸借対照表上の土地の価額は著しく下がっている可能性がある」[16]ということであったのである。

山口は都市公団労組が組織した公団経営分析研究会のリーダーの一人として，都市基盤整備公団の業務年報にしるされている都市基盤整備勘定の収支予算とその執行状況，貸借対照表，損益計算書などの資料をもとに財務分析を行っている（そこでは同じデベロッパーとしての三井不動産の有価証券報告書総覧との比較検討を行っている）。筆者は経営分析の専門家ではないので，ここでは同研究会の了解を得て，その分析結果を参考にしつつ，公団経営の問題点について，筆者なりに理解したところを触れておきたい[17]。（同研究会は，前記資料について2000年，2001年度のものを使用し，また経営基本指標としては1996年～2002年度分に

ついて見ているが，ここでは経営基本資料は省き，その他予算執行状況，損益計算書などについては2001年度のものを参考までに掲げておくので，以下の分析結果説明の過程において参照されたい。ただし，都市基盤整備勘定のみで，鉄道勘定については額が小さいので除く。それが（表5－7）である）。

同研究会の分析とそれに使用された資料を見る前に，公団の2001年度事業報告書により貸借対照表と損益計算書の構成と推移を都市基盤整備勘定について見ておこう。

公団事業報告書の内容

まず貸借対照表によれば資産は17兆7091億円であり，その内訳は賃貸住宅資産7兆5137億円（42.4％），市街地整備改善建設仮勘定5兆5422億円（31.3％），市街地整備改善資産2兆3299億円（13.2％），賃貸住宅建設仮勘定8355億円（4.7％），分譲住宅特別資産5393億円（3.0％），土地有効利用建設仮勘定2513億円（1.4％），流動資産2257億円（1.3％），その他の固定資産3205億円（1.8％），繰延資産1506億円（0.9％）となっている。この額と割合は1999年度以降ほぼ変わらない。

一方，負債は16兆9844億円であり，また資本は7247億円で，その内訳は長期借入金12兆3330億円（69.6％），都市基盤整備債券3兆3009億円（18.6％），流動負債9628億円（5.4％），引当金および準備金3326億円（1.9％），その他643億円（うち剰余金93億円，0.4％），資本金7153億円プラス93億円（4.0％）である。この割合もまたほぼ変わらないでいる。

また損益計算書によれば，収益は1兆5861億円であり，その内訳は賃貸住宅管理収入が5716億円（36.0％），市街地整備改善管理および譲渡収入5146億円（32.4％），政府補給金および補助金等収入2346億円（14.8％），分譲住宅特別管理および譲渡収入1295億円（8.2％），受託業務収入373億円（2.4％），その他958億円（6.0％）などとなっている。この収益の特徴は1999年度2738億円から2000年度5644億円，01年度5716億円と年々増えてきていることである。市街地整備改善管理および譲渡

第5章　公団住宅

(表5－7)　年度の予算の執行状況、資金収支の状況等

(1)予算の執行状況

■都市基盤整備勘定　　　　　　　　　　　　　　　　　　　　　　（単位：百万円）

収入			支出		
予算科目	予算額	収入決定済額	予算科目	予算額	支出決定済額
(款)資本収入	30,350	30,350	(項)給与関係諸費	57,216	54,388
(款)政府補給金	0	86,260	(項)管理諸費	10,282	8,773
(款)国庫補助金	54,715	92,389	(項)交際費	2	1
(款)その他の補助金等収入	49,431	61,584	(項)報償費	2	2
(款)借入金及債券収入	1,575,662	1,320,344	(項)資産取得費	2,065	1,519
(款)市街地整備改善管理及譲渡収入	448,330	434,449	(項)都市機能更新事業費	79,275	43,100
(款)賃貸住宅管理収入	646,506	592,291	(項)都市整備事業費	207,370	168,719
(款)公園管理収入	2,830	2,521	(項)居住環境整備事業費	482,288	470,384
(款)分譲住宅特別管理及譲渡収入	124,506	130,870	(項)土地有効利用事業費	42,583	61,874
(款)受託業務収入	49,243	42,863	(項)防災公園街区整備事業費	4,071	24,732
(款)事業外収入	11,821	33,721	(項)公園建設費	958	530
(款)転貸資金借入金	300	0	(項)市街地整備改善管理費	24,590	14,756
(款)転貸資金貸付回収金	60	129	(項)賃貸住宅管理費	339,534	304,032
			(項)公園管理費	1,386	954
			(項)分譲住宅特別管理費	485	1,462
			(項)受託業務費	47,618	38,672
			(項)借入金及債券償還	1,070,860	1,048,881
			(項)出資及貸付金	600	0
			(項)利子及債券発行諸費	669,653	643,812
			(項)雑支出	1,120	1,131
			(項)転貸資金貸付金	300	0
			(項)転貸資金借入金償還金	60	129
			(項)予備費	2,160	
合計	2,993,759	2,827,775	合計	3,044,487	2,887,861

注）単位未満を切り捨ててあるので、合計とは端数において合致しない。以下同じ。

出所『新市基盤整備公団業務年報』2002年版

(2)資金収支の状況

■都市基盤整備勘定　　　　　　　　　　　　　　　　　　　　　　（単位：百万円）

払出		受入	
区分	金額	区分	金額
		前事業年度からの繰越	250,637
事業共通費	64,621	資本収入	30,350
都市機能更新事業費	40,863	政府補給金	86,260
都市整備事業費	168,764	国庫補助金	92,389
居住環境整備事業費	472,897	その他の補助金等収入	61,584
土地有効利用事業費	61,605	借入金及債券収入	1,320,344
防災公園街区整備事業費	24,733	政府資金借入	881,090
公園建設費	530	民間資金借入	413,966
市街地整備改善管理費	14,852	都市基盤整備債券収入	25,000
賃貸住宅管理費	304,015	特別住宅債券収入	287
公園管理費	953	市街地整備改善管理及譲渡収入	428,653
分譲住宅特別管理費	1,462	賃貸住宅管理収入	589,060
受託業務費	39,472	公園管理収入	2,521
借入金及債券償還	1,048,881	分譲住宅特別管理及譲渡収入	127,056
利子及債券発行諸費	643,812	受託業務収入	42,863
雑支出	1,220	事業外収入	33,700
転貸資金借入金償還金	129	転貸資金貸付回収金	129
支出額計	2,888,816		
その他の支出	61	収入額計	2,814,914
翌事業年度へ繰越	178,231	その他の収入	1,558
合計	3,067,110	合計	3,067,110

（3）貸借対照表
■都市基盤整備勘定
(単位：百万円)

資産の部		負債及び資本の部	
勘定科目	金額	勘定科目	金額
流動資産	225,796	流動負債	962,851
固定資産	17,332,682	固定負債	15,762,565
事業資産	17,213,294	長期借入金	12,333,041
市街地整備改善資産	2,329,908	都市基盤設備債券	3,300,946
賃貸住宅資産	7,513,721	特別住宅債券	10,305
分譲住宅特別資産	539,300	引当金	73,605
市街地整備改善建設仮勘定	5,542,290	その他	44,666
土地有効利用建設仮勘定	251,371	特別法上の引当金等	259,003
防災公園街区整備建設仮勘定	54,178		
賃貸住宅建設仮勘定	835,541	負債合計	16,984,419
分譲住宅特別建設仮勘定	126,030		
その他	20,952		
有形固定資産	77,900	資本金	715,370
無形固定資産	473	政府出資金	713,370
投資その他の資産	41,012	地方公共団体出資金	2,000
繰延資産	150,679	剰余金	9,366
		資本合計	724,737
資産合計	17,709,157	負債・資本合計	17,709,157

（4）損益計算書
■都市基盤整備勘定
(単位：百万円)

費用の部		収益の部	
勘定科目	金額	勘定科目	金額
経常費用	1,384,218	経常収益	1,363,269
市街地整備改善管理諸費	473,270	市街地整備改善管理及譲渡収入	514,673
市街地整備改善管理業務費	12,590	敷地等譲渡収入	157,243
市街地整備改善資産分譲原価	458,044	特定賃貸住宅譲渡収入	113,110
その他	2,635	施設譲渡収入	160,336
賃貸住宅管理諸費	279,460	その他	83,983
賃貸住宅管理業務費	242,878	賃貸住宅管理収入	571,600
賃貸住宅資産減価償却費	36,581	家賃収入	513,174
公園管理諸費	1,453	その他	58,425
分譲住宅特別管理諸費	132,234	公園管理収入	2,401
分譲住宅特別資産分譲原価	128,739	分譲住宅特別管理及譲渡収入	129,583
その他	3,494	住宅等譲渡収入	128,976
受託業務費	37,692	その他	606
一般管理費	17,782	受託業務収入	37,365
支払利息	342,425	政府補給金収入	86,260
特定繰延資産償却	96,928	補助金等収入	21,179
その他	2,970	その他	205
特別損失	179,393	特別利益	222,886
建設原価圧縮費	127,499	補助金等収入	127,208
準備金繰入	31,514	引当金等戻入	24,077
その他	20,379	その他	71,600
当期利益金	22,544		
合　計	1,586,156	合　計	1,586,156

表5－7における用語については（注18）を参照されたい。

第5章　公団住宅

収入も増えてきている。

　これに対する費用1兆5636億円および当期利益金225億円の内訳を見ると、市街地整備改善管理諸費4732億円（29.8％）、支払い利息3424億円（21.6％）、貸住宅管理諸費2794億円（17.6％）、分譲住宅特別管理諸費1322億円（8.3％）、特定繰延資産償却969億円（6.1％）、受託業務費376億円（2.4％）、その他2049億円（うち当期利益金225億円、12.9％）となっていて、市街地整備改善管理諸費が年々増えてきているのが特徴である。賃貸住宅管理諸費は2001年度に比べ減ってきているがほぼ横ばいである。

　公団の財務はこうした内容のうえに成り立っている（それはあくまで表の上で、つまり表向きということであるが）ことになるわけである。これらの数字をもとに同研究会が他の資料にも目を通し、公団の経営を見て、どういうことが言えると結論したか、ということになる[18]。

　最初に、その経営の特徴的なところである。1996年から2002年3月期の経営基本指標と売上げ・損益の推移から公団の経営状況の特徴を見ると（参考のために（表5－7）参照）、まず総資本が増加傾向にある中で売上高（収益）の伸びは減少し（96年1兆7612億円、01年1兆5861億円、02年1兆3633億円）、大幅な経常収支の赤字を出している（96年—73億円、02年—209億円）。しかし、企業としてのパーフォーマンスを示す営業利益は毎年3000億円台を創出しており、とくに賃貸住宅部門での経営成績がよいのが目立っている。ところが営業外収支のうち利子支払いによる損失が毎年3500億円前後に達していて利益を食いつぶし、経常収支を赤字にしている。これは公団が自己資本が小さいことにより借入金で経営を行っているためで、とくにそれは市街地整備改善建設等の仮勘定の名で膨大な土地を抱えていることに見られる、その購入資金の利子負担がとくに大きい。これが公団の経常を圧迫している、と見られる。

　公団の資産の推移を見てみると、96年15兆2626億円、01年17兆7091億円、02年17兆7092億円と着実に増えているが、この増加はとくに前記仮

215

勘定の中の宅地部門で生じているものである。これが健全な資産の拡大であるならば問題はないが，公団の場合，民間で言う不良資産にあたる土地の拡大である。それは借入金で賄われることにより利子が増え，これにより健全な住宅部門などに大きな影響を与え，経営を悪化させる原因になっている。その土地資産の多くはバブル期（1986年～1989年）に取得された432.7 ha，バブル期以降（1990年～1999年）にも買いつづけられた1525.5 ha が占める。バブル崩壊後，公団の経常利益は赤字傾向に転じているが，その原因の多くをこれらの土地取得によるものが占める。90年4月から99年9月までに取得された土地は1572 ha とされており，この宅地資産の取得原価は計3兆4000億円とされているが，この土地はどういう背景のもとに取得されることになったのか。

　公団は自己資本がきわめて低く，事業を行うために資金コストのかかる財投資金あるいは民間資金の借入に依存せざるをえない。公団は国の住宅・宅地政策を実施する公的機関にもかかわらず，建設費などに対する一般会計からの補助はないばかりか，公団に対する出資金も99年から02年を除き皆無であった（政府の増資が行われたその時点においても，自己資本率は98年1.43％，99年2.85％，00年3.72％，01年3.83％，02年4.09％にすぎなかった）。そのため公団はいやおうなしに財投資金を利用せざるをえず，逆に国は財投を利用して運用先の公団に政府の政策を実施させる構図が定着した。バブル崩壊後に公団が土地を取得しつづけたのは，地価の低落に歯止めをかけたい政府の思惑に沿ったものであり，公団は国に利用されてきたのが実態と言える。

　それらによる02年までの長期借入金は，公団資料によれば政府資金が11兆1280億円，民間資金が5452億円となっているが，賃貸住宅事業の場合，建設に要する費用を70年の長期にわたり年利5.5％以下の低利で償却することにより，政策的に家賃の低額化（相対的なものであるが）を図っている。自己資本の低さとこの家賃政策により負債返済のための資金調達を行わざるをえず，借入金が増大していく構造になっているが，宅地事業の場合は造成しても未利用地として残ると，処分されるまでの

間は収益が入ってこないので、他の部門からの収益で償還するか（償還条件は住宅も宅地も同じで民間資金10年、政府資金30年）、それが不可能なときは元利を償還するための借入が生じることになる。処分されるまでの間、つねに資金繰越金が発生し、経営を圧迫することになるが、地価が取得時より下落した場合は投入原価を回収できないために、その穴埋めのための借入（資金繰越金）が生じる。その結果としての長期借入金、債券を合わせた累積債務の合計は03年度までに約16兆円に達するとされているのである。もちろん、これは各年度の資金収支表だけではわからないものである。

公団の含み損

さらに含み損の問題がある。先に紹介した民間ベースの財務諸表に当たる「行政コスト計算書」においては、販売用資産で時価が取得原価の30％下落した場合、その評価損を卸資産評価損として「強制評価減」することになっている。公団が2002年度末時点で所有していた販売中もしくは未造成不動産資産の購入価格の合計（簿価）は約3兆8000億円。それに対する強制評価減が2000年度においては前述しているように市街地整備改善勘定で3349億円、分譲住宅特別勘定で390億円の計3739億円、2001年度においては市街地整備改善勘定で1586億円、分譲住宅特別勘定で65億円の計1651億円。つまり両年度で合計5390億円の含み損を生じさせていることが公団資料で判明している（2004年1月6日付『毎日新聞』はこの含み損額を「6500億円超」と報道している）。これらは公団がバブル後も土地買収に走った結果生じたもので、いわば隠れ赤字とも言うべき性格の「欠損」であるが、問題はこうした含み損が各年度ごとに発生していることであり、それらを合計すると各年度の主に賃貸住宅部門の経常収支を食いつぶすどころか、途方もない欠損に達するということである。

こうした経営内容から、どういうことが言えるか。第一に言えるのは本業そのもので見る公団の経営はきわめて効率的であり、中でも賃貸住

宅部門がよい経営成績を上げている（毎年3000億円程度の営業利益）。第二に自己資本が小さいことによる，営業利益を食いつぶす莫大な借入が行われており，金利負担がきわめて大きい。第三にバブル崩壊後のきびしい不況期に公団は資産を増大させているが，それは不良資産が多く，そのさいの借入により，ますます金利負担を大きなものにしている。また巨額の含み損を生じさせている。第四にその土地取得は財投資金の運用先として国から押し付けられて行われたものであり，公団の責任というより，むしろ国の責任が大きいと言えるが，そうした政策を受け入れてきた公団経営者の結果責任も免れない，ということである。

　公団の財務内容にはなお隠されている部分があるが，しかし，このような経営分析が説得力あるものと言えるかどうか，筆者は会計検査の観点から公団経営を分析して同様の結論に至っている金子憲の指摘に注目したい[19]。まず金子は国の住宅政策を展開していくうえでの公団本来の役割に触れて「一般会計の財源には限りがあり，しかも社会資本としての住宅の整備が大きく立遅れていた戦後の日本にとっては，苦肉の策として財投を活用し，公団に住宅福祉を担わせることで，政府の当初の財政支出の負担は軽減され，相対的に『小さな政府』の下で，社会資本としての住宅基盤の整備や国民生活の質の向上など住宅福祉の増進を図ることが可能となったのである」としたうえで，以下のような指摘を行っているのである。

　　「国家の福祉政策の実施機関としての役割をも担わされた公団は，業務を継続するだけでその構造上，必然的に赤字を生み出す構造となっており，実際にそうして潜在的な赤字を膨脹させてきたが，それ以外の要因による収益構造の悪化もいくつか認められる。『必然的』ではない収益悪化の原因の一つは，公団が財投資金の投入先として本来の役割を逸脱した形で利用されたことである。1971年のニクソンショックや1973年のオイル・ショックを経て迎えた深刻な不況期には，従来よりはるかにマクロ経済政策を

意識した財政政策の運営が求められ，公団もその重要な一環として財政投融資からの資金を大量に導入しつつ公的部門の資本形成の一翼を担うべく事業規模を拡大することとなった。(中略) 一般に財投は，一般会計で抑えられた公共事業など財政支出の肩代わりをしてきた面があり，例えば1983年度から5年連続で一般歳出の伸びをゼロないしマイナスに抑えた間も，財投の計画額はほぼ一貫して増え続けた。1990年代前半頃のいわゆるバブル崩壊後の景気対策でも財投が安易に増額された。公団に関して言えば，1980年代以降に住宅供給が一定水準に達し，公団の役割が社会的に疑問視され始めた後も，郊外の大規模住宅団地造成などが続行されており，こうした所にも景気浮揚策としての国策の影響が見える。(中略) 公団の財務構造分析等から分かったことは，公団は決して一般に批判されているように無意味に赤字を垂れ流しているわけではなく，国家の住宅福祉政策を分担・実施しているその構造上必然的に生み出される赤字と，そうでない赤字（公団の失敗による損失）の両方があり，それらを分別的に論じなければ正確な議論はできない」。

　金子によれば公団が未利用土地（資産）を抱えて，それによる借入金の返済に苦しむに至ったのは政府の財投資金の意図的運用によるものである。これは政策の誤謬とか，あるいは失敗とかでは済まされないものである。国と特殊法人の関係は，先に住宅金融公庫の融資枠が政府が景気対策を打ち出すたびに拡大していったことを検証したが，同様の関係が公団との間にも存在しており，ここに光を当てないかぎり特殊法人改革がいかに政府の身勝手によるものであるかは解明できないことが理解されよう。

バブル後の土地買収
　都市基盤整備公団自身がバブル崩壊後の土地取得をどう進めたかを

『住宅・都市整備公団史』の中で明らかにしている。それは政府の総合経済対策の目玉として「バブル崩壊後の経済の危機的状況に迅速かつ効果的に対処するためのいわば緊急対策事業であるため，公団においても従来の体制とは異なる特別な事業執行体制が敷かれ」たとあり，これが土地有効利用事業と呼ばれるものである。この事業の基本的スキームは公団が土地を取得して建築敷地を整備し，そこに民間が建築投資を行って，官民共同で土地の有効活用を行うというもので，特別な体制とはそのための事業本部が設置されたことであり，伊藤滋，田中啓一を会長および会長代理とする取得土地の評価を行う審査会を設けたことである。事業開始以来ほぼ10カ月で，57地区，70件，総面積21.3 ha，用地費約1090億円の土地取得契約をしたと書かれている[21]。公団がバブル崩壊後の土地取得に関して触れているのは後にも先にも，この部分のみであり，もちろん業務年報，事業報告書などにも触れられていないが，中には前述している強制評価減がなされた土地も塩漬けされたまま含まれているとされている。しかし，公団は同書の中で「この事業は公団改革を目前に控えて，来るべき新公団の機動力や事業遂行力を示す試金石の役割も担っていた」というのであるから，何と言うべきか，わからない。

　政府や民間の政府ブレーンはことあるごとに特殊法人の非効率性と非合理性を指摘しつづけてきた。前述しているように，たとえば2001年12月19日に政府が閣議決定した「特殊法人等整理合理化計画」は，その中の「今回の改革の進め方」において「今回の改革は単に法人の組織形態＝『器』の見直しにとどまるべきではなく，『中身』である特殊法人等の事業の徹底した見直しが極めて重要であるとの認識の下，(1)事業の意義が低下していないか，(2)著しく非採算ではないのか，(3)民営化の方が効率的ではないのか等の基準に基づき……事業見直しを行うとともにその事業見直し結果を踏まえ，特殊法人等の組織形態について，廃止・民営化等の見直しを行うこととした」としているが，その非効率性とか非合理性とはもともと政府自らつくり出したものであり，従ってそれらは，まったく虚構の上に立った議論であったと言っていいかもしれない

第5章　公団住宅

のである。

　前記公団経営分析研究会が，公団は本業では高い営業利益を出しており，決して非効率でなかったと分析していることは前述している。金子は「特殊法人改革をめぐる論議は，これまでの所，もっぱら経済合理性，採算性の視点からのみ行われており，公団がその赤字体質ゆえに非難されているが，このような現在の議論のあり方は大変に偏ったものであると言わざるを得ない。公団の，国家福祉政策の実施主体としての機能は，純粋に民間に移転させることは明らかに不可能であり，それでも公団を廃止・民営化するというのであれば，そこには必ず日本の公共住宅政策はどうあるべきかという政策論議がなければならないはずなのである」と述べている[20]。公団・公庫など特殊法人の廃止に関しては，まず最初に特殊法人改革のスローガンが発せられ，それにあわせて民間ブレーンらが改革の必要性の理屈をつくり，非効率性，非合理性の烙印を押したのが結局はアクセルとなったのは知られる通りであるが，都市基盤整備公団についても例外ではなく，金子が言う（筆者も繰り返し，その必要不可欠なことを指摘してきているが）政策論議なしでそれが進められることになったわけである。

　では公団（新独立行政法人）はどうしたら，借金体質から脱却できるのか。前記山口によれば金利負担と未利用地を解消するしかないと言う。結局，公団の病巣はこの二つが形つくっているからにほかならない。これをどうするか，山口は「資金調達の健全化としては，金利の低下と減免，あるいは過去に払いすぎた金利の返還，自己資本充実のために増資（による負債の返済），あるいは負債の資本化が考えられる。未利用土地に付いては，短絡的には土地整理機構をつくり，早急に最も有利に土地を処分する仕組みを作ることが考えられる。ただし，その場合には土地はかなり値下がりしていると考えられるので，処分損失を誰がどのように負担するのかという問題が生ずる。財政投融資の貸し倒れか，政府資金の注入かというような問題である」としている[22]。これを逆に言えば，政府がこの問題の解決にそうした方向で取り組んでいた

221

ならば，あるいは公団の病巣は取り除かれていたかもしれないということである。政府はそうした試みをも放棄していたので，公団が早晩大きな問題に直面するのを避けられなかったと言えよう。

　土地取得による宅地開発も，かたちを変えた戸数主義にほかならなかった。公団は戸数を多く建設・供給するのが役割とされ，またできるだけ多くの宅地開発をするのが至上命題とされてきて，しかも，それは公庫の場合と同様に経済対策の一環としての意味合い濃く進められた。いずれの場合も民間経済を浮揚させるのが狙いであり，民間救済の色彩が強かったが，それでも市場経済が活性化しないので，最後の手段として公庫と同様に公団も民業を支援する法人として強制的に衣替えさせられたのが特殊法人改革であったことがあらためて理解できるというものである。

　付け加えれば都市再生機構法成立に当たっては，衆議院，参議院ともに前述附帯決議を行っているが，これは入居者団体の公団自治協の要請に基づくものと言う[23]。政府や公団（新独立行政法人）はこの附帯決議の意味を理解しているのかどうか，と筆者は危惧している。

5　公団住宅の評価

　前記公団自治協の関係者は衆議院，参議院に対し，都市再生機構法の成立にさいして附帯決議を行うよう要望した理由について，公団が「半世紀にわたって，中間所得層を施策対象にして住宅に困窮する勤労者，都市住民の居住確保に重要な役割を果たしてきた」と述べている[24]。公団住宅が果たしてきた役割を評価するとすれば，それはまさしくその一点に尽きると言っていいだろう。だからこそ，自治協の人々は，公団が廃止され，新法人が賃貸住宅事業から撤退することになるのに危機感を抱き，附帯決議を要望した。

　前述しているように公団が発足いらい建設・供給してきた住宅は賃貸住宅が約82万戸，分譲住宅が約28万戸の計110万戸に達する。1998年の

第5章　公団住宅

総務庁住宅・土地統計調査における全国の住宅戸数4392万戸に対する割合は2.5％にすぎないが、公団住宅は主に大都市圏で建設・供給されており、その大都市圏2443万戸に対すると4.5％になり、この数は決して小さなものとは言えない。しかし、この表面的な戸数のみによって公団住宅の評価とするのは早計というものであろう。問題は、公団住宅が勤労者にとっての居住のアフォーダビリティを約束するものであったかどうかであろう。

（表5-3）で見るように、公団住の規模は年々広くなってきてはいる。しかし、それに伴って家賃もまた年々高額化してきている。2001年度供給の賃貸住宅の平均家賃は11万6000円である。このように家賃が高額化しているのは、公団住宅の建設が民間借入金に依存するところが多いためである。先に公団が生保、信託の投資対象になっていて民間借入金残高が多額にのぼることを見てきているが、公団設立の経緯に民間資金を長期的に運用して住宅建設を図ることがあったにせよ、その額は政府保証債に比較して異常な高率である。公団関係者によれば、供給年度によっては家賃原価の中に占めるそうした借入金利子は50％を超える場合もあったとしている。例に挙げられたのは1970年代に供給された東京の赤羽2丁目団地で、当初家賃6万9000円のうち3万7600円が金利負担分だったというのである。さらに言えば、公団は過剰流動性の時期に民間デベロッパーと競って用地入手に励み（バブル崩壊後の不可思議な用地買収も目立つが）、それが高価格であったとしても落札してきたが、用地費の高騰は即家賃、分譲価格の高額化につながる。入居者の直接責任ではない関連公共公益施設整備に関わる五省協定による公団の負担も、家賃、分譲価格にはね返った。用地費の安いところ、関連公共公益施設整備に比較的容易に取組めるところを捜すと遠隔地しかなく、おのずから「遠・高・狭」とならざるを得なくなり、アフォーダビリティを欠く住宅を勤労者に提供することになる。

これらが100％公団経営の責任によるものではない（たとえば、かりに政府補給金の額がより多かったとしたらという議論もあろう）にして

223

も，経営に万全が期せられたかどうかというと肯定的にとらえることはできまい。公団をそのような経営に走らせたのが住宅建設計画による戸数主義に立ったノルマであったのは言うまでもない。公団は年度末の駆け込み大量発注で計画の辻褄を合わせざるをえなく，それがさらに「遠・高・狭」の団地を拡大していった。これは政策そのものと，それに基づく経営の誤謬による悪循環としか言いようがない。

公団の隠れた業務

公団住宅は大都市勤労者を政策対象とした。しかし，それだけであったかどうか。ここで触れておかなければならないのは賃貸用の特定分譲住宅と工業団地の造成に関してである。公団が建設・供給した賃貸，分譲住宅は計110万戸と前述している。実はその他にこの特定分譲住宅が公団発足いらい2001年度までに計39万戸，建設・供給されているのである。この数は一般分譲住宅を10万戸以上上回るものである。この特定分譲住宅は，企業の従業員に対する給与住宅（社宅）を公団資金で建設し譲渡するものであり，産住，産労住宅，厚生年金住宅とともに政府がとっている企業保護住宅である。年度によっては賃貸住宅より多く建設されてきたこともあった（たとえば1981年度の場合，賃貸3000戸に対して特定分譲8000戸，82年度は賃貸5000戸に対して1万戸）。この住宅の譲渡を受けたのは，独占分析研究会の調査によれば[25]，1973年の時点で資本金10億円以上の大企業が全体の30％を占め，資本金1億円以上では62％に達したという。つまり，この制度は企業の社宅援助策なのであった。また工業団地の造成は同じく2001年度までに35地区3470 ha に達している（工業整備地区での宅地供給が2450 ha）。ほかに流通団地が2地区66 ha（同宅地供給が51 ha）ある。これも企業向けであり，企業が生産性を向上させるためのサポートを住宅と工業団地の供給というかたちで行っていたことになる。とくに1980年代においては一般賃貸，普通分譲住宅が一般勤労者に対する門戸を狭めていった中で，大資本の合理化投資と資本の節約，労働力確保には手厚い便宜を図ってきた。公団

第5章　公団住宅

はまさに「住宅に困窮した大都市勤労者のため」にあるのではなくなってきた。

それがとくに顕著になったのが1999年10月に都市基盤整備公団になって，業務内容の再編が行われてからである。新公団の目的（第1条）自体が「都市基盤整備公団は，地方公共団体，民間事業者等との協力及び役割分担の下に，人口及び経済，文化等に関する機能の集中に対応した秩序ある整備が十分に行われていない大都市地域その他の都市地域における健康で文化的な都市生活及び機能的な都市活動の基盤整備として居住環境の向上及び都市機能の増進を図るための市街地の整備改善並びに賃貸住宅の供給及び管理に関する業務を行い，並びに都市環境の改善の効果の大きい根幹的な都市公園の整備を行うこと等により，国民生活の安定向上と国民経済の健全な発展に寄与することを目的とする」となったように，これに沿って業務内容も変わったわけである。

その業務内容の第一は市街地の整備改善であり，それは居住環境整備（市街地再開発事業，住宅市街地整備総合支援事業等，住宅の建設，施設の整備），都市機能更新（市街地再開発事業，土地区画整理事業），都市整備（住宅整備地区，工業整備地区，流通業務地区，公共施設の整備，研究学園都市の建設），土地有効利用（建築物の敷地の整備），防災公園街区整備（市街地の整備と一体となった防災公園の整備），受託業務（市街地再開発事業，土地区画整理事業の受託，コーディネート業務の受託）からなり，第二が賃貸住宅等の供給・管理等となっていて，賃貸住宅の供給・管理，賃貸住宅の建替え，施設等の管理となっている。また第三が都市公園の整備で，国定公園における有料施設の建設および管理，地方公共団体からの受託に基づく都市公園の建設等，第四が鉄道の建設・経営で，あり，これは千葉ニュータウンにおける鉄道業務を指している。

これを見ればわかるように，新公団にとって賃貸住宅業務のプライオリティは，二番目のものとなった。といって第一の業務たる市街地の整備改善において，たとえば木造住宅密集地帯の改善事業などはとくに業

務対象とはしていない。つまり勤労者の居住、あるいは緊急に整備さるべき市街地の整備などは公団の視野の外のものとなってしまった。新公団の視野にあるのは民間デベロッパー、不動産業への支援（それは新公団法に明記されている通り）であり、鉄やセメントやガラスを大量消費する開発により基幹産業の市場を確保することであって、新公団法は、その目的が国民の居住を支援することではなくなったことをはっきりさせたわけである。公団の都市再生機構への移行はそれをさらに明確化することにあると言っていいだろう。

　とは言え、公団住宅がその量とともに、公営住宅の場合と同様に、わが国における都市と居住の両側面において否定できない役割を果たしてきたことは認めざるをえないだろう。すなわち、公団は発足いらい変質に変質を重ねてはきたが、都市と居住にかなりの役割を果たしてきたと言える。都市について言えば、本城和彦も言っているように、住宅地計画から都市空間計画へアプローチしていった結果、団地というかたちの新しい居住空間をもたらした。それは民間による住宅団地が単なる団地開発にとどまったのに比較して公共空間、公共公益施設を同時に整備することによって（1999年度の東京都区部の団地敷地の空地率は公団70％、民間48％、集会所設置率は公団100％、民間4％、駐輪場設置率は公団10％、民間46％という数字もある）[26]、居住空間としての価値を創造してきたと言える。それはまた従来の都市計画手法を超える総合技術としての住宅団地開発でもあった。本城は「公団の任務である『集団的な住宅建設』ということは住宅を単体としてでなく、それを支える様々のコミュニティ施設や利便施設やインフラストラクチュアと一体となった、いわば町づくりの単位として捉えるということであり、そのことが都市計画に対する住居という側からのアプローチを具体的な形で示すことになった。こうした意味から言って公団の住宅建設はわが国の都市計画で『道路橋梁河川ハ本ナリ、水道家屋下水道ハ末ナリ』といわれて来た基本的な考え方に対して新たな立場を主張するものであり、それを通じて公団は歴史的役割を果たした」[27]と言っている。本城が創立当

初の公団における住宅設計の責任者であったことを割引くにしても，これはつねづね上記「本末論」にこだわり，批判をつづけてきた筆者にとっても共感するところの多い指摘である(28)。

しかし，たとえば多摩ニュータウンなどの大規模団地が，開発当時においては国民のニーズに合ったものであったとしても，今後も絶えず変わりうる国民の住要求に耐えうるものであるかどうかの保証はない。ニュータウンにおいて未利用の宅地がある。未入居の住宅もある。結果として多摩ニュータウンでの開発が打ち切られるに至ったのは，その価格に大きな問題があるにしても，多様な需要に対応しきれなくなったところが隘路となっていたのではないかと筆者は考えている。とくに都市基盤整備公団になってからの事業には民間と競合するばかりか，民間開発におけるマイナス面まで取込んだ開発が多いのが気になるところである。たとえば市街地再開発における超高層住宅などがそれに当たる。それは画一的な建築，空間の無秩序化，既存市街地との分断，居住の外部経済化などを一方的に進めており，しかも家賃は高額化の一方であって，こうした事業しか行っていないから民営化したほうが効率的だという議論も起こることになる。かつて公団は，本城が言うように都市をつくるパイオニア的な役割を果たしてきた。ところが都市基盤整備公団になってからは，その名に背く事業のみ目立つ事業体と化した感があるのは否めない。政府（ここでは小泉政権）や経済界の目ではなく国民の側から見てみると，公団が民間なみ，あるいはそれ以下の事業しか行わなくなったところ（たとえば前述している家賃33万円余の超高層住宅）に，特殊法人改革の対象となった最大の理由があるのではないかと思われてくるのである。これは政府（ここでは国土交通省），公団の明らかな誤謬と言える。

公団住宅が公営住宅とともに国民の居住様式・居住観に変革をもたらしたことについても触れておかなければなるまい。公団の事業量を見ればわかるように，年間1兆円以上の工事を発注している巨大公共事業体である。単一企業体の継続的発注量としてとらえると，これは世界にも

例を見ないほどの量であり，公団はこの持続的運動量を通じて住宅建設業界に大きなインパクトをおよぼした。その一は住宅生産の工業化の道を開いたことであり，それによって合理化を実現するのに成功した。それは標準設計を採用することで規格部品を反復生産するのを通じて実現された。その二に DK にステンレスの流しを開発したことに象徴される，新しい部品の開発を挙げることができる。スチールドア，スチールサッシ（のちにアルミサッシ），小型換気ファン，住宅用エレベーター，洗面器，洋風便器，手すり，ゲタ箱，食器棚などがそれに当たり，1960年代以降こうした公団の開発品は公共住宅だけでなく，広く民間住宅にも仕様されている。「公共住宅規格部品」というのがそれである。

生活革命もたらした DK

中で DK は公営住宅のそれとともに戦後の日本人に一種の生活革命をもたらしたと言っていいだろう。その生活革命の一は，言わずもがなではあるが，住生活の中で食寝分離を実現したことである。戦前戦後すぐの大都市での住まいは狭く，食事をしたあと，食卓を片付けて寝るのがふつうであったが，DK という台所兼食事室が居室のほかに設けられた結果，それが不要になった。2 寝室に DK という意味で公団が用いた 2DK という符牒は公団住宅の代名詞になるとともに，アパート内部の新しい空間としての一つの概念を確立した。各戸に浴室が設けられ，入居者のプライバシーを守るために玄関にシリンダー錠がつけられた。この浴室とシリンダー錠は，公団住宅がもたらしたプライバシーの概念を端的に象徴するもので，多くの国民がまだ浴室はおろか便所や台所すらも共用しなければならない住宅状況に悩んでいるときに，幸運に恵まれれば，そうした住居に住んで入浴といった行為，あるいはシリンダー錠の持つプライバシーを確保できることを国民に実感させた。シリンダー錠は，国民の暮らしの実感の中に公的空間と私的空間の区別の概念をも明確化させるきっかけになった。公団住宅の持つ特色が，このようにして国民の暮らしに近代的意識を成長させていく道具立てになったことは確

第5章　公団住宅

かである。

　公団住宅の建替え問題についても触れておかなければなるまい。公団の賃貸住宅の建替え事業は1986年度から始められている。公団の計画では発足時から1960年代半ばにかけての約17万戸を対象に毎年1万戸を建替えるというものであるが，建替えにより家賃負担が建替え前の2～3倍になるところから，入居者が居住継続できなくなるケースが続出している。とくに定年後の高齢者が多いとされている。建替えを行うと住宅規模が広くなると同時に，戸数が増えることにより家賃収入が増加するから（地代相当額の基準となる土地取得費を現在の地価に評価替えするので，必然的に家賃は高くなる），公団経営にとって効率的であることは確かであり，経営的には評価できようが，しかし，その建替えが入居者にとって安心をもたらすものになるかどうかは別問題である。

　というのも高齢者の多くは子育てを終り，多くは夫婦のみの小家族化している。これらの世帯にとっては規模が広くなるよりは家賃の負担が少ないのを望んでいよう。これらの世帯にとって建替えは必要ないことになる。つまり建替えはあまり有益ではない。大阪市淀川区の東淀川団地の場合，2DK（37.63～38.08平方m），月額家賃4万1200円～5万200円であったのが，建替え後に同型2DK（49平方m）で減額終了後に9万7000円になり，同住吉区の東長居団地では2DK（38.51～45.29平方m），3万6300円～4万6700円から，建替え後同型2DK（44～50平方m），減額家賃終了後には8万3000円～9万3000円になると報告されている[29]。10平方m余規模が広がる対価が家賃2倍というのは，年金生活者にとってあまり有益でないのは大方の一致するところであろう。その支払いが不可能な世帯は退去せざるをえなくなる。団地によっては入居者の意思にかかわりなく，こうした建替えが行われているのは居住継続を不可能にするという点で，居住面における，あるべき福祉を冒すものと言っていいだろう。本来，公団住宅は70年で建築費を償還するものとして家賃設定がなされているはずで，それを躯体がなお十分安全なのに，公団の事業創出のために同一団地，画一的，一斉に建築後30年余で

建替えすること自体に問題があるのではないかと筆者は評価する。この建替え事業は新法人に引継がれることになっているが，今後どう進めていったらよいのか，新法人は建替えを「戻り入居」住宅のみに限定し，「余剰敷地」は民間に売却する方針をとるらしいが，そのように建替えが民業支援を前提に民間事業と同じ観点，経営方針により進められていいはずはなく，さらなる議論を行う必要があるだろう。

　公団住宅は，公営住宅や住宅金融公庫に比べて複雑な側面を有する。公営住宅と比較すると，きわめて企業的な面があり，そのために事業が多角的に広がっていて，それらの実績にも評価すべきものと評価できないものとが共存することになる。金融公庫と比較すると，政府は公庫を自らの経済対策の先兵として活用してきたが，公団については経済対策の枠組みを超えて，失敗した政策の後始末にも使った。宅地開発公団との合併やバブル崩壊後に用地取得を加速させたことなどがいい例である。住宅産業など，わが国の総資本支援的な取組みをも担わせてきた。そのために，ここでも評価していいものと評価できないものとが出てくることになる。言ってみれば結果的に，公団住宅については毀誉褒貶がはなはだしいことになる。

　しかし，それらのすべてを勘案して言えるのは，公団が大都市圏における中堅勤労者の居住確保と居住水準改善に果たしてきた役割はきわめて高いということである。何よりも，その建設・供給戸数の実績がそれを物語っている。この冒頭において紹介した公団自治協が衆議院，参議院に対し，都市再生機構法成立に当たり附帯決議を求めたさいに言っている通りである。それは大家に対する店子の評価としては最上，最高のものであろう。したがって，こうした評価を受けている公団にとっての「財産」を新法人がどう引継いでいけるかが，今後の住宅政策にとって最大の課題になる。新法人は新規賃貸住宅建設からは原則撤退するとしているが，なお大都市圏勤労者への居住支援が必要な都市の状況にあるのは，公団自治協が言っている通りだからである。

第 5 章　公団住宅

（１）　独立行政法人都市再生機構法（抄）（平成15＝2003年，法律第100号）
　　　第１章　総則
　　（目的）
　　第１条　この法律は，独立行政法人都市再生機構の名称，目的，業務の範囲等に関する事項を定めることを目的とする。
　　（名称）
　　第２条　この法律及び独立行政法人通則法（平成11年法律第103号。以下「通則法」という）の定めるところにより設立される通則法第２条第１項に規定する独立行政法人の名称は，独立行政法人都市再生機構とする。
　　（機構の目的）
　　第３条　独立行政法人都市再生機構（以下「機構」という）は，機能的な都市活動及び豊かな都市生活を営む基盤の整備が社会経済情勢の変化に対応して十分に行われていない大都市及び地域社会の中心となる都市において，市街地の整備改善及び賃貸住宅の供給の支援に関する業務を行うことにより，社会経済情勢の変化に対応した都市機能の高度化及び居住環境の向上を通じてこれらの都市の再生を図るとともに，都市基盤整備公団（以下「公団」という）から承継した賃貸住宅等の管理等に関する業務を行うことにより，良好な居住環境を備えた賃貸住宅の安定的な確保を図り，もって都市の健全な発展と国民生活の安定向上に寄与することを目的とする。
　　　　　　　　　　　　　　（中略）
　　（資本金）
　　第５条　機構の資本金は，附則第３条第６項及び第４条第７項の規定により政府及び地方公共団体から出資があったものとされた金額の合計額とする。
　　２．機構は，必要があるときは，国土交通大臣の認可を受けて，その資本金を増加することができる。
　　３．政府及び地方公共団体は，前項の規定により機構がその資本金を増加するときは，機構に出資することができる。
　　４．政府及び地方公共団体は，機構に出資するときは，土地又は建物その他の土地の定着物（以下「土地等」という）を出資の目的とすることができる。
　　　　　　　　　　　　　　（中略）
　　　第２章　役員及び職員（略）
　　　第３章　業務
　　　第１節　業務の範囲
　　第11条　機構は，第３条の目的を達成するため，次の業務を行う。

1．既に市街地を形成している区域において，市街地の整備改善を図るための建築物の敷地の整備（当該敷地の周囲に十分な公共の用に供する施設がない場合において公共の用に供する施設を併せて整備するもの又は当該敷地内の土地の利用が細分されている場合において当該細分された土地を一団の土地として有効かつ適切に利用できるよう整備するものに限る）又は宅地の造成並びに整備した敷地又は造成した宅地の管理及び譲渡を行うこと。
2．既に市街地を形成している区域において，良好な居住性能及び居住環境を有する利便性の高い中高層の賃貸住宅その他国の施策上特にその供給を支援すべき賃貸住宅の敷地の整備，管理及び譲渡を行うこと。
3．既に市街地を形成している区域において，市街地再開発事業（都市開発法（昭和44年法律第38号）による市街地再開発事業をいう。以下同じ），土地区画整理事業（土地区画整理法（昭和29年法律第119号）による土地区画整理事業をいう。以下同じ），住宅街区整備事業（大都市地域における住宅及び住宅地の供給の促進に関する特別措置法（昭和50年法律第67号）による住宅街区整備事業をいう。以下同じ）及び流通業務団地造成事業（流通業務団地造成事業（流通業務市街地の整備に関する法律（昭和41年法律第110号）による流通業務団地造成事業をいう。以下同じ）を行うこと。
4．既に市街地を形成している区域において，市街地再開発事業，土地区画整理事業又は住宅街区整備事業に参加組合員（市街地再開発事業にあっては都市再開発法第50条の3第1項第5号又は第52条第2項第5号（第58条第3項において準用する場合を含む）に規定する特定事業参加者を含む）として参加すること（第6号の業務を併せて行うものに限る）

(中略)

6．既に市街地を形成している区域における市街地の整備改善に必要な調査，調整及び技術の提供を行うこと。

(中略)

8．既に市街地を形成している区域において，地方公共団体からの委託に基づき，民間事業者による次に掲げる事業の施行と併せて整備されるべき施設の整備，管理及び譲渡を行うこと。
イ　市街地再開発事業
ロ　土地区画整理事業
ハ　住宅街区整備事業
ニ　大都市地域における住宅及び住宅地の供給の促進に関する特別措置法第101条の8の認定計画に基づく同法第2条第5号に規定する都

第5章　公団住宅

心共同住宅供給事業
ホ　都市再開発法第129条の6の認定再開発事業計画に基づく同法第129条の2第1項に規定する再開発事業
ヘ　都市再生特別措置法（平成14年法律第22号）第25条の認定計画に基づく同法第20条第1項に規定する都市再生事業
ト　その他政令で定める事業
（中略）

（関係地方公共団体からの要請）
第14条　機構は，第11条第1項第3号の業務で都市再開発法第2条の2第5項第1号又は土地区画整理法第3条の2第1項の規定により実施するもの（これらに附帯する業務を含み，前条第1項の規定による国土交通大臣の求めに基づき実施するものを除く。以下この条において「特定再開発業務」という）については，関係地方公共団体からの当該業務に関する計画を示した要請に基づき行うものとする。ただし，都市再生特別措置法第2条第3項に規定する都市再生緊急整備地域（以下この条において「都市再生緊急整備地域」という）において同法第15条第1項に規定する地域整備方針（以下この条において「地域整備方針」という）に即して行う特定再開発業務にあっては，この限りでない。
（中略）
6　機構は，賃貸住宅の建設（賃貸住宅の建替えを含む）又は第11条第2項第1号若しくは第2号の業務で新たに住宅市街地その他の市街地を整備するための宅地の造成に係るものを実施しようとするときは，第3項の規定による地方公共団体の要請があり，かつ，当該要請に基づき行うものを除き，あらかじめ，これらの業務に関する計画について関係地方公共団体の意見を聴かなければならない。
7　機構は，賃貸住宅の管理に関する業務の運営については，公営住宅（公営住宅法（昭和26年法律第193号）第2条第2号に規定する公営住宅をいう。以下同じ）の事業主体（同条第16号に規定する事業主体をいう。以下同じ）である地方公共団体と密接に連絡するものとする。

（都市計画の決定等の提案）
第15条　第11条第1項第6号の業務に係る市街地の整備改善に関し，都市計画の決定又は変更をする必要がある場合における都市計画法（昭和43年法律第100号）第21条の2第2項の規定の適用については，同項中「又はこれらに準ずるものとして地方公共団体の条例で定める団体」とあるのは，「若しくはこれらに準ずるものとして地方公共団体の条例で定める団体又は独立行政法人都市再生機構」とす

る。
2　次の各号に掲げる業務の実施に関し，当該各号に定める都市計画の決定又は変更をする必要がある場合における都市計画法第21条の2第2項及び第3項の規定の適用については，同条第2項中「又はこれらに準ずるものとして地方公共団体の条例で定める団体又は独立行政法人都市再生機構」と，「前項に規定する土地の区域」とあるのは「前項に規定する土地の区域（独立行政法人都市再生機構にあっては，都市計画区域又は準都市計画区域のうち独立行政法人都市再生機構法第15条第2項各号に掲げる業務の実施に必要となる土地の区域）」と，「同項後段」とあるのは「前項後段」と，同条第3項中「次に掲げるところ」とあるのは「次の各号（独立行政法人都市再生機構法第15条第2項の規定により読み替えて適用される前項の規定による独立行政法人都市再生機構の提案にあっては，（第1号）に掲げるところ」とする。
1．第13条第1項の規定による国土交通大臣の求め又は前条第1項から第3項までの規定による地方公共団体の要請に基づき行う第11条第1項第1号から第3号まで，第13号又は第16号の業務　当該業務の実施に必要な市街地再開発事業に関する都市計画その他の政令で定める都市計画
2．第18条第1項に規定する特定公共施設工事に関する業務（同項に規定する特定公共施設の管理者の同意を得たものに限る）　同項に規定する特定公共施設に係る都市施設に関する都市計画

　　　　　　　　　　　　（中略）

第4節　賃貸住宅の管理等
（家賃の決定）
第25条　機構は，賃貸住宅（公営住宅の事業主体その他の住宅を賃貸する事業を行う者に譲渡し又は賃貸するものを除く。以下この条において同じ）に新たに入居する者の家賃の額については，近傍同種の住宅の家賃の額と均衡を失しないよう定めなければならない。
2．機構は，賃貸住宅の家賃の額を変更しようとする場合においては，近傍同種の住宅の家賃の額，変更前の家賃の額，経済事情の変動等を総合的に勘案してさだめなければならない。この場合において，変更後の家賃の額は，近傍同種の住宅の家賃の額を上回らないように定めなければならない。
3．前2項の近傍同種の住宅の家賃の算定方法は，国土交通省令で定める。
4．機構は，第1項又は第2項の規定にかかわらず，居住者が高齢者，身体障害者その他の特に居住の安定を図る必要がある者でこれ

第5章 公団住宅

らの規定による家賃を支払うことが困難であると認められるものである場合又は賃貸住宅に災害その他の特別の事由が生じた場合においては，家賃を減免することができる。

（賃貸住宅の建替えの実施等）
第26条　機構は，次に掲げる要件に該当する場合には，賃貸住宅の建替えをすることができる。
　一．除却する賃貸住宅の大部分が政令て定める耐用年数の2分の1を経過していること又はその大部分につき賃貸住宅としての機能が災害その他の理由により相当程度低下していること。
　二．第11条第1項第2号に規定する賃貸住宅を新たに建設する必要があること又は賃貸住宅の需要及び供給の現況及び将来の見通しを勘案して当該地域に良好な居住性能及び居住環境を有する賃貸住宅を十分確保する必要があること。
　2．機構は，賃貸住宅の建替えに関する計画について第14条第6項の規定による意見聴取に基づき関係地方公共団体から申出があった場合においては，公営住宅又は社会福祉施設（社会福祉法（昭和26年法律第45号）第62条第1項に規定する施設をいう）その他の居住者の共同の福祉のため必要な施設の整備を促進するため，賃貸住宅の建替えに併せて，当該賃貸住宅の建替えに支障のない範囲内で，土地の譲渡その他の必要な措置を講じなければならない。

（仮住居の提供）
第27条　機構は，賃貸住宅の建替えにより除却すべき賃貸住宅の居住者で当該賃貸住宅の建替えに伴いその明渡しをするもの（以下「従前居住者」という）に対して，必要な仮住居を提供しなければならない。

（新たに建設される賃貸住宅への入居）
第28条　機構は，従前居住者であって,30日を下らない範囲内で当該従前居住者ごとに機構の定める期間内に当該賃貸住宅の建替えにより新たに建設される賃貸住宅への入居を希望する旨を申し出たものを，当該賃貸住宅に入居させなければならない。

（中略）

（公営住宅への入居）
第29条　機構は，賃貸住宅の建替えに併せて公営住宅が整備される場合において従前居住者で公営住宅法第23条各号（同条に規定する老人等にあっては，同条第2号及び第3号）に掲げる条件を具備する者が当該公営住宅への入居を希望したときは，その入居を容易にするように特別の配慮をしなければならない。
　2　前項の場合において，当該公営住宅の事業主体は，機構が行う措

　　　　置に協力するよう努めなければならない。
　　　　　　　　　　　　　（中略）
　　　　第4章　財務及び会計
　　　　　　　　　　　　　（中略）
　　（長期借入金及び都市再生債券）
　　第34条　機構は，第11条第1項（第11号を除く）並びに第2項第1号及び第2号に規定する業務に必要な費用に充てるため，国土交通大臣の認可を受けて，長期借入金をし，又は都市再生債券（以下この章において「債券」という）を発行することができる。
　　　　　　　　　　　　　（中略）
　　第35条　政府は法人に対する政府の財政援助の制限に関する法律（昭和21年法律第24号）第3条の規定にかかわらず，国会の議決を経た金額の範囲内において，機構の長期借入金又は債券に係る債務（国際復興開発銀行等からの外資の受入に関する特別措置に関する法律（昭和28年法律第51号）第2条の規定に基づき政府が保証契約をすることができる債務を除く）について保証することができる。(以下略）

(2)　第156国会　平成15年2月，国土交通省「独立行政法人都市再生機構法案関係資料」による。
(3)　第156国会参議院国土交通委員会議事録（2003年6月11日分）。
(4)　坂庭国晴「都市基盤整備後段の『廃止』と新法人設立の意味」（日本住宅会議編『住宅白書2002〜2003』2002年，ドメス出版）の279頁以下。
(5)　『住宅・都市整備公団史』(2001年)，『建設省50年史』466頁以下などを参照。
(6)　南部哲也「日本住宅公団と団地づくり」（前掲大本『証言　日本の住宅政策』の第14章，348頁以下。初出は前掲『住宅土地問題』1981年12月号の「日本住宅公団の発展過程（上）」。
(7)　同上353頁。
(8)　前掲『建設省50年史』467頁。
(9)　同上503頁。
(10)　『朝日新聞』2003年1月21日付朝刊。
(11)　建設省住宅局公団監理官補佐・鎌田宣夫「公団住宅─その変遷と機能」（『ジュリスト』1973年7月15日号）。
(12)　日本住宅公団広報課長・植田茂夫「公団住宅の当面する諸問題」（『ジュリスト』1973年7月15日号）。
(13)　本間「日本住宅公団の破産―量だけの時代は終わった」（『エコノミスト』1977年8月2日号，毎日新聞社），同「虚構の終り―日本住宅公団研究」（『中央公論』1978年3月号，中央公論社），同「公団・公庫の破綻と

第5章　公団住宅

持家政策」(『エコノミスト』1979年10月16日号の「現代日本資本主義の研究（中）」として掲載）など。
(14)　山口不二夫「都市基盤整備公団の経営分析と土地保有機構，ナショナルトラストセンターへの可能性―三井不動産（株）との比較を通じて」（青山学院大学『青山国際政経論集』59号，2003年1月）の157頁以下。
(15)　『朝日新聞』2003年6月19日付朝刊。
(16)　衆議院国土交通委員会議事録（2003年5月9日分）。
(17)　公団経営分析研究会のレポートは「都市基盤整備公団の経営分析―三井不動産（株）との比較を通じて」（2002年8月2日），「都市公団の経営分析にもとづく都市公団改革試案（財務改革を中心として）」（2003年1月）があり，山口はこれらに参画して，（注14）の論文を書いている。また公団の財務分析については金子憲「行財政改革と会計検査院―都市基盤整備公団の財務構造分析から」（『会計検査研究』26号，2002年9月，2001年日本財政学会第58回大会発表論文）がある。
(18)　公団会計における内容・用語の意味は以下の通り。〈予算総則〉収入と支出予算の総額。債務が負担することができる事項，限度額および年限（債務負担行為限度額）。公団が借入れ，または発行することができる長期借入金または債券の限度額。〈収入予算〉国および地方公共団体からの出資金。国からの住宅建設費補助金および政府補給金。国および地方公共団体からの事業費補助金。国および民間からの借入金。都市基盤整備債券および特別住宅債券の発行による収入。家賃収入。敷地，宅地，施設，住宅等の分譲代金収入。公園施設の賃貸等収入。受託業務収入。〈支出予算〉給与関係諸費。都市機能更新事業費，都市整備事業費，居住環境整備事業費，土地有効利用事業費，防災公園街区整備事業費，公園建設費。市街地整備改善管理費，賃貸住宅管理費，公園管理費，分譲住宅特別管理費。受託業務費。借入金および債券償還。出資および貸付金。利子および債券発行諸費。また，〈総資本〉とは流動資産（現金・預金・未収金等）＋固定資産（事業資産，（有形・無形固定資産，投資その他の資産）＋繰延資産。〈経常収支〉は経常利益のことを指し，経常利益は売上高から原価，費用を差し引き，営業外損益を加減して算出される。公団で見ると，市街地整備改善管理および譲渡収入，賃貸住宅管理収入，分譲住宅特別管理および譲渡収入，住宅管理および譲渡収入，公園管理収入，受託業務収入からそれぞれの費用を差し引き，それから一般管理費を差し引くと営業利益が算出される。この営業利益から営業外収支（営業外収益―支払利息などの営業外費用）を加減したものが経常利益となる。また〈営業利益〉は売上高から製造原価を差し引き，さらに販売費および一般管理費を差し引いて算出される。営業利益は本業における利益。この本業の利益から本業外収支を加減したのが経常収支になる。公団で見ると，市街地整備改善管理

237

および譲渡収入，賃貸住宅管理収入，分譲住宅特別管理および譲渡収入，住宅管理および譲渡収入，公園管理収入，受託業務収入からそれぞれの費用を差し引き，それから一般管理費を差し引くと営業利益が算出される。〈営業外収支〉は，営業外収益（政府からの補給金・補助金，受取利息，受取配当，割引料など）から営業外費用（支払利息，割引料など）を差し引いて算出される。〈自己資本比率〉は資本合計／総資本額×100，〈負債比率〉は負債合計／資本合計×100。

(19) 前掲金子論文の34～35頁。
(20) 同上の37頁。
(21) 前掲『住宅・都市整備公団史』の238頁以下。
(22) 前掲山口論文の186頁。
(23) 井上紘一「都市基盤整備公団の独立行政法人化のうごき」（日本住宅会議誌『住宅会議』58号，2003年6月）の48～49頁。
(24) 同上。
(25) 独占分析研究会『日本の公企業』（1973年，新日本出版社の第2節「日本住宅公団」）73頁以下。
(26) 『朝日新聞』2002年10月23日付朝刊。
(27) 本城和彦「日本住宅公団の足跡をふりかえって」（日本住宅協会『住宅』1981年9月号）。
(28) 本間『土木国家の思想』（1996年，日本経済評論社）などで述べている。
(29) 山川元庸「公団の建替え問題」（日本住宅会議『住宅白書92』1991年，ドメス出版）の31頁以下。

〈参考〉 日本住宅公団法（昭和30＝1955年法律第53号）抄（制定当時の法）

第1章 総 則
（目的）
第1条 日本住宅公団は，住宅の不足の著しい地域において，住宅に困窮する勤労者のために耐火性能を有する構造の集団住宅および宅地の大規模な供給を行うとともに，健全な新市街地を造成するための土地区画整理事業を施行することにより，国民生活の安定と社会福祉の増進に寄与することを目的とする。
（法人格）
第2条 日本住宅公団（以下「公団」という）は，法人とする。
（中略）
（資本金）
第4条 1．公団の資本金は60億円と公団の設立に際し地方公共団体が出資する額の合計額とする。

第5章 公団住宅

2．政府は，公団の設立に際し，前項の60億円を出資するものとする。

3．公団は，必要があるときは，建設大臣の認可を受けて，その資本金を増加することができる。

4．政府及び地方公共団体は，前項の規定により公団がその資本金を増加するときは，公団に出資することができる。

5．政府及び地方公共団体は，公団に出資するときは，土地又は建物その他の土地の定着物（以下本条において「土地等」という）をもって出資の目的とすることができる。

6．前項の規定により出資の目的とする土地等の価額は，出資の日現在における時価を基準として評価委員が評価した価額とする。

(中略)
(第2章 管理委員会，第3章 役員及び職員，は略)

第4章 業務

(業務の範囲)

第31条 公団は，第1条の目的を達成するため，次の業務を行う。

1．住宅の建設，賃貸その他の管理及び譲渡を行うこと。

2．宅地の造成，賃貸その他の管理及び譲渡を行うこと。

3．公団が賃貸し，又は譲渡する住宅及び公団が賃貸し，又は譲渡する宅地に建設される住宅の居住者の利便に供する施設（以下本章において「施設」という）の建設，賃貸その他の管理及び譲渡を行うこと。

4．前3号に掲げる業務に附帯する業務を行うこと。

5．土地区画整理事業を施行すること。

6．前5号に掲げる業務の遂行に支障のない範囲内で，委託により，住宅の建設及び賃貸その他の管理，宅地の造成及び賃貸その他の管理並びに施設の建設及び賃貸その他の管理を行うこと。

(住宅の建設等の基準)

第32条 公団は，住宅の建設，賃貸その他の管理及び譲渡，宅地の造成，賃貸その他の管理及び譲渡並びに施設の建設，賃貸その他の管理及び譲渡を行うときは，建設省令で定める基準に従って行わなければならない。

(業務方法等)

第33条 公団は，業務開始の際，業務方法書を定め，建設大臣の認可を受けなければならない。これを変更しようとするときも，また同様とする。

2．前項の業務方法書に記載すべき事項は，建設省令で定める。

(地方公共団体の長の意見の聴取)

第34条　公団は，住宅の建設又は宅地の造成をしようとするときは，当該住宅の建設計画又は宅地の造成計画について，あらかじめ，当該住宅の建設又は宅地の造成をしようとする地域をその区域に含む地方公共団体の長の意見を聞かなければならない。
　第5章　土地区画整理事業
（土地区画整理事業の施行）
第35条　公団が施行する土地区画整理法（昭和29年法律第119号）第3条の2第1項の規定による土地区画整理事業（以下第39条，第42条及び第43条を除き，本章において「土地区画整理事業」という）については，同法及び本章の定めるところによる。
（施行規程及び事業計画）
第36条　1．公団は，土地区画整理事業を施行しようとするときは，施行規程及び事業計画（土地区画整理事業の事業計画をいう。以下本条において同じ）を定め，建設大臣の認可を受けなければならない。
　2．公団は，前項に規定する認可の申請をしようとするときは，第4項の規定により聴取した地方公共団体の長の意見を記載した書類を認可申請書に添付しなければならない。
　3．土地区画整理法第53条第2項の規定は，第1項の施行規程について，同法第6条の規程は，同項の事業計画について準用する。
　4．公団は，第1項の事業計画を定めようとするときは，当該事業計画について，あらかじめ，施行地区となるべき区域をその区域に含む地方公共団体の長の意見を聞かなければならない。
　5．建設大臣は，第1項に規定する認可の申請があったときは，施行規程及び事業計画を2週間公衆の縦覧に供しなければならない。
　6．利害関係者（土地区画整理法第20条第2項に規定する利害関係者をいう）は，前項の規定により縦覧に供された施行規定及び事業計画について意見があるときは，縦覧期間内に，建設大臣に意見書を提出することができる。
　7．建設大臣は，前項の規定により意見書の提出があったときは，その内容を審査し，その意見書に係る意見を採択すべきであると認めるときは，公団に対し施行規程及び事業計画に必要な修正を加えるべきことを命じ，その意見書に係る意見を採択すべきでないと認めるときは，その旨を意見書を提出した者に通知しなければならない。この場合において，建設大臣は，意見書の内容を審査しようとするときは，施行地区となるべき区域をその区域に含む都道府県に置かれる都市計画審議会の意見をきかなければならない。

　　　　　　　　　　　（中略）

第5章　公団住宅

（費用の負担）
　第40条　1．公団が施行する土地区画整理事業に要する費用は，公団が負担する。
　　2．公団は，公団が施行する土地区画整理事業の施行により利益を受ける地方公共団体に対し，その利益を受ける限度において，その土地区画整理事業に要する費用の一部を負担することを求めることができる。
　　3．前項の場合において，地方公共団体が負担する費用の額及び負担の方法は，公団と地方公共団体が協議して定める。
　　　　　　　　　　　　（中略）
　　　第6章　財務及び会計
（事業年度）
　第44条　公団の事業年度は，毎年4月1日に始まり，翌年3月31日に終る。
（予算等の認可）
　第45条　公団は毎事業年度，予算，事業計画及び資金計画を作成し，事業年度開始前に建設大臣の認可を受けなければならない。これを変更しようとするときも，また同様とする。
　　　　　　　　　　　　（中略）
（利益及び損失の処理）
　第48条　1．公団は，毎事業年度，経営上利益を生じたときは，前事業年度から繰り越した損失をうめ，なお残余があるときは，その残余の額は，積立金として整理しなければならない。
　　2．公団は，毎事業年度，経営上損失を生じたときは，前項の規程による積立金を減額して整理し，なお不足があるときは，その不足額は，繰越欠損金として整理しなければならない。
（借入金及び住宅債券）
　第49条　1．公団は，建設大臣の認可を受けて，長期借入金若しくは短期借入金をし，又は住宅債券を発行することができる。
　　2．前項の規程による短期借入金は，当該事業年度内に償還しなければならない。ただし，資金の不足のため償還することができないときは，その償還することができない金額に限り，建設大臣の認可を受けて，これを借り換えることができる。
　　　　　　　　　　　　（中略）
　　4．第1項の規定による住宅債券の債権者は，公団の財産について他の債権者に先だって自己の債権の弁済を受ける権利を有する。
　　　　　　　　　　　　（中略）
（政府からの貸付）

第50条　政府は，公団に対し，長期若しくは短期の資金の貸付をし，又は住宅債券の引受をすることができる。

（債務保証）

第51条　政府は，法人に対する政府の財政援助の制限に関する法律（昭和21年法律第24号）第3条の規定にかかわらず，国会の議決を経た金額の範囲内において，公団の債務について，保証契約をすることができる。

　　　　　　　　　　　　　（中略）

（第7章　監督，第8章　補則，第9章　罰則は略）

第 6 章

地方住宅供給公社

地方住宅供給公社もまた危機的状況にあるといっていいだろう。各公社とも（一部の例外を除き）売れ残りの土地，分譲住宅，それらによる膨大な債務を抱えて，危機的というよりは破綻寸前のところが多い。その原因は，バブル前後に民間デベロッパーに遅れるなとばかり，大量の土地を購入して，分譲住宅事業に傾斜した事業経営にある。民間の後追いをして多くが失敗した各地の地方住宅供給公社は，その後も家賃などの面で市場化を急いでいる。その背景には，公社を管理する自治体当局が地域における住宅政策から撤退を始めていることがあるといっていいかもしれない。地方住宅供給公社は今後どうなるのか，おそらく解散を余儀なくされるところもあるだろうし，また，さらに市場化に傾斜して民間デベロッパーと変わりない組織と化するところも出てくるにちがいない。

1　地方住宅供給公社の発足とその実績

　地方住宅供給公社は1965年6月，地方住宅供給公社法[1]が成立，施行されたことにより，各地に誕生した。この公社の目的は各地域の住宅事情に即した住宅供給を，主として積立て分譲により進めるところにあった。

　それまでにも各地域には住宅協会，住宅公社などの名による公的住宅供給機関が存在したが，それらは民法第34条による法人にすぎないことから，土地収用権の付与，所得税等の減免がなされておらず，住宅政策を進める機関としては不十分であるとされてきた。当初，建設省はこれらの法人を，戦前からの住宅組合の要素をも加えた住宅協同組合的な組織に発展させていくことを考えていたが，結局は積立て分譲が行える，それよりも固い組織の公社に一本化して進めることになり，公社法の制定になったという。これは福地稔の証言である[2]。内閣提出法案であった同法は，住宅を必要とする勤労者に，その住宅建設費を計画的に積立てさせ，これに住宅金融公庫からの融資等を合わせて，勤労者の所得に

見合った負担で一定規格の住宅を取得させるところにあった。従来は頭金相当額の一括負担だったのを，積立て方式に変えて，負担を軽減しようとしたわけで，つまり，これは一種の持ち家政策と言える。

これにより各都道府県と政令で指定する人口50万人以上の大都市のうち10都市（大阪，名古屋，京都，横浜，神戸，北九州，川崎，福岡，千葉，堺の各市）に住宅供給公社がほとんどの場合，自治体の全額出資により設立された。

地域によっては積立て分譲より賃貸住宅の供給に力を入れたところもあった。それは主に大都市圏の住宅供給公社で，東京都や神奈川県がそれに当たる。神奈川県の場合，それは，公社組織の発足が建て前はともかく実際には，住宅金融公庫が「不消化の資金をなんとか格好つける」ために大口の融資先として都道府県を想定したことにあったところから，その資金を利用するとしても「特権階級の連中のためだけでない」住宅を建てようとしたところにあったと畔柳安雄は言っている[3]。そこで神奈川県住宅供給公社（同公社は法制定前の1950年に財団法人として発足していて，法制定後の66年に再発足している）は当初から鉄筋の賃貸住宅を供給した。またゲタばき住宅といったものも供給した。面開発も行い，それにより市街地においても賃貸住宅を供給した実績を有する。その他，自治会との連携によるリフォームや建て替えなども行っており，この神奈川県住宅供給公社の実績については高く評価する向きもある[4]。

これら地方住宅供給公社は主に住宅金融公庫からの長期低利の融資と自治体の補助金などによって主要業務たる積立て分譲住宅を供給すると同時に賃貸住宅を供給してきた。設立の趣旨に従い，まずは持ち家政策の先兵としての役割が優先した。これについても福地が述べている。

　「着るものもなく食うものもない時代は，いわゆる屋根のある家，雨露をしのぐものを供給しなければいけないでしょう。それはやはり国の責任として，賃貸住宅をやらなければいけない。と

ころが40年（筆者注：昭和）ぐらいになると，電気器具の三種の神器も出てきたように，消費生活が向上してきた。そうなると，やはり持ち家をもちやすいようにすべきじゃないか。（中略）産業資金をこっちへもってくるのはどうだという考え方はなかったですね，持ち家志向を助けたいというだけです。もちろんそのときも民間デベロッパーが供給したらいいじゃないかという意見もあったんです。いまはかなり安くていいものができていますが，当時の民間の建売り住宅は，信用できないものもあったようでした。それから当然のことながら民間ベースでやると，株の配当もしなければいけませんし，いろいろ高くつくでしょう。ですから，公的な団体によって付帯経費をできるだけ切り詰めた建物が建てられ，，それが持ち家になるという方法はないものかということを考えたんです」[5]。

というわけである。したがって地方住宅供給公社の実績は分譲住宅が圧倒的に多い。各地に地方住宅供給公社が設立された1965年以降（1950年以降の財団法人としての住宅協会，住宅公社時代をふくむ）のその実績を見てみよう。

地方住宅供給公社の実績

（表6−1）は全国の地方住宅供給公社全体の供給実績計を示したものである。これによると約50年間の供給実績は，分譲住宅が52万6271戸（うち積立て分譲が25万5871戸）である。また賃貸住宅は17万0523戸となっている。（表6−2）は事業主体別に見た供給実績である（合計戸数が（表6−1）と合わない。これをまとめた国土交通省によっても説明がつかないが，出所の数字をそのまましるした）。積立て分譲をふくめ分譲住宅が量として多いのは東京都，千葉県，神戸市，北海道，大阪府，大阪市，兵庫県，愛知県，福岡県などとなっている。北海道を除き大都市圏が多い。賃貸住宅が多いのは東京都，大阪府，神奈川県，福岡

県，兵庫県の順になっている。ここでは大都市圏が圧倒的に多い。

そのほかに地方住宅供給公社は産業労働者住宅の供給，主に住宅団地建設のための宅地の取得・造成，団地施設，関連公共施設，再開発事業なども行ってきていて，その実績も（表6-1）にしるしてある通りである。ここで注目しておきたいのは，次年度以降用地の欄である。ここを見ると，地方住宅供給公社は2001年度の時点において446 haの土地を抱えていることになっている。実はこれが地方住宅供給公社が苦境に立つ大きな原因の一つになっているものである。

これは余談であるが，こうした公社の宅地造成に便乗して大儲けをした民間デベロッパーもあった。畔柳が言っている。「（住宅価格は）ある程度，土地の値段にプラスアルファを乗っけたんです。原価計算をすると，たとえば汐見台（筆者注：横浜市磯子区）は坪当たり1万6000円ぐらいでしたが，それにプラスアルファの坪当たり5000円を乗っけて，結局2万1000円ぐらいになったんです。それでも西武不動産が隣で1年半ぐらいたってやったのが，たしか坪千何百円で買ったものだったと思いますが，10万円です」。

住宅の市場化を拡大するというのはつまり，こうした状況を今後さらにつくろうということにほかならない。

汐見台では，公社が（入居者も費用負担して）整備した幼稚園などの公共公益施設を民間デベロッパー団地の入居者も利用し，ただ乗りした。「なんといっても彼らはうまいですよ。公共施設だから入れませんというわけにはいかないでしょう」と畔柳は述懐しているが[6]，とにもかくにも公社はそうした荒波にもまれながらも，バブル前まではまずは順調に業務をこなしてきたといっていいかもしれない。それがバブルで一転することになるのである。

2　バブルの後遺症

バブル崩壊後に地方住宅供給公社が直面することになった事態

(表6－1)

年度別＼種別	分譲住宅 戸数	賃貸住宅 戸数	産労住宅 戸数	中高層耐火建築物等 住宅部分面積	中高層耐火建築物等 非住宅部分面積	宅地造成 取得面積	宅地造成 造成面積
	戸	戸	戸	㎡	㎡	㎡	㎡
50～65	(　－) 43,239	58,555	21,502	(　－) 384,083	268,763	19,778,134	12,890,724
66～85	(235,822) 381,940	83,930	16,248	(847) 481,884	440,925	89,829,111	81,308,229
86～95	(18,673) 84,808	13,974	60	(952) 0	66,118	11,901,219	13,686,577
96～99	(1,351) 13,288	10,366	0	(453) 0	17,861	△1,345,177	1,767,681
2000	(　20) 2,244	1,859	0	(49) 0	8,635	33,790	403,248
01	(　5) 752	1,839	0	(58) 0	1,930	△4,750	324,268
合計	(255,871) 526,271	170,523	37,810	(2,359) 865,967	804,232	120,192,327	110,380,727

(注) 1. 分譲住宅欄の（ ）内の積立分譲住宅分を内書。
　　 2. 中高層耐火建築物欄の（ ）は，戸数を示す。1979年度より統計上戸数のみ。
　　 3. 住宅金融公庫貸付予約ベース1983年度以前は沖縄県住宅供給公社分は含まれていない）。

は，2000年以降つぎつぎ表面化した。職員の巨額の使い込み事件により経営的に破綻寸前にまで追い込まれた青森県住宅供給公社は別にして，多くはバブル時の事業が裏目に出たことがその原因になっているのが特徴的である。

各公社が直面する事態

　その一つ，北海道住宅供給公社は，会計基準が時価会計に移行した結果，保有資産の含み損が表面化し，2002年度末で債務超過額が約660億円に達することが判明した。原因は地価の下落と販売不振による経営悪

第6章　地方住宅供給公社

地方住宅供給公社の供給実績

団地施設	次年度以降用地	関連公共施設等	再開発事業等		賃貸改良
金額	面積	面積	住宅部分 面　積	非住宅部分 面 積	戸数
千円	m²	m²	m²	m²	戸
0	—	—	—	—	—
1,209,922	4,463,410	153,936	(3) 5,389	45,706	18,375
0	8,424	0	(243)	39,484	20,184
0	12,074	0	－(83)	211	11,484
0	△18,031	0	(87)	13,871	422
0	0	0	(0)	0	11,018
1,209,922	4,465,877	153,936	(250) 5,389	99,272	51,483

出所「住宅，建築ハンドブック2002」（日本住宅協会）

化。これまでは簿価会計方式を取っていたので資産の評価損は含み損で表面化しなかった。このため特定調停法に基づく特定調停を裁判所に申し立て，法的手続きによる債務整理に入る[7]。

　福岡県住宅供給公社について福岡県行政改革審議会は2002年10月，全国で初めて民営化する方針を打ち出した。同公社の財務内容は明らかにされていないが，公社住宅の家賃は民間に比べて安く，同審議会では「民間による事業が幅広く展開されており，特別法に基づく法人として存続させる意義は薄れている」「家賃が安すぎて採算性があるとは思えない。税金を使って民業を圧迫している」といった意見が出され，結局

249

「住宅不足の解消という設立目的は達成しており，県財政を圧迫していることから考えて民営化すべきだ」の結論に達したという[8]。

東京都住宅供給公社について東京都は2002年8月，同公社が賃貸住宅などとして管理している時価1兆5000億円相当の土地建物に関し，将来無償返還を受ける契約を破棄して，最終所有権を放棄することを決定した。これは無償返還を条件に行ってきた無利子融資をふくむ財政支援を見直し，公社の自立経営を図るのと同時に，公社事業からの段階的撤退に向けた布石という[9]。

神奈川県住宅供給公社の公社のあり方懇話会は2002年11月，民営化ないし廃止の知事方針を前提にそのあり方を検討していたが，2002年度内に約60億円の債務超過となることが判明して，民営化を断念，当面公社組織のまま債務超過の解消に取り組むことになる。これは民営化するとなると，賃貸資産についてだけでも不動産取得税，登録免許税，消費税など新たに100億円余の負担が加わり，さらに収益に対する法人税，事業税免除がなくなり，借入金返済がより厳しくなるためだという。その結果，公社のあり方検討は先送りとなったという。債務負担の原因は，土地保有に関わる借入金の利子負担と分譲住宅の売れ残りにあると伝えられている[10]。

また2003年夏には各メディアによって，千葉県の堂本暁子知事が千葉県住宅供給公社が大規模団地開発計画の用地買収をめぐり債務超過に陥っている事態に対し，異例の監査要求を行ったことが一斉に伝えられた。同公社は02年度の事業収入96億円（赤字22億円）に対し，金融機関からの借入金総額は911億円に達し，返済不能状態に陥っているとされている。

この借入金は，同公社がバブル後も"無計画"に土地を買いつづけた結果生じたものであるが，2003年12月28日付『朝日新聞』によると，公社幹部は「経済活性化を理由に国や県から用地購入を勧められたため」と弁明し，県幹部は「バブル崩壊後の景気刺激策のため，国が補助金を積んで地方に公共事業をやらせた。県だけでは消化できず，公社にも事

第6章　地方住宅供給公社

(表6-2)　地方住宅供給公社事業主体別供給実績

(単位:戸)

	分譲住宅				賃貸住宅	
	2001年度	うち積分	1950～2001年度	うち積分	2001年度	1950～2001年度
北海道	1	1	24,184	17,478	0	2,543
青森県	0	0	5,832	3,045	0	0
岩手県	0	0	8,457	4,250	0	93
宮城県	54	3	9,719	2,907	0	782
秋田県	0	0	5,188	1,977	0	72
山形県	0	0	4,775	2,045	0	0
福島県	0	0	7,608	3,168	0	30
栃木県	18	0	6,663	3,709	0	123
群馬県	0	0	5,728	2,074	0	262
新潟県	0	0	6,539	2,477	0	152
長野県	0	0	9,068	5,944	0	418
東京都	0	0	23,652	6,019	532	72,274
神奈川県	360	0	36,766	16,780	369	17,015
横浜市	0	0	10,749	6,454	0	539
川崎市	0	0	6,923	3,018	54	176
茨城県	2	0	10,800	4,456	0	381
埼玉県	0	0	20,105	8,352	144	395
千葉県	0	0	26,400	10,623	0	1,334
千葉市	0	0	0	0	0	0
山梨県	0	0	2,521	1,274	0	152
静岡県	0	0	5,958	1,657	0	250
岐阜県	0	0	7,378	4,484	0	507
愛知県	0	0	19,884	11,088	286	5,363
名古屋市	0	0	13,198	7,408	0	1,207
三重県	0	0	10,546	4,883	0	0
富山県	0	0	5,331	3,054	0	144
石川県	0	0	5,155	2,983	0	152
福井県	0	0	3,177	1,635	0	106
滋賀県	0	0	4,075	1,933	18	36
京都府	0	0	4,848	3,111	0	226
京都市	0	0	9,157	5,385	0	198
大阪府	97	0	23,093	13,132	184	26,449
大阪市	1	0	22,021	15,975	0	4,130
堺市	0	0	619	101	0	0
兵庫県	0	0	21,638	9,664	69	7,782
神戸市	64	0	26,423	12,471	0	1,852
奈良県	0	0	3,664	1,291	0	0
和歌山県	0	0	1,969	932	0	67
鳥取県	0	0	2,662	1,531	10	245
島根県	0	0	2,436	2,288	44	990
岡山県	0	0	3,264	1,334	0	278
広島県	30	0	12,478	5,178	36	1,863
山口県	21	1	7,643	3,484	0	1,149
徳島県	0	0	3,229	2,173	0	90
香川県	1	0	3,658	2,122	0	14
愛媛県	0	0	3,508	1,856	0	0
高知県	6	0	2,637	1,312	12	70
福岡県	0	0	15,904	4,423	43	13,970
北九州市	76	0	6,163	2,608	0	3,443
福岡市	0	0	11,687	6,569	28	121
佐賀県	0	0	5,061	2,106	0	108
長崎県	0	0	7,836	3,564	10	2,131
熊本県	0	0	3,202	1,247	0	30
大分県	0	0	3,777	1,199	0	545
宮崎県	0	0	5,015	2,914	0	154
鹿児島県	21	0	6,300	2,726	0	113
沖縄県	0	0	5,455	246	0	1,024
合計	752	5	531,726	256,117	1,839	171,547

出所『住宅・建築ハンドブック2002』(日本住宅協会)

業を迫った」と言っていること，国の景気対策として土地を野放図に買いつづけたのが累積赤字増大の原因であることを伝えている。つまり同公社は"国家的犯罪"の被害者とも言えるのである。その結果，厳しい経営を余儀なくされるに至った。

このような地方住宅供給公社をめぐる厳しい状況がつぎつぎ明らかになる中で国土交通省の調査により，2002年度決算において全国57の公社のうち5公社が債務超過に，19公社が経常赤字に，住宅事業の廃止を予定もしくは検討中のところが22公社あることが判明する[11]。債務超過公社の中には前記北海道，神奈川県がふくまれ，廃止予定の中には福岡県，福島県，岩手県などが入っている。

同省の調査結果では，2001年度末における全国の地方住宅供給公社の借入金総額は3兆1574億円，その内訳は，民間金融機関からのものが1兆2210億円，住宅金融公庫からのが1兆0310億円，自治体からのが6945億円，国が55億円などとなっている。この借入金により先行取得しながら利用計画がなく，「塩漬け」になっている土地が計590 ha（前記の（表6－1）によるものより多いが，その説明はなされていない）あり，これが地価の下落で大きな含み損になっているという。

あらためて（表6－2）を見ると，ここで厳しい状況にあると明らかにされている公社は，分譲が賃貸に比べて突出して多いことがわかる。北海道は分譲が賃貸の約10倍に達する。神奈川県は約2倍である。福岡県も賃貸より分譲のほうが多い。地方住宅供給公社はもともと積立て分譲を主に行うことで設立はされたが，それら分譲住宅のうち積立て分譲は全体で70％，神奈川県では45％，福岡県は27％でしかなく，主力としてきたのは一般分譲である。それは大阪府56％，神戸市47％と大都市住宅供給公社に共通しており，唯一の例外は賃貸が分譲に比べて3倍（その代わりに積立てが全分譲住宅の25％とアンバランスな）という東京都住宅供給公社である。

それら地方住宅供給公社による住宅分譲がもっとも供給されたのは（表6－1）を見ると，バブル時であり，この時代に次年度移行用地も

多く購入されている。これはバブル時に公社が民間デベロッパーに遅れるなとばかり，宅地開発と分譲住宅事業に力を入れてきたことを示すものではないか。それが結局，公社財政を圧迫する原因になったのではないかと見られる。公団と同様に地方住宅供給公社はバブル時に民間に追随した経営を行ったツケとして，その後民営化を迫られることになるという皮肉な状況に追い込まれることになっているわけである。

しかし，地方住宅公社が追い込まれるに至った原因はそれだけかどうか。地域によってさまざまな事情があるにちがいないが，それを東京都住宅供給公社について見てみよう。

3　東京都住宅供給公社の場合

筆者がこの稿をまとめているさいちゅうに衝撃的な報道に接した。それは東京都住宅供給公社が売れ残りの分譲住宅を「7割引き」で売り出すことになったという報道である[12]。対象となったのは八王子市多摩ニュータウン内の「コープタウン見附橋」の65戸である。この住宅は1995年3月に完成し，平均5724万円で売り出されたが，3棟135戸のうち約4割しか売れず，98年2月に平均24％値下げして再販売したにもかかわらず65戸が売れ残ったので，さらに平均56％値下げして，平均1928万円で売ることになったのだという。当初比では66％の値下げであり，新しい販売価格は1312万円から2371万円だというのである。消費者，つまり需要側から見れば，3DKの住宅が1000万円台で買えることになったのである。これは喜ぶべきことかどうか。

98年の値下げ再販売のさいには，同住宅の管理組合が反発して，入居希望者の敷地案内を妨げたとして，公社が敷地内の通行の確保を求める仮処分を裁判所に申請する事態となり，多くのメディアで伝えられたものだった。大都市ではマンションなどの供給過剰にともない，値下げ販売が日常化しているにしても，約7割の値下げというのは異常と言えよう。なぜ，このような事態が生じることになったのだろうか。

253

(表6－3)　東京都住宅供給公社

区　　分		事業計画		公庫借入金
		規　模	事　業　費	
建設事業	賃　貸　住　宅	545戸	13,853,120千円	17,025,701千円
	新　規　住　宅	1145戸	6,285,079	1,841,143
	建　替　住　宅	400戸	17,568,041	5,184,558
	区市町村提携住宅	20戸	336,980	87,080
	スーパーリフォーム事業	100戸	697,869	――
	建　設　事　業　計	――	14,887,969	7,112,781
公社住宅営繕事業	計画修繕（賃貸住宅）	屋上防水ほか	9,126,441	――
	〃　（分譲住宅）	屋上防水ほか	2,427,276	180,000
	計		11,553,717	180,000
都営住宅等管理受託事業	住　宅　管　理	営繕事業等	44,252,828	――
	駐　車　場　管　理	施設管理等	27,688,231	――
	計	――	47,021,651	
区営住宅等管理受託事業		営繕事業等	897,737	――
合　　　計		――	74,361,074	7,292,781

(注)　補助金には国の補助金を含む。

　この東京都住宅供給公社は，地方住宅供給公社法に基づき1966年に東京都が1億500万円の基本金を全額出資して設立された。前身は1920（大正9）年設立の財団法人東京府住宅協会（その後，東京都住宅協会，東京都住宅公社を経る）と1947年設立の東京都住宅資材協会（その後，東京都住宅普及協会，東京都宅地開発公社を経る）である。

　2001年度版の同公社事業概要によれば，1950年度から一般賃貸住宅供給事業を開始しており，2000年度までに約6万4000戸を建設，89年度以降は都民住宅（直営と民間委託による特定優良民間賃貸住宅）の供給も行っている（（表6－2）における賃貸の数字はこの都民住宅をふくめ

第6章 地方住宅供給公社

2001年度事業計画に係る事業費及び財源

財源					
東京都			社債	その他	
借入金	補助金	受託金	（長期債）	
——千円	1,124,266千円	——千円	4,509,501千円	1,193,652千円
——	344,162	——	3,578,749	521,025
——	780,104	——	930,752	672,627
——	——	——	——	249,900
——	——	697,869	——	——
——	1,124,266	697,869	4,509,501	1,443,552
——	——	——	——	9,126,441
——	——	——	——	2,247,276
——	——	——	——	11,373,717
——	——	44,252,828	——	——
——	——	——	——	2,768,823
——	——	44,252,828	——	2,768,823
——	——	897,737	——	——
——	1,124,266	45,848,434	4,509,501	15,586,092

出所『東京都住宅供給公社事業概要（2001年版）』

てのものということになる）。分譲は積立てを66年度から約6000戸を建設し，一般分譲は1万7000戸を建設，供給している。その他，産業労働者住宅，ケア付高齢者住宅，民間と区市町村との提携住宅，分譲宅地などの供給を行ってきている。また都からの委託を受けて都営住宅1665団地の計27万5000戸余の管理をも行っている。

都住宅供給公社はこれらの事業を住宅金融公庫からの融資，都からの貸付け金，補助事業費，社債の発行などで行ってきたが，公庫融資については1998年から2002年までの間に77年度分からの融資分944億7700万円について借り換えを行い，2003年における融資残高は3138億円となっ

(表6-4) 東京都住宅供給公社

(一般会計)

支 出		収 入	
科 目	金 額	科 目	金 額
	千円		千円
建設費	25,576,474	前期繰越金	25,823,570
賃貸住宅建設工事費	8,220,312	住宅金融公庫借入金	14,348,490
都民住宅建設工事費	11,653,440	賃貸住宅資金借入金	957,500
区市町村提携住宅建設工事費	1,159,543	都民住宅資金借入金	11,535,190
長期分譲住宅建設工事費	180,000	中高層資金借入金	1,675,800
公共公益施設建設工事費	22,629	長期分譲住宅改良資金借入金	180,000
公共公益施設建設負担金	20,652	東京都借入金	15,378,419
市街地再開発事業費	2,591,140	賃貸住宅借入金	4,283,670
建設用地取得造成工事費	88,315	都民住宅借入金	2,399,131
受託建設工事費	1,640,443	建設用地取得造成資金借入金	8,695,618
借入金償還金	35,615,874	社債発行収入	18,269,697
住宅金融公庫償還金	6,069,944	東京都補助金	8,126,619
東京都償還金	952,025	建設補助金収入	1,916,567
金融機関償還金	2,295,144	利子等補給金	5,675,039
社債償還金	26,298,761	経費等補助金	81,311
住宅等管理費	38,535,158	東京都未収補助金	453,702
住宅金融公庫支払利息	16,680,143	受託建設工事負担金収入	289,298
東京都支払利息	1,801,337	長期割賦事業未収金収入	1,996,989
金融機関等支払利息	1,923,882	長期積立分譲住宅割賦未収金	408,793
借上料	8,584,863	長期分譲住宅割賦未収金	560,306
公租公課・地代等	4,945,037	産業労働者分譲住宅割賦未収金	13,916
損害保険料	64,234	公益施設割賦未収金	46,875
管理事務費	4,535,662	民間提携住宅割賦未収金	906,084
		賃貸店舗割賦未収金	11,291
		区市町村割賦未収金	49,724
		短期分譲住宅事業未収金収入	1,400

2001年度資金計画

支出		収入	
科　目	金　額	科　目	金　額
その他の事業費	152,072	分譲事業収入	2,883,127
短期分譲住宅管理業務受託費	24,968	分譲宅地収入	2,883,127
民間提携住宅管理業務受託費	3,331	住宅等管理収入	68,322,538
保証会社受託費	8,996	賃貸住宅管理収入	37,364,996
民間活用型都民申請業務等受託費	10,200	都民住宅管理収入	16,991,979
その他の事業費	104,577	民間活用型都民住宅管理収入	8,637,114
その他の支出	25,352,774	農住モデル賃貸住宅管理収入	275,735
引当金等支出	18,169,069	賃貸店舗管理収入	1,567,958
事業外費用	6,487,861	賃貸宅地管理収入	28,124
その他の資本的支出	695,844	団地施設管理収入	46,135
次期繰越金	31,428,249	長期積立分譲住宅管理収入	408,271
		長期分譲住宅管理収入	945,933
		産業労働者分譲住宅管理収入	28,602
		民間提携住宅管理収入	2,027,691
		その他の事業収入	182,198
		短期分譲住宅管理業務受託収入	36,927
		民間提携住宅管理業務受託収入	3,486
		保証会社受託収入	9,440
		民間活用型都民申請業務等受託収入	10,200
		その他の事業収入	122,145
		資産処分収入	686,248
		その他の収入	352,008
		事業外収入	249,008
		その他の資本的収入	103,000
合　計	千円 156,660,601	合　計	千円 156,660,601

出所『東京都住宅供給公社事業概要（2001年版）』

ている。また都からの無利子貸付け，補助事業費は毎年600億～700億円が支出されてきた（ちなみに2000年度東京都住宅局予算では，それが減額されて188億円となっている）。その残高は2000年度末で2300億円である。

　これは債務超過の事態ではないが，公社会計を圧迫しつづける大きな原因になっているのは明らかである。（表6－3）の2001年度公社資金計画を見ればわかるように，支出の中で借入金返還額が建設費より大きくなっているのである。すなわち返還額の合計は356億1500万円で，うち公庫に対してが60億円（公庫に対しては支払い利息の166億8000万円もある），他の金融機関あてが22億9500万円，社債の返還が262億3000万円である。

　2001年度の場合，こうした中で計743億6100万円の事業費で建設，営繕，管理等の事業を行うことになっていた。すなわち，その内訳は（表6－3）で見るように公庫融資が72億9200万円，都からの補助金が11億2400万円，都からの受託金が458億4800万円などとなっている。これらにより賃貸住宅545戸（うち新規145戸，建替え400戸），リフォーム100戸のほか計画修繕などの事業を行うことになっていた。しかし，2003年度以降，賃貸住宅の新規建設は行っていない。

　都住宅供給公社はそうした事業を展開してきた中で販売できなかった分譲住宅を70％割引きで売り出すことになったわけで，さらに未利用の長期保有地が多摩ニュータウンなどに計65 ha ある（しかし，同ニュータウンでは新規建設の計画はない）。さらに公社の会計を苦しくしているのが，社債発行による返還（償還）であるのは間違いないところであろう。

　ではなぜ都住宅供給公社は公庫融資や社債発行により資金を集めて，その後の大きな負担をつくることになったのか。その原因は他の公社と同様にバブル時に行った拡大路線にあるのはいうまでもない。たとえば公社は90年代の初めに新宿区西早稲田で2棟79戸の分譲住宅を販売したが，その価格は最高9798万円，最低5212万円，平均7889万円というもの

であった。つまり、まさに「億ション」であった。これが公社法第1条（目的）にいう「公社は住宅の不足の著しい地域において、住宅を必要とする勤労者の資金を受入れ、これをその他の資金とあわせて活用して、これらの者に居住環境の良好な集団住宅及びその用に供する宅地を供給し、もって住民の生活の安定と社会福祉の増進に寄与することを目的とする」を逸脱する業務であったのは間違いないところである。この住宅は結局20戸が売れ残り、公社はこれを不動産会社を通じてサブリースし、月額平均17万8000円で賃貸住宅化している。この時期、公団も公社も民間デベロッパー化した。そのツケがその後の公社会計を圧迫しつづけることになっているのである。

　もちろん市場化へのアプローチは賃貸住宅についても行われた。つまり既存賃貸住宅の家賃改定にさいして、2000年9月改定分から近傍同種家賃（近隣の民間市場家賃）見合いを算定基準として変更したことなどがそれに当たる。この近傍同種家賃を算定基準とする試みはその後、2002年3月に行われた公社法施行規則第16条の改正により[13]、国からもオーソライズされるという経緯を有する。これにより公社は民業圧迫の批判をそらすと同時に収入増を図ったわけであるが、これも前記公社法に掲げた目的から逸脱していると見ていいだろう。これを裏返せば公社はそうしたムリまでして、収入増を図るのに懸命にならなければならなくなったということもできる。

　しかし、その後の都住宅供給公社の経営を難しくさせているのは、東京都の住宅政策の変化によるところが大きいと言わなければならない。先に都が公社が管理する土地建物の所有権を放棄することになったのを紹介した。これは都が住宅供給公社から完全に手を引くことになるのを意味している。それを前提にすでに東京都は2001年度、いったんは予算化した公社に対する補助金・貸付け金9億3000万円余の執行を保留し、翌2002年度からはこれを廃止しているのである。

　これにより都住宅公社は2003年度から独自の公募社債を発行することを決める[14]。自前で資金を調達せざるをえなくなったわけである。証

券決済制度の変更により公社発行の債券が有価証券に位置付けられることになったため，それが可能になった。これまでも公社は都が損失を補償する社債を発行して資金としてきていたが，引受け団体が限られる縁故社債であった。つまり補償付き社債で，同年度からはそれと同時に機関投資家向けの公募社債をも発行することになり，計200億～250億円を調達することになったというのである。また公社は，建設プロジェクトなどに民間の資金や経営ノウハウを生かすPFI（プライベート・ファイナンス・イニシァティブ）をも導入することをも決定している。

　これらが都が公社から手を引くことになるのに備えた措置であるのは言うまでもない。公社はいよいよ独立経営を目指さなければならなくなった。こうした方向が都の住宅政策の変更によるものであり，またその都の住宅政策の変更が国のそれの変更を受けたものであるのは言うまでもないだろう。もちろん都の石原知事の政策によるところが大きいのは言うまでもないが，その前段には国の住宅政策の市場化への一層の傾斜が存在していると見ていいだろう（それはおそらく全国の地方住宅供給公社にも共通するにちがいない）。　まず国であるが，住宅宅地審議会（大賀典雄会長）は2000年6月に『21世紀の豊かな生活を支える住宅・宅地政策』と題する答申を出しており，その中で住宅政策を担う主体に触れて，こう言っている。

公共住宅政策の市場化

　「住宅・宅地政策は，公的主体のみによって担われるべきものではなく，むしろ絶えざる自らの努力により夢を実現しようとする国民や，創造的で活力あふれた民間事業者，管理業者等を主要なプレイヤーとして認識した上で，公民の適切な役割分担と連携の下で推進することが重要である。

　その際，国，地方公共団体においては，国民が良質な居住を確保しやすく，民間主体が事業等を展開しやすい環境を整備するための政策を展開することや，社会的資産としての住宅宅地，住環

境を自ら確保し，自らの努力とコミュニティとの強調の下で維持していく国民の意識を高めるため，住教育の充実に努めることが重要である。

　これに加えて，住宅金融公庫，都市基盤整備公団，地方住宅供給公社等の主体については，住宅宅地政策の新たな展開方向，行政改革，財政投融資改革を踏まえた改革の実施を着実に行っていくことが必要である。また，国民の多様で高度化した居住ニーズに応えたきめの細かい住宅宅地政策の展開を図るためには，NPO，新たな居住サービスを提供する民間事業者等新たな住宅宅地政策の担い手を育成，連携することが重要である」。

　つまり，ここでは住宅政策のさらなる市場化を進めることを宣言しているわけである。さらに居住の確保は国民の自助努力にゆだねることをことさら強調する内容になっているのが特徴的である。ちなみに，この答申に関わった住宅部会長の救仁郷斉は元建設省官僚であり，同部会長代理は都市住宅学会の小林重敬，ほかに委員には現職の知事などに加えて三沢千代治ら業界人が名をつらね，学者からは臨時委員として巽和夫，専門委員として八田達夫，丸山英気のこれも都市住宅学会のメンバー，日本不動産学会の田中啓一などが入っている。この顔ぶれを見れば（ほかにもエコノミストや評論家などもいるが），多くの人が答申の内容になるほどと頷かざるをえないだろう。

　この答申につづき東京都住宅政策審議会（成田頼明会長）においても2001年5月に『21世紀の豊かでいきいきとした東京居住を実現するための住宅政策の展開について―住宅政策のビックバン』を答申している。ここでは今後の住宅政策のポイントは「市場の活用」にあるとして，まず，こう言う。

　「今後の成熟社会において，多様化・高度化する都民の居住ニーズに対応する住宅サービスを効率的に供給するためには，広く

自由な市場の機能を活用することが不可欠である。住宅市場において，多様な選択メニューが用意され，都民が適正な価格のもとで自らのニーズにかなう住宅サービスを享受できるようにしていくことが求められている。そのため，これまでの公共住宅を中心とした住宅政策から，公共，民間をあわせた住宅全体を対象とし，市場の活用を重視した住宅政策へと転換を図るべきである」。

そうした中で東京都住宅供給公社が果たすべき役割について，こう述べるのである。

「住宅供給公社においては，民間の対応が不十分又は困難な領域での先導的事業を展開すべきである。例えば，既存住宅の建替え等による，高齢者向けや保育施設付きの賃貸住宅の供給や，分譲マンションの建替え・改修支援などが考えられる。また，東京都が政策的機能に重心を移すのに対応して，公営住宅の管理等に係る事業を担当し，公共住宅全体を視野に入れた管理主体としての役割を担うなど，行政との適切な役割分担の設定を図っていくことが必要である」。

答申の標題の「住宅のビックバン」とは何を意味しているのか。それはつまり都の住宅政策をすっかり民間に委ねることであり（加えて都営住宅制度を改革する），すなわち公社も今後，民間が採算が合わないために行わない事業分野にシフトした業務に専念すべきだというわけである。したがって民間で可能な賃貸住宅の建設・供給なども行う必要はないというのである。あとは既存都営住宅の管理業務を行っていればよい。ちなみにこの審議会の企画部会長は元建設省建築研究所の小泉重信，行政部会長が小林重敬であった（ほかに慶応大教授，筑波大教授らに業界人，ジャーナリストなど）。これも顔ぶれからして，関心を有する人には予想される内容の答申となったと言えるかもしれない。

第6章　地方住宅供給公社

　この答申を受けて2002年2月に，2001年から2015年間の『東京都住宅マスタープラン―豊かでいきいきとした東京居住の実現をめざして』が策定される。ここで特徴的なのは，住宅の供給主体としての都住宅供給公社に関する記述がまったくないことである。公社について触れられているのは「住宅ストックの活用」のところで「公社住宅の建替え等による，中堅ファミリー世帯等の住まいの確保」とあるだけである。それは見事と言わなければならないほどの扱いである。すっかり欠落しているのである。このあと，公社は多摩ニュータウンでの新規事業を取り止め，つづいて新規賃貸住宅の建設をもストップすることになる。ほかの動きについては前述している通りである。

　東京都が住宅政策をこのように転換して市場化を急ぐことになったのは，構造改革と規制緩和を掲げた国（小泉内閣）の政策と無縁ではない。財界や官僚OB，一部アカデミズムの人々もそれを後押ししたが，より大きいのは石原都知事の存在であろう。東京都政は同知事になってから，都立病院の再編，都立福祉施設の民営化，民間福祉施設への人件費補助の廃止等，つぎつぎ都民を支えるべきセーフティネットの分野から撤退していっている。都営住宅，住宅供給公社事業の縮小はそれらの一環として進められて，ダメを押されたと理解していいだろう。

　しかし，前述しているように，公社が今日の事態に立ち至ったのには公社自体にも責任がある。言うまでもなくバブル時のである。当時，公社のトップは東京都からの天下りの人々が多くを占めた。また公社を監督すべき都住宅局は，それら先輩トップに遠慮して，しかるべき指導・監督を行わなかった（あるいは逆に民間デベロッパーなみの業務展開を求めたか）。いずれにしても，それを可として組織ぐるみでバブルに便乗しようとして失敗したわけである。西早稲田の「億ション」は，その典型的な例である。それを都と公社の政策・施策の誤謬というには，公社はあまりにも高価な授業料を支払ったといっていいだろう。

4　地方住宅供給公社の評価と今後

　1965年に地方住宅供給公社法が施行されてから約40年経た今日の時点で，それによって生まれた公社の実績をどう評価したらいいだろうか。前記福地など，当初の公社に携わった人々には二つの評価があるようである。

　まず，その福地である。「だめなんですよ。りっぱな息子はできたけれど，ちっとも働いてないんですね。賃貸住宅は建てています。それから住宅価格とか家賃の値下げにも効いているはずなんです。絶対効いていますね。(中略) ただ問題は，私どもがいちばん期待していた積立て分譲住宅が生きていない。もともと私の頭に最初にあったのはそれなんですから。それが生きていない。自己弁護かも知れませんが，これは制度・仕組みのつくり方が悪いんじゃなくて，国の援助，資金量のほうが不十分だったということだと思います」[15]。

　一方，これも前記畔柳。「住宅供給というのをマクロで見れば，公的なものだけではなくて，個人的に家を建てるのも当然入ってこなければいけないと思いますが，はたしてこういう持ち家分譲住宅が庶民の住宅要求にピッタリと照準が合っているかということになると，私は非常に疑問だと思うんです。私は戦前の人間ですから，戦前のように賃貸住宅がどこにもあって，日曜に一日足を棒にすれば，2軒や3軒の貸家札に出食わして，希望に合うところに入れるという融通性があることが理想だと思っています。ところが，いまはお金がある人はそういうことができますが，東京都内にいわゆる木賃アパートが現在ずいぶん多いでしょう。こういう人たちのためにも，もっと人間らしい生活のできる賃貸住宅をつくることが住宅屋の使命だと思うんですよ」。

　すなわち，公社はそもそもの法の趣旨にしたがい，もっと積立て分譲住宅に力をそそぐべきであったという評価と，いや賃貸住宅供給こそ使命だった，公社はそれをやってきたという評価である。

第6章　地方住宅供給公社

　しかし，あるべき公社の業務を考えた場合，これは積立て分譲か賃貸かという議論ではないような気がする。公社には積立て分譲と賃貸住宅の供給が課せられたが，あらためて（表6-1）を見てみよう。その積立て分譲は，分譲住宅の中に括られ，その数は分譲住宅全体の50％弱でしかない。逆に50％強が「一般」の分譲住宅なのである。東京都住宅供給公社の西早稲田の「億ション」や値下げ住宅は，この一般分譲であった。公社は，分譲に関しては積立てにのみ徹して，一般分譲には手を出すべきではなかったのである。そうであれば，分譲によるキズを大きなものにすることもなかったにちがいない。公社は積立て分譲と賃貸住宅の供給に，ともに徹するべきであったのであるが，その積立て分譲は，分譲価格の2割を積立てさせ，残り8割を住宅金融公庫の融資にたよるのを前提に設定されていた。しかし，公庫がその8割負担に難色を示し，実現しなかったために，多くの公社が積立て一本に徹しきれなかったといわれる。その意味で，当初の公社に関わった人の評価はマトを射たものではあるが，いずれも一面的と言えるかもしれない。

　（表6-1）を見ると，賃貸住宅は分譲の約30％にすぎない。全部で17万戸である。そのうち7万2000戸を東京都住宅供給公社が供給している。その都住宅供給公社の例を見ると，この賃貸住宅が果たしている役割には大きいものがある。それは，その量ではなく，その入居者という質の面における役割についてである。ひとことで言えば，公社賃貸住宅は公営住宅が果たすべき役割を補完してきた。

公社住宅の入居者

　同公社が2002年度に行った「公社賃貸住宅居住者実態調査」を見ると，世帯全体の年間収入は200万円未満が10.7％，300万円未満が12.3％，400万円未満が17.2％，500万円未満が13.7％であり，つまり500万円未満の世帯が54％を占めるのである（ちなみに700万円未満は17.9％，1000万円未満が11.3％，1000万円以上が3.9％）。つまり，入居者の多くは1998年度における所得分位の第1分位（398万円未満）と第

265

2分位（398万円〜564万円）以下の世帯ということになる。公営住宅に入居する場合の収入基準は標準4人世帯で，1996年度以降（2000年度までふくむ），第1種月額42万5333円であった。これを年間収入に換算すると約510万円になる。このことは公社住宅が，本来は公営住宅に入居できる世帯を公営住宅に代わり吸収していることを示している。公営住宅は福祉住宅化してきているが，しかし，量的不足は否定しようもない。入れる資格を有する世帯が入れないでいる。公社住宅は，それらの世帯の居住保障を公営住宅に代わって行っていることになるのである。公社賃貸住宅の福祉的意義は大きかった。

　公社をどう評価するかとは別の話題になるが，さらに同調査を見てみると，公社，入居者ともに深刻な状況を迎えつつあることがわかる。それは入居者の高齢化であり，世帯主の平均年齢は55.6歳で，65歳以上が29.2％と全体の3割を占める。また年金受給者がいる世帯の割合は42.9％，それらの世帯の年間年金受給額は，52％が200万円未満である。これらのことは，どういうことを意味しているか。

　都住宅供給公社は公社が置かれている状況を打開していくために，2001年3月に「経営計画（平成13〜17年度）」を，2003年5月に「アクションプラン（平成15〜17年度）――不断の公社改革のための新たな行動計画」をまとめている。そこでもっとも重点的に行おうとしているのが賃貸ストックの再編・整備による活用ということである。

　これは既存賃貸住宅1万9000戸を対象に計画的に建替え，リフォームなどを行うのを通じて団地再編まで行おうというものである。公社の賃貸重点化はよしとしても，建替え，リフォームに要する費用は当然のことながら家賃にも転嫁され，それは入居者の新たな負担となる。これを現在すでに多数派を占め，しかも年々増加していく高齢者・年金世帯が負担可能かどうか，それはきわめて困難であろうと思われる。とすると，公社の計画自体が危ういものになりかねない要素がここにあることになる。公社は，これに対する東京都の何らかの援助措置がないかぎり，またも苦境に直面せざるをえなくなるかもしれない。しかし，都は

住宅政策について腰が引けている。では，どうすればいいのか。これは都住宅供給公社だけの問題ではない。全国の公社にも共通する問題と言える。

全国住宅供給公社等連合会が2002年7月に国土交通省に「地方住宅供給公社制度に係る要望」を提出している。これは同要望によれば「平成12（2000）年4月に建設省（現国土交通省）のご支援・ご指導を頂き『地方住宅供給公社改革検討委員会』を設置し，今後の公社の業務のあり方について検討致しました。その結果」まとまったものであると言い，今後は「民業を補完し，地域の実情を踏まえ」た業務に徹するので，公社制度にその目的を明記してほしいというものである。

それによれば制度の存立目的に明記してほしいのは，公社の必要性・目的に関しては，(1)高齢者向け住宅の供給，(2)既成市街地の再整備による居住再生の支援，(3)既存ストックの有効活用，(4)地方公共団体業務のアウトソーシング対応，であり，新たな業務の法定化に関しては，(1)公社賃貸住宅の建替え事業，(2)住宅の建設を伴わない「都市整備事業・まちづくり事業」の施行，(3)公営住宅の建替え等整備・管理業務の代行，(4)住宅以外の公共施設の建設及び管理業務の受託，(5)地方公共団体の支援に基づく住情報提供業務，(6)民間市場を補完する住宅リフォーム，(7)公営住宅等の設計，工事監理業務等の受託，とある。ついでそのような業務を遂行するうえでの税制，融資，補助等に関して，(1)現在，公社に付与されている税制上の特例措置の維持，(2)住宅金融公庫の事業資金融資制度の存続，(3)現在適用されている補助制度についての存続を，さらに財務上の措置として，(1)地方公共団体が，民間金融機関から公社が調達した資金に対して利子補給する場合に，当該利子補給に要する費用に係る特別交付税措置，(2)地方公共団体が公社に無利子貸付けを行う場合，当該資金を地方債の対象とするとともに，資金調達に伴い発生する利息に対する特別交付税措置，(3)自己増資等出資既成の緩和，(4)現行公社法第34条で限定されている，余裕金運用先のの範囲拡大，を政府に要望している。

これは破綻か破綻寸前にある全国の地方住宅供給公社が探し求めた，そうした苦境からの脱出口といっていいだろう。しかし，その内容をあらためて見てみると，公社らしい業務は高齢者向け住宅の供給のみであるが，それも賃貸住宅の供給なのかどうか，この要望だけではわからない。他は「民業の補完」というより「民業」そのものに近い業務といえるものである。それに対して税制，融資，補助，利子補給などの支援を要望していることになり，これは公社法を逸脱しかねない内容である。苦境の中で公社が賃貸住宅の供給業務をつづけたいというなら，それに対するさまざまな助成を要望する根拠があるかもしれないが，これはまことにわかりにくい要望である。

　そこで，この要望のもとになった地方住宅供給公社改革検討委員会が2000年12月にまとめた「地方住宅供給公社改革検討調査報告書」を見てみると，要望は実は，この報告書に沿ったものであることがあらためて理解される。その中で高齢者住宅に関しては「ケア付き高齢者住宅等の供給については，事業者にとって高齢者の身体機能の低下に伴って必要となるケア負担の増大や金利変動等のリスクを抱えるものであり，民間のみでは，十分な供給を確保できないのが実情である。このため（中略）公社が民間の供給能力を補完し，そのノウハウを活かして高齢者の資産の活用等を図りつつ，的確に行っていくことが必要である」としている。つまり，ここで言う高齢者住宅とは「高齢者の資産を活用等を図りつつ」とあるからには賃貸ではないらしい。しかし，それでもなお民間で行うにはリスクが大きい事業なので，ここは民間に代わって公的機関である住宅供給公社の事業として行うというわけである。あとは民間が行っているのと同じ業務を行うとする内容であるが，それらの事業を民間と競合して行っていくとしたら，おそらく民間に席巻される可能性のほうが大きい。これはまことに展望のない今後の事業構想で，公社の将来は非常に厳しいとしか言いようがない。

　ここでしるしておきたいのは，筆者が聞き取りを行った地方住宅供給公社の幹部の一人は，東京都公社をふくめ全国の地方住宅供給公社が今

第6章　地方住宅供給公社

日の事態に立ちいたった原因を，一つは公社がバブル期以降，民間市場にウェイトを置いた分譲中心のスキームを取った結果として民間に敗れたこと，二つ目にバブル時に抱えた未利用土地，借入金，三つ目に自治体政策の変質にあると述べていたことである。これは筆者の分析とも一致するが，上記報告書はそうした反省を踏まえたものと言えるかどうか。なお，この報告書をまとめた地方住宅供給公社改革検討委員会の委員には建設省（当時）官僚，住宅金融公庫，都市基盤整備公団，地方住宅供給公社関係者のほかに学識経験者として小林重敬，八田達夫，小林の同僚の西谷剛が加わっている。

　　（1）　地方住宅供給公社法（抄）（昭和40＝1965年法律第124号，2002年までに6回改正）
　　　第1章　総則
　　　（目的）
　　　第1条　地方住宅供給公社は，住宅の不足の著しい地域において，住宅を必要とする勤労者の資金を受け入れ，これをその他の資金とあわせて活用して，これらの者に居住環境の良好な集団住宅及びその用に供する宅地を供給し，もって住民の生活の安定と社会福祉の増進に寄与することを目的とする。
　　　（法人格）
　　　第2条　地方住宅供給公社（以下「地方公社」という）は，法人とする。
　　　（名称）
　　　第3条　(1)　地方公社はその名称中に住宅供給公社という文字を用いなければならない。
　　　　(2)　地方公社でない者は，その名称中に住宅供給公社という文字を用いてはならない。
　　　（出資）
　　　第4条　地方公共団体でなければ，地方公社に出資することができない。(2)設立団体（地方公社を設立する地方公共団体をいう。以下同じ）は，地方公社の基本財産の額の2分の1以上に相当する資金その他の財産を出資しなければならない。(3)地方公社に出資しようとする地方公共団体は，総務大臣に協議しなければならない。
　　　　　　　　　　（中略）

第2章　設立
（設立）
第8条　地方公社は，都道府県又は政令で指定する人口50万人以上の市でなければ，設立することができない。
第9条　地方公社を設立するには，議会の議決を経，かつ，定款及び業務方法書を作成して，国土交通大臣の認可を受けなければならない。

(中略)

第4章　業務
（業務）
第21条　(1)地方公社は，第1条の目的を達成するため，住宅の積立分譲及びこれに附帯する業務を行う。(2)前項の積立分譲とは，一定の期間内において一定の金額に達するまで定期に金銭を受け入れ，その期間満了後，受入金額をこえる一定額を代金の一部に充てて住宅及びその敷地を売り渡すことをいうものとし，その受入額をこえる一定額の算出方法については，国土交通省令で定める。(3)地方公社は，第1条の目的を達成するため，第1項の業務のほか，次の業務の全部又は一部を行うことができる。
1．住宅の建設，賃貸その他の管理及び譲渡を行うこと。
2．住宅の用に供する宅地の造成，賃貸その他の管理及び譲渡を行うこと。
3．市街地において地方公社が行う住宅の建設と一体として商店，事務所等の用に供する施設の建設を行うことが適当である場合において，それらの用に供する施設の建設，賃貸その他の管理及び譲渡を行うこと。
4．住宅の用に供する宅地の造成とあわせて学校，病院，商店等の用に供する宅地の造成を行うことが適当である場合において，それらの用に供する宅地の造成，賃貸その他の管理及び譲渡を行うこと。
5．地方公社が賃貸し，又は譲渡する住宅及び地方公社が賃貸し，又は譲渡する宅地に建設される住宅の居住者の利便に供する施設の建設，賃貸その他の管理及び譲渡を行うこと。

(中略)

8．第1項の業務及び前各号に掲げる業務の遂行に支障のない範囲内で，委託により，住宅の建設及び賃貸その他の管理，宅地の造成及び賃貸その他の管理並びに市街地においてみずから又は委託により行う住宅の建設と一体として建設することが適当である商店，事務所等の用に供する施設及び集団住宅の存する団地の居住者の利便に供する施設の建設及び賃貸その他の管理を行うこと。

第6章　地方住宅供給公社

第22条　地方公社は，住宅の建設又は宅地の造成に関する業務を行うには，勤労者が健康で文化的な生活を営むに足りる良好な環境の住宅又は宅地が確保されるように努め，住宅又は宅地の賃貸その他の管理及び譲渡に関する業務を行うには，住宅を必要とする勤労者の適正な利用が確保され，かつ，賃貸料又は譲渡価格が適正なものとなるように努めなければならない。

(住宅の積立分譲に関する契約)
第23条　(1)地方公社は，住宅の積立分譲に関する契約をするには，契約の相手方の資格及び選定方法並びに契約の内容に関し国土交通省令で定める基準に従ってしなければならない。(2)住宅の積立分譲に関する契約をした者は，その契約の解除により地方公社から受けるべき金額につき地方公社の総財産の上に先取特権を有する。(3)前項の先取特権の順位は，民法の規定による一般の先取特権に次ぐものとする。

(住宅の建設等の基準)
第24条　地方公社は，住宅の建設，賃貸その他の管理及び譲渡，宅地の造成，宅地の造成賃貸その他の管理及び譲渡並びに第21条第3項第3号及び第5号の施設の建設，賃貸その他の管理及び譲渡を行うときは，他の法令により特に定められた基準がある場合においてその基準に従うほか，国土交通省令で定める基準に従って行わなければならない。

(業務の委託)
第25条　地方公社は，国土交通省令で定めるところにより，住宅の積立分譲に関する契約に基づく金銭の受入れに関する業務の一部を，銀行その他の金融機関に委託するものとする。

(中略)

(事業計画及び資金計画)
第27条　(1)地方公社は，毎事業年度，事業計画及び資金計画を作成し，事業年度開始前に，設立団体の長の承認を受けなければならない。これを変更しようとするときも，同様とする。(2)設立団体の長は，前項の規定により事業計画及び資金計画を承認しようとするときは，それらの計画中住宅の積立分譲に係る部分につき国土交通大臣に協議しなければならない。

(地方公共団体の長の意見の聴取)
第28条　地方公社は住宅の建設又は宅地の造成をしようとするときは，当該住宅の建設計画又は宅地の造成計画について，あらかじめ，当該住宅の建設又は宅地の造成をしようとする地域をその区域に含む地方公共団体の長の意見をきかなければならない。(以下略)

（2）福地稔「住宅協同組合法の挫折と地方住宅供給公社」（大本圭野『証言・日本の住宅政策』＝1991年，日本評論社）の第15章，372頁以下。福地は元建設省住宅企画官として公社法制定に携わる。その後，国土庁長官官房審議官なとを経て阪神高速道路公団理事，日本土木工業協会常務理事。
（3）畔柳安雄「地方住宅供給公社と地方分権」（前掲大本著書の第16章，400頁以下）。畔柳は内務省土木局，住宅営団主事なとを経て神奈川県住宅供給公社業務部長，理事，神奈川県住宅保全協会理事長。
（4）中島明子「地方住宅供給公社の危機と再生の可能性」（日本住宅会議『住宅会議』第58号，2003年6月）の50〜51頁。
（5）前掲福地，393頁。
（6）前掲畔柳，424頁。
（7）『日本経済新聞』2003年5月31日付朝刊。『朝日新聞』2003年6月10日付朝刊。
（8）『朝日新聞』2002年10月4日付，西部本社版朝刊。
（9）『毎日新聞』2002年8月23日付朝刊。
（10）前掲中島50〜51頁。
（11）『朝日新聞』2002年8月17日付朝刊。
（12）『読売新聞』2003年7月11日付朝刊。
（13）公社法施行規則第16条　賃貸住宅に新たに入居する者の家賃は，近傍同種の住宅の家賃と均衡を失しないよう，地方公社が定める。2．地方公社は，賃貸住宅の家賃を変更しようとする場合においては，近傍同種の住宅の家賃，変更前の家賃，経済事情の変動等を総合的に勘案して定めるものとする。上の場合において，変更後の家賃は，近傍同種の家賃を上回らないように定めるものとする。
（14）『毎日新聞』2003年6月4日付朝刊。
（15）前掲福地395頁。

第 7 章

戦後住宅政策の行方

戦後住宅政策の崩壊過程は，敗戦後しばらくの間にかたちづくられてきたわが国における政治，社会，経済といった戦後体制が溶解しつつあることを示す一つの例と言っていいかもしれない。歴史的に見れば，半世紀というのは束の間の時間にすぎないが，なぜ，そのような短期間にかくも容易に戦後体制が溶解を始めるに至ったのだろうか。その理由の一つに，あるべき国家を支えるべく原理原則が，ときの権力や資本によって，なしくずし的にないがしろにされてきたことを挙げてもいいだろう。たとえば憲法である。その憲法第25条に基礎を置く住宅関連法もまた例外ではなかった。半世紀の間に政府などにより都合のいいように解釈され，およそ法の理念からかけ離れているとしか言いようのない政策目的が，つぎつぎ施策化されていった。その結果，法の理念・目的を逸脱した施策が横行することになり，そうした施策を進めたことにより事業体が大きなダメージを被ることも起こり，自ら崩壊への途上に向かわざるをえなくなった。住宅法制度と住宅政策を福祉国家を支える基礎的手段とするには，その原理原則にこだわりつづけることがもっとも重要なのではないだろうか。

1　戦後住宅政策の結末

　戦後住宅政策は，住宅金融公庫，公営住宅，公団住宅の三つの法制度によって展開されてきた。この三つは戦後住宅政策の「三本の柱」とされてきているが，これに地方住宅供給公社を加えて「四本の柱」と言ってもいいだろう。これの意味するところは，戦後住宅政策は所得階層別に展開されてきたということにほかならない。所得順に公営―公社―公団―公庫というふうに，それぞれの所得に対応して住宅政策が進められてきた。そのようにそれぞれ政策対象が異なるのは，それぞれの法の目的が異なるのを受けたことによる。逆に言えば，それらが連携して公的資金による住宅建設・供給が進められたのは多摩，千里ニュータウンなどの大規模団地を例外として，あまり行われることがなかった。あ

第7章 戦後住宅政策の行方

くまで別々に展開されてきた。

ところが，戦後住宅政策を振り返ってみると，それらは別々に展開されてきたのにもかかわらず，その展開過程でそれぞれが直面することになった問題，そしてその問題を通じて向かわざるをえなくなった崩壊への途上は共通していることがわかる。その最大の問題が政府の経済対策であり，その中で政府が自ら惹き起こした土地問題であったのは言うまでもない。各住宅建設5カ年計画で見るように，それぞれの計画は政府の経済対策により左右され，またそれぞれの事業内容を見ればわかるように，その過程で起きた地価高騰によっていずれも経営的に大きな問題を生じさせることになった。

とくに公庫，公団，公社が被ったダメージは大きかった。中でも景気浮揚策としての公庫融資の拡大につぐ拡大は，借り換えや債務返還不能者の増大などの歪みを生んで経営困難を招き，また公団・公社の分譲への傾斜とそのための宅地開発の推進は，バブル時の地価高騰により経営面でとどめを刺された。このように公庫，公団，公社が行き詰まった理由は共通している。これは政府が当面の景気にのみ目を向けて，安易に，あるいはヤッツケ的に住宅投資を増やすことで乗り切ろうと意図したことによる。こうした構造的矛盾が生じるに至ったのは，善意に解釈すれば政府の政策選択の誤謬によるものであり，より客観的に評価すれば失敗によるということになろう。

その結果として，つまりそれらに共通する失敗を繕う方法として，政府も経済界を中心とする政府のバックアップグループも公的資金住宅の市場化を志向せざるをえなくなる。市場化というのはつまり民営化にほかならない。そうした方向への政策転換は，石油ショック対策に公的資金を大量に支出した反動が見え始めた1980年代初めにその予兆はあったが，顕著になったのは1990年代からである。それは1995年5月に出された住宅宅地審議会の答申「21世紀に向けた住宅・宅地政策の基本体系について」によって方向付けされたと言っていいだろう。それは規制緩和により市場化を進めるのを志向した政策転換を促したものであり，その

具体化として借地借家に関する新しい制度の創設，住宅金融公庫法の改正，公営住宅法改正，住宅・都市整備公団の都市基盤整備公団への改組などが進められ，これを受けた住宅関連法の改正が進んだ（その法改正の中には，阪神・淡路大震災の経験を踏まえて，災害に対する住宅対策としての建築基準法の改正，密集市街地の整備促進に関する制度の創設などもふくまれる）。そもそも，この種の政府審議会は，設置者の各省庁が政府の方針を実施に移すために学識者の意見を聴くかたちを装って，その実，政府方針に賛同，もしくは反対しない人々を集め，あらかじめ省庁がまとめた原案をタタキ台にその方向へ議論をまとめていって，答申ないし建議なるものを審議会の名でまとめる場合が多い。住宅宅地審議会もその例にたがわず，政府の考えをもとに以上のような答申をまとめたと言っていいだろう。

中で重要なのは借地借家法改正による規制緩和が進められ，定期借地権制度，定期借家制度が設けられたことだろう。前者は地価高騰による影響を最小限にとどめて分譲住宅市場を拡大するのを狙って1992年に創設されたものであり，後者は民間賃貸住宅市場の拡大を狙いとして1998年に法改正がなされた。従来の借地借家法では居住者保護の側面が強く打ち出されていたが，この法改正により土地所有者と大家の権利が前面に出ることになった。それにより宅地と賃貸住宅の両市場が活性化するということがしきりに言われた。しかし，これは住宅の市場化を促進しようという政策転換の前段にすぎず，よりドラスティックな政策転換が後段において行われることになる。それが特殊法人改革であったのは言うまでもない。

住宅宅地審議会の1995年答申では，住宅金融公庫に関しては「規模を重視した現行の融資体系から政策誘導を重視した体系」への移行を指摘されていた。具体的には住宅市場における政策誘導機能を強化していくこととともに融資制度の簡略化，民間金融機関との協調を図っていくことであり，これをもとに1996年3月に公庫法の改正が行われる。これにより新築住宅について規模により金利を定めていた規模別金利制度が改

められ，規模が大きくても基準金利で融資を受けられることになった。また割増貸付制度の期間が延長されることになった。その結果，大規模住宅を長期間の融資により建設することが可能になったわけである。さらにマンション共用部分改良工事に対する融資なども行われることになる。つまり，これらは住宅市場拡大に向けての方策であり，これが行き着いたところが特殊法人改革であったのである。それは住宅・都市整備公団にもおよび，同公団は1997年6月の閣議で廃止が承認されて，まず都市基盤整備公団への改組となり，次の段階でこれも廃止して新法人への移行が決定されることになる。そうした経緯は前述している通りである。これにより住宅市場の拡大策は一つのヤマを越えることになる（一つのヤマとしたのは，後述するようにさらなるヤマがあとに待ち構えているからである）。

　また公営住宅も法改正をつぎつぎ行ってきたが，1996年の改正で規制緩和，市場化への途を開いていく。この改正は一方では高齢者への対応の必要性から行われたものの，より影響が大きいのはたとえば近傍同種住宅家賃にならった家賃の設定などを導入することによる市場化を目指したものである。かりに高額所得者であるとしても公営住宅入居者の中での相対的高額所得者であり，一部を除き，それらの世帯が被ることになる影響は大きい。しかもその収入基準や家賃裁量階層の高齢者，障害者の範囲は国が全国一律に決めることなどは地方分権の動きに背くものである。

空き家数増大の理由

　これらについて大本圭野が行っている総括には共感するところが大きい。大本は言う。

　「こうした新たな住宅政策はその帰結として何をもたらしたであろうか。第一は，住み続ける権利は一向に解決されることなく定住の危機が増大している。特に居住リスクの高い高齢者にとっ

て，民間借家を借りにくい状態が起きている。(中略) 第二は，住宅建設計画法の下に地域活性化として都市再生をねらい，住宅建設が促進されているが，他方で空き家住宅が多発し，全住宅の約10％に達している。住宅建設計画が，本来の長期的計画性をもたず将来の人口減に対する見通しなくして景気対策優先を中心として計画が進められているためである。ここでも，土地政策のない公共住宅の民営化，民間住宅の規制緩和が定住危機を招く根源となっている」[1]。

住宅の市場化論者の多くは，大本が指摘している空き家率が大きなものになっていることを挙げて，もはや公的資金による住宅建設・供給の時代は終わったとしている。確かに総務庁の1998年住宅・土地統計調査によると，全国の空き家数は11.5％に達している。しかし，その空き家の内容を見ると，最低居住水準未満の利用不適住宅（延べ床面積が18平方m未満，18平方m以上でも老朽度が大きいもの，18平方m以上でも便所共用のもの）が20％，あり，そのほかに住宅としての条件を備えていないため入居者を募集していないものが28.6％存在することが判明している。入居者を募集しているにもかかわらず空き家になっているのは43％である。このことは空き家率が大きいことが即住宅が足りているとは言えないことを示している。アフォーダビリティが十分な住宅が空き家となっているわけではないのである。

しかも，同調査によれば民間借家居住者のうち全国で12.2％（京浜葉29.4％，京阪神12.2％），公共賃貸住宅居住者の14.1％（京浜葉6.2％，京阪神4.4％）が最低居住水準未満世帯である。住宅建設計画による誘導居住水準未満世帯になると，全国で46.5％が未達成のままである。このことは，とくに最低居住水準未満にある民間借家居住者の居住水準を上げるうえで，なお公的賃貸住宅の役割りは終わっていないことを示しているのである。元建設官僚で日本住宅公団総裁を務めた南部哲也でさえ「住宅政策の基本というのは最低水準以下のものを救う，それを平均

第7章　戦後住宅政策の行方

水準にもっていく，総戸数がいくらあるかという問題ではないわけです」と，かつて言っていた[2]。

　では，戦後住宅政策はその役割を果たすためにどう機能していたらよかったのか。その歴史を振り返って一つ仮説として言えるのは，それはおそらく，公営住宅については国と地方自治体が，公庫，公団については国が，地方住宅供給公社については地方自治体が，各住宅関連法に示されていた住宅政策の原理原則に基づいた施策を進める以外になかったのではないか，ということである。それにはもちろん，国民の居住を保障し，改善していき，それを国家的ストックとしていくうえで，どういう住宅政策をとったらいいのかという政策判断がなされなければならない。そうした政策判断がなされていれば，かりに半世紀の間にさまざまな経済的事象が起こったにせよ，これもさまざまな政策手段を駆使することにより，それに対応し乗り越えられたかもしれない。

　それはまた，たびたびの政策批判に耳を傾けていたら，あるいは可能であったかもしれない。政策担当者にとって必要なのが強者に対する追従でなく批判に耳を傾けることであるのも，歴史が示している通りなのである。ところが，わが国では，そうした政策風土も文化もなかった。それは一にわが国の政策決定システムにおいて，その決定を例えばバックアップブレーンを多く集めた審議会などに委ねて，政策担当者が責任をとることがなく，そしてその政策担当者が次に事業主体に天下りして，決定された政策を滞りなく実施するのを役割としていることと無縁ではない。国民の側にも，将来のことを考えたら政府の住宅政策に便乗したほうがいいかもしれないという意識が土壌としてあった。それは持ち家に関する各種の世論調査や公庫の調査分析が国民の持ち家志向を示している通りである。そうした構造が住宅政策を国策（経済対策）の手段として安易に利用し，大本が指摘する状況を生む結果となったのである。

　しかし，住宅政策はそうした反省もなく，前述住宅宅地審議会の95年答申による政策変更以降，さらに市場化へ加速していくことになる。そ

れがこれも前述している「さらなるヤマ」であるのは言うまでもない。

2　住宅政策の将来

　住宅宅地審議会は95年答申につづき2000年6月にも「21世紀の豊かな生活を支える住宅・宅地政策について」を答申している。この答申は「まえがき」において「全ての国民が自らの努力に応じて良質な住宅宅地を確保できる環境を整え」「我が国の住宅宅地ストックを今後の経済社会の潮流変化を踏まえた良質なものへと再生し，適切な維持管理を行うことにより，『居住』に関する多様な選択肢を用意するとともに，ストックの円滑な循環により国民の豊かな居住を実現する『市場重視』『ストック重視』を旨とした住宅宅地政策へ転換する必要がある」とあるように，これまでより一層「市場重視」「ストック重視」を打ち出しているのが特徴である。

　答申によれば，この「市場重視」「ストック重視」のキーワードからなる二つのコンセプトに沿った住宅政策において，公的主体が担うことになる役割が，「市場の環境整備」「市場の誘導」「市場の補完」である。それは第Ⅱ部の3「新たな住宅宅地政策を支える公民の役割分担」にしるされており，その中では公共賃貸住宅に関わる施策の方針も明らかにされている。

　それによれば公営住宅は市場を補完し，居住に関するセーフティネットとしての役割を担うのが基本とし，そのためにストック活用を進め，新規供給は大都市や地域活性化に資するところにかぎり行うことにする。公団賃貸住宅については民間との役割分担のもとに中堅勤労者を対象とした一定規模以上の住宅供給を行うこととするが，都心地域などでの基盤整備と一体となった供給にかぎり，建替え，リニューアル等によるストックの有効活用を図る方向で重点的供給を進める，としている。ここではつまり，公民の役割分担とは言え，公的主体が担うのは民間の企業行動が円滑に行えるのを保証する支援活動にほかならない。環境整

備，誘導，補完……公的主体が役割として分担するそれらはすべて，民間に対する支援活動ということを明確にしたのが，この答申なのであった。

なお，こうした答申を作成した住宅宅地審議会のメンバーは，第6章の地方住宅供給公社の項でも紹介している通りである。

住宅宅地審議会は，その後の中央省庁再編により国土交通省に属する社会資本整備審議会住宅宅地分科会となり，同分科会は2003年6月「新たな住宅政策のあり方について　建議案」をまとめた。この建議案は，住宅宅地審議会の2000年答申を受け，その内容をさらに発展させた，つまり市場重視の方向を明らかにしたものである（この「建議案」はその後，同年9月に同分科会において正式な「建議」としてとりまとめられ，国土交通大臣に提出された）。

その前提にあるのは前述している空き家率である。建議案はこう言うわけである。「住宅不足は解消し，現在，総世帯数4436万世帯に対し，13％余裕のある5025万戸の住宅が存在している」（この認識が浅薄であることは前述している）。さらに「今般の特殊法人改革において，公庫は，証券化支援業務の導入により，融資面で民間金融機関を支援し，公団は，敷地整備等により民間賃貸住宅供給を支援することとして，市場機能を本格的に活用することとし，平成8年の公営住宅法の大幅改正に続き，従来，住宅政策を支えてきた3つの主要な政策手段（公庫，公団，公営）のうち2つが抜本的に見直された」。したがって今後は，「住宅単体のハード面に重点を置いた新規供給型の住宅政策」から「住まい方や住環境というソフト面に重点を置き，市場活用とストック活用を中心とした新しい住宅政策，いわば居住政策が必要となっている」というのである。

そして，その居住政策の「基本理念」（それを「基本理念」と言えるかどうかは別として）としているのが「新規供給重視・公的直接供給重視から市場重視・ストック重視へ」ということであり，「市場重視の政策に不可欠な消費者政策の確立と住宅セーフティネットの再構築」ということであり，「少子高齢化，環境問題等に応える居住環境の形成」で

あり,「街なか居住,マルチハビテーションなど都市・地域政策と一体となった政策へ」ということである。それらの具体策としては,中古住宅の流通やリフォーム市場の活性化を進め,質の良い住宅市場を形成し,住み替えがスムーズに行える施策を行い,総合的な住生活産業の発展をめざすというのである。ここで明確に「総合的な住生活産業の発展」という方向が示されているのが,この建議案の特徴になっている。

公的住宅に関しては,まず公営住宅について,そのストックが約218万戸ある状況から見て,今後は既存ストックの管理のあり方を見直し,効果的な運用を図る,そのために入居者資格,選考基準に保有資産を反映させる,立地・利便性を家賃に反映させる,高額所得者家賃と市場家賃を連動させる,入居資格を満たさなくなったものや利便性の高い住宅での長期継続居住を解消するなどを進める必要があるという。こうした方向がどういう結果を招くことになるか,それは入居者にとってはなはだ厳しいことになるにちがいないと思われる。また都市再生機構の賃貸住宅については,良質なファミリー向け賃貸住宅として維持・再生するとともに高齢者向け優良賃貸住宅として活用することが重要だとしている。つまり,この高齢者向け優良賃貸住宅が建議案で言うところのセーフティネットであるらしい。さらに公社住宅については,地方における民間事業者の充実や住宅ストックの充実などから,そのあり方を見直し,第三者による事業評価や会計監査を整備して,設立,運営,解散に地方公共団体の意思が反映されるようにする,としている。これは地方住宅供給公社の解散に道を開く方向と言っていいだろう。建議案はこのように公的住宅についてストック重視の方向を打ち出しているが,それは2000年答申に比べて入居者にとってより厳しい内容のものになっているのがわかるというものである。

この建議案をまとめた社会資本整備審議会住宅宅地分科会の分科会会長は八田達夫,分科会会長代理は小林重敬と黒川洸,委員には元東京都副知事・青山佾,三井不動産社長・岩沙弘道,住宅生産団体連合会副会長・矢野龍らがふくまれている(また同分科会企画部会のメンバーには

第7章　戦後住宅政策の行方

八田，小林，黒川らに加え，臨時委員として浅見泰司が，専門委員として川本裕子，山崎福寿らが入っている)。

住宅政策のビッグバン
　これより先の2001年5月には東京都住宅政策審議会が「21世紀の豊かでいきいきとした東京居住を実現するための住宅政策の展開について—住宅政策のビッグバン」を東京都知事あて答申している。これはおおむね15年後までにおける東京都の住宅政策の方向をまとめたもので，同答申によるとビッグバンとは，「民間住宅施策の新たな形成と展開」と「都営住宅制度の抜本的改革」を指すと定義している。
　そこでは「住宅政策は，住宅市場における人々の自由な活動を基本とした上で，必要に応じて市場に関与し適正な資源の配分を行う役割を担っている」として，さらに民間住宅施策がなぜ重要なのか，答申は民間住宅が都の住宅ストックの9割を占め，新規供給の95％を占めていることを挙げ，それに対応した「都民の自立した選択による居住の安定を支援する」必要性を言い，また都営住宅の抜本的改革については「都民の居住面におけるセーフティネットとして一層有効に機能させる」ために，それが必要なのだと言う。
　具体的には，前者に関しては民間プロジェクトの誘導による都心居住の推進，リフォームなどを通じた住宅ストックの保持と中古市場の整備，関連業者のネットワークづくり等を通じた分譲マンション対策，高齢者住宅対策，木造住宅密集地域の整備，などを進めるとしている。また後者については，民間住宅施策と連携して都心居住の推進（都心部の都営住宅敷地を民間と一体となって再開発することを指している)，住宅ストックの保持・活用，都営団地を利用したケア付き住宅，特別養護老人ホームなどによる高齢者対策，などを提案している。すなわち都心部では都営住宅団地まで民間の開発事業に提供しようというのである。その他の公的主体に関しては，住宅供給公社は「民間の対応が不十分又は困難な領域での先導的事業を展開すべきである」と言う。つまり，民

283

間が利益を上げられない事業を行うというわけである。また都市基盤整備公団は「公団のもつノウハウとマンパワーを有効に活用することが重要である」としたうえで「特にノウハウや財源の面で都・区市町村や住宅供給公社が実施するのが難しい部分で，その役割を一層発揮することが期待される」としている。ここで公団も民間はもちろん，他の公的主体では実施不可能な部分を担うと，順位付けされている。

　東京都はかつて，バブル時に国の住宅政策が機能不全に陥ったさいに，住宅基本条例を制定し，独自の自治体住宅政策に取り組んできた経緯を有する[3]。それは他の自治体や都内の特別区にも影響を与えた。そのさい東京都が創設した，公団住宅入居階層と公社住宅入居階層の谷間にある中堅所得層対象の「都民住宅」は，国の特定優良民間賃貸住宅制度につながるなど，バブル前後の住宅政策転換期に住宅政策のパイオニア的存在を示したこともあったが，ここでは時期的にも内容的にも住宅宅地審議会の2000年答申に追随し，また社会資本整備審議会住宅宅地分科会の2003年建議案を先導する役割を担ったことになる。都の住宅政策はすっかり変質したことになる。

　ちなみに東京都住宅政策審議会は，会長が成田頼明，企画部会長が小泉重信，委員が日端康雄，森泉陽子，鎌田宣夫ら，行政部会長が小林重敬，委員が大村謙二郎，新村保子らであり，ほかに都議会議員，区市町村長が加わり，構成されていた。なお小林は前述している都がバブル対策として1988年に組織した当時の東京都住宅政策懇談会のメンバーであり，住宅基本条例や住宅マスタープランがつくられるのに一役買っていたこともあった。

　これまでわが国の住宅政策の策定に当たって各種審議会が果たしてきた役割りを，それらの答申を通じて見てきているが，ここであらためて，それらに共通してキーパーソンが存在していることに気付かざるをえない。学者・研究者もいれば官僚OBもいるが，それらキーパーソンは，これまで述べてきているようにわが国の住宅政策変更に大きな役割を果たしてきている。筆者は先に審議会のあり方について触れている

第7章　戦後住宅政策の行方

が，そのようなキーパーソンによる政策決定過程をどう評価するかは，今後の大きな研究課題となるにちがいない。ここではキーパーソンの存在を客観的に提示することにとどめる。

　さて，住宅政策が市場化に向けて加速していっているにしても，経済界においても経済成長に大きな役割を担うとされている住宅市場の動向については無関心ではおれない。日本経団連は2003年6月，「『住みやすさ』で世界に誇れる国づくり―住宅政策への提言」を発表している。その「まえがき」によれば，「安全・安心・活力を支える制度的枠組みに揺らぎが生じてきているのを，住宅および住環境の整備という面から克服するのを狙いとし，思い切った住宅政策を講ずることを政府に提言する」ためにまとめられたものだという。しかし，「思い切った」とは言いながら，一点を除いてはあまり思い切った提案は見当たらない。

　この提言は「国際的にみても，住宅関係予算総額のGDPに占める比率は，イギリスが1.48%，フランスが0.70%，アメリカが0.34%，ドイツが0.22%なのに対して，わが国は0.18%と低い（国土交通省調べ）。住宅ストック構築の歴史が長い欧米諸国でも，住宅政策に力を入れていることの証である。わが国では，財政再建が求められているところであるが，国際比較の観点からも，住宅政策を重点分野の一つとして，その充実・強化を図るべきである」と言う。ここは全面的に賛成するところである。ところが，この先は民間市場活性化の方策が追求されていて，その公的資金による公的住宅の充実を指しているのではないことがはっきりする。

　つまり「狭い住宅」から「ゆとりある住宅」へ，「不安が潜む住宅」から「安全でやさしい住宅」へ，「寿命の短い住宅」から「多世代にわたって大事に住まう住宅」へ，これを「ライフステージに応じた循環型の住宅市場の構築」によって実現することこそ，待たれているというのである。具体的にはこれを，住宅投資減税の導入，住宅ローン利子の所得控除制度の創設などの住宅取得支援税制を導入することにより，あるいはまた住宅金融市場を整備することにより，さらに住宅の建替え，リ

フォームを促進することにより実現しなければならないというのである。そのために中古住宅市場，リフォーム市場や賃貸住宅市場を整備，活性化しなければならない。それが，つまり「循環型の住宅市場」ということらしい。

　公的住宅についても触れられてはいる。「公営・公団住宅の整備のあり方」というところで「公営住宅の建替えにあたっては，PFI的な手法の活用など，民間の資金や創意工夫を活用すべきである。(中略)官民協力による複合住宅の実現にむけて，東京都をはじめとした地方公共団体や公団が，その仕組み作りに積極的に取り組むよう期待する」としている点である。しかし，ここでも公的主体に対する認識は，民間が企業行動する場を提供し，支援する組織という位置付けである。住宅政策に関しては，官民ともに公的主体は民間のサポート機関であり組織であるとする方向がいよいよ強められていく様相になりつつあることがわかるというものである。

　この経団連の提言の中で「一点」だけ思い切った提案があると前述している。それは何か。「住宅のみならず住環境も含めた整備目標や国・地方公共団体・民間等のそれぞれの役割を示した，『住宅・街づくり基本法』の制定を提案する」というのがそれにほかならない。

　政府は2003年6月に，これまでの公共事業長期計画を一本化して「社会資本整備重点計画」とすることを閣議決定，国会は社会資本整備重点計画法を成立させている。同計画の中に組み込まれたこれまでの公共事業長期計画は道路，交通安全施設，鉄道，空港，港湾，航路標識，公園・緑地，下水道，河川，砂防，地すべり，急傾斜地，海岸で，中に住宅は入っていない。しかし，住宅建設5カ年計画は，計画そのものが特殊法人改革により廃止となる住宅金融公庫の融資住宅，都市再生機構に移管される公団住宅に加え公営住宅を中心としたものであり，公庫・公団住宅の計画がその中にふくまれないことになると，その意義を大方失うことになる。これは当然，住宅建設計画法自体をも見直しが迫られることを意味している。住宅政策は，その方向をもふくめて法そのものが

激変せざるをえないところに直面しているのである。

　そうした観点から見ると，経団連の提案はきわめてタイミングのいいものと言えるかもしれない（もちろん基本法の内容が問題であるが）。というのも，わが国の住宅政策は，それを支える各住宅法の上位法としての基本法が不在のまま展開されてきたために，それが総合的に，しかも，それらの理念に沿って展開されてこなかったきらいがあるからである。住宅政策の基本法は，バブル崩壊以降のその政策状況が状況だけに，あるいは社会状況が社会状況だけに，より重要になってきていると言えよう。あるいは住宅政策の行く末は，住宅基本法を策定できるかどうかというところに掛かっていると言えるかもしれない。もちろんそれは，市場のほうでなく，まず国民の居住要求に即し，その居住を確保し，居住水準を改善していき，ひいてはまちづくりにつながるものでなければならないのは言うまでもない。

3　福祉国家へ向けての住宅政策

　わが国が今後，どういう住宅政策を選択していくかは，即どういう国家を目指すかということに直結している。つまり国民が21世紀における国家像をどうイメージし，その実現にどれだけ負担を承知できるかどうか。その国家社会における居住保障はどうあったらいいか。それにより住宅政策の方向も決まってくる。そのさいにもっとも普遍的な選択肢は，わが国が福祉国家を目指すのか，目指さないのかということだろう。

　わが国では1973年の経済社会基本計画において「活力ある福祉社会」を実現することが掲げられながら，その後福祉を軸とした社会政策は後退につぐ後退を重ね，公私の役割分担が強調され，家庭に重きを置いた日本型福祉論を経て，ゴールドプランなどで国民に期待感を抱かせながら，結局は国民の負担のみ増加していき，さらには介護保険の導入による民間依存の福祉へ変貌しつつある。福祉の基本的にその対象とすべき

低所得層の住宅事情もこれまで述べてきた通りである。そうした中で，どんな条件が具備されれば最低限の福祉国家と言えることになるのかどうか。前記経済社会基本計画では「教育や社会保障により国民の生活に安定とゆとりのある」社会を実現しようとしていたが，それはおそらく，国民がどこにおいても快適で安全な生活環境を享受でき，同時に住宅，教育，文化，社会福祉等に関する国の経常的支出が確保されていて，私的消費とバランスのとれた充実した社会的サービスが享受でき，社会保障制度が約束する健康にして文化的な生活が実現するために同制度が完備されるとともに所得や富の配分の不平等がなくなり，過度の社会的不公正が是正されている国家ということになろう。そうしたイメージの中で住宅は，国民にとっての基本的な生活の場と，同時にその生活の場を取り巻く環境を形成するものであるから，これを整備するのは福祉国家に向けての大きな基盤をつくることになる。それはまた必然的に年金，医療，保健など後退が著しい所得保障，社会サービスといった福祉面や，さらには雇用政策をバックアップすることにもなる。

　そうした福祉国家を選択するとするならば，住宅政策はそれを実現していくうえでもっとも効果的な施策を中心に展開されていかなければならない。住宅政策にはさまざまな側面があるのは言うまでもないが，戦後，国民の福祉を増進するのを目標としてスタートしながら，実は経済政策，産業政策の側面が強かった。社会政策としての側面は年々薄められて展開されてきたと言っていいだろう。それを原点に戻り（大正時代に策定された小住宅改良要綱もそうであったが），国民の生活上の不安をなくすのを視点とした社会政策にシフトした住宅政策を展開していくことが必要になる。それは市場の論理でなく，むしろ公的介入のもとに，弱者救済に重きを置いた住宅政策である[4]。第2章の3で述べているように住宅が通常の私的財でなく，商品でもないのはもちろん，それが社会資本的要素を持つものであるところに，公的介入の理論的基盤があるのは言うまでもない。

第 7 章　戦後住宅政策の行方

住宅政策の対象

　具体的には，住宅を利用形態別に見ると，持ち家と賃貸住宅とに分けられるが，そのうちの賃貸住宅に関する政策をより重点的に進めることであろう（「より重点的」としたのは，賃貸住宅に対する公的補助との水平的公平を保つうえで，持ち家に対する公的援助もまた必要であるからにほかならない）。賃貸住宅には公的賃貸住宅（公営，公団，公社）と民間賃貸住宅があり，その中間に国，自治体から補助のある特定優良民間賃貸住宅がある。これらに対する施策にシフトした住宅政策を進めることが重要になってくる。なぜ，これら賃貸住宅にシフトした住宅政策なのか，それは前述しているように，ここに最低居住水準未満世帯が多いからにほかならない。しかも，それらの世帯の多くは，自力では居住水準の改善を行うのが不可能な低所得層であるからにほかならない。これらの世帯を置き去りにするのでなく，その居住改善を図ることこそ，社会政策としての住宅政策の役割である。これまでの住宅政策変更はこれらの世帯を置き去りにしかねないもので，不安をもたらしているが，それらの世帯の低居住水準を解消するのを住宅政策は目的としなければならない。前記南部が言っていた通りである。

　賃貸住宅に対する政策は公的賃貸住宅の建設・供給（家賃の高額化につながらない建替えをふくむ）と，民間賃貸住宅に対する援助とに分けられる。基本的には公的賃貸住宅の建設・供給により，最低居住水準未満の民間賃貸住宅に居住する世帯を公的賃貸住宅に移行可能にすることが重要であるが，その供給量に限度があるとすれば，家賃補助，住宅手当てといったヨーロッパの福祉国家で行われている補助制度を活用するしかない。あるいは民間賃貸住宅建設者，つまり大家に対する住居水準改善のための助成も必要となろう。その場合には家賃統制や借家権の保護などの公的規制により，大家に対し助成に見合った入居者保護策を講じる必要が出てくるのは言うまでもない。

　公的賃貸住宅の供給を補うために，制度的にこれまでも存在した民間賃貸住宅の借上げや買取りを拡大するのも一つの方法であろう。この制

度は特定優良民間賃貸住宅制度の一部にもなっているが，さまざまな施策を展開することによって，公的賃貸住宅の戸数を増やしていく必要があるだろう。

そうした中で高齢者，障害者など社会的，身体的弱者に対しては特別に配慮した施策が必要となろう[5]。それは地域におけるソシャルミックス，ノーマライゼーションを実現するうえで重要である。あるいは小玉徹が言っているようにホームレスに対する住宅保障ということも考えていかなければならないかもしれない。小玉はホームレスとは単なる路上生活者ではなく，雇用不安の結果，離職と同時に生活のセーフティネットとしての住居を失ったケースが多く，これらの人々に対しては英国におけるような住宅給付が必要だとしている[6]。

これまでの住宅政策は，たとえば住宅金融公庫の融資条件を見るように，ある面では不必要なまでに細部にこだわってきたが，しかし，政策対象別にそれぞれに適した施策を準備するといった面においては欠落する部分もあり，いかにも粗雑にすぎた。ホームレスに対する施策が欠落していたのは，そのような事情による。それでは社会政策としては機能しにくい。前述したように国民の不安を解消する視点に立ったさまざまな施策が実施されなければならず，こうした施策は市場重視主義の住宅政策では実施できるものでないことを明記しておく必要があるだろう。海老塚良吉の研究によれば，英国，フランスなどではキメの細かい賃貸住宅政策が，民営化の流れの中で，紆余曲折を経ながらも進められているのを知ることができるが[7]，わが国も先進福祉国家の例を貪欲に学んでいかなければならない。早川和男は住宅を「健康・福祉資本」だと言っている[8]。それは西欧先進国では早くから言われていることのようであるが，それを実現・定着させるのが社会政策としての住宅政策と言っていいだろう。

あるべき住宅政策のもう一つの視点は，それが地域政策と連動して進められなければならないということである。とくに公的賃貸住宅の建設・供給と民間賃貸住宅居住者に対する援助策においては，それが貫徹

されなければならない。それは一つにわが国を分権型社会に移行させるうえでも必須の条件と言えよう。つまり政策の地域化である。

　バブル期に東京都をはじめ特別区の一部で独自の住宅政策を展開するに至ったことはすでに述べているが，地域の住宅実態についてもっとも精通しているのは地域自治体であって，決して霞ヶ関ではない。その地域の住宅実態に基づき，その実情を踏まえた居住改善の計画を立て，さまざまな施策を実施していけるのは地域自治体である。大都市圏に関しては，1991年に施行された大都市地域における住宅及び住宅地の供給の促進に関する特別措置法により，住宅マスタープランを策定することが可能となったが，そうした霞ヶ関のマニュアルによるものでない独自の計画に基づくものである。そこでは，公的賃貸住宅の家賃を近傍同種住宅の家賃に近付けるという霞ヶ関の政策に対し，逆に近傍同種住宅家賃を公的賃貸住宅のそれに近付けるという独自の試みが行われてしかるべきだろう。さらにたとえば各自治体による地域福祉計画と連動したキメ細かい施策を実施していく必要もあるだろう。

　地域福祉計画に連動した住宅政策とはつまり，まちづくりにつながる政策である。それは居住を中心に据えた地域再生策にほかならない。そこでは居住の改善と同時に居住環境の整備も進められる。それは官製HOPE計画といったものではなく，木造住宅密集地域の改善事業などは当然，この範疇に入る施策になる。あるいは公的賃貸住宅の建替えに当たっての公営，公団，公社住宅の合築，施設の共用化などは地域自治体の主導なしでは行えない事業であると言えよう。

　国の役割は，そうした地域自治体の多様な住宅政策を積極的に支援することである。ここに前述した経団連の提案の意味が浮かび上がってくる。経団連の提言は，わが国の住宅予算がいかにも少ないことを衝いていた。それはGDPと比較して英国の約6分の1，フランスの約4分の1でしかない。これを他の先進国なみに増やして自治体に自由に独自の住宅政策を展開させるのに使ったら，地域の住宅実態の中に占める水準の低い住宅とそれを取り巻く居住環境はずいぶんと改善されるにちがいな

いのである。それは地域再生につながることになる。地域再生と言い，都市再生と言う意味が，多様な人々がどんな事故があっても安心して定住しつづけることのできる地域と都市をつくることだとしたら，地域福祉計画と連動した住宅政策の重要性があらためて理解されよう。

では，廃止されることになる住宅金融公庫に代わる新法人，都市基盤整備公団に代わる都市再生機構は何をなすべきか。公庫に関しては，金融公庫法改正に当たって衆・参両院が行った附帯決議に即して，民間金融機関に対し長期固定の低金利による住宅融資と，それに基づき新築される住宅の一定建設基準を保障させることであろうし，事故に直面した融資利用者のためのセーフティネットを構築することがまず優先的になされなければならないだろう。都市再生機構に関しては，民間の企業活動を支援することよりも，公団から引き継ぐ賃貸住宅のストックを入居者に大きな負担をかけることなく建替えなどにより有効に活用することであろうし，未利用地を生かした新規の事業を創出して，国民の居住改善とまちづくりに寄与することであろう。それが地域再生につながるものでなければならないのは言うまでもない。

そうした福祉国家構築に向けた住宅政策の方向を定めるものとして，経団連が提案している「住宅・街づくり基本法」があるのであれば，その意義は大きなものになる。それが憲法第25条の理念を受けたものでなければならないのもまた，言うまでもない。しかし，それが市場主義，競争主義に依拠する経済政策の延長線上に位置づけられるものであるとすれば，それは逆に福祉国家構築に向けての足かせになるだけである。その方向は何よりも，福祉国家の前提となる"等しからざる"を憂い，それをともに回復しようという普遍的社会システムを破壊してしまおうというものだからである。では各住宅法の上位法としての基本法が必要だとしても，それはどういう内容のものであったらいいのか，次章において触れておきたい。

　　（1）　大本圭野「居住問題と住宅政策」（日本社会保障法学会編『講座　社会

第7章　戦後住宅政策の行方

　保障法第5巻　住居保障法・公的扶助法』(2001年，法律文化社) の第2章43頁。
(2)　前掲南部「日本住宅公団と団地づくり」。大本『証言　日本の住宅政策』369頁。
(3)　自治体住宅政策については，本間『自治体住宅政策の検討』(1992年，日本経済評論社) を参照されたい。
(4)　ヨーロッパにおける社会政策としての住宅政策の発展過程については，武川正吾「社会政策としての住宅政策」(大本圭野・戒能通厚編『講座現代居住Ⅰ　歴史と思想』(1996年，東京大学出版会) の61頁以下に詳しい。
(5)　高齢者に対する賃貸住宅政策については，園田真理子「高齢者に関する賃貸住宅政策の課題と展望」(都市住宅学会誌『都市住宅学』42号，2003年夏) がある。
(6)　小玉徹『ホームレス問題—何が問われているのか』(2003年，岩波書店) 58頁以下。早川和男も『居住福祉』(1997年，岩波書店) の中でホームレスの問題について触れている。
(7)　海老塚良吉「諸外国での賃貸住宅政策の動向と展望」(前掲『都市住宅学』の68頁以下)。海老塚はまた，自身が中心となり，都市基盤整備公団居住環境整備部編として『平成13年度・主要先進国の住宅政策と住宅事情の現況調査』をまとめているが，同調査は，海外の住宅政策を知るうえで参考になるものである。
(8)　前掲早川『居住福祉』の中で繰り返し言っている。たとえば147頁など。

第 8 章

あるべき住居法
同潤会住居法案を教訓として

戦後住宅政策はなぜ，かくも脆く崩壊し，終焉を迎えることになったのか。その大きな理由の一つに，憲法第25条の理念はプログラム規定したものにすぎないと解釈するのが多数派であることが挙げられるのではないだろうか。しかも，その憲法と実定住宅法の間に，その二つを繋ぎ，上位法の役割を果たすべき住居基本法がわが国にはなかったことが挙げられるのではないか。そのために実定住宅法が掲げる福祉の観点は曖昧なものに終始せざるをえなかった。実はわが国でも住居基本法の必要性が議論されないできたわけではなかった。その軌跡を振り返ってみると，そこから大きな教訓を得ることができるのである。

1　住居法の意味

　「住居法」と言った場合，それは二つの意味を有する。一つは住宅政策に関する基本法という意味であり，もう一つは住宅に関するさまざまな個別法を総称していう場合である。
　前者の場合，そこではまず国家が，国民が固有の権利としての人間の尊厳・人権を守りうる居住空間を確保することを保障する理念と責務を示すことが求められ，さらにその具体的目標（基準）と，それを実現するための方策等が盛り込まれる。一般的にいってその内容は，たとえば1996年6月にイスタンブールで開催された第2回国連人間居住会議が採択した「居住の権利宣言」に述べられている「居住は基本的人権の基礎であり，各国政府は居住の権利を完全かつ前進的に実現する義務を負う」というのを，各国が国内的に具体化するためのものとならなければならないだろうが，わが国にはまだ，そうした住宅に関する基本法は存在しない。
　しかし，後者の意味ではわが国にも住居法は存在する。しかも，それは住宅供給に関して住宅建設計画法をはじめとする公営住宅法や公団，公社法など，住宅融資に関しては公庫法，住宅構造基準や居室の保健衛生基準，設備基準については建築基準法など，あるいは住宅の貸借につ

第8章 あるべき住居法——同潤会住居法案を教訓として

いては借地借家法をはじめマンション管理に関する法まで，さまざまな法律（公法，私法）があって，それらを総称してわが国における住居法ということはできる。本書はこれまで，それらの法律を一括して「住宅法」として述べてきた。ここでは前者の基本法がアカデミズムなどにおいて長い間「住居法」と呼ばれてきた経緯があるので，その歴史を尊重する意味で前者については「住居基本法」の呼称を使い，各実定法についてはこれまで通り「住宅法」の呼称を使うことにする

　英国は，国民の住宅確保については先進国として知られていたにもかかわらず，長らく住宅に関する基本法がなかったが，近年にいたり1985年および1988年住宅法（Housing Act），1989年地方政府住宅法（Local Goverment and Housing Act）を制定している。個別法は19世紀から，たとえば1851年公共住宅法（Public Housing Act），1868年職人労働者住宅法（Artizans and Labourers Dwelling Act）など，さまざまな法が存在し，戦前戦後を通じ毎年，国民の住居の状況とそれに対する政府の施策を明らかにするグリーンペーパーを発表しているのは知られるところである。諸外国の中には，憲法や地方憲法の中に住居基本法の骨格部分ともいうべき国民の住宅保障について明文化しているところもある[1]。その下に個別法が存在するのはいうまでもない。

　わが国ではいぜんとして住宅に関しては基本法不在のまま，個別法のみによって，住宅政策が展開されてきた。わが国では戦後，住宅を確保するのは個々人にゆだねられ，金融を主とした持ち家政策中心の住宅政策が展開されてきた経緯がある。そのために持ち家を確保できない層の人々は狭小賃貸住宅に住まわざるをえずにきたが，これは憲法に加え国民の居住を保障する基本法が存在しなかったことに多く起因していると見られ，その結果，バブル後の経済が原因で企業の倒産，リストラが相次ぐ中で，高齢者を中心に大量，長期の失業者が発生し，居住不安にさらされる人々が続出して，ホームレスの人々が大量に出るなど従来の社会保障制度が大きく揺らぐに至っている。社会保障法の観点から見ると，いまやそれらの人々に対する住宅保障は，生活困窮者に対して最低

生活保障を目的とした公的扶助の中で，もっとも重要なセーフティネットと位置付けなければならない状況になってきているといえる。つまり国民の住宅保障を法的に明文化しなければならない状況といえ，基本法としての住居法の制定は以前にもまして必要になってきているといえよう。

　しかし，わが国においてもこれまで，基本法としての住居法制定の動きがなかったわけではない。大きな動きだけで，少なくとも戦前に2回，戦後に3回あった。が，いずれも法の制定にまでは至らなかった経緯がある。中でもっとも，構想がダイナミックで，具体的な検討がなされたのが，1939年に同潤会内に設けられた住宅制度調査委員会が検討したそれである。以来60年余たつのに，わが国では未だその法整備がなされていないことになり，その政治的怠慢はきわめて大きいといえる。それはともかく，同潤会委員会の検討内容を見ると，それが今日においても通用するものであることに驚かざるをえない。つまり今日，住居法を制定するとしても，その内容は同委員会検討のものとあまり変わったものにはならないだろうということである。

　その同潤会住宅制度調査委員会が検討した住居法案の先見性と意義について，あらためて評価しておきたい。あらためて評価しておきたいその意図に，前述しているように国民の居住に関わるセーフティネットとしての住居法の制定を急ぎ求めたいことがあるのはいうまでもない[2]。

2　同潤会研究会の住居法案

　戦前に2回，基本法としての住居法検討の動きがあったと，すでにしるしている。最初のそれは，後藤新平が主宰した都市研究会が1919年に発表した「都市住宅政策と本会の決議」の中で提案されたものである。同決議は6項目にわたる提案であるが，その「第6」において「(1)住居法の制定，(2)住宅の監督，(3)都市住宅局の新設」が提案されているわけで，同提案の説明を行っている佐野利器はこういっている。

第8章　あるべき住居法——同潤会住居法案を教訓として

「住宅が沢山出来ますれば住宅の不足に対する方策はそれで略ぼ目的を達せらるると思ふのであります。それでここに住宅の改良，詰り住宅問題といふものが残って居って，今迄申しただけでは足りないのであります。……従て前にお話した事と伴って起るのが住宅の行政であります。即ち一が住居法，二が住宅の監督，三が都市住宅局の新設，是等に依って完全な住居行政を行って行かうとするものであります」(3)。

また同年，当時内務省都市計画課長の池田宏は建築家に対し，次のような呼びかけを建築学会を通じて行っている。

「要するに住居問題の解決に付きましてはどうしても個人に任せて各人の自由に拠って置くことは出来ないと言うことが段々分りますので，何れの国といえども公権を有った国家又は公共団体が組織的住宅政策を執って，而して之に必要なる法制を整へて実行しなければならぬと言うことに一致して居ります。我国でも幸い都市計画法なり建築物法は通りましたが，是のみをもってしましては尚ほ足らざる所の住居に関する法制の規定を要する事項がありますから，それ等に付きましては建築家諸君に於かれましても十分御研究を願い，都市計画法，市街地建築物法の制定と同じやうに大に世論を喚起せられて，当局をして再び此法案と同じような成績を挙げ近く成法と成し得るやうに御心配を願いたいと思います」(4)。

1919年に都市計画法と市街地建築物法が成立している。池田は，この両法により都市を整備することは可能になったが，住宅問題の解決にはつながらない。個人の力では改善不可能な住宅問題の解決にも法の下に国家的政策をもって当たらなければならないといっているわけである。

同年，地方の側からも住居法制定を求める声が起きている。大阪市

長・関一によるもので，関は，わが国では「住居問題又は住居法よりも先づ都市計画が世論の焦点となり，都市計画法が住居法より先きに制定されました。此順序は英国流より仏米流と申して宜しからう」と述べて，住居法の制定を求め，後述するように住居法が規定すべきその内容についての提案まで行っている[5]。

都市研究会のメンバーは内務省官僚のほかに当時の学界，建築界の有力者を網羅したものであり，また池田は内務省の現職課長，関は大阪市長である。これだけの有力者の提案であるから，内務省がすぐさま住居法の検討に入って当然のように思われる。しかし，当時の内務省は制定したばかりの都市計画法，市街地建築物法の施行に伴う実務に忙しく，これらの提案は放置されたままになり，住居法に関するわが国で最初の動きは実らないで終わるのである。政府がこの住居法の本格的検討に入るのは，昭和時代も10年代になってからであり，内務省社会局は1938年1月，厚生省の設置とともに同省に移管されるのであるが，同省が1939年，同潤会に対し，その検討を命じるのである。これが戦前における住居法に関わる二度目の動きになる。

ついでながら戦後3回の住居法制定をめぐる動きとは，一度目は1949年に建設省住宅局企画課内に住居法制定を念頭においた「住居最低基準研究会」が発足したのを指す。当時の住宅局長・伊東五郎をリーダーに関係課長がメンバーになって検討が進められたが，同研究会の成果は結局，住宅不良度判定基準の作成にとどまり，研究会は52年に解散されている。

二度目は，建設省の住宅宅地審議会が1975年8月に建設大臣あてに出した答申「今後の住宅政策の基本的体系についての答申」の中で触れられているのを指している。同答申は「住宅政策の抜本的改善を図るにあたり，住宅問題の基本的認識を明らかにし，新たな住宅政策体系を確立し，その円滑な推進を図るため，住宅基本法の制定について検討する必要がある」と述べ，「国民的合意を得て，その制定に努めるべきである」と提案して，その具体的内容にも触れた[7]。その中に触れられてい

第 8 章　あるべき住居法——同潤会住居法案を教訓として

た住居基準については，1976年にスタートした第 3 期住宅建設 5 カ年計画に「最低居住水準の目標」「平均居住水準の目標」として盛り込まれたが，法の制定にはいたらず，建設省にその制定を促す意図で，1976年に公明党が「住宅基本法案」を，80年に社会党が「住宅保障法案」を国会に提出するが，審議未了のまま終わっている経緯がある。

　三度目は80年代半ば以降のバブルによって，とくに勤労者のアフォーダブルハウジングが不可能になった状況に対して，国民の居住を保障するのを目標に掲げて公明党が91年 1 月に，社会党が同年 3 月に先の法案と同名の法案を，同年12月に民社党が居住基本法案をそれぞれ国会に提出したが，いずれも審議未了に終わっている。その最大の理由は自民党の理解が得られなかったためであった。これら政党がまとめたのは，基本法としての住居法についてはじめて法律案としたものであるが，注目していいのは（それが本小論で明らかにしようとしていることなのだが），それらのいずれの内容も，後述するように戦前の同潤会研究会の検討内容に沿ったものであることである。

住居法案の検討に携わった人々

　さて新設の厚生省社会局住宅課から，住居法案の検討をもふくめて，わが国における庶民住宅の供給策改善についての研究を命じられた同潤会は，内務省の住宅行政担当官，研究者，部内の専門家などを集めて，1939年春，住宅制度調査委員会を設置する。同委員会規定第 1 条は，その目的を「欧米各国ノ住宅立法並運用ノ状況ヲ調査シ且我国庶民住宅ノ供給改善ニ関スル方策ヲ審議スル為」とし，委員長には内務省出身の貴族院議員・長岡隆一郎が任命された。長岡以外の委員は軍事保護院工営課長・中村憲，同潤会総務課長・乾真介，司法省民事第二課長・堀内信之助，前厚生省社会局生活課長・武島一義，厚生省社会局住宅課長・同潤会参与・中島賢蔵，東京帝大教授・同潤会評議員・内田祥三，同潤会建設部長・福田重義，厚生省技師・古屋芳雄，前厚生省労働局指導課長・秋葉保広，工学博士・佐野利器，前厚生省衛生局保健課長・物部薫郎の

11人。その下で実質的な研究に当たる研究員が外務省嘱託・池田徳真，商工属・伊藤俊夫，内務省技師・伊東五郎，厚生省技師・諫早信夫，日本労働科学研究所研究員・石堂正三郎，厚生省技師・早川文夫，厚生科学研究所技手・浜野啓一，内務省技師・長素連，厚生省技師・大村巳代治，前日本労働科学研究所研究員・岡島暢夫，厚生省技師・熊谷兼雄，日本労働科学研究所研究員・桂寅太郎，警視庁建築技師・吉田倫恒，東京帝大助教授・高山英華，厚生省技手・長岡道男，住宅制度調査委員会常任研究員・小池新二，東京市政調査会研究員・幸島礼吉，厚生省技手・有薗初夫，東京民事地方裁判所判事・青山義武，司法属・北川一松，東京高工講師・白鳥義三郎，東京帝大教授・平山蒿の22人であった。

　この中には，戦後も住宅・都市問題の第一線で活躍する人々もいる。1940年4月に中村賢蔵委員の発議により，それら研究員の中から数人のメンバーを選び，住居法特別研究員会が設置されるが，その検討項目と担当者は

　　　1．住宅調査　　　　　　　　第一部会　　池田徳真
　　　2．住居標準　　国民住居　　　第二部会　　大村巳代治
　　　　　　　　　　東京……標準設計
　　　　　　　　　　敷地割，一団地住宅
　　　　　　　　　　規格統一，大量生産
　　　　　　　　　　全国……標準設計
　　　　　　　　　住居監督　　　　　第三部会　　諫早信夫
　　　　　　　　　　最小限住居基準
　　　　　　　　　　住居監督制度
　　　3．住宅供給　　　　　　　　　第四部会　　早川文夫

であった[8]。それらの調査結果については各項目について詳細な報告書が出されている[9]。これを受けて小人数により住居法案を検討するた

第 8 章　あるべき住居法——同潤会住居法案を教訓として

めの住居法案要綱作成小委員会が設置される。この小委員会の設置目的こそ，その設置主旨に，

1. 狭義ノ住居法ヲ立案スル……住宅ノ改良，供給，助成等
2. 広ク住居ニ関連スル法令ヲ「住居法」的見地カラ検討修正スル
3. 立法主旨ノ確立……例ヘバ国民体位ノ向上，労働力，再生産等

とあるように本格的住居法案を作成することにあった。同小委員会は早速検討に入り，まず「住居法ノ内容トナルベキ事項」をまとめる。いわば住居法案要綱の骨子ともいえるものである。それは以下のようなものであった[10]。

基本事項	住居行政機構ニ関スル件
	住居調査ニ関スル件
量ノ問題	住居供給機関ノ設立……（住宅会社法）住宅組合法
	住居供給機関ノ調整，監督
	住居供給ノ勧奨，強制
	住居供給ニ対スル補助
質ノ問題	住居標準ニ関スル件（基準）
	国民住居普及ニ関スル件（建設）
	住居監督ニ関スル件（予防）
	既存住居ノ改良ニ関スル件（改造）……不良住宅地区改良法
其ノ他ノ関連事項	不動産金融ニ関スル件……預金部地方資金貸し付け規定
	生命保険積立金運用規定……簡易保険積立

303

　　　　　　　　　　　　　　　　金運用規定
　　　　　　建築技術ニ関スル件……市街地建築物法，
　　　　　　　　　　　　　　　　防空建築規則
　　　　　　住居環境ニ関スル件……都市計画法，耕地
　　　　　　　　　　　　　　　　整理法(地方計画
　　　　　　　　　　　　　　　　法)
　　　　　　土地問題ニ関スル件……土地収用法，道路
　　　　　　　　　　　　　　　　法(国土計画法)
　　　　　　借家借地ニ関スル件……借家法，借地法，
　　　　　　　　　　　　　　　　借地借家調停法
　　　　　　地代家賃ニ関スル件……地代家賃統制令
　　　　　　　　　　　　　　　　(価格等統制令)
　　　　　　建築資材(建築生産)ニ関スル件……木造建
　　　　　　　　　　　　　　　　物建築統制規則
　　　　　　建築労働力（建築従事者）ニ関スル件
　　　　　　家主組合ニ関スル件

　ここには国民住居に関わるあらゆる問題が網羅されており，戦時下にもかかわらず同小委員会が真摯に住宅問題に取り組もうとしていたことがうかがわれる。今，目を通すことができる資料によると，それら検討項目のうち住宅調査要項案，国民住居標準要項案，住宅供給対策要綱案，住宅会社法案要綱，住居標準案，住居監督制度要綱がまとめられていることがわかる。いずれも1941年3月の日付があるガリ版刷りの文書に記録されているものであり(11)，これも今日においても実施にたえる密度の濃い内容のものであるが，しかし，小委員会がねらった，それらをもとに作成することになっていた本丸というべき肝心の住居法案のほうはどうなったろうか。

　この小委員会は結局，住居法案の作成までには至らなかった。前記のような法案要綱の骨子を体系化したに終わった。上部機構の住宅制度調

第8章　あるべき住居法——同潤会住居法案を教訓として

査委員会自体が四つの部会の報告書の未定稿をまとめるにとどまり，それに基づき法案を作成すべき小委員会の具体的作業も，前記の特定個別法案要綱をまとめるに終わった。時あたかも太平洋戦争突入の年で，住宅制度調査委員会をリードしてきた厚生省，同潤会に法案をまとめる余裕がなくなったためである。このことは当時研究に携わった早川文夫や，同潤会が発展的に改組された住宅営団に勤務していた西山夘三が証言している[12]。

しかし，法案の要綱の，しかも骨子にとどまったとはいえ，前記「住居法ノ内容トナルベキ事項」には，注目する必要がある。そこには基本法としての住居法が盛り込むべき内容がおそらく網羅されていると見ていいからである。

3　あるべき住居法の内容

住居法はどのような内容で構成されるべきか。同潤会住宅制度調査委員会の住居法案要綱作成小委員会がまとめた以外に，戦前戦後の住居法をめぐる動きの中で具体的にそれに触れているのは，戦前の関一の提案，戦後は住宅宅地審議会の答申，そして公明，社会，民社の各党が国会に提出した法案である。

それらの中で，住居法の内容について先鞭をつけたのは関の提案であった。関はその中で，住居法の規定でもっとも重要なのは，住居の最低限度を定めることであるとした。その住居の最低限度とは「文明国民として必要なる最低の標準」であって，「衛生上風紀上の両方面より定むべく居住者一人当り居室又は寝室の大さ則ち気領は最も重要なる事項」である。

次に重要なのは，この最低限度に達しない住居に対する改善策であると関は指摘した。そして「英国に於ては建物が居住に適せざる程度に於て健康に危険及有害なる時は閉鎖命令に依りて使用を禁じ，所有者は3カ月以内に建物を除却し，之を移転せざるべからず」と，英国の例を挙

げている。住居に不適当な地区の改善を盛り込むことも必要である。関はここでも英国の例を挙げて「此方法も英国が率先して実行したものであって、1875年に発布した法律は非衛生地区（Unhealthy area）を改造する権限を地方団体に与へ……此法律に依り倫敦其他の大都市に於て所謂廃頽地区（スラム）の改造を断行した」（カッコ内原文のまま）というわけである。これら住居改善の目的を達するためには住居監督制度を設けなければならない。この制度は最低限、以下の6項目を備えておくべきである。

1. 住居の現状を調査し其衛生上風紀上の弊害又は建物の欠点ある場合には其除去の方法を講ずること。
2. 完全なる建物が其使用方法に依りて不良なる住居と変ずることを予防すること。
3. 住居が生活の本拠として、衛生上其他に関し重要の意義を有することを鼓吹すること。則ち、住宅教育をなすこと。
4. 箇々の住居のみならず、一町内一区域内の住居に悪影響を及ぼすべき原因を除去し住居の悪化を予防すること。
5. 結核其他の伝染病、乳児死亡等の如き直接間接に住居状態と関係する非衛生状態を除去すること。
6. 住居の需要供給の状態を調査し、不良住宅に代はるべき空家を発見し、又は之に代はるべき家屋の新築を奨励すること[13]。

この6項目の中には、広義には住宅監督に入るが、住宅調査、住宅供給と区別したほうがいいものもふくまれており、つまり関は、この提案の中で住居法には最低限、住居基準、住居（地区）改善、住居監督、住居調査、住宅供給の各項目を住居法に盛り込むべきだとしていることがわかるのである。関は大阪市に入る前の東京商大教授時代から都市問題の研究に携わり、海外の事例をも調査していた。そこでわが国にとってもっとも教訓を導ける国として英国に共感を示していたが[14]、ここでもその英国の例をモデルに提案を行っているわけである。関の提案につ

第8章 あるべき住居法──同潤会住居法案を教訓として

いて詳しく触れたのは，それがその後の住居法論議のさいに，先駆的例としてつねに意識されてきているからにほかならない。

関のこの提案が行われたのが1919年であり，その後20年経って前記同潤会の研究会が住居法の検討を行い，そこに盛り込むべき内容を列挙している。戦後，住居法についてその内容に触れられるのは，それからさらに36年経つ1975年，前述しているように建設省の住宅宅地審議会によるものである。

住宅宅地審の住宅基本法

住宅宅地審議会が住居法に触れている「今後の住宅政策の基本的体系についての答申」では「住宅政策の抜本的改善を図るにあたり，住宅問題の基本的認識を明らかにし，新たな住宅政策体系を確立し，その円滑な推進を図るため，住宅基本法の制定について検討する必要がある」と提言したうえで，住宅基本法に盛り込むべき事項として，次の5点を挙げている。

(1)住宅政策の理念の明確化，(2)国，地方公共団体，個人の役割分担の明確化，(3)居住水準および住居費負担の目標，(4)住宅供給計画の策定い，(5)住宅に関する統計・情報の整備，がそれである。このうち居住水準の目標だけがつまみ食いされて，第3期住宅建設5カ年計画に盛り込まれたことは前述している。さらに住宅宅地審議会はこの75年答申を催促するかたちで，1980年の答申「新しい住宅事情に対応する住宅政策の基本的体系について」において住宅基本法の制定を再度迫っているが，その中で同法に盛り込むべき項目について，(1)住宅政策の目標，(2)国及び地方公共団体の施策分担及び相互協力，(3)住宅及び住環境の水準の目標，(4)全国及び地方公共団体等地域レベルで設定される住宅計画の策定，(5)住宅に関する諸施策及びその各々の基本方向の提示等，を挙げている。これらを見ると，住宅宅地審議会が示した事項はおおよそのところ共通しているといっていいだろう。

次に社会，公明両党がかつて国会に提出した法案について見てみよ

う。社会党案は全8章39条，公明党案は全7章28章から成っていたが，その骨格部分を見てみると，社会党案は第1条と第2条で，公明党案は第1条で住宅政策の目的を明示している。すなわち社会党案は「ゆとりのある住生活を営むに足りる」住宅の確保を政策の目標に掲げ，その達成により「国民生活の安定向上と社会福祉の増進に寄与する」としている。また公明党案は「国民の住生活の安定向上国民生活における緊急かつ重要な課題」であり，「国民生活の安定と社会福祉の増進に寄与する」ことを目的としている。

　責務規定として国，自治体が行う施策の質に関して，社会党案（第3，4条）が「前条の目標を達成するため」，すなわち「ゆとりのある住生活を営むに足りる住宅の確保」を目指すとしており，公明党案（第2～第4条）は「すべての国民に対し健康で文化的な生活を営むに足りる住宅を確保し，国民の住生活を適正な基準に安定させるため」の施策を実施しなければならないとしている。自治体の責務については社会党案では触れられていないが，公明党案では「国の施策に準じて施策を講ずる」としている。

　住生活の基準に関しては，上記責務に対応して社会党案（第8，9条）で「ゆとりのある住生活を営むに足りるものとして」であり，公明党案（第7～9条）は「健康で文化的な生活を営むに足りる適正な」基準としている。その基準をどう確保していくかに関しては，公明党案第9条において住居費の負担の基準，居住水準に関する基準の両方についてその確保をうたっている。これらの基準と具体的施策の関連については，社会党案で民間賃貸住宅に居住する者に対する援助が触れられているが，公明党案ではそれに加えて公的住宅の供給等についても規定している。

　住宅供給の計画に関しては，社会党案（第10～15条）で計画の手続きについてボトムアップという従来にない手法を用いることが示されており，このため基本法としては異例の詳細な手続き規定を置いているが，公明党案（第10条）では手続きについての規定は置いていない。

第8章 あるべき住居法——同潤会住居法案を教訓として

　補助規定では，社会党案第27条（民間賃貸住宅に居住する者に対する援助）において「国及び地方公共団体は，国民の住生活の向上を図るため，公共住宅以外の賃貸住宅に居住する者が第8条第1項の住居費の負担に関する基準を超えて家賃その他の負担をしている場合であって，その負担がやむを得ないものと認められるときには，その者に対し必要な援助を行うものとする」と一般的家賃補助を打ち出している。公明党案では低額所得者に対する公的住宅の供給（第15条）のほかに高齢者，母子家庭，心身障害者に対する公的「福祉」住宅の供給（第16条）を明記している。

　このように社会，公明両党の法案を見てみると，それが法案のかたちになっているだけに，住居法に盛り込むべき内容がかなり具体的で，住居法のイメージが明確化してくるというものである。もちろん両党の法案は国会においてコンセンサスを得ることを念頭に置いているから，たとえば住宅の「基準」について，それがいかなるものなのか明確にされていないといった曖昧さを有している。とはいえ，政府がなかなか住居法の制定に踏み切れないでいるのに，両党が国会に法案を提出していること自体は評価してしかるべきであろう。これらが審議未了のまま今日にいたっていることは前述している。

　さて以上見てきた，これまでに明らかにされてきた住居法に盛り込むべき内容をあらためて逐一整理すると，その理念はともかく，次の3点が最低限盛り込まれなければならないことがわかる。この3点にさらに付け加えるべき事項がプラスされることになる。

住居法に盛り込むべき内容

　その一は居住水準である。居住水準については前述しているように住宅宅地審議会の答申を受けて，建設省により第3期住宅建設5カ年計画で最低居住水準と平均居住水準が設定された[15]。最低居住水準は4人の標準世帯で3DK，50平方mというものであり，これを1985年までに全世帯において達成することが目標とされたが，1988年の時点で三大

都市圏では12.8%の世帯がなお最低居住水準をクリアしていない。その後の数字については前述している通りである。また新たに建築される住宅がこの基準をクリアすべく法的規定がなければ、なかなか最低居住水準未満の住宅はなくならない。住居法を理念法・宣言法にとどめるのか、法的拘束力のある実定法にするかで違ってくるが、国民の住居を高福祉社会に対応しうるものとし、文字通り憲法第25条にしるされている国民の生存権を保障するには実定法として制定し、最低居住水準の確保を国の責務とし、またこれを下回るものについては建築を認めない措置を取ることが明記されるべきであろう。居室、住宅設備、住環境の基準も重要なことはいうまでもない。これに付随して住居調査、住居監督、住居改良といった事項が付け加えられる。

その二は住居費負担についてである。国が国民に住居を保障するうえで最大の核心が住居費（公的住宅、民間住宅、賃貸および分譲を問わず）である。つまり、住居費のあり方として応能家賃といったものを想定するとしたら、それが入居者の収入に見合ったものであるかどうかということが問題になる。その場合、住居費が収入のある基準を超えるものであったら、公的に補助が加えられていいというのが英国などの住宅政策が取っている考え方で、具体的政策としは家賃補助制度、公正家賃制度などが想定される。そのほかに借り上げ住宅制度や建築費補助制度等も考えられるが、わが国においてどういった仕組みを採用するかどうかはともかくとして、この補助制度は基本法に盛り込まれるべき必須事項といえよう。これに関連して住居費をめぐる裁定・調停機関に関する事項が付け加えられることになる。

その三は住宅供給に関してである。住宅供給については住宅建設計画法などの個別法においてしるされているところであるが、国民が適切な居住水準の住居に適切な負担で居住しうるのを実現するうえで、それらの住宅を供給する国、自治体の責務と、その計画が明示されていなければならないだろう。大都市においては「大都市地域における住宅地等の供給の促進に関する特別措置法」（1975年）により国の計画と自治体計

第8章 あるべき住居法――同潤会住居法案を教訓として

画の協議を義務付け，地域ごとの供給数を明確にすることを求めているところであるが，これを大都市だけでなく，全国的なものにする必要があるということである。これに関連して，住宅統計，住宅情報，住宅管理といった事項もここに盛り込まれなければならないだろう。

こう見てくると，あるべき住居法に盛り込まれるべき事項は膨大である。中には個別法を改正することによって個別法のほうにしるしてよいものもあるが，しかし，重要なのは個別法の上位に立つ基本法として，住宅政策の基本的理念と目標を明示し，個別法を体系化し，秩序立てる役割をこの住居法が担うことであるのはいうまでもない。とすると，この住居法に盛り込まれるべきなのは最低限，住宅政策の理念のほかに，まず国民の住居に関わる重要な法原則ということになる。それはここで触れた住居水準，住居監督，住居費負担，住宅供給の四つの原則にほかならないといっていいだろう。

さて，このように見てきて，あらためて同潤会の住居法案要綱作成小委員会が取り組んだ住居法案について，その意義を検討するとなると，どのように評価することができるであろうか。

4 同潤会による住居法案検討の先見性

住居法に最低限盛り込まれなければならないのは住居水準，住居監督，住居費負担，住宅供給の四つであるとしるした。これを住居法に求められている課題とすれば，同潤会の住居法案要綱作成小委員会はそれにどのように対処していたろうか。

あらためて，その「住居法ノ内容トナルベキ事項」を見てみよう。それは事項別に「基本事項」と「量」の問題，さらに「質」の問題にまず分けられていた。住居水準については，そのうちの「質」の項に「住居標準ニ関スル件」として取り上げられ，また「既存住居ノ改良ニ関スル件」もここに入れられている。住居監督についてもこの「質」の項の中に「住居監督ニ関スル件」として入れられているのがわかる。また，住

311

居費負担については「其他ノ関連事項」の項の中に「不動産金融ニ関スル件」として，あるいは「地代家賃ニ関スル件」として取り上げられている。

中でもっとも力が入れられようとしていたのは住宅供給に関してであり，それは「量」の項の中に，まず「住居供給機関ノ設立……（住宅会社法）住宅組合法」を挙げ，さらに「住居供給機関ノ調整，監督」「住居供給ノ勧奨，強制」「住居供給ニ対スル補助」が取り上げられている。これらの施策を実施する機関として「基本事項」の中に「住居行政機構ニ関スル件」と，住居行政需要を把握するのを目的とした「住居調査ニ関スル件」が入っている。

こう見てくると，同潤会の住居法案要綱作成小委員会が目指した住居法案要綱には，今日，基本法としての住居法をつくるとしたら，そこに盛り込むべき内容がすべて網羅されていることがわかるのである。1939年の時点で（それ以前に関一による具体的提案があったにせよ），同小委員会がこのようなまとめを行っていたというのは高く評価すべきであろう。しかも，かれらはただその文字を羅列したのではなく，以上のようにしるされた「住居法ノ内容トナルベキ事項」のもとに，膨大な調査と研究のうえにまとめられた成果があることに注目したいのである。それがどういうものであるかを知れば，その評価が的を射たものであることがより理解されるに違いないのである。

その膨大な調査と研究を行ったのは前記四つの部会に分かれてそれぞれ担当分野を受け持った住居法特別研究員会のメンバーである。たとえば第二部会において住居標準の調査・研究に当たった大村巳代治を中心とする人々は「住居法特別研究員会第二部会報告」として「国民住居標準要綱案（未定稿）」というのをまとめている。それが要綱の住居標準がどういうものであるかを示す根拠になっているのである。最近明らかになったガリ版刷りの未定稿を見ると[16]，かれらの取組みぶりがうかがえるというものである。以下，一例として同未定稿がどういうものであるか，その原文を見てみよう。

第8章 あるべき住居法——同潤会住居法案を教訓として

国民住居標準要綱案（未定稿）

第一　基本事項

一．公共団体，住宅営団ノ建設及政府又ハ公共団体ノ助成ニテ建設セラルル小住宅ハ本要綱ニヨルコト

二．一般民間小住宅ニ於テモ成可本要綱ニ準拠シテ建設セシムル様指導誘掖スルコト

三．国民住居標準ハ本要綱ヲ以テ全国的基準トナシ，参考トシテ地方別設計図案ヲ添付スルコト

第二　居住標準

四．一人当リ居住単位ハ床面積ニ於テ10平米乃至20平米，敷地ニ於テ15平米乃至30平米トスルコト

五．家族数ニ基ク等級ハ少数（三人未満）標準数（五人未満）及多数（七人未満）ノ三級トスルコト　但，満六才未満ノ幼児ハ成人率〇・五人ト見做シ得ルコト

六．世帯ノ収入ニ基ク等級ヲ少収（75円未満）中収（125円未満）多収（125円以上）ノ三級トスル

七．単位世帯ノ居住室数ノ基準ハ左表ニ拠ルコト

収入	家族数	少数家族	標準家族	多数家族
少収		二	三	…
中収		二	三	四
多収		三	四	五

第三　居住室

八．居住室トハ住宅ニ於テ就寝ノ用ニ供シ得ル居室ニシテ床面積10平米以上，天井高2.4米以上ノ室ヲ謂フ

九．居住室ハ直接外気ニ面スル開口（縁側ヲ隔ツルモノヲ含ミ天窓ノミノモノヲ除ク）ヲ有スルモノトシ，ソノ開放面積ハ床面積ノ二割以上トナスコト

十．主要居住室ノ主要開口面ハ略南面セシムルカ若ハ夏期ノ恒風方向，地形等ヲ参酌シテソノ配置ヲ定ムルコト

十一．室ノ配置，屋内開口及間仕切壁ノ位置等ハ夏期通風ノ宜敷キ様配列スルコト

十二．主要開口面ノ前面ニハ日照又ハ採光上必要ナル幅員ノ空地ヲ設クルコト

十三．居住室ノ開口部ニハ成可庇ヲ設ケ普通建具ノ外遮蔽シ得ル設備ヲ設クルコト

十四．居住室ノ一部ニハ適当量ノ押入及縁側ヲ付設スルコト

十五．居住室ニハ神棚仏壇ノ位置ヲ想定シ，又一部ニハ床飾棚ヲ設クルコトヲ得

第四　付属室

十六．住宅ニ於テ居住室ニ非ル室ヲ付属室ト謂フ

十七．玄関ハ簡素ニシテ必要最小限ノ広サノモノトスルコト

十八．台所ハ燃料及給水設備ニ相応セル適当ノ広サノモノトシ，流元ノ採光及煮炊場ノ排気ニ留意スルコト

十九．便所ハ直接外気ニ接スル位置ヲ選ビ，大便所（水洗ノ場合ヲ除ク）ノ台所ニ隣接スルコト及直接居住室ヨリ出入スル配置ヲ避クルコト

第五　家屋ノ型式及規模

二十．家屋ノ型式ハ独立，二戸建，長屋及共同住宅（世帯向アパート）ノ四種トスルコト

二一．家屋ノ規模ハ延床面積四〇，五〇，六〇，七〇，及八〇平米ノ五種トスルコト

第8章 あるべき住居法──同潤会住居法案を教訓として

二二．型式ト規模トノ関係ハ次表ニヨルコト

型式	四〇平米	五〇平米	六〇平米	七〇平米	八〇平米
独立建	…	平屋建	平屋又ハ二階建	同	二階建
二戸建	平屋建	平屋又ハ二階	同	二階建	…
長屋建	平屋建	平屋又ハ二階	二階建	…	…
共同住宅	二階建	同	…	…	…

第六　独立建住宅

二三．間口（主要開口面─在ル側）ハ奥行ヨリ大ナルコトヲ原則トスルコト

二四．平面形ハ成可凹凸ノ少キモノトスルコト

二五．屋根ノ形状ハ成可単純ナルモノトスルコト

第七　二戸建住宅

二六．間口（主要開口面ノ在ル側）ハ奥行ヨリ大ナルコトヲ原則トスルコト

二七．平面形ハ成可凹凸ノ少キモノトナルコト

二八．屋根ノ形状ハ単純ノモノトスルコト

二九．界壁ノミヲ以テ双方ノ居住室ガ隣接スルヲ壁ルコト

第八　長屋建住宅

三十．店舗ニ兼用シ得ル住宅又ハ特殊慣習ニテ直チニ取止ムルヲ得ザル地方的事情ノ外長屋建ト為サザルコト

三一．長屋ハ一棟当リ四戸以下トシ，一戸当リ間口ハ五米以上トシ界壁ハ準耐火構造トナスコト

三二．木造立体長屋ハ特ニ堅牢ナル構造トシ，一階天井ノ耐火二階台所ノ耐湿ニ付キテハ特ニ完全ナルモノトナスコト

三三．棟割長屋及トンネル長屋ト為サザルコト

第九　共同住宅

三四．家屋ハ準耐火構造ト為スコト

三五．炊事場ヲ共同スルモノハ各戸専用流，煮炊場及物入ノ設備ヲ設クルコト

三六．便所ヲ共用スルモノハ各戸専用ノ大便所ヲ設クルコト

三七．洗濯場ヲ共用スルモノハ各戸専用物干場ヲ設クルコト

第十　附帯設備

三八．炊事用燃料及雑品格納ハ物置トシテ別棟ヲ設クルカ縁側床下，台所床下等ニ収メ時ニ地下室トシテ防空ニ備フルコト

三九．浴室ノ設ナキ時ハ屋内又屋外ニ洗面洗濯ヲナシ得ル場所ヲ設クルコト

四十．電灯照明ハ居住室ニ於テ一帖半五「ワット」以上，付属室ニ於テハ必要ナル箇所ニ設クルコト

四一．井水ヲ飲用ニ供スル際ハ便所トノ距離ニ注意シ排水ハ吸込ト為サザルコト

四二．塵芥ト厨芥ト雑芥ヲ区分スルコト

四三．塀，植樹ハ特ニ防火的ニ効果アルモノトスルコト

この記録と同時に「同潤会住宅制度調査委員会事業経過報告書」，住居法特別研究員会第一部会報告として「住宅調査要項案」，第四部会報告「住宅供給」「住宅供給対策要綱案」（筆者注・住宅会社法案要綱をふくむ），住宅制度調査委員会研究報告として「住居監督制度及住居標準ニ関シテ」（筆者注・国民住居標準案，小住宅供給助成最低標準案，住宅ニ関スル調査票，をふくむ），第三部会報告「住居監理制度要綱」（筆者注・諌早研究員名による「住居監督制度要綱」をふくむ）等が明らかにされているが，つまり「住居法ノ内容トナルベキ事項」について，そのような調査・研究の成果がまとめられていたことになる。事業経過報

第8章 あるべき住居法——同潤会住居法案を教訓として

告書によると，住居法の検討材料としてドイツ，英国，オランダ，米国の住宅法制度，住宅政策に関する研究も各研究員により進められていたことがしるされており，この国民住居標準要綱案もその成果の一つというわけである。

国民住居標準の評価

あらためてこの要綱を見てみると，住居法として明記すべき国民住居標準について，一人当たりの居住単位を居室で10ないし20平方mとしていることがまず注目される。敷地の標準は15ないし30平方mという。これを4人標準世帯に換算すると，居室面積で40ないし80平方m，敷地面積で60ないし120平方mになる。居室面積でいうと，前述しているように戦後1976年に住宅建設5カ年計画で目標として掲げられた最低居住水準のそれが4人標準世帯で50平方mであるから，40平方mは下回るが，80平方mはその1.6倍ということになる。敷地面積を見ると，戦後の住宅地開発でミニ開発とされたのが50平方m未満のそれであるから，それを完全にクリアした標準になる。

個々の居住室の標準を見ても，居住室は寝室に用いられるものとして10平方m以上の広さとし，日照，採光についても配慮がなされている。衛生設備等に関する基準も示されている。これはもちろん，英国において戦後の1961年に設定された居住水準であるパーカー・モリス基準（Parker Morris Standards）で過密居住を禁止して，さらに床面積と暖房のあり方まで決めているのに比較したら，そう厳しいものではないが，戦時下にまとめられたものであることを考えると，まずまずの水準と見ていいのではないかとみられる。ちなみに同じ戦時下の1941年に日本建築学会が発表した「庶民住宅基準」は4人世帯で19.5畳（台所をふくまず）であり，同年住宅営団研究部がまとめた「住宅建設基準」は4人世帯で13.5〜16.5畳（同）というものであった（これらの基準は戦後1971年スタートの第2期住宅建設5カ年計画まで用いられた経緯がある）。いずれも同潤会の研究陣がまとめたものより下回る。つまり同潤

317

会の上限のほうが水準が高いからである。

　しかし、この国民住居標準が当時、日の目を見ることはなかった。住居法そのものの制定が見送られたのであるからやむをえないことであった。当時厚生省から同潤会に出向して研究員をつとめた早川文夫[17]は「戦時中で無理だということがだんだんわかって」とその理由を述べている[18]が、同潤会の研究グループの努力がまったく無駄に終わったわけでもなかった。

　それは前記第四部会報告「住宅供給」の中に盛り込まれていた「住宅会社法案要綱」が生かされて、戦時下の庶民住宅（とはいえ主として大都市の軍需工場労働者のためのものであったが）の供給機関として住宅営団が設立することになったからである。もともと住宅会社は賃貸と分譲の都市住宅供給と都市計画を一体化して進める非営利の組織として前述都市研究会が提案していたものであったが、それが戦争の激化に伴い、はからずもそういうかたちで設立されることになったわけである。住宅営団は戦後1955年に発足する日本住宅公団（現都市基盤整備公団）につながる住宅供給機関であるが、都市研究会が構想した住宅会社は人口30万人以上の都市に一社ずつ設立するのを目標としていた。戦後、西ドイツで各都市に公的住宅供給機関として非営利の住宅会社が数多く設立され、社会住宅の供給に当たって、戦後復興に一役買ったのはよく知られているが、都市研究会、同潤会の研究グループが考えていたのも、まさしくそのような住宅供給機関であった。とはいえ、若干目指したところとは違ったが、ここに住宅営団という住宅供給機関が設立されたのである。これは、住居法は無理だが「それでは住宅営団と貸家組合だけを法案ににしようとしたということですね」（住宅営団法と貸家組合法はいずれも1941年成立）と、前記早川は語っている[19]。そうしたかたちで同潤会に集まった人々の努力のあとは今日も生きているということになる。

第8章　あるべき住居法──同潤会住居法案を教訓として

5　同潤会による住居法案検討の意義と住居法制定の必要性

　同潤会の住居法特別研究員会が（未定稿であるにしても）まとめた住居法案の要綱とその項目のいくつかについて，より具体的，理論的にまとめた作業成果の記録を見て，どういうことがいえるか。
　まず第一にいえるのは，あるべき住居法が備えなければならない項目にあらかた触れており，しかもそれを体系化しているということである。それは今日，住居法を作成するとしても同じ項目が盛り込まれることになるに違いなく，たとえばここには，戦後70年代以降にまとめられて国会に提案された社会党，公明党の基本法案にふくまれていなかった住居監督に関してまで，その要綱が作成されているのである。
　第二にいえるのは，その内容が今日においてもそのまま通用すると評価できることである。たとえば第一のところで触れた住居監督制度要綱であるが，それはこういう内容のものである。
　その内容は「第一　住居監督ノ目的」「第二　住居監督ノ対象」「第三　住居監督機関及方法」「第四　住居改善」「第五　居住密度監督」となっている。前章において国民住居標準要綱案について全文を紹介しているので，ここではその今日性の例として「第一」「第二」「第四」についてのみ見ておこう。

　　「第一　住居監督ノ目的　　住居監督ノ目的ハ常時住居ヲ監督スルコトニヨリソノ衛生保安状態ノ悪化ヲ予防シ，進ンデ其ノ改善ヲ図リ，以テ生活能率ノ増進及民族ノ増強ニ寄与スルニ在リ」
　　「第二　住居監督ノ対象　　住居監督ハ別ニ定ムル基準ニ基キ左記住居及住居地区ニ対シ之ヲ行フモノトス
　　　1．不良住宅（保安衛生上居住ニ適セザル住居）
　　　2．障碍建築物（他ノ住居ニ障碍ヲ及ボス建物及工作物等）
　　　3．不良住宅地区（保安衛生上居住ニ適セザル地区）」

「第四　住居改善
 1．方面委員ハ地区内ノ不良住居，障害（ママ）建築物，不良住居地区ニ就キ公共団体並ニ地方庁ニ報告スルコト
 2．公共団体ハ前項ノ報告ニ基キ地方庁ト協議シテ改良計画ヲ樹テ之ヲ実施スルコト
 3．地方庁ハ必要ト認ムルトキハ住居ノ使用制限，使用禁止，改造，除却，修繕等ノ処置ヲ命ジ得ルコト
 4．前項ノ命令ニ基キ生ズベキ損失ニ対シ政府並ニ公共団体ハ之ヲ補償スルコト　此ノ場合居住者並ニ家主ニ対シ受益者負担金ヲ課シ得ルコト」

　こうした住居監督が重要なのは，国民がその人権を侵されかねない劣悪な基準以下の住宅に居住しないですむようにするためである。つまり人権を守るためである。そのために英国，ドイツなどでは法に基づいて住居監督を実施しているところであるが，この要綱では，住居監督の結果，判明した不良住宅と不良住宅地区を国と地方自治体の責任で改良を行うというわけであり，英国などですでに行っていることをわが国でも実施しようというのである。注目していいのは，これがまとめられたのは1939年であり，その時点において英国と並ぼうとしていたことであるが，さらにこの要綱はそれから60年余経った今日においても通用する部分が大きい。つまり今日性を評価できるのである。
　第三にいえるのは，要綱に見る先見性である。つまり，第二のところで指摘した今日においても通用する内容というのは，先見性を持ったものであったということである。それは仮りにいま住居法をつくるとしたら，その下敷きになりうるものである。しかし，なぜそのような要綱作成が可能だったのだろうか。
　それが第四にいえることなのであるが，先に紹介している要綱作成に直接携わった小委員会のメンバーをはじめ，同潤会の住宅制度調査委員会に集まった顔ぶれの研究水準がきわめて高かったというとである。同

第8章　あるべき住居法——同潤会住居法案を教訓として

委員会に学界からは佐野利器をはじめとする著名な学者が参集していたが，中でもその下部組織である住居法特別研究員会や住居法案要綱作成小委員会のメンバーは，先にその中には戦後も都市・住宅問題で発言をつづけた人もいるとしるしたように，若手の優秀な研究者から構成されていた。前記早川文夫などはその一人であり，真摯に住宅政策のあり方を追求していたかれらの業績には，今日においても教えられるところが多い。

同潤会が検討していた住居法案要綱はもちろん大きな課題も残した。それは，いろいろな項目についてそのまとめといえる報告書，要綱案などが作成されたものの未定稿で終わっていることもあって，基本法たる住居法がどのような項目で構成されるのか，また個別法にゆだねたほうがいい項目はどれとどれなのかといった，住居法の構成については検討されないでいた点である。住宅制度調査委員会事業経過報告書を見ても，研究員が欧米各国の住居法についてその研究報告をしているのは記録されているが，わが国で住居法を制定するとしたら，それはどのような内容で構成されるかといった議論が行われた記録はない。

とはいえ，そういうことで同潤会の住居法案要綱の光芒がいささかでも滅するものでないのはもちろんである。それは住宅をふくめた社会保障法の分野，あるいは都市・住宅政策の分野に残された文化遺産の一つととらえていい価値を有する。同時にそれらが検討されていたときから60年余を経て，あらためてそれに目を通すことは，今日こそ，そのような住居法が制定されなければならない社会状況ではないかという思いにかられることである。そうした社会状況である一端については，この章の冒頭に触れている通りである。

なぜ住居法なのか。その必要性を痛感しているのは筆者ばかりではない。2001年4月に急逝した元専修大学教授の坂本重雄は最後となった文章の中で，住居保障の基本的条件として四つの条件を挙げていた。改めてその四つの条件を紹介しておこう。それは(1)定住（継続居住）の保障で，持ち家，借家を問わず継続居住に必要な費用を社会的に援助するこ

と，(2)居住空間のナショナル・ミニマムとして，人権としての住居空間を確保すること，(3)居住機会の平等を保障し，高齢者・障害者の差別なく居住の安定を図ること，(4)ノーマライゼーションの実現のため，高齢者・障害者にも住み慣れた土地での生活継続を確保することである。ところが今日，それらの条件が四つとも脅かされつつある社会状況になっている。坂本も，筆者が冒頭で触れたのと同様の趣旨で「企業の人事管理による転勤，単身赴任の増加は，職住の分離や家族の分散を必然化していくので，(1)(2)の条件が要請され，高齢者や障害者にとっては(3)(4)の条件を満たす政府の努力が重視される」と述べている[20]。つまり，それら四つの社会保障の基本的条件を実現していくためにも住居法の制定が待たれるわけである。

　2000年以降，わが国の都市・住宅政策は，バブル後の経済不況の打開策として，さらに一層（というのは，80年代半ば以降のバブル時についでという意味で）市場化にシフトした方向を取りつつある。一方では公的住宅の市場化が進み，また2002年3月には都市再生特別措置法が成立し，東京，大阪などに「都市特区」が設定され，そこでは都市計画法や建築基準法などの既存の法律を超えて，デベロッパー本位に再開発を進めるのが容易になった。それによりさらに生活空間の経済的空間化に拍車がかけられることになる。人々の居住継続がさらに危うくなりかねない状況になりつつあるわけで，リストラとあいまって居住難民が増加していく気配である。坂本の言う社会保障の基本的条件が満たされなければ，ボーダーラインにいる人々は漂流するしかなくなり，人々の人権の基礎というべき生存権が危機に瀕することになる。

　そうした観点から人々の人権である居住を保障する基本法としての住居法の制定が今日待たれているのである。それは福祉国家を実現するうえでのセーフティネットとして，さらにいえば2004年から全国の市町村でスタートする地域福祉計画における居住福祉の規範として制定されるのが待たれていると言っていいだろう。その作業の過程において，同潤会の住居法案要綱が参考になることは間違いない。

第8章　あるべき住居法──同潤会住居法案を教訓として

（1）　もっとも古く有名なのはワイマール憲法であり，第155条3項に住居に必要な土地の公的収用について述べて，住居の保障に触れているが，これは抽象的で，より具体的に明文化しているのはスペイン憲法第47条「すべてのスペイン人は，人たるにふさわしい適切な住宅を享受する権利を有する」とあるのが有名で，またドイツ・バイエルン州憲法第106条には「1）バイエルンのすべての住民は，適切な住居を求める権利を有する。2）低廉な国民住宅の建設を促進することは州および地方自治体の責務である。3）住居はすべての人にとって避難所であり，侵害されない」とある。

（2）　これまでの住居法に関する主な論考には下山瑛二「住居法体系の確立の必要性」（住宅政策研究1『住宅政策の提言』1979年，ドメス出版），五十嵐敬喜「住宅憲章から住宅基本法へ」（早川和男編著『住宅人権の思想』1991年，学陽書房），安本典夫「住居法の歴史と体系」（講座現代居住Ⅳ『居住と法・政治・経済』1996年，東京大学出版会），大本圭野『証言　日本の住宅政策』（1991年，日本評論社）における早川文夫らに対するインタビュー，本間『自治体住宅政策の検討』（1992年，日本経済評論社）などがある。早川は1911年東京生まれ，36年東京帝国大学工学部建築学科卒後，都市計画東京地方委員会技手，厚生省住宅課技師などを経て，54年住宅金融公庫に入り，名古屋支所次長のあと，65年から名古屋大学教授，同名誉教授。

（3）　『都市公論』第2巻第9号（1919年，都市研究会）。

（4）　『建築雑誌』第33巻第391号（1919年，建築学会）。

（5）　同上。

（6）　前掲大本『証言　日本の住宅政策』における第18章，また最後の大本執筆の「日本の住居基準の歴史」（875頁）に述べられている。

（7）　『住宅宅地審議会答申集』（1991年，日本住宅協会）による。

（8）　早川文夫氏所蔵の当時の資料による。

（9）　同潤会住宅制度調査委員会の資料は西山夘三記念すまい・まちづくり文庫，住宅営団研究会編『戦時・戦後復興期住宅政策資料　住宅営団』第4巻調査・研究（6）』（2001年日本経済評論社）に故西山氏が所持していた資料として収められている。小論では，この資料と早川氏が所蔵していた資料を利用させていただいている。

（10）　前掲早川氏所蔵の資料による。

（11）　前掲『戦時・戦後復興期住宅政策資料』による。

（12）　前掲大本の早川インタビー，および西山『戦争と住宅─生活空間論』（（1983年，勁草書房）などによる。

（13）　前掲『建築雑誌』

（14）　関一『住宅問題と都市計画』（1923年，弘文堂書房，1992年に学陽書

房で復刻)の「第1章住宅難および住居監督制度」などによる。
(15) その後,第5期住宅建設5カ年計画において平均居住水準に代わり誘導居住水準が設定される。
(16) 前掲『戦時・戦後復興期住宅政策資料』による。
(17) 早川氏の経歴は(2)にしるしてある通り。
(18) 前掲大本『証言　日本の住宅政策』における早川インタビュー。
(19) 同上。
(20) 坂本重雄「居住の権利と住居保障法」(『講座社会保障法』第5巻,2001年法律文化社)10頁。

資料1　住宅法制の概要

(2003年12月末現在)

法　律　名	法　律　の　概　要
罹災都市借地借家臨時処理法 (1946年法律第13号)	太平洋戦争に因る災害や一定の震災等の災害のため滅失した建物の借家人の敷地優先賃借権等について定める。
住宅金融公庫法 (1950年法律第156号)	国民大衆が健康で文化的な生活を営むに足りる住宅の建設及び購入(住宅の用に供する土地の取得及び造成を含む)に必要な資金で，銀行その他一般の金融機関が融通することを困難とするものを融通する等の機関である住宅金融公庫について定める。
公営住宅法 (1951年法律第193号)	国及び地方公共団体が協力して，健康で文化的な生活を営むに足りる住宅を整備し，これを住宅に困窮する低額所得者に対して低廉な家賃で賃貸し，又は転貸すること等について定める。
産業労働者住宅資金融通法 (1953年法律第63号)	健康で文化的な生活を営むに足りる社宅を建設しようとする者に対し，社宅の建設に必要な資金の一部を長期かつ低利で融通すること等について定める。
北海道防寒住宅建設等促進法 (1953年法律第64号)	北海道において寒冷が著しいことにかんがみ，防寒住宅の建設及び防寒改修を促進すること等について定める。
住宅融資保険法 (1955年法律第63号)	住宅の建設等に必要な資金の融通を円滑にするため，金融機関の住宅の建設等に必要な資金の貸付けにつき保険を行う制度等について定める。
住宅地区改良法 (1960年法律第84号)	不良住宅が密集する地区の改良事業に関し，事業計画，改良地区の整備，改良住宅の建設等について定める。
地方住宅供給公社法 (1965年法律第124号)	住宅の不足の著しい地域において，住宅を必要とする勤労者の資金を受け入れ，これをその他の資金とあわせて活用して，これらの者に居住環境の良好な集団住宅及びその用に供する宅地を供給する機関である地方住宅供給公社について定める。
住宅建設計画法 (1966年法律第100号)	住宅の建設に関し，総合的な計画の策定，その実施等について定める。

325

日本勤労者住宅協会法 （1966年法律第133号）	勤労者の蓄積した資金をその他の資金とあわせて活用して，勤労者に居住環境の良好な集団住宅及びその用に供する宅地を供給する機関である日本勤労者住宅協会について定める。
農地所有者等賃貸住宅建設融資利子補給臨時措置法 （1971年法律第32号）	住宅の不足の著しい地域において，農地の所有者がその農地を転用して行う賃貸住宅の建設等に要する資金の融通について政府が利子補給金を支給すること等について定める。
勤労者財産形成促進法 （1971年法律第92号）	勤労者の貯蓄の促進，持家取得の促進等について定める。
特定市街化区域農地の固定資産税の課税の適正化に伴う宅地化促進臨時措置法 （1973年法律第102号）	特定市街化区域農地の固定資産税の課税の適正化を図るに際し，あわせて特定市街化区域農地の宅地化を促進するため行われるべき事業の施行，資金に関する助成，租税の軽減等について定める。
大都市地域における住宅及び住宅地の供給の促進に関する特別措置法 （1975年法律第67号）	大都市地域における住宅及び住宅地の供給を促進するため，住宅及び住宅地の供給に関する基本方針について定めるとともに，土地区画整理促進区域及び住宅街区整備促進区域内における住宅地の整備等について必要な事項を定める。 また，都心の地域及びその周辺の地域において良質な共同住宅を供給する都心共同住宅供給事業に関して，都知事，大阪市長，名古屋市長による計画の認定，共同住宅の建設等に係る助成等について定める。
特定優良賃貸住宅の供給の促進に関する法律 （1993年法律第52号）	中堅所得者等の居住の用に供する居住環境が良好な賃貸住宅の供給を促進するため，都道府県知事による供給計画の認定，特定優良賃貸住宅の建設等に係る助成等について定める。
被災市街地復興特別措置法 （1995年法律第14号）	大規模な火災，震災その他の災害を受けた市街地についてその緊急かつ健全な復興を図るため，被災市街地復興地域及び被災市街地復興推進地域内における市街地の計画的な整備改善並びに市街地の復興に必要な住宅の供給について必要な事項を定める。
密集市街地における防災街区の整備の促進に関する法律	防災上危険な密集市街地において，効果的な再開発を促進するため，老朽木造建築物の除去・建替え，道路等公共施設と耐火建築物の一体的整備，地域住民のま

資料1　住宅法制の概要

（1997年法律第49号）	ちづくり活動への支援等の総合的な整備について定める。
優良田園住宅の建設の促進に関する法律 （1998年法律第41号）	多様な生活様式に対応し，かつ，潤いのある豊かな生活を営むことができる住宅が求められている状況にかんがみ，農山村地域，都市の近郊等における優良な住宅の建設を促進するための制度について定める。
都市基盤整備公団法 （1999年法律第76号）	地方公共団体，民間事業者との協力及び役割分担の下に，人口及び経済，文化等に関する機能の集中に対応した秩序ある整備が十分に行われていない大都市地域その他の都市地域における健康で文化的な都市生活及び機能的な都市活動の基盤整備として，居住環境の向上及び都市機能の増進を図るための市街地の整備改善並びに賃貸住宅の供給及び管理等を行う機関である都市基盤整備公団について定める。
住宅の品質確保の促進等に関する法律 （1999年法律第81号）	住宅の品質確保の促進，住宅購入者等の利益の保護及び住宅に係る紛争の迅速かつ適正な解決を図るため，住宅の性能に関する表示基準及びこれに基づく評価の制度を設け，住宅に係る紛争の処理体制を整備するとともに，新築住宅の請負契約又は売買契約における瑕疵担保責任について特別の定めをする。
良質な賃貸住宅等の供給の促進に関する特別措置法 （1999年法律第153号）	良質な賃貸住宅等の供給を促進するため，国及び地方公共団体が必要な措置を講ずるよう努めることとすることや，定期建物賃貸借制度の創設等について定める。
マンションの管理の適正化の推進に関する法律 （2000年法律第149号）	マンションにおける良好な居住環境の確保を図るため，マンション管理士資格の創設，マンション管理業者の登録制度の実施等について定める。
高齢者の居住の安定確保に関する法律 （2001年法律第26号）	高齢者の居住の安定の確保を図るため，高齢者の円滑な入居を促進するための賃貸住宅の登録制度，良好な居住環境を備えた高齢者向けの賃貸住宅の供給の促進のための制度及び終身建物賃貸借制度の創設等について定める。
マンションの建替えの円滑化等に関する法律 （2002年法律第78号）	老朽化マンションの急増に対応して，区分所有者による良好な居住環境を備えたマンションへの建替えを円滑化にし，民間が主体となった都市の再生を図るため，マンション建替組合の設立，権利変換手法による関係権利の円滑な移行等を内容とする制度を定める。

資料 2 　戦後住宅政策年表

凡　例
　　公庫法：住宅金融公庫法
　　産労法：産業労働者住宅資金融資法
　　北防法：北海道防寒住宅建設等促進法
　　農住利子補給法：農地所有者等賃貸住宅建設融資利子補給臨時措置法
　　財形法：勤労者財産形成促進法
（法令は公布年月）

年月	住　宅　対　策	概　　　　要
1945. 9	罹災都市応急簡易住宅建設要綱閣議決定	6.25坪の応急簡易住宅30万戸を全国主要戦災都市に建設する計画を策定、建設事業主体（地方公共団体等）に対して国庫補助及び大蔵省預金部よりの融資。
1945. 11	住宅緊急措置令	既存建物の住宅化、1946年6月の措置令改正により余裕住宅の開放。
1946. 3	10万以上の都市への転入制限	住宅、食糧、交通事情を緩和するため10万以上の23都市に対する転入制限。
1946. 5	建築制限令	キャバレー、料亭等の不急、不要建築の禁止を行い、住宅建設資材の確保。
1946. 8	罹災都市借地借家臨時処理法	罹災建物の旧借り主、疎開跡地の旧借り主に対してその借家権、借地権の保護、土地家屋の権利関係の調整。
1946. 8	戦災都市における建築物の制限に関する勅令	戦災都市におけるバラック建築を制限し、さらに都市計画的再建の促進。
1946. 9	特別都市計画法	
1946. 9	地代家賃統制令	戦時中に引き続いて地代・家賃の統制を行うことに。
1947. 1	開拓者資金融通法	この法律は、食糧増産等のため、開拓政策を推進するのを目的に公布されたもので、入植者住宅の建設についても資金の融資。
1947. 12	都会地転入抑制法	東京、横浜、大阪、神戸、福岡等14都市について引き続いて転入の抑制。

資料 2　戦後住宅政策年表

1948. 8	第 1 回住宅統計調査実施	
1948. 10	都会地転入抑制法廃止	
1949. 5	住宅対策審議会令	建設大臣の諮問機関として学識者等による住宅対策審議会が設置され，国の住宅行政に関し検討することに。
1950. 5	住宅金融公庫法	民間の自力建設は1948年を頂点に下降傾向を示し，一方住宅建設に対する融資を望む声が次第に高まってきた。この世論を反映して，自分の家を建てようとする個人及び賃貸住宅を建設しようとする法人に対して長期低利資金の融通を行う住宅金融公庫が設立。
1950. 5	建築基準法	住宅及び戦災都市の復興上不備な点が多かった市街地建築物法及び建築関係法令を廃止し，新たに建築物の敷地，構造，用途，設備等に関する最低基準を定める。
1951. 6	公営住宅法	戦後国庫補助により建設されていた庶民住宅は予算措置だけで建設されていたが，この法律により低額所得者に対する住宅供給制度を確立。
1952. 7	第 1 期公営住宅 3 カ年計画策定	公営住宅法により，1952年度以降毎 3 カ年間を一期とする公営住宅建設 3 カ年計画を策定することとされており，52年 7 月第 1 期 3 カ年計画が国会の承認を得て定められる。
1953. 7	産業労働者住宅資金融通法	経済の復興が進むにつれて工場の新設等が相つぎ，しかも企業は企業本来の業務に多額の資金を必要とし，労働者の住宅を建設するまでは手が届かない状況であった。そこで，労働者住宅の供給に対する何等かの対策を要望する声が高まり，本法の制定をみるに至った。 本法は会社等がその労働者のために社宅を建設しようとする場合に資金を融通しようとするもので，その貸付業務は住宅金融公庫において行うこととされる。
1953. 7	北海道防寒住宅建設等促進法	北海道は，寒さが厳しいにもかかわらず気象条件の合った住宅が少なく，内地と同じ様式の住

329

		宅が多かった。そこで本法は公営，公庫融資住宅については防寒構造の住宅でなければ建設できないようにするとともに既存の住宅の防寒改修を促進すること等を目的として公布。
1953. 9	第2回住宅統計調査実施	
1954. 5	公庫法の一部を改正する法律	民間の自力建設は公庫発足後ある程度増加してきたが，思った程の上昇を示さなかった。そこでこの停滞を打破し，次第に高まってきた宅地取得難を打開するため，宅地の取得造成融資，都市計画的見地から集団的に住宅を建設し建設費を軽減するための分譲住宅融資，市街地の高度利用と未利用地の活用を図るための基礎構造部融資と土地担保全額融資の制度が創設。
1955. 4	住宅建設10カ年計画策定	鳩山内閣は住宅対策の拡充を重要施策の第一にとりあげ，1955年度より向う10カ年間に当時の住宅不足数272万戸と毎年の恒常需要25万戸を充足することを目標として住宅建設10カ年計画を策定した。55年度には42万戸を建設することとされた。
1955. 7	日本住宅公団法 日本住宅公団設立	政府の住宅対策はこれまで地方行政区域を単位として，低額所得者に住宅を供給する公営住宅と公庫による融資住宅の二本建で運営されてきたが，東京を始めとする大都市地域では従来のような行政区域を単位とする供給方式のみでは不十分で，広域圏にわたる新たな住宅供給方式が必要となった。そこで日本住宅公団が設立。大都市圏を主たる供給区域として不燃住宅の集団的建設と大規模な宅地開発を行って宅地の供給を図ることとされ，賃貸住宅の建設に重点が置かれ，その他付随業務として工業団地の造成も行われる。
1955. 7	住宅融資保険法	一般金融機関の行う住宅建設資金の貸付けを保護することによって，金融機関の住宅融資を容易にし，民間資金による住宅建設の促進を図ろうとするもので，住宅に関する減税措置（貸家

資料2　戦後住宅政策年表

		に対する割増償却，登録税の減税，譲渡所得の特例，固定資産税，不動産所得税の減税等）と並ぶ民間自力建設促進の助成施策。
1957. 4	公庫法の一部を改正する法律	(1)1954年に始められた基礎主要構造部融資が改正され，中高層耐火建築物融資が行われることになり，従来の融資と違い非住宅部分についても融資できることに。 (2)災害で住宅が滅失した場合にその住宅（住宅の補修を含む）の復興に係る資金の貸付けを始める。
1957. 4	住宅建設5カ年計画策定	1956年12月成立の石橋内閣は従来の住宅建設10カ年計画を大幅に短縮し，57年度からの5カ年計画を策定，57年度当初の233万戸の住宅不足を解消することを目標に。
1958. 10	第3回住宅統計調査実施	
1959. 5	公営住宅法の一部を改正する法律	法制定後8年を経過し，徐々に公営住宅の管理面での不合理が生じていたため，家賃の不均衡の是正，収入超過者が住宅を明け渡さない場合の割増賃料の徴収等を規定。
1960. 5	住宅地区改良法，同法施行令	不良住宅地区の改良については戦前不良住宅地区改良法が制定されていたが，戦後の状況に必ずしも適合していなかったため，この年同法を廃止して，新たに住宅地区改良法が制定され，本格的なスラムクリアランスが行われることになった。この法律は，不良住宅が密集し，保安，衛生等に関して危険あるいは有害な状況にある地区について地区の整備，改良住宅の建設等を行って健全な住宅を集団的に供給するとともに，環境を整備，改善して都市の再開発を推進しようとするもの。
1960. 5	第1回住宅需要実態調査実施	
1961. 3	日本住宅公団法の一部を改正する法律	公団が建設する住宅との一体的な建設が適当な商店・事務所等の施設の建設，管理及び譲渡並

			びに団地の居住者の利便に供する託児所，倉庫又は車庫，電話の交換設備を収用する施設等の建設，管理を行うことができるようにするとともに団地の居住環境の維持若しくは改善に関する業務を行う事業に投資（融資を含む）できるようにし，株式会社団地サービスの設立に当たって，公団が出資するとともに融資も。
1961. 3		新住宅建設5カ年計画策定	1957年度から実施してきた住宅建設5カ年計画は進展をみせていたが，国民経済の成長が著しく，これにつれて，大都市への人口の集中が始まり，さらに世帯分離の傾向，家屋の陳腐化，老朽化による建替需要も大幅に増加するに至り，新しい住宅建設長期計画策定の必要に迫られるようになった。60年12月池田内閣は国民所得倍増計画を策定し，建設省においてもこの倍増計画に対応して61年度を初年度とする新住宅建設5カ年計画を策定した。この計画は10年後にはすべての世帯が良好な環境のもとに健康で文化的な生活を営むに足りる適当な規模の住宅に居住できるようにすることを目標として向う10年間に1000万戸の住宅を建設することとし，61年度からの5カ年計画では「一世帯一住宅」の実現と不良住宅居住，老朽過密居住の解消，住宅の不燃堅ろう化，居住水準の向上等を図ることを目標に。
1961. 6		建築基準法の一部を改正する法律	特定街区の制度を新たに設けることとした。
1963. 4		公庫法及び日本住宅公団法の一部を改正する法律 （宅地債券制度の発足）	(1)住宅改修融資制度を創設した。 (2)宅地債券制度を創設した。 この制度は公的団体による宅地供給を増大するための資金充実の一方策として公庫，公団において宅地債券を発行し，一定の宅地購入資金積立てを行った宅地需要者には公的団体の造成した宅地を有利な条件で取得させ，計画的な宅地購入資金積立てを奨励し，住宅の民間自力建設を図ることを目指す。

資料2　戦後住宅政策年表

1963. 7	建築基準法の一部を改正する法律	容積地区の制度を設け，容積率制限を課することに。
1963. 10	第4回住宅統計調査実施	
1965. 4	公庫法の一部を改正する法律	(1)土地（借地権を含む）を所有している個人にほぼ全額を貸し付けるため，公庫の貸付けを受けて住宅を賃貸し又は譲渡する事業を行う者の範囲に個人を加えた。(2)賃貸住宅等の部分がある中高層耐火物等の非住宅部分の貸付金の限度を引き上げ。(3)全部が住宅である中高層耐火建築物等を建設する土地所有者（借地権者を含む）にほぼ全額を貸し付けることに。(4)新住宅市街地開発事業等について宅地取得造成資金を貸し付ける場合には，これに併せて学校施設建設資金を貸し付けることができるように。(5)従来公庫が行ってきた増築資金及び住宅改修資金の貸付けを統合して住宅改良資金貸付けとし，増築改修のいずれにも利用しうることに。
1965. 6	地方住宅供給公社法，同法施行令	住宅不足の著しい地域において，住宅を必要とする勤労者の資金を受け入れ，これをその他の資金と併せて活用して勤労者に居住環境の良好な集団住宅及びその用に供する宅地を供給することを目的とし，都道府県及び政令で定める人口50万以上の都市によって特別法人地方住宅供給公社が設立されることとなった。公社の業務は(1)積立分譲を行うこと，(2)住宅・宅地の賃貸，分譲を行うこと，(3)(1)・(2)に関連した居住者の利便施設，店舗その他を賃貸し，分譲すること等。
1966. 3	公庫法及び産労法の一部を改正する法律	(1)賃貸住宅又は分譲住宅の事業主体に対し住宅の建設資金に併せて幼稚園等の建設に必要な資金（土地資金を含む）の貸付けを行えるように。(2)宅地造成の事業主体が新住宅市街地開発事業等を行う場合には，土地取得造成資金に併せて，学校，幼稚園その他関連公共施設の整備に必要な資金の貸付けを行えるように。(3)中高

333

			層耐火建築物等で公庫の貸付金に係る賃貸住宅等と一体として建設されるものの非住宅部分についての貸付金の限度を引き上げた。(4)中高層耐火建築物等内の住宅部分を公庫の定める用途以外の用途に供したときは，当該中高層耐火建築物等全部について繰上げ償還を請求できるように。(5)事業者，事業者が出資または融通する会社その他の法人又は建設した住宅を事業者に譲渡（土地を含む）する事業を行う会社その他の法人が産業労働者に譲渡するための住宅を建設（購入を含む）するのに必要な資金を貸し付けることができるように。(6)事業者が住宅を譲渡しようとする場合の譲渡価格等の条件は，譲受人の住宅費の負担能力を考慮して適正に定めなければならないように。(7)建設した住宅を事業者に譲渡する事業を行う会社その他の法人が住宅を譲渡しようとする場合は，譲渡価格等の譲渡の条件は主務省令で定める基準によらなければならないように。
1966. 4		日本住宅公団法の一部を改正する法律	(1)公団が賃貸し又は譲渡する住宅の建設及び公団が賃貸し又は譲渡する宅地の造成と併せて整備されるべき公共用施設の整備・賃貸その他の管理及び譲渡を行えるように。(2)新住宅市街地開発法による新住宅市街地開発事業を施行できるように。(3)首都圏の近郊整備地帯及び都市開発区域の整備に関する法律及び近畿圏の近郊整備区域及び都市開発区域の整備及び開発に関する法律による工業団地造成事業を施行できるように。
1966. 6		住宅建設計画法	人口の都市集中，世帯の細分化等により住宅需要が著しく増大し，依然として住宅難が解消されるにいたっていない現状にかんがみ，住宅の建設に関する総合的な計画を策定し，この計画に基づき国および地方公共団体が相協力して，住宅建設の適切な実施を図ろうとするもので，この法律に基づいて住宅建設5カ年計画，地方住宅建設5カ年計画及び都道府県住宅建設計画

資料2　戦後住宅政策年表

		が定められることになり，さらに地方住宅建設5カ年計画に基づいて都道府県の区域ごとの5カ年計画における公営住宅の建設の事業量が定められることに。
1966.7	住宅建設5カ年計画閣議決定	1966年度から70年度までおおむね670万戸（内訳持家335万戸，借家270万戸，給与住宅65万戸）の住宅を建設しようとするもので，670万戸のうち，公的資金によって建設される住宅を270万と見込む。
1966.7	日本勤労者住宅協会法	本法は，勤労者の蓄積した資金その他の資金をもって，勤労者に住宅および住宅の用に供する宅地を供給するため日本勤労者住宅協会を設立するもの。その業務は(1)勤労者のための住宅の建設，賃貸その他の管理及び譲渡，(2)勤労者のための住宅の用に供する宅地の造成，賃貸その他の管理及び譲渡，(3)協会が賃貸し又は譲渡する住宅及び協会が賃貸し又は譲渡する宅地に建設される住宅の居住者の利便に供する施設の建設，賃貸その他の管理及び譲渡，(4)その他，上記の業務に支障のない範囲で委託を受けた住宅の建設及び賃貸その他の管理，宅地の造成及び賃貸その他の管理並びに集団宅地の存する団地の居住者の利便に供する施設の建設及び賃貸その他の管理。また，協会は業務の一部を消費生活共同組合等の勤労者のための福利共済活動を行うことを目的とする団体に委託することができる。
1966.9	第2回住宅需要実態調査実施	
1968.6	住宅宅地審議会発足	住宅対策審議会を発展的に解消し住宅宅地審議会が発足。
1968.10	第5回住宅統計調査実施	第5回住宅統計調査が総理府統計局により実施された。全国住宅数は2599万戸で，普通世帯数を91万戸上回ったが，なお，360万戸にのぼる住宅難世帯の存在が明らかに。
1969.6	都市再開発法	従来，都市の再開発に関する法制としてあった

335

	防災建築街区造成法廃止	公共施設の整備に関連する市街地の改造に関する法律および防災建築街区造成法が、いずれも都市の総合的な再開発のための手法としては不十分であったので、これらを統合整備して、都市の再開発のための新たな体制と手法を盛り込んだ都市再開発法を制定。また同法により日本住宅公団が市街地再開発事業を施行できることに。
1969. 6	公営住宅法の一部を改正する法律	法制定以来20年近くを経過し、制度上の諸問題を生じていたため、(1)土地の取得等に関する費用について、国の援助方式を改め、この費用にあてるために起こす地方債について適切な配慮を行うこと。(2)この切り替えによる家賃の変動を避けるため家賃収入補助制度を設ける。(3)法の趣旨にかんがみ、高額所得者に対しては明渡しを請求することができること。(4)公営住宅の建設促進及び居住環境の整備を図るため、公営住宅建替事業に関する規定を設ける。
1969. 8	第3回住宅需要実態調査実施	
1971. 3	第2期住宅建設5カ年計画閣議決定	1971年度から75年度までの間に、おおむね1人1室の規模を有する950万戸の住宅（うち持家525万戸、借家・給与住宅425万戸）を建設しようとするもので、特に公的資金による住宅についてはその建設戸数を380万戸と定める。
1971. 4	農地所有者等賃貸住宅建設融資利子補給臨時措置法	本法は、住宅不足の著しい地域において居住環境が良好で家賃が適正な賃貸住宅の供給を促進するとともに、水田の宅地化に資することを目的としている。これによって住宅不足の著しい都市及びその近郊地域において、農地の所有者等がその農地を転用して賃貸住宅を建設する場合に、その建設等に要する資金の融資について政府が利子補給金を支給できることに。
1972. 5	公庫法の一部を改正する法律	従来、都市再開発資金貸付けの対象としては、都市再開発法第2条第6号の規定による施設建築物で相当の住宅部分を有するものに限られて

資料2　戦後住宅政策年表

		いたが，新たに市街地の土地の合理的な高度利用及び災害の防止に寄与する政令で定める建築物で相当の住宅部分を有するものについても貸付けの対象とすることとし，両者について建設資金と併せて土地又は借地権の取得に必要な資金を貸し付けることとするとともに，公庫の融資を受けて建設された中高層耐火建築物で，まだ人の居住の用その他本来の用に供したことのないものの購入資金を貸し付けることとする。
1973. 5	公庫法の一部を改正する法律	住宅の大量供給を図るため，民間事業者に対し分譲住宅建設資金を貸し付けることとした。関連利便施設建設資金及び関連公共施設整備資金は，従来宅地造成資金に併せて貸し付けることができるとされていたが，新たに住宅の建設段階においても公庫の賃貸，分譲住宅建設資金貸付に併せて貸し付けできることとし，貸し付けることができる関連利便施設として店舗等を加えた。また，貸付条件を改善するとともに，利率等貸付条件の一部について法律に基づき政令で定めることとし，運用を弾力化。
1973. 7	特定賃貸住宅建設融資利子補給補助制度発足	賃貸住宅建設資金の融資の円滑化のため，地方公共団体が行う利子補給措置を国が助成する制度を確立し，未利用地の住宅用地としての有効利用と低質賃貸住宅の建替え促進を図り，居住環境が良好で家賃が適正な賃貸住宅の供給に資することを目指す。
1973. 10	第6回住宅統計調査実施	第6回住宅統計調査が，総理府統計局により実施された。これによると，住宅数は3106万戸で世帯数を141万戸上回る。
1973. 12	第4回住宅需要実態調査実施	
1974. 8	同和対策事業特別措置法施行令の一部を改正する政令	同和対策事業として行われる住宅新築資金の貸付事業に要する経費について，国がその4分の1を補助することに。
1976. 3	第3期住宅建設5カ年計画閣議決定	1976年度から80年度までに，適正な規模，構造，設備を備えた860万戸の住宅（うち持家516

337

			万戸，借家・給与住宅344万戸）を建設しようとするもので，特に公的資金による住宅については，その建設戸数を350万戸と定める。
1976. 3		農住利子補給法の一部を改正する法律	農地の所有者がその農地を転用して行う賃貸住宅の建設等に要する資金の融資について政府が利子補給金を支給する旨の契約を結ぶことができる期限を，1979年3月31日まで延長。
1976. 6		公庫法の一部を改正する法律，公庫法施行令の一部を改正する政令	新たな条件による個人住宅貸付制度として既存住宅購入資金の貸付け及び政令で定める貸付金の貸付けを新設し，貸付条件を定める。
1978. 4		公庫法の一部を改正する法律	(1)個人住宅建設資金，災害復興住宅建設資金等に係る貸付金の償還期間を延長。(2)1978年度内に申込みの行われる個人住宅建設資金及び住宅改良資金等に係る貸付金のうち，自ら居住することを目的とする者に対するものについて，1年以内の据置期間を設ける。
1978. 4		住環境整備モデル事業制度発足	不良住宅が集合している等により住環境が劣っている地域の環境改善を図るもの。
1978. 5		住宅宅地関連公共施設整備促進事業制度発足	良好な住宅及び宅地の供給を促進するため，これに関連して必要となる道路，公園，下水道及び河川等の整備に要する事業費について，通常の公共施設整備事業に加えて，別枠で補助を行う。
1978. 10		第7回住宅統計調査実施	第7回住宅統計調査が総理府統計局により実施された。これによると，住宅数は3,545万戸で一世帯に当たり住宅数は1.08戸に。
1978. 12		第5回住宅需要実態調査実施	
1979. 3		農住利子補給法の一部を改正する法律	農地の所有者がその農地を転用して行う賃貸住宅の建設等に要する資金の融資について政府が利子補給金を支給する旨の契約を結ぶことができる期限を，1982年3月31日まで延長。
1979. 9		特定住宅市街地総合整備促進事業制度発足	大都市の既存市街地において，都市機能の更新と職住近接等の需要に対応した良好な住宅資産の形成等を図る。

資料 2　戦後住宅政策年表

1980.4	公営住宅法の一部を改正する法律	1．老人，身体障害者その他の特に居住の安定を図る必要がある者について，現に同居し，又は同居しようとする親族がない場合においても公営住宅に入居できることに。 2．公営住宅建替事業により新たに建設すべき公営住宅の数を，除去する戸数の一律2倍以上から，構造及び階数に応じて1.2倍以上で政令を定める倍率以上と改める。
1980.7	公営住宅法施行令の一部を改正する政令	公営住宅法の一部を改正する法律の施行に伴い同居親族がない場合においても公営住宅に入居することができる者を定める。
1981.3	第4期住宅建設5カ年計画閣議決定	1985年度までに，すべての世帯が最低居住水準，半数の世帯が平均居住水準を確保できるようにすることを目標とし，81年度以降5カ年間に必要となる住宅の建設戸数を770万戸と見込むとともに公的資金による住宅の建築戸数を350万戸と定める。
1981.5	住宅・都市整備公団法	日本住宅公団と宅地開発公団を統合し，新たに住宅・都市整備公団を設立。（新公団設立は81年10月1日）
1981.7	第4期地方住宅建設5カ年計画策定	第4期住宅建設5カ年計画に基づき地方ごとの必要建設戸数を決定。
1982.3	農住利子補給法の一部を改正する法律	農地の所有者がその農地を転用して行う賃貸住宅の建設等に要する資金の融資について政府が利子補給金を支給する旨の契約を結ぶことができる期限を，1985年3月31日まで延長。
1982.4	公庫法及び北防法の一部を改正する法律	1．宅地造成資金貸付けの対象範囲を拡大。 2．簡易耐火構造の社宅等の範囲の拡大。 3．土地担保賃貸住宅資金貸付けの要件の緩和。 4．規模別金利制の導入。 5．段階金利制の導入。 6．既存住宅資金貸付けに係る貸付条件の改善及び法定化。 7．住宅積立郵便貯金の預金者に対する貸付条件の改善。 8．住宅金融公庫住宅宅地債券制度の創設。

			9．家賃限度額に係る規定の整備。 10．特別損失に係る補填措置。 以上の改正。
1982. 5		財形法の一部を改正する法律	財形持家融資について貸付限度額を財形貯蓄残高の3倍から5倍に引き上げる。
1982. 6		公営住宅法施行令等の一部を改正する政令	公営住宅建替事業を施行できる土地の規模の下限を引き下げるとともに，世帯構成の異動による特定入居を認める等の改正。
1982. 11		建築基準法施行令の一部を改正する政令	総合設計に関し，特定行政庁が規則で定めることができる敷地面積の規模の最低限度を引き下げ，また，都知事たる特定行政庁の権限に属する事務の一部を特別区の長が処理することに。また政令の単体規定の一部を建築確認及び建築検査の対象法令から除外することに。 2．建築物の適正な維持保全の確保のため定期報告制度の対象建築物の範囲を拡大し，また，当該建築物の所有者等がその建築物の維持保全に関する計画の作成等の措置を講じる。 3．建築確認に係る消防長等の同意制度を合理化。
1983. 10		第8回住宅統計調査実施	第8回住宅統計調査が総務庁統計局により実施。
1983. 12		第6回住宅需要実態調査実施	
1985. 3		都市計画法施行令及び住宅地区改良法施行令の一部を改正する政令	住宅地区改良事業について建設大臣の認可を要しない事業計画の軽微な変更の範囲を拡大。
1985. 3		農住利子補給法の一部を改正する法律	農地の所有者がその農地を転用して行う賃貸住宅の建設等に要する資金の融資について政府が利子補給金を支給する旨の契約を結ぶことができる期限を，1988年3月31日まで延長。
1985. 4		公庫法及び北防法の一部を改正する法律	(1)宅地造成資金貸付けの対象者の拡大。(2)災害復興住宅購入資金貸付けの新設。(3)住宅改良資金貸付けの償還期間の延長。(4)貸付手数料の新

資料2　戦後住宅政策年表

		設。(5)公庫の特別損失に係る補填措置の延長等の改正。
1985. 8	財団法人マンション管理センター設立	中高層分譲共同住宅（マンション）の管理組合に対し，管理についての適正な指導，相談を行うとともに，大規模修繕に必要な資金の調達及び情報の提供に係る事業等を行うことにより，マンションの居住性の向上及び都市のスラム化の防止等を図り，もって国民生活の向上に寄与することを目的としてマンション管理センターが設立。
1985. 11	公庫法及び北防法の一部を改正する法律	経済対策閣僚会議「内需拡大に関する対策」に基づき，自ら居住するため住宅を必要とする者に対し，特別割増貸付を行うことに。
1985. 12	許可，認可等民間活動に係る規制の整理及び合理化に関する法律	地代家賃統制令は1986年12月31日限りその効力を失うこととされた。
1986. 3	第5期住宅建設5ヵ年計画閣議決定	計画期間中できる限り早期にすべての世帯が最低居住水準を確保できるように，また2000年までに半数の世帯が誘導居住水準を確保できるようにすることを目標とし，1986年度以降5ヵ年間に必要となる住宅の建設戸数を670万戸と見込むとともに，公的資金による住宅の建設戸数を330万戸と定める。
1986. 4	農住利子補給法施行令の一部を改正する政令	農地所有者等による特定賃貸住宅の建設の対象地域に高度技術工業集積地域を加えるとともに，政府の利子補給の対象となる融資機関の農地所有者に対する融資の利率を引き下げ。
1986. 4	地域特別賃貸住宅制度発足	公営住宅制度を補完して中堅勤労者対策等地域における多様な賃貸住宅需要にしたもので，地方公共団体直接供給方式と民間賃貸住宅等活用方式がある。
1986. 7	第5期地方住宅建設5ヵ年計画策定	第5期住宅建設5ヵ年計画に基づき地方ごとの必要戸数を決定。
1987. 3	公庫法及び北防法の一部を改正する法律	1．個人住宅貸付けに係る一定の耐久性を有する木造住宅等の償還期間を延長。

			2．住宅改良資金貸付けに係る貸付金について新たに貸付後11年目以後の利率を設定。 3．災害復興住宅補修資金貸付けの償還期間を10年以内から20年以内に延長。 4．個人住宅貸付けに係る二世帯が同居する住宅の償還期間を延長。 5．特別割増貸付制度の適用期限を1989年3月31日まで延長。
1988. 3		公庫法等の一部を改正する政令	住宅金融公庫等の貸付金の利率を引き下げ。
1988. 3		農住利子補給法の一部を改正する法律	農地の所有者がその農地を転用して行う賃貸住宅の建設等に要する資金の融資について政府が利子補給金を支給する旨の契約を結ぶことができる期限を，1991年3月31日まで延長。
1988. 4		農住利子補給法施行令の一部を改正する政令	農地の所有者が，その農地を転用して行う賃貸住宅の建設等に要する資金の融通について政府が利子補給金を支給する旨の契約の対象となる一団地の賃貸住宅の建設の条件のうち，一団地の面積の基準を1 haから0.5 haに，宅地化される水田の面積を0.5 haから0.25 haに引き下げ。
1988. 4		公庫法等の一部を改正する法律	1．親族の居住の用に供するため自ら居住する住宅以外に住宅を必要とする者に対する貸付制度を新設。 2．住宅改良資金貸付けについて，自ら居住する住宅の改良を行う者等に対する貸付金の限度を定めるとともに，特別の割増貸付制度等を新設。
1988. 5		都市再開発法及び建築基準法の一部を改正する法律	（建築基準法関係部分） 再開発地区計画の区域内の建築物について，容積率制限，斜線制限及び用途制限の特例を定める規定を創設。
1988. 10		第9回住宅統計調査実施	第9回住宅統計調査が総務庁統計局により実施。
1988. 11		都市再開発法及び建築基準法の一部を改正す	（建築基準法施行令関係部分） 再開発地区計画に関し，市町村の条例に基づく

資料2　戦後住宅政策年表

	る法律の施行に伴う関係政令の整備に関する政令	制限として定める場合の基準についての所要の改正。
1988. 12	第7回住宅需要実態調査実施	
1989. 1	公営住宅法施行令の一部を改正する政令	消費税法の施行に伴い，公営住宅の家賃の限度を算定する場合に加算される公課を消費税に相当する額に。
1989. 3	公庫法等の一部を改正する法律	1．一括して借上げが行われる賃貸住宅についても，その建設に必要な資金の貸付けを行うことに。 2．公庫融資に係る賃貸住宅の家賃限度額の算定に当たり，土地取得費の償却額に代えて，地代に相当する額を参酌することに。 3．小規模敷地の合理的利用に資する低層耐火建築物等に対する貸付制度を創設。 4．特別割増貸付制度の適用期限を1991年3月31日まで延長。 5．住宅融資保険制度について，既存住宅購入資金の貸付けについても保険を行うことができることとするとともに，契約金融機関に信用協同組合連合会を加える。
1989. 5	コミュニティ住環境整備事業制度発足	不良住宅の集合，小規模敷地の集合等により住環境の劣っている区域の整備改善を行うもの。
1990. 3	公庫法の一部を改正する法律	住宅金融公庫の1988年度までに計上された特別損失を，交付金の交付により，89年度に一括して整理するとともに，90年度から94年度まで特別損失を計上して，91年度から2000年度までに繰り越すこととし，公庫への政府からの補給金の平準化措置を講じる。
1990. 6	農住利子補給法施行令の一部を改正する政令	農地の所有者がその農地を転用して行う賃貸住宅の建設等に要する資金の融資について政府が利子補給金を支給する旨の契約の対象となる一団地の賃貸住宅の建設の条件のうち，一団地の面積及び戸数の条件を引き下げ。

1990. 6	都市計画法及び建築基準法の一部を改正する法律	用途別容積型地区計画，住宅地高度利用地区計画及び遊休土地転換利用促進地区の創設。
1990. 6	大都市地域における住宅地等の供給の促進に関する特別措置法の一部を改正する法律	1．法律名を「大都市地域における住宅及び住宅地の供給の促進に関する特別措置法」に改める。 2．大都市地域において，建設大臣が新たに住宅及び住宅地の供給に関する「供給基本方針」を策定し，関係都府県はこれに即して住宅及び住宅地の供給に関する「供給計画」を策定することに。 3．大都市地域の建設大臣が指定する都市計画区域に係る市街化区域及び市街化調整区域の整備，開発又は保全の方針において，住宅市街地の開発整備の方針を定めることに。 4．土地区画整理促進区域及び住宅街区整備促進区域について都市計画を定める場合における要件を緩和。 5．宅地開発協議会の構成員に住宅・都市整備公団を加える。
1990. 11	大都市農地活用住宅供給整備促進事業制度発足	大都市地域の市街化区域内農地等を活用した良好な住宅の供給促進と住宅供給に必要な取り付け道路の整備等を計画的に行う制度。
1990. 11	都市計画法及び建築基準法の一部を改正する法律の施行に伴う関係政令の整備に関する政令	1．住宅地高度利用地区計画に定めることができる事項を定める。 2．遊休土地転換利用促進地区の指定要件，都市計画に定める事項，都市計画の案について意見を聴くべき者，遊休土地である旨の通知の相手方，遊休土地の要件等を定める。 3．住宅地高度利用地区計画の区域内で，高さ制限の緩和措置を受けることができる建築物の敷地面積の下限を300㎡と定める。
1990. 11	大都市地域における住宅地等の供給の促進に関する特別措置法施行令の一部を改正する政	1．名称を「大都市地域における住宅及び住宅地の供給の促進に関する特別措置法施行令」に改める。 2．住宅及び住宅地の供給に関する基本方針を

資料2　戦後住宅政策年表

	令	策定するに当たって意見を聴くべき審議会を住宅宅地審議会と定める。 3．住宅及び住宅地の供給に関する計画を策定する住宅の需要の特に著しい都府県を定める。
1991.3	第6期住宅建設5カ年計画閣議決定	2000年を目途に半数の世帯が誘導居住水準を確保すること及び1995年度において住宅一戸当り平均床面積を約95㎡とすることを目標とするとともに，最低居住水準未満世帯について特に大都市地域に重点を置いて解消に努めることとし，91年度以降5カ年間における総住宅建設戸数を730万戸と見込むとともに，公的資金による住宅の建設戸数を370万戸と定める。
1991.3	公庫法等の一部を改正する法律	1．特別割増貸付制度の適用制限を1996年3月31日まで延長。 2．賃貸住宅建設資金を特別割増貸付制度の対象に追加。 3．従業員に貸し付けるため住宅を必要とする事業者又は当該事業者に転貸するため住宅を一括して借り上げる者に対して，賃貸するための産業労働者住宅を建設しようとする者を貸付けの対象に追加。
1991.3	第6期地方住宅建設5カ年計画策定	第6期住宅建設5カ年計画に基づき地方ごとの必要戸数を決定。
1991.3	大都市地域における住宅及び住宅地の供給の促進に関する基本方針策定	1．大都市地域の住宅・宅地問題の解決を図るため，国及び地方公共団体の共通の指針となる広域的な供給基本方針を三大都市圏について建設大臣が策定。 2．同方針では，供給の促進に関する基本的な事項，今後10年間の住宅及び住宅地の供給目標量並びにその目標量を達成するための基本的施策を定める。
1991.3	農住利子補給法の一部を改正する法律	1．農地所有者等がその農地を転用して建設する賃貸住宅で，転貸する事業を行う者（一括借上者）に対し賃貸するものについても，その建設に要する資金の融通について政府が利

345

			子補給を支給する旨の契約を結ぶことができることに。
2．農地所有者等がその農地を転用して行う社宅用の賃貸住宅については，政府が利子補給金を支給する旨の契約の対象となる融資の利率は，年6.5％以内で政令に定める率に。
3．農地の所有者がその農地を転用して行う賃貸住宅の建設等に要する資金の融通について政府が利子補給金を支給する旨の契約を結ぶことができる期限を，2000年3月31日まで延長。
1991. 3		農住利子補給法施行令の一部を改正する政令	農住利子補給法の一部を改正する法律の施行に伴い，農地所有者等がその農地を転用して行う社宅用の賃貸住宅については，政府が利子補給金を支給する旨の契約の対象となる融資の利率は，年6.5％とする。
1991. 4		改良住宅等建替事業制度発足	住宅地区改良事業等により建設された改良住宅等の建て替えにより，その居住水準の向上等を図るもの。
1991. 4		農住利子補給法施行令の一部を改正する政令	農地の所有者がその農地を転用して行う賃貸住宅の建設等に要する資金の融通について，政府が利子補給金を支給する旨の契約の対象となる一団地の賃貸住宅の建設の条件のうち，宅地化される水田の面積を引き下げ。
1991. 4		財形法の一部を改正する法律	財形持家融資の貸付限度額について，財形貯蓄残高による区分制を廃止し，原則として貯蓄残高の10倍を融資限度とする。
1992. 3		地域改善対策特定事業に係る国の財政上の特例措置に関する法律の一部を改正する法律	地域改善対策特定事業のうち92年度以降も引き続き実施することが特に必要なものとして政令で定める一定の事業につき，当該事業に係る費用に対する国の財政上の特別措置を97年3月31日まで延長。
1992. 3		地域改善対策特定事業に係る国の財政上の特例措置に関する法律施行令の一部を改正する	地域改善対策特定事業のうち1992年度以降も引き続き実施することが特に必要な事業等を定める。

資料2　戦後住宅政策年表

	政令	
1992. 12	公庫法及び北防法の一部を改正する法律	時限的措置として，1994年度末までの期間に限り，一定の既存住宅に係る貸付金の利率の引き下げ及び償還期間の延長。
1993. 4	農地利子補給法施行令の一部を改正する政令	農住利子補給制度の対象となる地域に地方拠点都市地域を加える。
1993. 5	特定優良賃貸住宅の供給の促進に関する法律	中堅所得者等の居住の用に供する居住環境が良好な賃貸住宅の供給を促進するため，都道府県知事による認定，建設に要する費用の補助等の措置を定める。
1993. 6	公営住宅法施行令の一部を改正する政令	1．簡易耐火構造を準耐火構造に改めた。 2．木造の公営住宅に係る償却の期間を延長。
1993. 7	特定優良賃貸住宅の供給の促進に関する法律施行令	地方公共団体が特定優良賃貸住宅に対し補助を行う場合における国の地方公共団体への補助の割合を定める。
1994. 6	高齢者，身体障害者等が円滑に利用できる特定建築物の建築の促進に関する法律	高齢者で日常生活又は社会生活に身体機能上の制限を受ける者，身体障害者その他日常生活又は社会生活に身体の機能上の制限を受ける者が円滑に利用できる建築物の建築の促進のための措置を講ずるもの。
1994. 6	建築基準法の一部を改正する法律	建築物の地階で住宅の用途に供する部分の床面積について，当該建築物の住宅の用途に供する部分の床面積の合計の3分の1を限度として延べ面積に参入しないものとする改正。
1994. 9	高齢者，身体障害者等が円滑に利用できる特定建築物の建築の促進に関する法律施行令	特定建築物，都道府県知事による指示の対象となる特定建築物の規模等を定める。
1995. 2	都市再開発法等の一部を改正する法律	（建築基準法関係部分） 1．建築物の形態を適切に誘導するための地区計画制度の拡充。 2．建築物の形態に関する規制の合理化。 3．土地の所有者等がその意思表示により建築協定に加入できることとする建築協定制度の拡充の措置を講じる。

347

1995. 2	被災市街地復興特別措置法		阪神・淡路大震災により激甚な被害を受けた市街地の緊急かつ健全な復興が喫緊の課題となっていること等にかんがみ，大規模な火災，震災その他の災害を受けた市街地についてその緊急かつ健全な復興を図るため，都市計画に被災市街地復興推進地域を定めることができることに。また被災市街地復興推進地域内において施行される土地区画整理事業及び第2種市街地再開発事業についての特例を定めるとともに，大規模な火災，震災その他の災害により滅失した住宅に居住していた者等について公営住宅等の入居者資格の特例を設ける等特別の措置を講ずる。
1995. 2	被災市街地復興特別措置法施行令		被災市街地復興特別措置法の制定に伴い，被災市街地復興推進地域内における都道府県知事の許可を要しない行為や公営住宅を建設する公法上の法人等を定める。
1995. 2	罹災都市借地借家臨時処理法第25条の2の災害及び同条の規定を適用する地区を定める政令		阪神・淡路大震災及びこれに伴って起こった火災を罹災都市借地借家臨時処理法第25条の2の災害とし，神戸市，西宮市，豊中市等を同条の規定を適用する地区とするもの。
1995. 3	大都市地域における住宅及び住宅地の供給の促進に関する特別措置法の一部を改正する法律		大都市地域内の都心の地域を中心として住宅及び住宅地の供給を促進するため，都心の地域及びその周辺の地域において良質な共同住宅を供給する都心共同住宅供給事業の制度を創設。
1995. 3	公庫法及び北防法の一部を改正する法律		一定の既存住宅に係る住宅金融公庫の貸付金の利率及び償還期間についての特別措置を延長するとともに，同公庫の特別損失に関する規定を整備。
1995. 3	被災区分所有建物の再建等に関する特別措置法		大規模な火災，震災その他災害により，区分所有建物が全部滅失した場合，建物の再建を容易にするため，議決権の5分の4以上多数決で再建の決議をできることに。
1995. 3	特定優良賃貸住宅の供		阪神・淡路大震災に係る国の補助の特例を定め

資料2　戦後住宅政策年表

		給の促進に関する法律施行令の一部を改正する政令	る。
1995. 3		被災区分所有建物の再建等に関する特別措置法第2条第1項の災害を定める政令	被災区分所有建物の再建等に関する特別措置法第2条第1項の災害として，阪神・淡路大震災を定める。
1995. 5		農住利子補給法施行令の一部を改正する政令	財形持家個人融資において，国からの利子補給後の利率の下限及び中小企業の勤労者に対する融資において暫定的に講じている特例に係る利子補給後の金利をそれぞれ引き下げる。
1995. 5		大都市地域における住宅及び住宅地の供給の促進に関する特別措置法施行令の一部を改正する政令	都心共同住宅供給事業の実施に要する費用に係る国の補助及び農地所有者等賃貸住宅建設融資利子補給臨時措置法の特定賃貸住宅とみなされる賃貸住宅の戸数について定める。
1995. 5		都市計画法施行令及び建築基準法施行令の一部を改正する政令	（建築基準法施行令関係部分） 都市再開発法等の一部を改正する法律の施行に伴い，道路斜線制限に係る建築物の後退距離の算定に当たり建築物から除かれる部分及び壁面線等を越えない建築物の延べ面積の敷地面積に対する割合の算定に当たり，建築物から除かれる部分について定めるとともに，壁面線等を越えない建築物に係る道路斜線制限の緩和を行う。
1996. 3		第7期住宅建設5カ年計画閣議決定	2000年度を目途に半数の世帯が誘導居住水準を確保すること及び住宅一戸当たりの平均床面積を約100㎡とすることを目標とするとともに，最低居住水準未満世帯について，特に大都市地域の借家居住世帯に重点を置いて解消に努めることとする。また，96年度以降5カ年間における総住宅建設戸数を730万戸と見込むとともに，公的資金による住宅の建設戸数を360万戸と定める。
1996. 3		公庫法等の一部を改正する法律	1．区分所有建築物について，共用部分全体の改良に要する費用を融資対象とすることに。

			2．一定の新築住宅への貸付につき，住宅の構造等に応じて異なる利率を適用することに。 3．貸付金の利率等の委任方法を改善。 4．支払方法変更手数料を新設。 5．特別割増貸付制度の適用期限を2001年3月31日まで延長。
1996. 4		第7期地方住宅建設5カ年計画策定	第7期住宅建設5カ年計画に基づき，地方ごとの必要戸数を決定。
1996. 5		公営住宅法の一部を改正する法律	1．高齢者等の入居収入基準について地方裁量により一定額まで引き上げることができることに。 2．公営住宅の家賃は入居者の収入と住宅の立地条件，規模等に応じて設定されることに。 3．種別区分を廃止したため補助制度を一本化し，また供給方式として買取り・借上げ方式を導入。 4．建替事業の要件の緩和。 5．公営住宅を社会福祉法人等へ使用させることができることに。 6．その他所要の改正。
1996. 6		特定非常災害の被害者の権利利益の保全等を図るための特別措置に関する法律	特定非常災害に係る応急仮設住宅について，建築基準法による存続期間の特例等を定める。
1996. 8		公営住宅法施行令の一部を改正する政令	1．公営住宅の家賃の算定方法，近傍同種の住宅の家賃の算定方法について定める。 2．入居収入基準の額を定める。 3．単身入居できる者の年齢制限について男女一律に50歳以上に。 4．加齢，病気等に伴う身体の機能上の制限を理由に他の公営住宅への住み替えを認める。 5．その他所要の改正。
1997. 3		公庫法等の一部を改正する法律	1．一定の既存住宅の購入に係る貸付について利率の優遇及び償還期間の延長を行うことに。 2．住宅改良貸付けについて工事の内容に応じ

資料2 戦後住宅政策年表

		て異なる利率を適用することに。 3．余裕金の運用方法を拡大し，地方債及び政府保証債の保有並びに銀行への預金を可能とするものとした。 4．1995年度以降の金融情勢の変化に伴う繰上償還の急増により必要となる補給金の平準化を行うため，特別損失金の繰延制度の改正。
1997．5	密集市街地における防災街区の整備の促進に関する法律	防災上危険な密集市街地において，効果的な再開発を促進するため。 1．延焼防止上危険な建築物の除却・耐火建築物等への建替えの促進 2．地区の防災性の向上を目的とする新たな地区計画制度の創設 3．地域住民による市街地調整備の取組みを支援する仕組みの構築 4．住宅・都市整備公団の住宅・まちづくりのノウハウの活用 等の総合的な措置を講ずるもの。
1997．6	都市計画法及び建築基準法の一部を改正する法律	1．共同住宅の共用の廊下又は階段の用に供する部分の床面積については，その延べ面積に算入しないものとした。 2．高層住宅誘導地区内の建築物であって，その住宅の用途に供する部分の床面積の合計がその延べ面積の3分の2以上であるものについて，容積率制限について用途地域に関する都市計画において定められた数値の1.5倍以下の範囲内で，高層住居誘導地区に関する都市計画において定めることができるとするとともに，前面道路幅員による容積率制限及び斜線制限の合理化並びに日影規制の適用除外等の改正。
1998．2	公庫法施行令の一部を改正する政令	次の建築物について，その建設費に加えて土地の取得費等の貸付の対象とする等貸付条件を改善。 1．防災街区整備地区計画の区域内の中高層耐火建築物 2．密集市街地における防災街区の整備の促進に関する法律に規定する認定建替計画におい

			て新築する建築物として定められた中高層耐火建築物 また，1998年度の特別損失額を定める。
1998. 4		優良田園住宅の建設の促進に関する法律	多様な生活様式に対応し，かつ，潤いのある豊かな生活を営むことができる住宅が求められている状況にかんがみ，農山村地域，都市の近郊等における優良な住宅の建設を促進するための制度について定める。
1998. 5		都市再開発法の一部を改正する法律	1．再開発方針の策定対象都市の追加 2．都市計画決定手続きをしない再開発事業の認定制度の創設 3．公共団体，公団等施行市街地における特定事業参加者制度の創設 等の改正。
1998. 6		優良田園住宅の建設の促進に関する法律施行令	優良田園住宅の要件として敷地規模等の具体的な要件を定める。
1998. 8		住宅融資保険の保険料の率を定める政令の一部を改正する政令	保険料の率を貸付期間1年につき1パーセントに引き上げ。
1998. 12		公庫法施行令の一部を改正する政令	高齢者等が日常生活を支障なく営むための基準等の政策誘導基準に適合する住宅の改良に係る貸付金の金額の限度額を1,000万円に引き上げ。
1999. 3		公庫法施行令の一部を改正する政令	1．施設建築物等として，都市再開発法に規定する認定再開発事業計画に基づき建設される中高層耐火建築物を追加。 2．政策誘導型住宅改良に歴史的・文化的町並み等の保存・継承に寄与する住宅への改良を追加。 3．住宅改良融資の対象者に住まいひろがり特別住宅（本人居住型）をリフォームするものを追加。 4．建築基準法の改正により新たに創設される指定確認検査機関に対し，公庫の工事審査業務を委託できることに。

資料2　戦後住宅政策年表

1999.6	都市基盤整備公団法	5．1999年度の特別損失額を定める。 「特殊法人等の整理合理化について」（1997年6月閣議決定）に基づき，住宅・都市整備公団を廃止， 1 地方公共団体及び民間との協力及び役割分担の下に， 2 大都市地域等における居住環境の向上及び都市機能の増進を図るために必要な都市の基盤整備に関する事業を， 3 効率的，合理的な執行体制により推進するため， 新たな都市基盤整備公団を設立（新公団設立は1999年10月1日）。
2000.3	農地所有者等賃貸住宅建設融資利子補給臨時措置法の一部を改正する法律	農地所有者等が農地を転用して行う賃貸住宅の建設等に要する資金の融通について，政府が利子補給契約を結ぶことができる期限（2000年3月31日まで）を6年間延長し，2006年3月31日までと改正。
2000.4	住宅金融公庫法等の一部を改正する法律	1．良質な住宅ストック形成を促進するため貸付対象の拡大及び貸付条件の改善を行うことに。 2．業務に要する資金の安定的な確保を図るため，その調達手段を多様化する等の措置を講ずる。
2000.5	都市計画法及び建築基準法の一部を改正する法律	都市への人口集中の沈静化等経済社会環境の変化に対応し，地域の実情に応じたまちづくりの促進のため， 1．線引き及び開発許可制度の見直し 2．非線引き白地地域における特定の用途の制限等，良好な環境の確保のための制度の充実 3．商業地域における複数敷地間での特例的な容積率制限の適用等，既成市街地の再整備のための新たな制度の導入 4．都市計画区域外における開発・建築に係る規制の導入 等を行うことに。

2000.12	マンションの管理の適正化の推進に関する法律		マンションにおける良好な居住環境の確保を図り，もって国民生活の安定向上等に寄与するため， 1．マンション管理適正化指針の策定 2．マンション管理士の創設 3．マンション管理業登録制度の創設 4．マンション管理業の健全な発展を図るための組織の指定 5．マンション管理の支援のための専門的な組織の指定 6．分譲段階における適正化の措置として，設計に関する図書の交付の義務付け等マンションの管理の適正化を推進するための措置を講ずる。
2001.3	第8期住宅建設5カ年計画閣議決定		2015年度を目途に全国で3分の2の世帯が誘導居住水準を確保すること及び床面積100m²以上の住宅ストックの割合を全住宅ストックの5割，床面積50m²以上の住宅ストックの割合を全住宅ストックの8割と見込む。最低居住水準未満世帯について，特に大都市地域の借家居住世帯に重点を置いて解消に努めることとする。また，2015年度において高齢者に配慮した住宅ストックの割合を2割，バリアフリーリフォームがなされた住宅ストックを新たに2割形成することを目標とする。住宅建設戸数については，2001年度以降の5カ年間に640万戸の住宅建設並びに430万件の増改築件数を見込むとともに公的資金による住宅建設戸数を325万戸と定める。
2001.3	住宅金融公庫法等の一部を改正する法律		1．特別割増貸付制度の適用制限を2006年3月31日まで延長。 2．住宅金融公庫の行う住宅融資保険制度について，てん補率の引上げ。 3．住宅市街地における土地の合理的かつ健全な利用に寄与する建築物に係る高齢者に対する貸付金について死亡時に一括償還する方法の導入その他所要の改正。

資料2　戦後住宅政策年表

2001. 4	第8期地方住宅建設5カ年計画策定	第8期住宅建設5カ年計画に基づき，地方ごとの必要戸数を決定。
2001. 4	高齢者の居住の安定確保に関する法律	高齢者の居住の安定の確保を図り，その福祉の増進に寄与するため 1．高齢者の円滑な入居を促進するための高齢者の入居を拒まない賃貸住宅の登録制度を創設。 2．民間賃貸住宅も含めて，バリアフリー化された良好な居住環境を備えた高齢者向けの賃貸住宅の供給を促進するための措置を講じる。 3．良好な居住環境が確保され高齢者が安定的に居住することができる賃貸住宅について高齢者が終身にわたり安心して居住できる仕組みを創設する等の措置を講じる。
2002. 3	都市再開発法等の一部を改正する法律	都市再生の実現に向けて，民間の活力等による都市の再開発を積極的に推進するため 1．市街地再開発事業の施行者に，ノウハウと資力・信用を有する民間事業者が，地権者の参画を得て設立する株式会社又は有限会社（再開発会社）を追加。 2．権利変換計画又は管理処分計画については，土地所有者等の3分の2以上の同意を必要とする等の措置を講ずる。
2002. 4	都市再生特別措置法（建築基準法関係部分）	都市再生特別地区内においては，建築物の容積率及び建ぺい率，建築物の建築面積並びに建築物の高さは，都市再生特別地区に関する都市計画において定められた内容に適合するものでなければならないこと等とする。
2002. 6	マンションの建替えの円滑化等に関する法律	老朽化したマンションが急増することが見込まれていること等を踏まえ 1．マンション建替組合の設立 2．権利変換手続による関係権利の円滑な移行 3．建替えに参加しない者に対する居住安定のための措置 4．防災や居住環境面で著しい問題のあるマンションの建替えの促進等の制度を定める。

2002. 7	建築基準法等の一部を改正する法律	居住環境の改善，適性な土地利用の促進等に資する合理的かつ機動的な建築制限を行うため 1．用途地域における容積率等の選択肢の拡充 2．容積率制限等を迅速に緩和する制度の導入 3．地区計画の見直し 4．シックハウス対策のための規制の導入等の措置を講ずる。
2002. 7	高齢者，身体障害者等が円滑に利用できる特定建築物の建築の促進に関する法律の一部を改正する法律	建築物におけるバリアフリー対応をより一層促進するため 1．特定建築物の範囲の拡大 2．特別特定建築物の建築等についての利用円滑化基準への適合義務の創設 3．努力義務の対象への特定施設の修繕又は模様替の追加 4．認定建築物に対する支援措置の拡大 5．所管行政庁（建築主事を置く市町村又は特別区長）への権限委譲等の措置を講ずる。
2002.12	区分所有法及びマンション建替え円滑化法の一部を改正する法律	（マンション建替え円滑化法関係部分） 1．建替え組合施行の建替え事業で隣接地を含めた施行可能に。 2．特別変換計画に同意を得る必要のある対象者から団地建物所有者を除外。 3．団地内の一括建替え決議制度を創設，一括建替え合意者による建替え組合設立が可能に。
2003. 6	住宅金融公庫法及び住宅融資保険法の一部を改正する法律	特殊法人等整理合理化計画に基づき，住宅金融公庫が一般金融機関による住宅金融を支援するため，貸付債券の譲受け又は貸付債券を担保とする債券に係る債務保証を行うことに。
2003. 6	独立行政法人都市再生機構法	特殊法人等整理合理化計画により，都市基盤整備公団を廃止し，地域振興整備公団の地方都市開発整備部門と統合して独立行政法人都市再生機構を設立。同機構は， 1．機能的な都市活動及び豊かな都市生活を営む基盤整備が十分に行われていない大都市，地域社会の中心都市で，

資料3　主要参考文献

		2．市街地の整備改善，賃貸住宅供給の支援業務を行うことにより，これらの都市の再生を図り，かつ
		3．都市基盤整備公団から承継した賃貸住宅の管理業務を行う（新機構は2004年7月1日設立）。
2003.6	密集市街地における防災街区の整備の促進に関する法律等の一部を改正する法律	火災の危険性が高い老朽木造住宅密集地において，延焼防止，避難路が確保された街区の一層の整備促進を図るために都市計画の地域地区として特定防災街区整備地区制度を創設。防災機能を備えた建築物と公共施設を一体的に整備する事業等を行うことに。

資料：『建設省50年史』『住宅金融公庫50年史』『住宅・都市整備公団史』『住宅・建築ハンドブック』各年度版等による。

資料3　主要参考文献

（入手・閲覧可能な戦後発行の著作に限り明示し，雑誌掲載論文は除く。学位論文はNPO法人西山夘三記念すまい・まちづくり文庫で閲覧可能）

<講座・双書・事典類>（住宅政策関連論文所収のものを含む）
　吉阪隆正・三輪恒ほか編『新訂・建築学大系第2巻　都市論・住宅問題』(1964，彰国社)
　岩井弘融ほか編『都市問題講座第2巻　住宅・土地・水』(1965，有斐閣)
　金沢良雄・西山夘三・福武直・柴田徳衛責任編集『住宅問題講座』(1969，有斐閣)
第1巻「現代住居論」，第2巻「住宅関係法Ⅰ」，第3巻「住宅関係法Ⅱ」，第4巻「住宅経済」，第5巻「住宅経営」，第6巻「住宅計画」，第7巻「住宅環境」，第8巻「土地問題」，第9巻「住宅生産」
　住宅政策研究1　下山瑛二・水本浩・早川和男・和田八束編『住宅政策の提言』(1979ドメス出版)
　同2　水本浩・早川和男・牛見章編『自治体の住宅・都市政策——埼玉県での試み』(1981，ドメス出版)

同3　河野正輝・木梨芳繁・下山暎二編『住居の権利・ひとり暮らし裁判の証言から』(1981，ドメス出版)
　同4　前田正明・酒井祥吉編『公共住宅の増築運動』(1982，ドメス出版)
　同5　住環境研究会編『住教育 — 未来へのかけ橋』(1982，ドメス出版)
　磯村英一・坂田期雄編『明日の都市4　都市と住宅』(1981，中央法規出版)
　松本弘『新時代の都市政策7　都市の土地・住宅』(1982，ぎょうせい)
　日本住宅会議双書1『すまいと人権』(1983，ドメス出版)
　同2『これでよいのか日本の住居』(1983，ドメス出版)
　同3『住宅政策の課題』(1984，ドメス出版)
　同4『住居法をめざして』(1984，ドメス出版)
　日本住宅会議編『住宅白書1986』(1986，ドメス出版)
　同『住宅白書1988』(1988，ドメス出版)
　同『住宅白書1990　高齢者とすまい』(1990，ドメス出版)
　同『住宅白書1992　土地問題とすまい』(1992，ドメス出版)
　同『住宅白書1994　家族・子どもとすまい』(1994，ドメス出版)
　同『住宅白書1996　阪神・淡路大震災とすまい』(1996，ドメス出版)
　同『住宅白書1998　住まいと健康』(1998，ドメス出版)
　同『住宅白書2000　21世紀の扉をひらく』(2000，ドメス出版)
　同『住宅白書2002〜03　マンション居住』(2002，ドメス出版)
　東京大学社会科学研究所編『福祉国家第6巻　日本社会と福祉』(1985，東京大学出版会)所収　原田純孝「戦後住宅法制の成立過程 — その政策論理の批判的考察」，大本圭野「福祉国家とわが国住宅政策の展開」
　シリーズ自治を創る2　早川和男『市民の住まいと居住政策』(1988，学陽書房)
　土地問題研究会・日本不動産研究所編『土地問題事典』(1989，東洋経済新報社)
　住宅問題研究会・日本住宅総合センター編『住宅問題事典』(1993，東洋経済新報社)
　講座『現代居住』1　大本圭野・戒能通厚編『歴史と思想』(1996，東京大学出版会)
　同2岸本幸臣・鈴木浩編『家族と住居』(1996，東京大学出版会)
　同3鈴木浩・中島明子編『居住空間の再生』(1996，東京大学出版会)
　同4早川和男・横田清編『居住と法・政治・経済』(1996，東京大学出版会)
　同5内田勝一・平山洋介編『世界の居住運動』(1996，東京大学出版会)
　岩波講座『現代の法9　都市と法』(1999，岩波書店)

資料3　主要参考文献

　日本社会保障学会編『講座社会保障法第5巻　住居保障法・公的扶助法』(2001, 法律文化社) 所収　坂本重雄「居住の権利と住居保障法」, 大本圭野「居住問題と住宅政策」, 関川芳孝「住居保障と社会福祉」, 平山洋介「災害と住居保障」
　原田純孝編『日本の都市法Ⅰ, Ⅱ』(2001, 東京大学出版会)
　文献選集・日本国憲法7　大須賀明編『生存権』(1997, 三省堂)
　法律学全集4　宮沢俊義『憲法2　基本的人権』(1951, 1981, 有斐閣)

＜政府・自治体・公益法人等刊行物＞（雑誌を含む）
　建設省『建設白書』各年度版（大蔵省印刷局）
　国土交通省『国土交通白書』各年度版（ぎょうせい）
　建設省『建設省50年史』(1998)
　建設省建築局『現下の住宅事情とその対策』(1949)
　建設省『日本の住宅と建築』(1973, 1977, 1982年度版, 日本住宅協会)
　建設省住宅政策課監修『現行の住宅政策と今後の課題』(1977, ぎょうせい)
　土地・住宅行政研究会編『土地対策と住宅対策』(1982, 大蔵省印刷局)
　住宅行政研究会編『現行の住宅政策と今後の課題』(1982, ぎょうせい)
　建設省住宅局『東京の賃貸住宅』(1988)
　建設省住宅局編『住宅宅地審議会答申集』(1991, 日本住宅協会)
　建設省住宅政策課『住宅経済データ集』(1992, 住宅産業新聞社)
　建設省住宅政策課・住宅政策研究会編『新時代の住宅政策 ― 第7期住宅建設5カ年計画のポイント』(1996, ぎょうせい)
　建設省住宅政策課・住宅政策研究会編『図説日本の住宅事情・第2次改訂版』(1996, ぎょうせい)
　建設省住宅政策課監修・21世紀住生活研究会編『住生活ビジョン21』(1996, 住宅新報社)
　国土交通省住宅局編『公営住宅の整備』(2002, ベターリビング)
　総務庁統計局『住宅・土地統計調査』各年度版（大蔵省＝国立印刷局）
　日本住宅公団『日本住宅公団20年史』(1975)
　住宅・都市整備公団『住宅・都市整備公団史』(2000)
　日本住宅公団, 住宅・都市整備公団, 都市基盤整備公団『事業年報』各年度版
　住宅金融公庫『住宅金融公庫40年史』(1990)
　住宅金融公庫『資料で見る公庫のあゆみ』(1990)
　住宅金融公庫『住宅金融公庫50年史』(2000)
　住宅金融公庫『業務年報』各年度版
　住宅金融公庫住宅金融研究グループ編『日本の住宅金融』(1993, 住宅金

融普及協会)
　日本住宅協会『住宅・建築ハンドブック』各年度版（日本住宅協会）
　日本住宅協会『公営住宅の管理』(1969, 1970, 1971, 1972, 1973, 1974年度版，日本住宅協会)
　日本住宅協会『公営住宅20年史』(1973，日本住宅協会)
　国民生活センター編『住宅と生活』(1982，光生館)
　国民生活センター編『都市生活と住宅取得』(1989，第一法規出版)
　日本都市センター『住宅団地と財政―住宅団地関連公共施設整備に関する研究報告書』(1970，日本都市センター)
　日本都市センター『続住宅団地と財政―大規模住宅団地関連公共施設整備研究報告書』(1971，日本都市センター)
　年金住宅福祉協会『年金住宅融資調査報告』各年度版
　東京都住宅局『東京の住宅問題』(1971，東京都)
　東京都住宅局『住宅白書』各年度版（東京都）
　東京都『東京の土地』各年度版（東京都）
　東京都住宅局『事業概要』各年度版
　東京都企画審議室『東京都住宅政策懇談会中間報告―住宅政策の新たな展開のために（早急に取り組むべき政策）』(1988，東京都)
　東京都企画審議室『東京都住宅政策懇談会報告―生活の豊かさを実感できる住まいをめざして』(1990，東京都)
　東京都住宅局『住宅マスタープラン』(1991，東京都)
　東京都生活文化局『民営家賃等に関する調査』(1991，東京都)
　東京都住宅供給公社『事業概要』各年度版
　東京市政調査会研究部『阪神・淡路大震災からの住宅復興』(1997，東京市政調査会)
　神戸市都市問題研究所住宅政策研究会『神戸市住宅政策の基本方向』(1980，神戸市)
　全国市街地再開発協会『住環境整備20年のあゆみ』(1962，全国市街地再開発協会)
　不動産協会事務局編『戦後の土地住宅政策』(1972，不動産協会)
　高齢者住宅財団『高齢社会の住まいと福祉データブック―住宅・福祉施策基本データ全収録』(1998，風土社)
　（雑誌）
　建設省『建設月報』（建設広報協議会）
　国土交通省『国土交通』（建設広報協議会）
　住宅金融公庫『住宅金融月報』（住宅金融普及協会）
　住宅金融普及協会『住宅問題研究』
　東京市政調査会『都市問題』

資料3　主要参考文献

大阪市都市問題研究会『都市問題研究』
日本住宅協会『住宅』
都市住宅学会『都市住宅学』
日本都市計画学会『都市計画』

＜単行本＞
（住宅法制度）
阿部泰隆・野村好弘・福井秀夫編『定期借家権』(1998，信山社出版)
秋田成就編著『高齢化社会における社会法の課題』(1983，日本評論社)
秋元美世ほか編『社会保障の制度と行財政』(2002，有斐閣)
五十嵐敬喜『都市法』(1987，ぎょうせい)
遠藤博也『計画行政法』(1974，学陽書房)
鬼丸勝之『公営住宅法解説』(1951，理工図書)
坂本重雄『社会保障の立法政策』(2001，専修大学出版局)
篠塚昭次・田山輝明・内田勝一・大西泰博『借地・借家法―条文と解説』(1992，有斐閣)
鈴木禄弥『居住権論』(1959，有斐閣)
住本靖『新公営住宅法逐条解説』(1997，商事法務研究会)
高藤昭『社会保障法の基本原理と構造』(1994，法政大学出版局)
高藤昭『社会保障法制概論』(1997，龍星出版)
竹内藤男『改正公営住宅法解説』(1964，全国加除法令出版)
星野英一『借地・借家権』(1969，有斐閣)
和田八束『日本の税制』(1988，有斐閣)
渡辺洋三『土地・建物の法律制度』(1962，東京大学出版会)
（住宅政策）
有泉亨『給与・公営住宅の研究』(1956，東京大学出版会)
伊豆宏『日本の住宅需要』(1979，ぎょうせい)
上野洋『日本の住宅政策』(1958，彰国社)
大本圭野『証言　日本の住宅政策』(1991，日本評論社)
佐藤誠『都市政策と経済政策』(1984，ミネルヴァ書房)
塩崎賢明・竹内清明編著『賃貸住宅政策論』(1992，都市文化社)
住宅新指標研究会編『住宅事情をどう見るか』(1989，ドメス出版)
新沢嘉芽統・華山謙『地価と土地政策』(1970，岩波書店)
日端康雄『大都市の都心居住問題と住宅政策』(1990，第一住宅建設協会)
本間義人『現代都市住宅政策』(1983，三省堂)
本間義人『内務省住宅政策の教訓』(1988，御茶の水書房)
本間義人『自治体住宅政策の検討』(1992，日本経済評論社)

三村浩史『人間らしく住む都市の居住政策』(1980, 学芸出版社)
　三村浩史監修・荻田武・リム・ボン『公営住宅・居住者運動の歴史と展望』(1989, 法律文化社)
　水本浩『土地政策と住宅政策』(1979, 有斐閣)
　宮本憲一『都市政策の思想と現実』(1999, 有斐閣)
　森本信明『都市居住と賃貸住宅』(1994, 学芸出版社)
　山岡一男・京須実『これからの住宅政策』(1976, 住宅新報社)
　横田清編『住居と政策の間』(1993, 地方自治総合研究所)
　(住宅計画)
　絹谷祐規『生活・住宅・地域計画』(1965, 勁草書房)
　神戸大学震災研究会編『大震災4年半住宅復興の軌跡と展望』(1999, 日本建築学会)
　住田昌二『住宅供給計画論』(1982, 勁草書房)
　西山夘三『西山夘三著作集2　住宅計画』(1967, 勁草書房)
　西山夘三『西山夘三著作集3　住居論』(1967, 勁草書房)
　阪神・淡路まちづくり支援機構住居研究会編『提言　大震災に学ぶ住宅とまちづくり』(1999, 東方出版)
　(住宅経済＝金融を含む)
　足立基浩・大泉英次・橋本卓爾・山田良治編『住宅問題と市場・政策』(2000, 日本経済評論社)
　伊豆宏『新しい住宅経済 ― 住宅市場の長期変動』(1988, ぎょうせい)
　岩田規久男『土地と住宅の経済学』(1977, 日本経済新聞社)
　岩田規久男・小林重敬・福井秀夫『都市と土地の理論』(1992, ぎょうせい)
　岩田規久男・八田達夫編『住宅の経済学』(1997, 日本経済新聞社)
　大泉英次『土地と金融の経済学』(1991, 日本経済評論社)
　岡崎泰造・占部勲司『住宅金融の知識』(1991, 日本経済新聞社)
　窪田弘『住宅金融』(1974, 金融財政事情研究会)
　野口悠紀雄『土地の経済学』(1989, 日本経済新聞社)
　八田達夫『東京一極集中の経済分析』(1994, 日本経済新聞社)
　八田達夫・八代尚宏編『東京問題の経済学』(1995, 東京大学出版会)
　原司郎『財政投融資と住宅金融』(1995, 住宅金融普及協会)
　本城和彦・下総薫編『住宅と経済学』(1968, 日本経済新聞社)
　村本孔『現代日本の住宅金融システム』(1986, 千倉書房)
　山田良治『開発利益の経済学』(1992, 日本経済評論社)
　山田良治『土地・持家コンプレックス ― 日本とイギリスの住宅問題』(1996, 日本経済評論社)
　(住宅問題一般)

資料3　主要参考文献

　五井一雄・丸尾直美『都市と住宅』(1983, 三嶺書房)
　住宅問題研究会『住宅問題 ― 日本の現状と分析』(1951, 相模書房)
　政策研究会『日本の住宅問題』(1960, 三一書房)
　巽和夫編『現代ハウジング論』(1986, 学芸出版社)
　谷重雄『住宅問題入門』(1968, 日本経済新聞社)
　東京大学社会科学研究所『日本社会の住宅問題』(1953, 東京大学出版会)
　東京都立大学都市研究会編『都市構造と都市計画』(1968, 東京大学出版会) 所収, 川名吉エ門「住宅問題の展開」
　西山夘三『日本の住宅問題』(1952, 岩波書店)
　早川和男ほか編『住宅問題入門』(1968, 有斐閣)
　早川和男『日本の住宅革命』(1983, 東洋経済新報社)
　早川文夫『住宅問題とは何か』(1980, 大成出版社)

(社会福祉関連)
　一番ケ瀬康子『現代の社会福祉』(1976, 春秋社)
　右田紀久恵・井関勉編『地域福祉 ― いま問われているもの』(1984, ミネルヴァ書房)
　大本圭野『生活保障論 ― 現代の貧困と家計』(1979, ドメス出版)
　金子勇『都市高齢化社会と地域福祉』(1993, ミネルヴァ書房)
　高齢化と住宅を考える会編『高齢化社会の住宅』(1987, 一粒社)
　渋谷博史・井村進哉・中浜隆『日米の福祉国家システム ― 年金・医療・住宅・地域』(1997, 日本経済評論社)
　社会保障研究所編『住宅政策と社会保障』(1990, 東京大学出版会)
　袖井孝子『日本の住まい・変わる家族 ― 居住福祉から居住文化へ』(2002, ミネルヴァ書房)
　武川正吾『福祉社会 ― 社会政策とその考え方』(2002, 有斐閣)
　暉峻淑子『豊かさとは何か』(1989, 岩波書店)
　早川和男『住宅貧乏物語』(1979, 岩波書店)
　早川和男・岡本祥浩『居住福祉の論理』(1993, 東京大学出版会)
　早川和男『居住福祉』(1997, 岩波書店)
　早川和男・野口定久・武川正吾編『居住福祉学と人間』(2002, 三五館)

(関連分野)
　大泉英次・山田良治編『空間の社会経済学』(2003, 日本経済評論社)
　柴田徳衛『現代都市論』(1967, 東京大学出版会)
　中島克己・太田修治編『日本の都市問題を考える ― 学際的アプローチ』(2000, ミネルヴァ書房)
　宮本憲一『社会資本論』(1967, 有斐閣)
　宮本憲一『都市経済論 ― 共同生活条件の政治経済学』(1980, 筑摩書房)

(雑誌別冊)
『ジュリスト増刊　総合特集・現代の住宅問題』(1977, 有斐閣)
『ジュリスト増刊　総合特集・現代日本の住宅改革』(1983, 有斐閣)
『経済評論増刊　国際居住年と日本の住居』(1987, 日本評論社)

＜学位論文＝取得年順＞
　入沢恒『大都市区域における住宅団地の立地と開発形態に関する研究』(1958)
　絹谷祐規『住宅供給対象に関する基礎的研究』(1961)
　鈴木成文『集合住宅の研究』(1961)
　宮崎元夫『貸家経営の性格に関する研究』(1961)
　住田昌二『不良住宅地区改良の研究』(1967)
　牛見章『大都市地域における住宅計画に関する基礎的研究（居住立地限定階層論』(1971)
　広原盛明『居住環境計画における居住者要求の発展過程に関する研究』(1973)
　三宅醇『住宅需給構造に関する研究』(1973)
　延藤安弘『都市住宅供給の計画的研究』(1975)
　森本信明『民間貸家の更新に関する研究』(1976)
　片寄俊秀『千里ニュータウンの研究 ― 計画的都市建設の軌跡・その技術と思想 ―』(1979)
　玉置伸吾『公営住宅に関する計画論的研究』(1980)
　リム・ボン『公営住宅事業における地域福祉機能の展開に関する研究』(1988)
　平山洋介『公営住宅政策と社会福祉政策の関係に関する基礎的研究』(1988)
　津田美知子『木賃アパート地域の住宅政策論的研究』(1989)
　高田光雄『都市住宅供給システムの再編に関する計画論的研究』(1991)
　川崎直宏『住宅行政計画の実践的研究』(1992)
　西島芳子『低所得階層の居住実態と住宅改善に関する研究』(1992)
　石原清行『地方圏の公営住宅の役割に関する研究』(1993)
　金泰一『高齢者の在宅福祉を支える住宅・地域施設の連携整備計画に関する研究』(1994)
　井上良知『高齢者の加齢と生活ニーズに対応する住宅計画に関する研究』(1996)
　北条蓮英『木造住宅密集市街地の計画的な再整備事業プログラムに関する研究』　(1997)
　田中智子『都市における生活支援的住環境に関する研究』(1998)

あ と が き

　構造改革の名のもとに行われた特殊法人改革により，住宅金融公庫の廃止，都市基盤整備公団の新法人への転換が決まったことで，誰が見ても戦後の住宅政策は終焉したと言っていいでしょう。この機に戦後住宅政策を総括する必要があるのではないか，筆者としてはそれに取り組んでいただける若手研究者の登場を待望していたのですが，なかなかその気配がないので，結局，自分でその総括を試みることになったのが本書というわけです。

　筆者はこれまでに，『現代都市住宅政策』において住宅政策の原理とわが国の住宅政策史全般について触れ，その後，『内務省住宅政策の教訓』で戦前から戦後にかけての住宅政策について詳しく述べ，さらに『自治体住宅政策の検討』でバブル期前後の住宅政策についてしるしてきましたが，敗戦直後から今日に至る通史としての住宅政策論としては不完全なままできました（バブル期以降が欠落していました）。今回本書をまとめたことで筆者の住宅政策に関する勉強は，『内務省住宅政策の教訓』の次に本書がつながることで戦前戦後を通して見ることが可能になったと思っています。その結果，『現代都市住宅政策』は筆者にとっての総論的著作，また『自治体住宅政策の検討』はバブル期前後における自治体の政策研究という特殊な位置づけのものに，そういったふうになりました。

　本書をまとめてから筆者は，本書で指摘しているようなことがどこまでの理解が得られるか考えていましたが，たとえば元大蔵官僚の松谷明彦・政策研究大学院教授が『論座』（朝日新聞社）2004年1月号掲載の論文「どうする年金　厚生労働省の見通しはあまりに楽観的だ」の中で，今後の高齢社会における福祉対策として「筆者は，ストックの活用

による高齢者対策を提案したい。例えば住宅である。年金給付のかなりの部分は家賃の支払いに充てられている。国や自治体が低廉な賃貸住宅を大量に供給してはどうだろう。そうすれば給付水準がかなり低下しても，それらの高齢者の生活が大きく圧迫されることはない。加えてその賃貸住宅は今後何世代にわたって機能する。……長期的には政府としての支出はむしろ少なくなるはずである」と述べておられるのを知り，安心しました。このフローを前提としたストック重視の考え方はむろん市場原理重視の方々の「ストック重視」とは根本的に異なります。それは将来の国家社会のあり方を真摯に考えたら，当然行きつくところといっていいでしょう。

　しかし，わが国ではそうした考えはむしろ少数派であるのが現状です。あれよあれよという間に憲法の理念を受けて整えられたはずの住宅法制度に基づく住宅政策は後退して，終焉することになってしまいました。なぜなのか。筆者が思い出すのは杉原泰雄・一橋大学名誉教授の論考です。それは『朝日新聞』2002年6月20日付夕刊掲載の「憂いあり　憲法軽視の現状」というもので，杉原氏は政教分離に反する首相の靖国「公式」参拝，や，プライバシーや取材・報道の自由の保護に欠ける「メディア規制三法」，福祉国家理念にもとる「弱者いじめの政治」，文化国家の理念を忘れてしまったような研究・教育についての「歴史的改革」など「枚挙にいとまがない」憲法状況に触れ，この「政治においては，かつてはうしろめたいこと」であり，「憲法研究者にとっては，憲法上不可能なこと」は，「国民が，主権者として，憲法を自分のものとし，政治を監視していれば，このような事態は起こりえないことであった」と述べておられたのを思い出したのです。加えて杉原氏は自ら研究者のあり方にも触れて，「国民主権の下においては，欺かれない主権者を確保することが，なによりも憲法学の主題の一つになるべきものであった」が，「多くの研究者は，この課題と真摯な取り組みをしてこなかった」のに「忸怩たる思いがある」と書いておられたものです。同じように佐藤幸治・京都大学名誉教授も『書斎の窓』（有斐閣）2003年12

あとがき

月号で述べておられました。「憲法典はそれに見合った国の構造や体質を造ることを期待して制定されるが，その国の骨格や体質は一朝一夕で出来上がるものではなく，忍苦を要するさまざまな工夫や努力が求められることになる。このような工夫や努力を怠ると，『憲法』は単なる建前主義ないし自己欺瞞にすぎなくなってしまう。われわれは，高度成長に専念するなかで，知らず知らずにこのような工夫や努力を怠ることがなかったか」と言うのです。

筆者はそうした憲法を取り巻く今日の国民と研究者の状況は，住宅政策に限っても存在しているように思われるので，杉原氏の苦渋や佐藤氏の反省に共感するところがあったのでした。なによりも，その職につくときに「憲法を遵守すること」を「誓約」しているはずの内閣の構成員をはじめとする公務員（国立大学教員をふくむ）は，これらの言葉に耳を傾けなければならないでしょう。

では，憲法をはじめとするさまざまな今日の状況にどう対処していったらいいのか，ふたたび佐藤氏の言葉を借りれば「日本国憲法は新たな"物語"性の上に再生しなければならないのではないか。日本国憲法13条は個人の尊重と幸福追求権について定めているが，私流の言い方をすれば，人格的自律権の担い手である個人を基礎にその豊かな共生を可能とするより自由で公正な社会を構築すること，そのことをこの"物語"の中核にすえるべきではないか」と言います。その先にあるべきなのが「福祉国家」であるのは言うまでもありません。そして，その福祉国家を支える重要な要素の一つが，松谷氏も指摘する「住宅」であるのもまた言うまでもないことです。大事なことは佐藤氏も言う「工夫や努力」であり，2004年の元旦にあたり加藤周一氏も言っておられる（『朝日新聞』）ように「憲法は，根本的な法律であるという面と，それよりも国の基本的な進むべき方向，理想を掲げた面とがある。その理想に向かって努力するか，うまくごまかして別の方向に行こうとするかが一番問題だと思う」ということなのではないでしょうか。あらためてこれらの言葉を住宅政策にあてはめ考えていただきたいと筆者は願うものです。筆

者としては本書で，住宅政策がいかに都合のいいように「うまくごまか」されて，本来あるべき姿とは異なる「別の方向」に行かされてしまったかを，杉原氏や佐藤氏の言う自戒も込めて明らかにしたつもりです。

　戦後住宅政策が終焉した今日以降，では私たちは住宅問題にどう対処していったらいいのか。それはおそらくかろうじて存続する公営，公社住宅と公団に代わる新法人を核に，いかに「工夫や努力」を重ねていくにかかっていると言っていいでしょう。それらがより市場主義に傾斜していくのに歯止めをかけられるかどうか，ということでもありましょう。本書において触れている通りです。なぜか，筆者自身，市場主義はさらなる機会不平等を招き，民主主義の根幹をも揺るがしかねないと懸念しているからにほかなりません。わが国はサッチャーの（住宅政策をふくめ）あとを2周以上も遅れて追うのではなく，むしろサッチャーを反面教師にして，どうしたら真の民主主義と福祉国家を構築できるのか「工夫や努力」を重ねるべきなのです。市場拡大の結果がどんな状況を生んでいるのか，たとえば全国借地借家人組合連合会の人々から，定期借家権ができてから契約更新のさいに「家賃値上げに応じないのなら退去してほしい」と言われるケースが増えた，といった訴えを聞くにつれ，そう痛感します。

　こうした筆者の懸念があながちマトはずれでないのは，前記松谷氏の言をもってして明らかと言えるでしょう。筆者は本書の「公団住宅」の項で，かつて公団に対して数々の批判と提言を行ったことがあるとしるしました。しかし，それらの批判は無視されてきた。それが，いつ，どこでだったかをあらためて調べているうちに，たとえば「本四架橋への疑問」(『毎日新聞』1978年10月7日付朝刊)，「公共事業を問い直す」(同1980年10月8日付朝刊) といった小論を書いているのも見つけました。当時，そうした指摘は少数派であり，それらも無視されてきましたが，筆者自身は正論と自負していたのを思い出しました。今日では，そうした立場が多数派を形成するに至っています。バブルのきっかけに

あとがき

なった中曽根民活についても筆者は批判してきましたが（たとえば『官の都市，民の都市—日本的都市・住宅事情の展開と状況』1986年所収の小論など），当時多くはそれを「アーバンルネサンス」とか，もてはやしていたものでした。その後，バブルは日本の社会と経済に何をもたらしたでしょうか。そのような経緯を振り返ると，今日の住宅問題に関する筆者の懸念もそうマトはずれのものではないだろうと，筆者自身は自負するのです。

筆者としては，近年積極的に住宅政策（あるいは都市政策）について発言するなり研究成果を発表してきた方々には，もっぱら経済学，建築学，都市工学を専門とする方が多いと思われるので，法学，政治学，社会学，社会福祉学（あるいはさらに他の分野も）等の分野の方の参加を期待したいと念願しています。それは住宅問題とは，経済学のみ，あるいは都市工学だけの観点から論じるにはあまりに幅広い，そして深い問題ではないかと考えるからにほかなりません。とくに若い方の参加を期待したいのです。そこからおそらく，佐藤氏が憲法についてその必要を言っておられる，「工夫や努力」が住宅問題に関しても生まれてくるに違いないからです。筆者も都市・住宅政策の政策決定過程を勉強している一人として，できれば今後も住宅問題に誠実に取り組みたいと思っています。

本書を出すにあたっては信山社の村岡俞衛さんにお世話になりました。同氏は前に有斐閣におられたときに筆者の本を2冊担当し，信山社に移られてから筆者は本を書くのを約束していた経緯があって，筆者はここにその10年来の約を果たし，同氏に三たびお世話になったというわけで，感謝したいと思います。

なお本書第8章の住居基本法の項は，法政大学紀要『現代福祉研究』（2003年，3号）に執筆したものであることを付記します。

2004年1月

本間 義人

索　引

あ 行

青山侑 282
青山義武 302
赤井伸郎 113
秋葉保広 301
空き家率 278, 281
明渡し努力義務 147, 152
浅見泰司 283
阿部泰隆 113
有薗初夫 302
飯田亮 82
池田徳真 302
池田内閣 62
池田宏 299
諫早信夫 302
石堂正三郎 302
石橋内閣 62
石原知事 146, 260
一世帯一住宅 63
一般会計予算 93
伊東五郎 300, 302
伊藤滋 186, 220
伊藤俊夫 302
稲毛団地 194
乾真介 301
イラン革命 97
岩沙弘道 282
岩田規久男 112
岩本康志 108
内田祥三 301
宇野内閣 99
海老塚良吉 3, 290
遠・高・狭 199
オイル・ショック 97
大泉英次 115

大内健价 63
大型住宅向け融資 96
大賀典雄 260
大蔵省預金部 104
大塚雄司 24
大村謙二郎 284
大村巳代治 302, 312
大本圭野 155, 277
岡島暢夫 302
小渕内閣 102

か 行

会計検査院 202
介護保険 287
階層別住宅政策 191
買取り，借上げ方式 150
海部内閣 99
貸家着工 103
桂寅太郎 302
金岡団地 194
神奈川県住宅供給公社 245, 250
金子憲 218
鎌田宣夫 284
借り上げ住宅制度 310
川島博 157
川本裕子 283
関西文化学術研究都市 187
簡保資金 93
関連公共公益施設 195, 204
規格部品 228
岸真清 95
既存住宅購入資金 96
北川一松 302
旧国鉄 202
救済事業調査会 48
救仁郷斉 261

索　引

救貧住宅	134
行革審答申	17
行政コスト計算書	208
居住環境整備	225
居住水準	309
居住福祉	56
緊急経済対策	97
金銭給付	163
近傍同種住宅家賃	291
金融機構改編命令	43
熊谷兼雄	302
繰上げ返済	105
グリーンペーパー	297
黒川洸	282
畔柳安雄	245
ケア付（高齢者）住宅	255, 283
景気対策（浮揚策）	96, 275
経済運営	95
経済社会基本計画	287
経済対策	95
——閣僚会議	97
傾斜生産計画	42
経団連	190, 211, 285
ゲタばき住宅	194
健康資本	56
建設院	42
建設5カ年計画	5
建設省	42, 154
建設白書	5
建設部門分析用産業連関表	96
現代計画研究所	168
建築基準法	296
建築費補助制度等	310
小池新二	302
小泉重信	262, 284
小泉内閣	7
公営住宅	134, 265
——建設基準	136
——制度	135
——建替え事業	147
——法	44
——予算	152
公営第1種住宅	135
公益住宅	164
——制度	2, 48
高額所得者	148
公共財	58
工業再配置	187
公共事業関係長期計画	65
公共事業長期計画	286
公共住宅規格部品	228
公共住宅供給抑制論	160
工業団地	224
——造成事業	192, 195
公庫住宅等基礎基準	121
公庫融資利用者調査報告	118
公庫融資利用者に係る消費実態調査	96
公示地価	7
幸島礼吉	302
厚生住宅法案	154
厚生省社会局	153
公正家賃制度	310
構造改革	7
高蔵寺ニュータウン	194
高層住居誘導地区	188
高層分譲住宅購入資金	94
公団経営分析研究会	211, 221
公団自治協	117, 222, 230
合築	291
公定歩合	106
公的住宅金融機関	83
公的賃貸住宅	289
公明党	301
高齢者向け優良賃貸住宅	282
ゴールドプラン	287
国際住宅・都市計画会議	168
国債相場	116
克雪住宅化工事割増し引上げ	101
国土交通委員会	185
国土交通白書	5
国民住居標準要項	304
国民住宅	134

371

国民所得倍増計画	62
国民の住まいを守る全国連絡会	117
国連人間居住会議	296
越田得男	155
五者協定	196
個人向け融資	84
戸数主義	47
小玉徹	290
国庫補助応急簡易住宅	134
国庫補助賃貸庶民住宅	134
固定金利期間選択型住宅ローン	106
後藤新平	52, 298
小橋一太	53
小林重敬	108, 261, 269, 282, 284

さ 行

財形住宅	84
——資金直接融資制度	96
財形法	94
財政投融資計画	16
財政投融資資金	60
財政投融資制度	22
最低居住水準	309
——未満世帯	166, 167
堺徳吾	154
坂庭国晴	188
坂本重雄	321
サッチャー	4
佐野利器	298, 301, 321
沢田光英	141
産業復興資金	78
産業労働者住宅	247, 255
——建設資金	83
——資金融通法	83
参与会議	82
市街地再開発事業	192, 225, 225
市街地整備改善事業	186
仕掛品	202
鹿毛迪彦	141
事業者向け融資	84
資金繰越金	217

市場機能を積極的に活用した住宅金融のあり方懇談会	109
市場原理	112
自民党	301
下總薫	169
社会事業調査会	51
社会資本事業整備計画	65
社会資本整備重点計画法	286
社会資本整備審議会住宅宅地分科会	281
社会住宅	318
社会政策	288
社会党	301
社会福祉審議会	157
借地借家法	113, 276, 297
衆議院国土交通委員会	211
住居監督	320
——制度要綱	304, 319
住居基本法	296
住居費負担	310
住居標準案	304
住居法案要綱作成小委員会	312
住居法案要綱の骨子	303
住居法特別研究員会	302
住宅営団	318
住宅街区整備事業	192
住宅会社法案要綱	304
——原案	52
住宅監督	306
住宅管理	311
住宅供給	310
——公社	283
——対策要綱	304
住宅緊急措置令	41
住宅金融公庫	13, 21, 44
——法	78
住宅金融公社要綱	43
住宅金融市場	78, 115
住宅組合	51, 104
住宅減税	104
住宅建設仮勘定	202
住宅建設基準	317

住宅建設計画 …………………… 61, 203
　――法 ………… 64, 135, 196, 278, 286
住宅建設5カ年計画………………… 26, 94
住宅建設10カ年計画 ………………… 46
住宅債券証券化市場 ………………… 114
住宅市街地整備総合支援事業………… 225
住宅情報 ……………………………… 311
住宅対策懇談会 ……………………… 43
住宅対策審議会 …………………… 43, 85
住宅宅地審議会… 19, 160, 260, 275, 280,
　　　　　　　　　　　　　　300, 307
　――答申 ……………………… 107
住宅調査要項案……………………… 304
住宅統計……………………………… 311
　――調査 ……………………… 63
住宅・都市整備公団 ……… 16, 184, 197
　――史 ………………………… 220
住宅・土地統計調査 ……… 167, 278
住宅福祉 ……………………………… 218
住宅扶助 ……………………………… 156
住宅マスタープラン………………… 291
住宅融資保険制度 …………………… 62
住宅融資保険法……………………… 78, 83
住宅様式 ……………………………… 167
収入超過者…………………………… 152
出資金………………………………… 216
証券化支援業務……………………… 115
証券化支援スキーム………………… 115
小住宅改良要綱 …………………… 2, 48
所得階層 ……………………………… 47
所得再配分…………………………… 118
所得再分配…………………………… 120
　――策（論） ………………… 110, 160
所得分配 ……………………………… 60
庶民住宅基準………………………… 317
庶民住宅建設基準…………………… 168
白鳥義三郎…………………………… 302
新市街地開発事業…………………… 195
新市街地開発法……………………… 210
新住宅市街地開発法…………… 192, 194
新設住宅着工………………………… 103

　――戸数 ……………………… 97
新総合土地政策推進要綱…………… 188
新都市基盤整備法…………………… 192
新村保子……………………………… 284
水面埋立事業…………………… 192, 195
杉藤崇………………………………… 162
住まいひろがり特別融資…………… 101
生活空間倍増緊急加算……………… 102
生活保護法…………………………… 156
政策誘導型住宅改良………………… 102
生産誘発効果………………………… 96
生存権………………………………… 1
　――保障 ……………………… 45
政府保証債…………………………… 202
政府予算 ……………………………… 16
セーフティネット…………………… 280, 298
関一…………………………………… 300, 305
セクション8既存住宅プログラム… 165
全国銀行協会………………………… 82
全国住宅供給公社等連合会………… 267
戦災都市応急簡易住宅建設要綱…… 134
戦災復興院…………………………… 40, 42
総合経済対策………………………… 220
総務庁貯蓄動向調査………………… 152

た 行

大都市地域における住宅及び住宅地
　の供給の促進に関する特別措置法 … 291
大都市地域における住宅地等の供給
　の促進に関する特別措置法……… 310
高田光雄……………………………… 108
高山英華……………………………… 143, 302
宅地開発公団…………………… 184, 197
宅地建設仮勘定……………………… 202
宅地債券制度………………………… 195
宅地並み課税………………………… 104
竹下内閣 ……………………………… 99
武島一義……………………………… 301
巽和夫………………………………… 261
建替え事業…………………………… 229
田中角栄……………………………… 154

373

田中啓一……………………… 220, 261
多摩平………………………… 194
多摩ニュータウン … 194, 203, 208, 210, 227
単身入居制度………………… 147
団地お断り…………………… 142
団地サービス………………… 195
断熱構造化工事割増し引上げ… 101
地域活性化…………………… 280
地域再生……………………… 292
　──策……………………… 291
地域振興整備公団…………… 184
地域政策……………………… 290
地域福祉計画………………… 291
地価上昇率…………………… 23
地代相当額…………………… 147
地代家賃統制令……………… 42
千葉県住宅供給公社………… 250
千葉ニュータウン………… 208, 225
地方公共団体施策住宅特別加算制度 101
地方住宅供給公社………… 28, 244
　──法……………………… 244
地方住宅建設5カ年計画…… 65
地方都市開発整備事業……… 186
中古住宅融資………………… 102
　──に係る経過年数要件の緩和 … 101
超高層住宅…………………… 227
賃貸住宅事業………………… 186
つくば研究学園都市………… 187
定期借地権…………………… 102
　──制度…………………… 276
定期借家（権）制度……… 113, 276
低家賃厚生住宅建設要綱案… 154
鉄道勘定……………………… 212
寺尾仁………………………… 108
東京都住宅基本条例………… 143
東京都住宅供給公社……… 144, 250, 253
東京都住宅政策懇談会……… 143
東京都住宅マスタープラン…… 144, 263
同潤会……………………… 54, 298
道路四公団 ………………… 12

都営住宅……………………… 140
　──建設に関する公共施設及び公益的施設の整備に関する要綱… 141
　──制度…………………… 283
都会地転入抑制緊急措置 …… 41
常盤平………………………… 194
特殊法人……………………… 60
　──改革………………… 7, 12
　──等改革基本法………… 12
　──等改革推進本部……… 12
　──等整理合理化計画 … 13, 186, 220
特定分譲住宅………………… 224
特定優良民間賃貸住宅…… 254, 289
　──制度 ………………… 284
特に低所得者の用に供する庶民住宅（甲型）………………… 154
特別加算額…………………… 101
特別住宅債券………………… 195
特別損失金制度……………… 107
特別養護老人ホーム………… 283
特別割増融資制度 ………… 98
床次竹二郎…………………… 51
都市開発融資………………… 94
都市基盤整備勘定…………… 211
都市基盤整備公団 …… 13, 184, 225, 284
都市居住再生のための融資… 102
都市研究会………………… 52, 298
都市公園事業………………… 186
都市公団労組………………… 211
都市再開発法………………… 192
都市再生…………………… 15, 292
　──機構……………… 184, 282
　──本部…………………… 188
都市整備……………………… 225
都政2002年…………………… 146
都政白書……………………… 146
土地区画整理事業………… 194, 225
土地区画整理法……………… 192
土地担保賃貸住宅 ………… 98
土地有効利用………………… 225
都道府県住宅建設5カ年計画 … 65, 135

な 行

内務省 …………………………… 300
　——社会局 ………………… 50
長岡道男 ………………………… 302
長岡隆一郎 ………… 2, 49, 164, 301
中島賢蔵 ………………………… 301
中島守利 ………………………… 163
中曽根内閣 …………………… 23, 97
中曽根民活 ……………………… 23
長素連 …………………………… 302
中村憲 …………………………… 301
成田頼明 ……………………… 261, 284
南部哲也 ……………………… 190, 278
西谷剛 …………………………… 269
西山夘三 ………………………… 305
日本住宅会議 …………………… 117
日本住宅公団 …………………… 184
　——法 ……………………… 46
入居収入基準 …………………… 150
ニュータウン開発事業 ………… 186
年金福祉事業団 ……………… 83, 94

は 行

橋本内閣 ………………………… 101
羽田内閣 ………………………… 100
八田達夫 …………… 112, 261, 269, 282
鳩山内閣 ……………… 46, 62, 190
バブル経済 ……………………… 6, 12
バブルの崩壊 …………………… 103
浜野啓一 ………………………… 302
早川和男 ……………………… 56, 290
早川文夫 ………… 302, 305, 318, 321
原敬 ……………………………… 54
原田純孝 ……………………… 55, 155
阪神・淡路大震災 ……………… 100
日笠端 …………………………… 143
東長居団地 ……………………… 239
東淀川団地 ……………………… 239
日端康雄 ………………………… 284
ひょうご住宅復興3カ年計画 …… 167

標準設計 ………………………… 228
平山嵩 …………………………… 302
ファミリー向け賃貸住宅 ……… 282
福井唯嗣 ………………………… 108
福井秀夫 ………………………… 112
福岡県住宅供給公社 …………… 249
福祉国家 ………………… 1, 7, 287
福田重義 ………………………… 301
福地稔 …………………………… 244
含み益 …………………………… 208
附帯決議 ………………… 80, 188, 222
普通分譲住宅 …………………… 194
プラザ合意 ……………………… 97
不良住宅地区改良事業 ………… 164
不良住宅地区改良法案 ………… 163
古屋芳雄 ………………………… 301
ブレア …………………………… 4
プログラム規定 ………………… 1
平均居住水準 …………………… 309
平成不況 ………………………… 103
変動金利型住宅ローン ………… 106
防災公園街区整備 ……………… 225
法定限度額 ……………………… 152
補助単価 ………………………… 141
細川内閣 ………………………… 100
北海道住宅供給公社 …………… 248
堀内信之助 ……………………… 301
本城和彦 ………………………… 226

ま 行

前田康博 ………………………… 23
松永仏骨 ………………………… 155
丸山英気 ………………………… 261
三沢千代治 ……………………… 261
未入居住宅 ……………………… 205
宮沢内閣 ………………………… 99
未利用地 ………………………… 205
民間借家居住者 ………………… 278
民間賃貸住宅 …………………… 289
民間都市再生事業 ……………… 187
民間都市再生プロジェクト …… 188

民間分譲住宅団地融資	94
民業支援	187
民社党	301
村山内閣	100
木造住宅密集市街地	186
木造住宅密集地域の改善事業	291
木造住宅密集地帯	225
持ち家推進策	94
物部薫郎	301
森泉陽子	284
森本信明	113

や 行

保岡興治	113
家賃裁量階層	277
家賃補助制度	310
矢野龍	282
山川元庸	26
山口不二夫	211
山崎福寿	108, 112, 161, 283
融資金額	85
融資残高	85
融資対象面積区分	98
ゆとり返済	104
用地費	141
吉田倫恒	302

ら 行

罹災都市応急簡易住宅建設要綱	40
罹災都市借地借家臨時処理法	42
利子補給金	78, 93, 94
リフォーム融資限度額	98
流通業務団地造成事業	192
リ・ユース住宅	84
良質な賃貸住宅等の供給の促進に関する特別措置法	113
臨時行政調査会	21, 107
臨時建築制限令	42
臨時炭鉱労務者住宅建築規則	42
列島改造	24

わ 行

渡辺銕蔵	52
割増し賃料	147

A〜Z

Artizans and Labourers Dwelling Act	297
DK	228
Housing Act	297
Local Government and Housing Act	297
Parker Morris Standards	317
Public Housing Act	297
Unhealthy area	306

著者紹介

本間 義人（ほんま よしひと） 法政大学教授

1935年，東京生まれ。早稲田大学卒。九州大学大学院教授などを経て現職。専攻，都市・住宅政策，国土・地域政策。東京市政調査会藤田賞特別賞受賞。臨時行政改革推進審議会参与などを務む。

主要著書

『現代都市住宅政策』（1983，三省堂）
『官の都市・民の都市―日本的都市・住宅事情の展開と状況』（1986，日本経済評論社）
『内務省住宅政策の教訓』（1988，御茶の水書房）
『国土計画の思想』（1992，日本経済評論社）
『自治体住宅政策の検討』（1992，日本経済評論社）
『まちづくりの思想』（1994，有斐閣）
『土木国家の思想―都市論の系譜』（1996，日本経済評論社）
『国土計画を考える』（1999，中央公論新社）
『都市改革の思想―都市論の系譜』（2002年，日本経済評論社）
など。

戦後住宅政策の検証

2004年3月15日　初版第1刷発行

著　者　本間　義人
発行者　今井　貴＝村岡倫衛
発行所　信山社出版株式会社
〒113-0033　東京都文京区本郷6-2-9-102
TEL 03-3818-1019　FAX 03-3818-0344

印刷　亜細亜印刷　製本　渋谷文泉閣
Printed in Japan ©本間義人, 2004
ISBN 4-7972-5078-X　C3032

信 山 社

松尾浩也＝塩野　宏 編
立法の平易化　Ａ５判 本体 3,000円

遠藤浩＝林屋礼二＝北沢豪＝遠藤曜子 著　改訂版
わかりやすい市民法律ガイド Ａ５判 本体 1,700円

篠原 一＝林屋礼二 編
公的オンブズマン　Ａ５判 本体 2,800円

篠原 一 編集代表
警察オンブズマン　Ａ５判 本体 3,000円

鮫島眞男 著
立法生活三十二年　Ａ５判 本体 10,000円

石村 健 著
議員立法　Ａ５判 本体 10,000円

三木義一 著
受益者負担制度の法的研究　Ａ５判 本体 5,800円
＊日本不動産学会著作賞受賞／藤田賞受賞＊

田中 治 著
アメリカ財政法の研究　Ａ５判 本体 8,155円

占部裕典 著
国際的企業課税法の研究　Ａ５判 本体 9,800円

山村恒年 著
行政過程と行政訴訟　Ａ５判 本体 7,379円

伊藤博義 著
雇用形態の多様化と労働法　Ａ５判 本体 11,000円

山村恒年＝関根孝道 編
自然の権利　Ａ５判 本体 2,816円

明治学院大学立法研究会 編
現場報告・日本の政治　四六判 本体 2,900円